高等院校经济管理类规划教材
北京邮电大学精品教材

财务管理学

王玉梅 曾 瑶 编著

北京邮电大学出版社
www.buptpress.com

内 容 简 介

本书主要以资金运动为主线,在阐述财务管理基本内涵和资金的时间价值、风险价值和资金成本等价值基础理论的前提下,系统地阐述了企业财务管理过程中筹资活动、投资活动和资金耗费、利润分配等财务活动的理论及方法的应用,并进一步细化为筹资方式管理、筹资结构管理、项目投资管理、证券投资管理、利润分配管理和营运资金管理等具体内容。在此基础上,进一步阐述了财务分析与评价等问题。

本书既可作为高等院校会计学、财务管理、审计学等专业的核心课程教材,也适合作为工商管理、市场营销、金融学、经济学等专业的基础课程教材,还可作为财会人员和经济管理人员进行继续教育和自学的参考书。

图书在版编目(CIP)数据

财务管理学 / 王玉梅,曾瑶编著. -- 北京:北京邮电大学出版社,2020.12
ISBN 978-7-5635-6262-6

Ⅰ.①财… Ⅱ.①王… ②曾… Ⅲ.①财务管理 Ⅳ.①F275

中国版本图书馆 CIP 数据核字(2020)第 229909 号

策划编辑:彭 楠 责任编辑:王晓丹 左佳灵 封面设计:七星博纳

出版发行:	北京邮电大学出版社
社　　址:	北京市海淀区西土城路 10 号
邮政编码:	100876
发 行 部:	电话:010-62282185　传真:010-62283578
E-mail:	publish@bupt.edu.cn
经　　销:	各地新华书店
印　　刷:	保定市中画美凯印刷有限公司
开　　本:	787 mm×1 092 mm　1/16
印　　张:	18.5
字　　数:	483 千字
版　　次:	2020 年 12 月第 1 版
印　　次:	2020 年 12 月第 1 次印刷

ISBN 978-7-5635-6262-6　　　　　　　　　　　　　　　　　　　定价:46.00 元

·如有印装质量问题,请与北京邮电大学出版社发行部联系·

前　言

　　财务管理学处于企业管理的核心地位,是各类财经院校开设的不可或缺的一门专业课程,不仅是会计学等相关专业的核心课程之一,也是工商管理、市场营销、金融学等经济管理专业的基础课程之一。本教材遵循学习的规律,以资金运动为主线,在阐述财务管理基本内涵和价值基础理论的前提下,系统地阐述了企业财务管理过程中筹资、投资和资金耗费、利润分配等财务活动的理论及方法的应用,并在此基础上,进一步阐述了财务分析与评价等问题。

　　本书的主要特点体现在以下几个方面。

　　第一,突出财务管理学新的"知识增长点"。梳理近几年财务管理学领域的研究成果以及会计系列职称考试和注册会计师考试的侧重点等,在教材中摈弃陈旧的知识点,增加适应社会发展的新的理论关注点和新的知识侧重点,并予以重点讲解,使内容与现实的经济生活紧密相关,有助于学生适应市场需求。

　　第二,突出财务管理学理论与实践应用结合的思路。例如,如何运用财务管理的理论解决实践中的具体问题,如何将抽象的理论方法转化为可操作的实践方法。本书在核心理论方法的设计上,归纳并突出讲解核心理论方法的实践应用步骤或评价决策标准,并同时给出示例,使学生能够及时在掌握理论知识的前提下,进一步提高将理论应用于实践的能力。

　　第三,突出财务管理学学习思维的"规律"。教材在每一章开头给出了该章的知识框架体系和学习要求,使学生在学习前首先了解本章内容的知识脉络和学习重点;在讲解具体内容前,先给出"导入案例",使学生产生好奇,激发学生进一步学习的兴趣;在每章具体内容的设计上,侧重从学习的思维规律方面进行引导,先讲理论,再讲将理论应用于实践的步骤,使学生能产生循序渐进的认识,提升学习的效果。

　　全书共九章。第一章至第二章,为财务管理学的基础理论部分,第三章至第八章,为财务管理学的筹资、投资、资金耗费和利润分配等具体的业务管理部分,第九章为财务分析及企业的综合评价部分。本书第一章和第二章由曾瑶编写,第三章至第九章由王玉梅编写,全书由王玉梅总纂定稿。

　　本书的编写得到了北京工商大学张伟华副教授、北京物资学院王美英副教授的大力支持,他们提出了许多宝贵的建设性建议，在此谨向他们表示感谢！同时，本书参考、借鉴并融合了许多学者和专家的最新研究成果，在此深表感谢！

本书得益于北京邮电大学双一流建设专项经费的大力支持，并作为"北京邮电大学精品教材"立项，在此谨致衷心的感谢！

由于编者的理论水平有限，书中难免存在不当之处，恳请读者批评指正。

编　者
2020 年 6 月 6 日

目 录

第一章 财务管理总论 ... 1
- 第一节 财务管理的概念 ... 1
- 第二节 财务管理的目标 ... 8
- 第三节 财务管理的环境 ... 15
- 第四节 财务管理的原则 ... 20
- 思考与练习题 ... 26

第二章 财务管理的价值基础 ... 29
- 第一节 资金时间价值 ... 30
- 第二节 风险价值 ... 41
- 第三节 资金成本 ... 49
- 思考与练习题 ... 57

第三章 筹资方式管理 ... 61
- 第一节 筹资管理概述 ... 61
- 第二节 债务性筹资 ... 67
- 第三节 股权性筹资 ... 75
- 第四节 混合性筹资 ... 81
- 思考与练习题 ... 89

第四章 筹资结构决策 ... 92
- 第一节 筹资结构决策概述 ... 92
- 第二节 资金需要量预测 ... 95
- 第三节 杠杆效应与风险决策 ... 102
- 第四节 资本结构决策方法及应用 ... 107
- 思考与练习题 ... 113

第五章 项目投资管理 ... 116
- 第一节 项目投资概述 ... 116
- 第二节 项目投资中现金流量的计算 ... 123

  第三节 项目投资决策指标的计算 130
  第四节 项目投资决策指标的应用 134
  思考与练习题 143

第六章 证券投资管理 146
  第一节 证券投资概述 147
  第二节 债券投资 150
  第三节 股票投资 156
  第四节 证券投资组合 165
  思考与练习题 170

第七章 营运资金管理 173
  第一节 现金管理 173
  第二节 应收账款管理 180
  第三节 存货管理 191
  思考与练习题 199

第八章 股利分配管理 202
  第一节 股利分配管理概述 202
  第二节 股利政策 207
  第三节 股票分割 215
  第四节 股票回购 218
  思考与练习题 223

第九章 财务分析及评价 225
  第一节 财务分析概述 226
  第二节 企业偿债能力分析 233
  第三节 企业营运能力分析 245
  第四节 企业发展能力分析 251
  第五节 企业盈利能力分析 254
  第六节 企业综合能力分析 265
  思考与练习题 272

思考与练习答案(客观题) 281

参考文献 284

附录 285

第一章 财务管理总论

知识体系框架

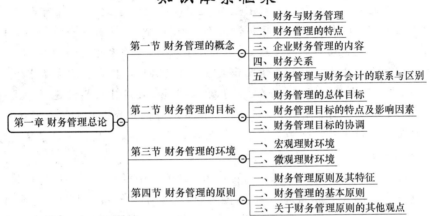

【学习目标】

本章阐述了财务管理的基础概念,重点讲解了财务管理的目标、财务管理的内容、财务管理的对象、财务管理的环境和原则。通过本章的学习需要达到以下教学目标:

1. 理解财务管理与会计的关系;
2. 掌握财务管理的目标及其特点;
3. 了解财务管理的内容;
4. 理解财务管理的对象;
5. 掌握财务管理的环境;
6. 理解财务管理的原则。

第一节 财务管理的概念

【导入案例】

新的学期,同学们在财务管理课程开始前,看着手里的《财务管理学》教材讨论起来。

同学甲说:财务不就是会计吗?我们已经学过基础会计、财务会计,怎么还要学习财务管理呢?

同学乙说:我是工商管理专业的不是会计专业的,怎么也要学财务管理呢?

同学丙说:我看了书,感觉这门课很高深、很难学啊!

大家七嘴八舌地议论起来。

老师听到了同学们的议论,知道大家还不了解财务管理与财务会计的区别,也不清楚学习这门课程有什么用处,还有一些学习上的畏难情绪。

针对大家的困惑,老师说道:"大家已经学习过财务会计的相关课程了,通俗地说,财务会计讲的是怎么记账、怎么管账,而财务管理讲的是怎么用钱、怎么管钱。可见财务管理与财务会计是不一样。财务管理这门课程涉及筹资、投资、利润分配等企业重要的决策,这些决策的理论和方法正是企业的管理者们必须掌握和具备的知识。大家听说过CFO吧?就是企业的首席财政官或财务总监(chief financial officer),这是现代企业中最重要、最有价值的管理职位之一。作为企业的CFO,就必须精通财务管理的理论和方法。从另一个方面看,财务管理也与我们的日常生活有着密切的关联。比如,你工作了几年,逐渐积累了一些钱,你是把钱存到银行还是把这些钱用来投资呢?收益情况和风险情况怎么样?投资应该选择什么样的方式和项目呢?还有,在生活中你要买房、买车,要贷款,要还贷,采用什么样的还贷方式最合适呢?又或许有一天你想要创办自己的公司,那么创办公司所需要的资金从哪儿来?做什么项目能赚钱?日常的资金如何周转?这些都是你要面对要解决的问题。相信学习了这门课,会带给你一些不一样的想法和思路,会让你有所收获。"

"财务管理"的英文是"financial management"。英文中"finance"一词是指政府、企业和个人对货币这一资源的获取和管理。因此,国家财政、企业财务和个人理财均属"finance"的范畴。本书讲述的是企业财务管理,即主要以公司制的企业为研究对象来研究财务管理的内容、目标、方法,研究企业对资金的筹集、运用和分配以及与以上财务活动有关的企业财务关系等。

一、财务与财务管理

在企业生产经营过程中,实物商品不断地运动,实物商品的价值形态也不断地发生变化,由一种形态转化为另一种形态,周而复始,不断循环,形成了资金运动。所以,企业的生产经营过程,一方面表现为实物商品的运动过程,另一方面表现为资金的运动过程或资金运动。资金运动不仅以资金循环的形式存在,而且伴随着再生产过程不断进行,资金运动也表现为一个周而复始的周转过程。资金运动是企业再生产过程的价值方面,它以价值形式综合地反映着企业的再生产过程。企业的资金运动构成企业经济活动的一个独立方面,具有自己的运动规律,这就是企业的财务活动。企业的资金运动,从表面上看是钱和物的增减变动,实际上钱和物的增减变动都离不开基础的经济利益关系。总之,企业财务是企业在生产经营过程中客观存在的资金运动及其所体现的经济利益关系。前者称为财务活动,后者称为财务关系。

财务管理就是企业对财务的管理,是基于企业再生产过程中客观存在的财务活动和财务关系而产生的,是利用价值形式对企业再生产过程进行的管理,是组织财务活动处理财务关系的一项综合性管理工作。

财务管理也称为公司(企业)理财,从企业的角度看,财务管理就是对企业资金的筹集、运用、分配以及相关财务活动的全面管理。从本质上看,财务管理是一种有关价值评估与决策的管理活动,它主要包含两个方面的内容,即组织企业的资金运动和协调企业的财务关系。其中资金运动是财务管理产生的基础,资金运动的组织、管理是财务管理的主要内容。

二、财务管理的特点

财务管理工作是近代社会化大市场的产物。在作坊、工场手工业生产方式下,财务活动比较简单,财务管理工作与会计工作是结合在一起进行的。产业革命后,特别是在19世纪末托拉斯出现以后,企业的财务活动随之变得复杂,制定投资方案、筹集经营资金、对外提供财务信息,并对利润进行分配,构成了企业经营管理中一项独立的职能:筹措、使用和分配资金。单独执行这一职能即为财务管理工作。早期的财务管理以集资为主要内容,经过20世纪30年代资本主义经济大危机,西方企业经营者看到了只重视筹资管理的严重缺陷,开始在财务管理中采取了许多对资金使用加强日常监督和日常控制的措施,财务管理发展到以监督为核心。第二次世界大战以后,随着市场经济的发展和竞争的加剧,资本主义企业的财务管理工作又逐步转向了以事前控制为主,在企业管理中形成了较完整的财务控制系统。与上述发展过程相适应,财务管理学也经历了以集资、财务监督和全面财务控制为主要研究内容的三个不同的发展阶段。

财务管理在企业整个经营管理活动中居于核心地位,当企业面临改制、重组、并购等重大决策时,财务管理人员充当着主要的角色,如现代企业中的首席财政官或财务总监CFO(chief financial officer)。随着经济发展和全球化的深入,传统的财务管理知识已远远不能适应现代企业的需要。作为现代企业的CFO,必须突破传统财务视野,从战略高度把握财务管理、公司治理、资本运营等方面的知识及其运作手段,必须大量接触国内外的前沿财务管理知识和信息,真正具备全球战略眼光,深入了解相关国际规则,在瞬息万变的市场环境中做出及时准确的财务决策。

我们可将财务管理的特点概括为以下几个方面:首先,财务管理是一种价值管理,即利用资金价值规律合理配置经济资源,通过对企业各项资金的筹集、使用、收入和分配进行预测、决策、控制、核算、分析与考核,以提高资源配置效率,促使企业以尽可能少的资金占用取得尽可能大的经济效果;其次,财务管理具有协调性,财务管理与企业的各个方面具有广泛的联系,企业购、产、销、运、技术、设备、人事、行政等各部门业务活动的进行,无不伴随着企业资金的收支,所以财务管理必须协调好各部门之间的关系;最后,财务管理具有综合性,财务管理以资金、成本、收入和利润等价值指标综合反映企业生产经营的物质条件、生产经营中的耗费和收回、生产经营的成果及其分配等情况,并据此及时掌握企业再生产活动中各种要素的增减变动及存在的问题,从而加强财务监督,促进企业改善生产经营管理。

三、企业财务管理的内容

企业财务管理的内容反映了企业资金运动的全过程,企业的财务活动决定了企业财务管理的内容。企业财务活动是对以现金收支为主的企业资金收支活动的总称。在市场经济条件下,企业拥有一定数额的资金,是进行生产经营活动的必要条件。企业的生产经营过程,一方面表现为物资的不断购进和售出,另一方面则表现为资金的支出和收回,企业的经营活动不断进行,也就会不断产生资金的收支。企业资金的收支,构成了企业经济活动中一个独立的方面,这就是企业的财务活动,它包括企业对资金的筹集、运用、分配这一系列行为。具体而言,企业的财务活动包括筹资活动、投资活动、资金营运活动、资金分配活动,而与此相对应的财务管理内容有筹资管理、投资管理、营运资金管理和利润分配管理。

(一) 企业的财务活动

企业的财务活动包括以下几个方面。

1. 企业筹集资金引起的财务活动

在商品经济条件下,企业要想从事经营,首先必须筹集一定数量的资金。企业通过发行股票、发行债券、吸收直接投资等方式筹集资金,表现为企业资金的收入。企业偿还借款、支付利息、股利以及各种筹资费用等,则表现为企业资金的支出。这种因为资金筹集而产生的资金收支,便是由企业筹资而引起的财务活动。

2. 企业投放资金引起的财务活动

企业筹集资金的目的是为了把资金用于生产经营活动以便取得盈利,不断增加企业价值。企业把筹集到的资金投资于企业内部用于购置固定资产、无形资产等,便形成企业的对内投资;企业把筹集到的资金投资于购买其他企业的股票、债券或与其他企业联营进行投资,便形成企业的对外投资。无论是企业购买内部所需的各种资产,还是购买各种证券,都需要支出资金。而当企业变卖其对内投资的各种资产或收回其对外投资时,则会产生资金的收入。这种因企业投资而产生的资金的收支,便是由投资而引起的财务活动。

3. 企业运营引起的财务活动

企业在日常的运营过程中,会发生一系列的资金收支。首先,企业要采购材料或商品,以便从事生产和销售活动,同时,还要支付工资和其他营业费用;其次,当企业把产品或商品售出后,便可取得收入,收回资金;再次,如果企业现有资金不能满足企业经营的需要,还要采取短期借款的方式来筹集所需资金。上述各方面都会产生企业资金的收支,这就是由企业运营而引起的财务活动。

4. 企业分配引起的财务活动

企业在经营过程中会产生利润,也可能会因对外投资而分得利润,这表明企业有了资金的增值或取得了投资报酬。企业的利润要按规定的程序进行分配。首先,要依法纳税;其次,要用来弥补亏损,提取公积金;最后,要向投资者分配利润。这种因利润分配而产生的资金收支便属于由利润分配而引起的财务活动。

上述财务活动的四个方面,不是相互割裂、互不相关的孤立活动,而是相互联系、相互依存的。资金的筹集是资金运动的起点和条件,资金的投放是资金筹集的目的和运用,资金的运营是对资金运用的日常控制,资金的分配则反映了企业资金运动的状况和其最终成果。正是上述既互相联系又有一定区别的四个方面,构成了完整的企业财务活动。

(二) 企业财务管理的具体内容

企业财务管理的内容就是企业资金运动的全过程,其具体内容包括筹资管理、投资管理、营运资金管理和利润分配管理。

1. 筹资管理

筹资管理是企业财务管理的首要环节,是企业投资活动的基础。筹资是指企业为了满足投资和用资的需要,筹措和集中所需资金的过程。事实上,在企业的发展过程中,筹资管理是贯穿始终的。在筹资过程中,企业一方面要确定筹资的总规模,保证投资所需要的资金足够;另一方面要选择筹资方式,以降低筹资的代价和筹资风险。因此,筹资决策的一个重要内容就是确定企业最佳的资本结构。

2. 投资管理

投资是企业对资金的运用,是为了获得收益或避免风险而进行的资金投放活动。在投资中,企业必须考虑投资规模,同时,企业还必须通过对投资方向和投资方式的选择,确定合理的投资结构,以提高投资效益、降低投资风险。投资是企业财务管理的重要环节,投资决策的失败,对企业未来经营的成败具有根本性影响。

3. 营运资金管理

营运资金是指流动资产与流动负债的差额,是企业用以维持正常经营所需要的资金,即企业在生产经营中可用的流动资产的净额。对营运资金的管理就是对企业流动资产和流动负债的管理。企业对营运资金管理要解决好流动资产和流动负债两个方面的问题,既要保证有足够的资金满足生产经营的需要,又要保证有足够的资金去按期偿还各种到期债务。企业需要合理确定并控制流动资金的需要量,主要包括现金管理、应收账款管理和存货管理。

4. 利润分配管理

企业通过投资必然要取得收入,获得资金的增值。分配总是作为投资的结果而出现的,它是对投资成果的分配。投资成果表现为取得各种收入,并在扣除各种成本费用后获得利润,所以,广义地说,分配是指对投资收入(如销售收入)和利润进行分割和分派的过程,而狭义的分配仅指对利润的分配。利润(股利)分配管理就是要解决在交纳所得税后,企业获得的税后利润中,有多少分配给投资者,有多少留在企业中用作再投资。如果利润发放过多,会影响企业再投资的能力,使未来收益减少,不利于企业的长期发展;如果利润分配过少,可能引起投资者的不满。因此,利润(股利)决策的关键是确定利润(股利)的支付率。影响企业利润(股利)决策的因素很多,企业必须根据情况制定出最佳的利润(股利)分配政策。

四、财务关系

财务关系是指企业在进行财务活动时与有关方面发生的经济利益关系。财务关系的状况反映了企业理财环境的客观状况。如何协调处理好企业与有关方面的财务关系,是财务管理工作的重要内容。

企业的筹资活动、投资活动、运营活动、利润及其分配活动涉及与企业相关的各个方面。企业在财务管理过程中涉及许多重要的利益关系人,他们会因交易双方在经济活动中所处的地位不同,且各自拥有的权力、承担的义务和追求的经济利益不同而形成不同性质的财务关系。为促进企业生产经营活动的发展,实现企业的经营目标,企业管理者应注意处理好各种财务关系。

在市场经济条件下,企业的财务关系主要有以下方面。

(一) 企业与政府之间的财务关系

企业与政府之间的财务关系体现了一种强制和无偿的分配关系。这种财务关系主要是指企业要按税法的规定依法纳税而与国家机关所形成的经济关系。国家以社会管理者的身份向一切企业征收有关税金。任何企业都要按照国家税法规定缴纳各种税款,包括所得税、流转税和其他各种税金。企业及时足额地纳税,是生产者对国家应尽的义务。企业与税务机关的财务关系反映的是依法纳税和依法征税的权利义务关系。

(二) 企业与投资者之间的财务关系

企业与投资者之间的财务关系体现的是企业的投资人向企业投入资金,而企业向其支付投资报酬所形成的经济关系。企业的所有者包括国家、法人单位、个人和外商。企业所有者按投资合同、协议、章程的约定履行其出资义务,以便及时形成企业的资本金。企业运用其资本金进行经营,实现利润后,按出资比例或合同章程的规定向所有者分配利润。企业与所有者之间的财务关系不仅表现在股息、红利的支付上,还表现在财务权利与财务责任上。一般说来,所有者出资不同,他们承担的责任和享有的权利、利益也不同。一方面,股东以其所拥有的股权大小对企业财权的运作施以不同程度的影响;另一方面,股东以其对企业投资额的大小对企业偿债风险承担有限责任。企业与所有者之间的财务关系体现着所有权的性质,反映着经营权与所有权的关系。

(三) 企业与债权人之间的财务关系

企业与债权人之间的财务关系体现的是企业向债权人借入资金,并按合同定时支付利息和归还本金从而形成的经济关系,这里实际上体现的是债权债务关系。企业的债权人包括向企业贷款的银行、非银行金融机构、企业债券的持有者、商业信用的提供者以及其他向企业拆借资金的单位和个人。企业利用债权人的资金,要按规定的利息率及时向债权人支付利息,债券到期时,要合理调度资金,按时向债权人归还本金。企业与债权人的财务关系在性质上属于债务与债权的关系。

(四) 企业与受资者之间的财务关系

企业与受资者之间的财务关系体现的是企业与受资者之间所有权性质的投资与受资的关系。这种财务关系主要是指企业利用闲置资金以购买股票或直接投资的形式向其他单位投资所形成的经济关系。随着市场经济的不断深入发展,以及企业经营规模和经营范围的不断扩大,这种关系会越来越广泛。企业向其他单位投资,应按约定履行出资义务,并根据其出资额大小参与被投资单位的经营管理和利润分配。企业与受资者之间的财务关系是体现所有权性质的投资与受资的关系。

(五) 企业与债务人之间的财务关系

企业与债务人之间的财务关系体现的是企业与其债务人之间的债权与债务的关系。这种财务关系主要是指企业将其资金以购买债券、提供借款或商业信用等形式出借给其他单位所形成的经济关系。企业将资金借出后,有权要求其债务人按约定的条件支付利息和归还本金。企业与债务人之间的财务关系体现的是债权与债务的关系。

(六) 企业内部各单位之间的财务关系

企业内部各单位之间的财务关系体现的是企业内部形成的资金结算关系,体现了企业内部各单位之间的利益关系。这种财务关系主要是指企业内部各单位之间在生产经营各环节中相互提供产品或劳务所形成的经济关系。在实行内部经济核算制和经营责任制的条件下,企业对于不同性质的资金,应根据其特点和性质分别管理和使用,企业内部各单位都有相对独立的资金定额或独立支配的费用限额,各部门、各单位相互提供产品和劳务要进行计价结算。这样,在企业内部就形成了资金结算关系,它体现了企业内部各单位之间的利益关系。企业要严格分清各相关方面的经济责任,以便有效发挥激励机制和约束机制的作用。

(七) 企业与职工之间的财务关系

企业与职工之间的财务关系体现的是企业向职工支付劳动报酬的过程中所形成的经济关系,体现了职工个人和集体在劳动成果上的分配关系。职工是企业的劳动者,企业要用产品的销售收入向职工支付工资、津贴、奖金等,并按职工提供的劳动数量和质量进行分配。企业与职工之间的结算关系体现了职工个人和集体在劳动成果上的分配关系。

五、财务管理与财务会计的联系与区别

财务管理与会计虽然是两个不同的事物、两个不同的学科,但它们之间却有着密切的联系。在财务管理中上经常会用到来自财务会计的信息,企业的财务管理活动离不开由财务会计提供的信息,而财务会计也要密切跟踪财务活动,及时记录有关资金运动的信息。这两者的关联显而易见。

日本学者宫臣章在概括西方学者各种观点的基础上,描述财务管理与会计的联系是:财务是以资金为对象的实体活动,会计是以财务活动及其结果为对象的信息处理活动,其机能是组织情报,不处理资金筹集与运用,即财务管理是进行有关资金筹集与运用意向的决策,而会计是为这种意向决策提供情报的。

财务部门筹集资金、运用资金、对利润进行分配,这些活动的结果会反映到会计部门,会计部门会接收到以凭证为载体的价值运动发出的信息。价值运动的信息借助于原始凭证进入会计信息系统,并按会计信息使用者的要求进行加工处理和输出。财务部门筹集的资金是否合理,资金运用是否得当,利润分配是否科学,均要依据会计部门提供的信息(加工后的价值运动信息即会计信息)与预定的财务目标进行比较后才能做出正确的判断。

财务管理与财务会计的区别概括来说在于角度不同。财务会计一般是从历史的角度,是对过去发生的经济活动进行核算,而财务管理的着眼点在于未来,侧重于企业内在价值的确定和进行决策。

具体来说,首先,从存在基础看。财务管理存在的客观基础是财务活动,它并非自有生产活动起就存在,而是人类生产活动发展到商品货币经济条件下所进行的一种经济管理活动。而会计,其原始形态可以追溯到人类社会的早期,它是为有效地组织和管理生产而服务的,也就是说,只要人类社会的生产活动存在,会计就会出现和存在,因为它是一种经济活动记录工具。而财务管理随着商品货币经济的产生而产生、发展而发展,并将随着商品货币经济的消亡而消亡。其次,从工作对象看。财务管理的目的是根据价值运动规律,获取尽可能大的收益,所以,其管理的对象就是资金运动本身。会计作为一个经济信息系统,它的处理对象是资金运动所呈现的信息。显然,资金运动不等同于资金运动信息。最为关键的是,作为财务管理对象的资金运动,是企业尚未发生的,并因此需要财务管理人员去组织和决策;而作为会计工作对象的资金运动信息,是企业过去已经发生的,会计人员只需要对信息进行记录和整理。最后,从基本职能看。会计最基本的职能是"反映",即通过一系列专门的方法对资金运动所产生的

信息进行如实地加工、处理。财务管理作为管理的一个门类,履行的职责同样是管理,即对资金运动的预测、计划、组织、领导、协调和控制等,它主要是针对资金运动的一种价值管理,因此,财务管理的基本职能主要表现为价值评估,即估值或定价。这是财务管理和会计的一个重要区别。

由此我们可以看出财务管理与财务会计既有区别,又有联系。在理论上,它们是两个不同的概念和学科,在实践上,它们是两个不同的职能部门。从企业角度看,财务管理就是企业的投融资决策,其核心职能是对尚未发生的经济活动的价值进行预测、评估与计划。而财务会计是企业管理的工具之一,核心职能是采用会计语言对企业过去已经发生的经济活动进行记录、整理,即反映。而两者的密切联系突出表现在,会计为财务管理决策提供了必需的信息支持和依据,而财务管理活动及其成果又是会计工作的对象。

第二节 财务管理的目标

【导入案例】

天桥商场是一家老字号商业企业,成立于1953年,是20世纪50年代全国第一面"商业红旗"。80年代初,天桥商场第一个打破中国30年的工资制,将商业11级改为新8级,1993年,在上海证券交易所上市。

1998年12月30日,北大青鸟受让北京天桥部分法人股股权。北大青鸟出资6 000多万元,拥有了天桥商场16.76%的股份,并更名为"北京天桥北大青鸟科技股份有限公司"(简称青鸟公司)。此后天桥商场的经营滑落至盈亏临界点,面对严峻的形势,公司决定裁员,以谋求长远发展。1999年北京天桥商场管理层在年底进行了一次大规模裁员,直接导致283名员工罢工。罢工导致商场被迫停业8天,损失400万元的销售额和60万元的利润。该风波引起了社会各方面的高度关注,经过有关部门努力,公司提高了给予终止合同职工的经济补助,这场风波最终得以平息。

此次风波开始时,青鸟天桥是以"股东财富最大化"为财务管理的目标,股东财富最大化只强调股东利益的最大化,而忽视了其他相关者的利益。在我国,公有制经济居主导地位,把"股东财富最大化"作为财务管理目标,既不合理,也缺乏现实的可能性。本案中,当员工对裁员方案表示不理解和抵触,不接受最初的补偿方案时,公司没有及时了解基层人员的需求,没有充分考虑到员工的利益,也没有根据企业具体情况对财务管理目标进行调整,最终导致罢工的发生。

由此看出,企业财务管理的目标要根据企业的具体情况来定,在追求财务管理目标的时候,不能简单地设定唯一方向。而风波最终在以"企业价值最大化"为目标的指导下才得以平息。企业价值最大化目标将企业长期、稳定的发展和持续的获利能力放在首位,兼顾了企业及相关利益群体的利益。

财务管理目标也称为理财目标,是指企业进行财务活动要达到的目的,也是企业理财活动希望实现的结果。财务管理是企业经营管理的一部分,是保证有关资金的获得和有效使用的管理工作。财务管理的目标取决于企业的经营目标,并且受财务管理自身特点的制约,而财务管理的目标决定着企业财务管理的基本方向,决定着财务管理的内容和职能,以及它所使用的概念和方法。

一、财务管理的总体目标

对于财务管理的目标,理论界一直存在争论,先后出现过十几种观点,这里介绍的是在财务管理理论和实践中具有代表性的四种观点。

(一) 利润最大化目标

利润最大化目标就是企业财务管理以实现利润最大化为目标。这种观点认为,利润代表企业新创造的财富,利润越多则企业财富增加得越多,同时利润的多少在一定程度上反映了企业经济效益的高低和企业竞争能力的大小。

以追逐利润最大化作为财务管理的目标有其合理的一面,具体表现在如下几个方面。一是人类从事生产经营活动的目的是为了创造更多的剩余产品,在市场经济条件下,剩余产品的多少可以用利润这个指标来衡量。二是在自由竞争的资本市场中,资本的使用权最终属于获利最多的企业,因此,利润是吸引产权从低效向高效转移的动力。三是只有每个企业都最大限度地创造利润,整个社会的财富才可能实现最大化,从而带来社会的进步和发展。在社会主义市场经济条件下,企业作为自主经营的主体,其利润是企业在一定期间内全部收入和全部费用的差额,是按照收入与费用配比原则加以计算的。它不仅可以直接反映企业创造剩余产品的多少,还从一定程度上反映出企业经济效益的高低和对社会贡献的大小。同时,利润是企业补充资本、扩大经营规模的源泉。四是利润指标简单、易于理解和操作。利润指标在实际应用方面,直观明确,容易计算,便于分解落实。

但利润最大化目标在实践中存在明显弊端。

1. 没有考虑资金的时间价值。利润最大化没有考虑利润的取得时间,今年的100万元利润与去年的100万元利润,哪个更符合企业的目标?如果不考虑时间价值,企业就无法做出正确判断。

2. 没有反映创造的利润与投入资本之间的关系。利润额是个绝对数,不同企业的规模不同,获取的利润存在很大悬殊。同样获利10万元,一个资产规模为100万元的企业和一个资产规模为1 000万元的企业,哪个更符合企业的目标?如果利润与投入资本的大小不同,企业就无法做出正确判断。因而利润最大化的观点不能科学地说明企业经济效益水平的高低,不便于不同资本规模的企业之间或同一企业不同时期之间进行比较。

3. 没有考虑风险因素。高额利润往往需要承担更大的风险。在现代市场经济中,企业每天都要面临两大因素:不确定性和时间价值。风险与收益对等,高利润往往伴随着高风险,并且同样的利润额可能来自不同的风险水平,盲目追求利润最大化会导致资本规模的无限扩张,会给企业带来更大的财务风险。

4. 容易导致企业片面追求利润最大化,可能导致企业的短期行为与企业发展的战略目标相背离。如为了追求利润最大化,导致企业对机器设备、资源等采取超负荷、掠夺性的使用,只求当期的利润最大,根本不考虑企业的长远发展,忽视产品开发、人才培养、安全生产、技术装备更新改造、生活福利设施的建设和污染的治理等社会责任的履行。

(二) 股东财富最大化目标

股东财富最大化目标是指企业的财务管理以股东财富最大化为目标。这种观点认为:股东创办企业的目的,就是获得更多的财富。

股东财富最大化的评价指标主要是股票市价或每股市价。如果一个国家的证券市场高度发达,市场效率极高,上市公司可以把股东财富最大化作为财务管理的目标。股东财富可以用每股市价来表示,反映资本和利润之间的关系。它受预期每股盈余的影响,反映每股盈余的大小和取得的时间;它受企业风险大小的影响,反映每股盈余的风险。所以,人们往往用股票的市场价格来代表股东财富。股东财富最大化的目标在一定条件下也就演变成股票市场价格最大化这一目标。

股东财富最大化目标的合理性在于以下几个方面。

1. 考虑了货币的时间价值,在一定程度上能够避免企业在追求利润上的短期行为。因为股价会受到多方面因素影响,不仅目前的利润会影响股票价格,预期的未来的利润同样会对股价产生重要影响,因此该观点注重企业利益的长远性,股票价格总是围绕公司价值波动。

2. 考虑了风险因素,因为通常股价会对风险做出比较敏感的反应。

3. 对于上市公司而言,股东财富最大化目标比较容易量化,便于考核和奖惩。一旦股东对企业经营管理业绩不满意,从而大量抛售股票,就会引起股票价格的下跌,这就促使企业管理者必须努力为股东创造更大的价值和财富。

4. 股东创办企业的目的是增加财富。能够为股东不断增加财富的企业才是股东乐于投资的企业;反之,如果企业不能够使股东投入的资金增值反而使其财富贬值,那么,股东就不会再提供权益资金,企业就得不到发展。因此企业要为股东持续不断地创造财富。

以股东财富最大化作为企业财务管理目标的观点,具有广泛的影响力和号召力,是目前国外财务管理教科书中提及最多的观点。虽然理论上还存有争议,但股东财富最大化的观点还是为越来越多的人所接受和认同。在实际中,也有许多大企业以股东财富最大化作为自己不懈追求的目标。

美国财务学家詹姆斯·C.范霍恩等在其《现代企业财务管理》中,展示了一些著名企业将股东财富最大化设立为企业财务管理的目标。

——Cocacola:我们只为一个原因而存在,那就是不断地将股东价值最大化。

——Campbell Soup:我们的首要目标是增加股东的长期财富,以补偿他们的风险。

——Equifax:为股东创造价值是我们全部的经营和财务策略的目标。

——Georgia Pacific:我们的任务永远是创造新的价值和增加股东财富。

——Transamenca:我们将继续增加企业全体股东的价值。

当然,我们也必须知道以股东财富最大化作为财务管理的目标存在的问题。

(1) 适用范围较受限。通常只适用于上市公司,非上市公司难于应用,因为非上市公司无法像上市公司一样随时准确地获得公司股价。而无论是在我国还是在西方,上市公司在全部企业中只占极少一部分,大量的非上市企业不可能采用这一目标。因此,在实际操作中很难普及。

(2) 股价受多种因素影响。这些因素,特别是企业外部的因素,有些可能是非正常因素,而这并非上市企业所能控制。因此股价不能完全准确地反映企业财务管理的状况,如有的上市公司处于破产的边缘,但由于可能存在某些机会,因此其股票市价可能还在走高。在实行股票期权激励的企业中,可能会诱使管理层弄虚作假,千方百计抬高股价。

(3) 忽视了股东以外的其他利益相关者的利益。股东财富最大化只强调股东利益的最大化,而对其他相关者的利益重视不够。现实中,股东凭借自己的有利地位侵犯其他利益主体的行为时有发生。因此,从经济学和社会学的角度来看,片面强调股东的利益是不合理和不负责任的,也是不符合商业道德原则的,因为它忽略了利益相关者的重要性。

(三) 企业价值最大化目标

企业价值最大化目标是指企业的财务管理以企业价值最大化为目标。财务管理以企业价值最大化为目标的观点在当前学术界得到普遍认可。支持这种观点的人认为,现代企业是多边契约关系的集合,不能只考虑股东的利益,而应体现企业整体的利益。企业价值最大化更能体现企业主体的特征和利益相关者的利益,它较股东财富最大化更为合理。

这里的企业价值不是资产的账面价值,而是企业全部财产的市场价值,它反映了企业潜在或预期的获利能力。企业价值不仅包括债权价值、股权价值,还有人力资本价值、商誉等。企业的价值可以理解为企业所有者权益的市场价值,或者是企业所能创造的能预计未来现金流量的现值,可以反映企业潜在或预期的获利能力和成长能力。未来现金流量的现值这一概念,包含了资金的时间价值和风险价值两个方面的因素。未来现金流量的预测包含了不确定性和风险因素,而现金流量的现值是以资金的时间价值为基础对现金流量进行计算得出的。企业价值最大化要求企业通过采用最优的财务政策,充分考虑资金的时间价值和风险与报酬的关系,在保证企业长期稳定发展的基础上使企业总价值达到最大。

1. 以企业价值最大化作为财务管理的目标,其优点主要表现在以下几个方面。

(1) 该目标考虑了资金的时间价值和风险价值,有利于统筹安排长短期规划、合理选择投资方案、有效筹措资金、合理制定股利政策等。

(2) 该目标反映了对企业资产保值增值的要求,从某种意义上说,股东财富越多,企业市场价值就越大,追求股东财富最大化的结果可促使企业资产保值或增值。

(3) 该目标将企业长期、稳定的发展和持续的获利能力放在首位,有效地规避了企业的短期行为。

(4) 用价值代替价格,克服了过多的外界市场因素的干扰,有利于克服管理上的片面性。

(5) 该目标有利于社会资源的合理配置。社会资源通常流向企业价值最大化或股东财富最大化的企业或行业,有利于实现社会效益最大化。

2. 以企业价值最大化作为财务管理的目标存在以下问题。

(1) 企业的价值过于理论化,不易操作。尽管对于上市公司而言,股票价格的变动在一定程度上揭示了企业价值的变化,但是股价是受多种因素影响的结果,特别是在资本市场效率低下的情况下,股票价格很难反映企业所有者权益的价值。

(2) 对于非上市企业而言,只有对企业进行专门的评估才能真正确定其价值,而在评估企业的资产时,由于受评估标准和评估方式的影响,这种估价不易做到客观和准确,这也导致企业价值确定的困难。

除了以上三种有普遍共识的财务管理目标,理论界还有关于"利益相关者财富最大化目标"的探讨和争论。利益相关者财富最大化是指通过企业财务上的合理经营,采用最优的财务政策,充分考虑资本的时间价值和风险与报酬的关系,在保证企业长期稳定发展的基础上使企业总价值达到最大。这一目标将企业长期的稳定发展摆在首位,强调在企业价值增长中满足各方利益,有利于监控信息非对称条件下经营者的行为,保证企业治理结构主体之间平等、独立的关系。此观点认为现代企业是一个由多个利益相关者组成的集合体,财务管理是正确组织财务活动、妥善处理财务关系的一项经济管理工作,财务管理目标应从更广泛、更长远的角度来找到一个更为合适的理财目标,这就是利益相关者的财富最大化。对此观点持反对意见的人认为,由于利益相关者利益的矛盾性和相互竞争性,使得企业在特定的经营时期,几乎不可能使利益相关者的财富最大化,而且目前"利益相关者财富最大化"目标尚缺乏严格的界定及可行的计量方法,现实中还不能作为企业的财务管理目标。

综上所述,财务管理目标从"利润最大化"到"股东财富最大化",再到"企业价值最大化",都是认识上的改变,也是企业在一定环境下提出了的理财目标,随着内外环境和经营战略的变化,以及人们认识的发展和深化,财务管理目标也会随之发生变化。

在计划经济体制下,我国企业大多以追求"产值最大化"为财务管理的目标,在建立社会主义市场经济的初级阶段,财务管理基本上是围绕利润的增长进行的,而现阶段更多的是强调企业价值最大化。

二、财务管理目标的特点及影响因素

(一) 企业财务管理目标的特点

企业财务管理目标具有相对稳定性、可操作性、层次性三方面的特点。

1. 财务管理目标具有相对稳定性。随着宏观经济体制和企业经营方式的变化,以及人们认识的发展和深化,财务管理目标也可能发生变化。但是,宏观经济体制和企业经营方式的变化是渐进的,只有发展到一定阶段以后才会产生质变;人们的认识在达到一个新的高度以后,也需要有一个达成共识、为人所普遍接受的过程。因此,财务管理目标作为人们对客观规律的一种概括,总的说来是相对稳定的。

财务管理目标具有相对稳定性的要求,即财务管理目标一经确定,不得随意更改,但如果理财环境变化了,应做相应的调整。

2. 财务管理目标具有可操作性。财务管理目标是实行财务目标管理的前提,它要能够起到组织动员的作用,要能够据以制定经济指标并进行分解,实现职工的自我控制,进行科学的绩效考评。这样,财务管理目标就必须具有可操作性,具体说来包括:可以计量、可以追溯、可以控制。

财务管理目标具有可操作性要求财务管理目标要具体,能分解成具体的考核评价指标,以便贯彻落实。

3. 财务管理目标具有层次性。财务管理目标是企业财务管理这个系统顺利运行的前提条件,同时它本身也是一个系统。各种各样的理财目标构成了一个系统,反映着各个目标之间的内在联系。财务管理目标之所以有层次性,是由企业财务管理内容和方法的多样性以及它们相互关系上的层次性决定的。

财务管理目标的层次性要求在企业一级有财务管理总目标,并且可分解为各项财务活动的分目标,以及各部门的分目标。

(二) 财务管理目标的影响因素

企业财务管理目标在不同时期、不同理财环境、不同国度会有所不同,归纳起来这些目标都受到以下共同因素的影响。

1. 财务管理主体

财务管理主体是指企业的财务管理活动应限制在一定的组织内,明确了财务管理的空间范围。由于自主理财的确立,使得财务管理活动成为企业总体目标的具体体现,这为正确确立企业财务管理目标奠定了理论基础。

2. 财务管理环境

财务管理环境包括经济环境、法律环境、社会文化环境等财务管理的宏观环境,以及企业类型、市场环境、采购环境、生产环境等财务管理的微观环境,同样也是影响财务管理目标的主要因素之一。

3. 企业利益集团的利益关系

企业利益集团是指与企业产生利益关系的群体。在现代企业制度下,企业的利益集团已不是单纯的企业所有者,影响财务管理目标的利益集团包括企业所有者、企业债权人、政府和企业职工等方面,不能将企业财务管理目标仅仅归结为某一集团的目标,而应该是各利益集团利益的综合体现。

4. 社会责任

社会责任是指企业在从事生产经营活动,获取正常收益的同时,应当承担相应的社会责任。企业财务管理目标和社会责任客观上存在矛盾,即企业承担社会责任会造成利润和股东财富的减少。企业财务管理目标和社会责任也有一致性:首先,企业承担的社会责任大多是法律所规定的,如消除环境污染、保护消费者权益等,企业财务管理目标的完成,必须以承担社会责任为前提;其次,企业积极承担社会责任,为社会多作贡献,有利于企业树立良好形象,也有利于企业财务管理目标的实现。

三、财务管理目标的协调

企业所有者、债权人和经营者之间构成了企业最重要的财务关系。企业是所有者即股东的企业,财务管理的目标是指股东的目标。股东委托经营者代表他们管理企业,为实现他们的目标而努力,但经营者和股东的目标并不完全一致。债权人把资金借给企业,也不是为了帮助企业实现其财务管理目标,他们有自己的目的和财务管理目标。公司必须协调这三方面的矛盾,才能实现企业自己的财务管理目标。

(一) 所有者与经营者的矛盾与协调

在现代企业中,由于所有权与经营权完全分离,经营者不拥有股权,他们只是所有者的代理人。所有者希望经营者代表他们的利益工作,实现所有者财富的最大化,而经营者会考虑其自身的利益。所有者支付给经营者报酬的多少一般取决于经营者能够为其创造多少财富,而经营者则希望在创造财富的同时,能够获取更多的报酬,享受更好的工作环境和福利。他们以能够轻松工作为基点,不愿意为提高股价而冒险,并利用职务之便用企业的钱为自己谋福利,如坐豪华轿车、奢侈地出差旅行等,因为这些开支可计入企业成本,由全体股东分担。他们甚至会蓄意压低股票价格,以自己的名义借款买回,导致股东财富受损,自己从中获利。由于两者的行为目标不同,必然导致利益冲突,即经营者个人利益最大化和股东财富最大化的矛盾。为了协调所有者与经营者的矛盾,防止经营者背离股东目标,一般有以下两种方法。

(1) 监督。经营者背离股东目标的条件是,双方掌控的信息不一致。经营者掌握企业实际的经营控制权,其掌握的企业财务信息远远多于股东。为了协调这种矛盾,股东除要求经营者定期公布财务报表外,还要求经营者尽量提供更多的信息,以便对其进行必要的监督。但监督只能减少经营者违背股东意愿的行为,因为股东是分散的,得不到充分的信息,并且监督也会受到合理成本的制约,因此全面监督难以做到。

（2）激励。激励就是将经营者的管理绩效与所得的报酬联系起来,使经营者能够分享企业增加的财富,鼓励他们自觉采取符合股东目标的行为。例如,允许经理在未来某个时期以约定的固定价格购买一定数量的公司股票,股票价格提高后,经营者自然获取股票涨价收益,或在每股收益、资产报酬率、净资产收益率以及资产流动性指标等方面对经理的绩效进行考核,以其增长率为标准,给经理以现金、股票奖励。但激励作用与激励成本相关,报酬太低,起不到激励作用,报酬太高,又会加大股东的激励成本,减少股东自身利益。可见,激励也只能减少经理违背股东意愿的行为,不能解决全部问题。

所以,通常情况下,企业采用监督和激励相结合的办法使经理的目标与企业目标协调起来,力求使监督成本、激励成本和经理背离股东目标而造成的损失之和最小。除了企业自身的努力之外,外部市场竞争的作用,也会促使经营者把公司股票价格最高化作为他经营的首要目标。其主要表现在以下几个方面。

1. 人才市场评价

来自资本市场的信息反映了经营者的经营绩效,公司股价高说明经营者经营有方,股东财富在增加的同时,经营者在人才市场上的价值也在增高,聘用他的公司会向他支付高报酬。此时经营者追求利益最大化的愿望便与股东财富最大化的目标相一致。经理人才作为一种人力资源,其价值是由市场决定的。

2. 被解聘的威胁

现代公司股权的分散使得个别股东很难通过投票表决来撤换不称职的经营者。同时,由于经营者被授予了很大的权力,他们实际上控制了公司,即便股东看到他们经营企业不力、业绩欠佳往往也无能为力。但进入20世纪80年代以来,许多大公司被机构投资者控股,养老基金、共同基金和保险公司在大企业中所占的股份,足以使他们有能力解聘总经理。这种被解聘的威胁会促使经营者不断创新、努力经营,为股东的最大利益服务。

3. 公司兼并的威胁

当公司经营者经营不力或决策错误,导致股票价格下降到一定的水平时,就会有被其他公司兼并的危险。而一旦被兼并,经营者在合并公司的地位有可能不保,并可能出现被解雇的风险。因此经营者为保住自己的地位和权力,会竭尽全力实现公司股价的最高化,由此与股东利益相一致的。

（二）所有者与债权人的矛盾与协调

企业的资本来自股东和债权人。债权人的投资回报是固定的,而股东收益随企业经营效益的变化而变化。当企业经营状况良好时,债权人所得的固定利息只是企业收益中的一小部分,大部分利润归股东所有;当企业因经营状况差而陷入财务困境时,债权人承担了资本无法追回的风险。这就使得所有者的财务目标与债权人渴望实现的目标相互矛盾。首先,所有者可能未经债权人的同意,要求经营者投资一些风险比债权人预计的风险要高的项目,这会增加负债的风险。高风险的项目一旦成功,额外利润就会被所有者独享;但若失败,债权人就要与所有者共同负担由此造成的损失。对债权人来说,风险与收益是不对称的。其次,所有者或股东可能未征得现有债权人的同意,要求经营者发行新债券或筹措新借款,这会增大企业破产的风险,致使旧债券或老债的价值降低,侵犯了债权人的利益。因此,在企业财务拮据时,所有者和债权人之间的利益冲突会加剧,协调上述所有者与债权人之间的矛盾,一般可通过以下方式。

（1）限制性借款。它是通过对借款的用途限制,以及借款的担保条款和借款的信用条件来防止和迫使股东不能利用上述两种方法剥夺债权人的债权价值。

（2）收回借款不再借款。它是指当债权人发现公司有侵蚀其债权价值的意图时,采取收回债权和不给予公司重新放款的方式,来保护自身的权益。

除债权人外,与企业经营者有关的各方都与企业有合同关系,都存在着利益冲突和限制条款。企业经营者若侵犯职工、客户、供应商等各方的利益,都将影响企业目标的实现,所以说企业是在一系列限制条件下实现企业价值最大化的。

第三节　财务管理的环境

财务管理环境又称理财环境,是对企业财务活动和财务管理产生影响作用的企业内外各种条件的统称。财务管理环境是企业赖以生存的土壤,也是企业财务决策难以改变的外部约束条件,企业财务活动在相当大程度上受理财环境制约,如生产、技术、供销、市场、物价、金融、税收等对企业财务活动都有重大影响。只有在理财环境的各种因素作用下实现财务活动的协调平衡,企业才能生存和发展。环境分析,有助于正确地制定理财策略,提高企业财务行为对环境的适应能力、应变能力和利用能力,以便更好地实现企业财务管理的目标。

财务管理环境涉及范围很广,按其涉及范围的大小,可分为宏观理财环境和微观理财环境。

一、宏观理财环境

宏观理财环境是指对财务管理有重要影响的宏观方面的各种因素,包括政治、经济、法律、资源、科技等方面的环境。宏观理财环境的各种因素通常存在于企业之外,也被称为财务管理的外部环境。

这里主要介绍对企业财务管理影响比较大的经济环境、法律环境和金融环境等因素。

（一）经济环境

在影响财务管理的各种外部环境中,经济环境是最为重要的。经济环境的内容十分广泛,包括经济管理体制、经济发展状况、宏观经济政策及通货膨胀水平等。

1. 经济管理体制

经济管理体制是制约企业财务管理的重要环境因素之一。经济管理体制,是指在一定的社会制度下,生产关系的具体形式以及组织、管理和调节国民经济的体系、制度、方式和方法的总称。经济管理体制分为宏观经济管理体制和微观经济管理体制两类。宏观经济管理体制是指整个国家宏观经济的基本经济制度,而微观经济管理体制是指一国的企业体制及企业与政府、企业与所有者的关系。宏观经济管理体制对企业财务行为的影响主要体现在,企业必须服从和服务于宏观经济管理体制,在财务管理的目标、财务主体、财务管理的手段与方法等方面与宏观经济管理体制的要求相一致。微观经济管理体制对企业财务行为的影响与宏观经济管理体制相联系，主要体现在如何处理企业与政府、企业与所有者之间的财务关系。

2. 经济发展状况

任何国家的经济发展都不可能保持长期快速的增长，总会出现起伏变化，在经济发展的不同阶段，企业应该采取不同的财务管理策略（见表1-1），如当经济发展处于繁荣时期，经济发展速度较快，市场需求旺盛，销售额大幅度上升。企业为了扩大生产，需要增加投资，此时需要迅速筹集大量资金以满足投资扩张的需要。而当经济发展处于衰退时期时，经济发展速度缓慢，甚至出现负增长，市场萎缩、产品销量下降，投资大幅度减少。此时企业需停业扩张、调整资金配置和生产经营。

表1-1 不同经济发展状况下的财务管理策略

管理策略	经济环境			
	复苏	繁荣	衰退	萧条
固定资产投资	增加厂房设备 实行长期租赁	继续增加厂房设备	停止扩张 出售多余设备	建立投资标准 放弃次要利益
存货储备	建立存货	继续建立存货	消减存货 停止长期采购	消减存货
人力资源	增加劳动力	继续增加劳动力	停止招收雇员	裁减雇员
产品策略	开发新产品	提高产品价格 开展营销规划	停止不利产品	保持市场份额 压缩管理费用

3. 宏观经济政策

政府具有对宏观经济发展进行调控的职能。在一定时期，政府为了协调经济发展，往往通过计划、财税、金融等手段对国民经济总运行机制及子系统提出一些具体的政策措施。这些宏观经济调控政策对企业财务管理的影响是直接的，企业必须按国家政策办事，否则将寸步难行。例如，国家采取收缩的调控政策时，会造成企业的现金流入减少、现金流出增加，从而导致企业资金紧张、投资压缩。反之，当国家采取扩张的调控政策时，企业财务管理则会出现与之相反的情形。

不同的宏观经济政策，对企业财务管理的影响不同。金融政策中的货币发行量、信贷规模会影响企业投资的资金来源和预期收益；财税政策会影响企业的资金结构和投资项目的选择等；价格政策会影响资金的投向和投资的回收期及预期收益；会计制度的改革会影响会计要素的确认和计量，进而对企业财务活动的事前预测、决策及事后评价产生影响；等等。

4. 通货膨胀水平

通货膨胀对企业财务活动的影响是多方面的，主要表现在：

（1）引起资金占用的大量增加，从而增加企业的资金需求；
（2）引起企业利润虚增，造成企业资金由于利润分配而流失；
（3）引起利润上升，加大企业的权益资金成本；
（4）引起有价证券价格下降，增加企业的筹资难度；
（5）引起资金供应紧张，增加企业的筹资难度。

企业应当采取措施予以防范。在通货膨胀初期，货币面临着贬值的风险，这时企业可以：进行投资可以避免风险，实现资本保值；与客户应签订长期购货合同，以减少物价上涨造成的损失；取得长期负债，以保持资本成本的稳定。在通货膨胀持续期，企业可以采用比较严格的信用条件，减少企业债权；调整财务政策，防止和减少企业资本流失；等等。

(二) 金融环境

财务管理的金融环境主要包括金融市场、金融工具、金融机构和利率四个方面。

金融市场是指资金筹集的场所。广义的金融市场，是指一切资本流动（包括实物资本和货币资本）的场所，其交易活动有货币的借贷、票据的承兑和贴现、有价证券的买卖、黄金和外汇的买卖、国内外保险的办理、生产资料的产权交换等。狭义的金融市场一般是指有价证券市场，即股票和债券的发行和买卖市场。

1. 金融市场的分类

（1）按交易的期限分为短期资金市场和长期资金市场。短期资金市场是指期限不超过一年的资金交易市场，因为短期有价证券易变成货币或作为货币使用，所以也叫货币市场。长期资金市场，是指期限在一年以上的股票和债券交易市场，因为发行股票和债券主要用于固定资产等资本货物的购置，所以也叫资本市场。

（2）按交易的性质分为发行市场和流通市场。发行市场是指从事新证券和票据等金融工具买卖的转让市场，也叫初级市场或一级市场。流通市场是指从事已上市的各种证券和票据等金融工具买卖的转让市场，也叫次级市场或二级市场。

（3）按交易的直接对象分为同业拆借市场、国债市场、企业债券市场、股票市场和金融期货市场等。

（4）按交割的时间分为现货市场和期货市场。现货市场是指买卖双方成交后，当场或几天之内买方付款、卖方交出证券的交易市场。期货市场是指买卖双方成交后，在双方约定的未来某一特定的时日才交割的交易市场。

2. 金融市场与企业财务活动

企业从事投资活动所需要的资金，除了所有者投入的以外，主要从金融市场取得。金融政策的变化必然影响企业的筹资与投资。所以，金融市场环境是企业最为主要的环境因素，它对企业财务活动的影响主要体现在以下几个方面。

（1）金融市场为企业提供了良好的投资和筹资场所。

当企业需要资金时，可以在金融市场选择合适的方式筹资；而当企业有闲置的资金时，又可以在市场上选择合适的投资方式，为其资金寻找出路。

（2）金融市场为企业的长短期资金相互转化提供方便。

企业可通过金融市场将长期资金，如股票、债券，变现转为短期资金，也可以通过金融市场购进股票、债券等，将短期资金转化为长期资金。

（3）金融市场为企业财务管理提供有意义的信息。

金融市场的利率变动反映资金的供求状况，有价证券市场的行情反映投资人对企业经营状况和盈利水平的评价。这些都是企业生产经营和财务管理的重要依据。

3. 金融市场的作用

金融市场与企业财务管理具有十分紧密的关系，金融市场的作用主要表现在以下四个方面。

（1）金融市场是企业筹资和投资的场所。企业需要资金时，可以到金融市场选择适合自己的方式筹资，如银行贷款、融资租赁、发行股票和债券。企业有了剩余资金，也可以灵活选择投资方式,为其资金寻找出路,如银行存款、投资国债和购买股票。

(2) 企业可以通过金融市场使长短期资金互相转化。企业作为战略投资者,持有的上市公司股票可以在规定的持有期到期后在证券市场上卖出;持有的可上市流通债券可以随时转手变现,成为短期资金;持有的远期票据可以通过贴现,变为现金;持有的大额可转让定期存单也可以在金融市场卖出,成为短期资金。与此相反,短期资金也可以在金融市场上转变为股票、债券等长期资产。

(3) 引导资本流向和流量,提高资本效率。金融市场通过利率的上下波动和人们投资收益的变化,能够引导资本流向最需要的地方,从利润率低的部门流向利润率高的部门,从而实现资本在各地区、各部门、各单位的流动,实现社会资源的优化配置。

(4) 金融市场可以为企业财务管理提供有价值的信息。金融市场的利率变动反映了资金的供求状况;有价证券的市价波动反映了投资者对企业经营状况和盈利水平的客观评价。因此,它们是企业经营和投资、筹资的重要依据。

4. 我国主要的金融机构

(1) 中国人民银行。中国人民银行是我国的中央银行,它代表政府管理全国的金融机构和金融活动,经理国库。

(2) 政策银行。政策银行是指由政府设立,以贯彻国家产业政策、区域发展政策为目的,不以营利为目的的金融机构。我国目前有三家政策银行:国家开发银行、中国进出口银行和中国农业发展银行。

(3) 商业银行。商业银行是以经营存款、放贷、办理转账结算为主要业务,以盈利为主要经营目标的金融企业。我国商业银行有国有独资商业银行、股份制商业银行。

(4) 非银行金融机构。我国主要的非银行金融机构有保险公司、信托投资公司、证券机构、财务公司、金融租赁公司。

5. 金融市场利率

在金融市场上,利率是资本使用权的价格,它体现了资本的使用价值。我国的利率分为法定利率和市场利率。

法定利率是指政府通过中央银行确定、公布的各银行都必须执行的利率。市场利率是指金融市场上资金供求双方通过竞争而形成的利率。市场利率受法定利率的影响,法定利率也要考虑市场的供求状况,一般说来两者并无显著的脱节现象。

金融市场上的利率可用如下公式表示:

$$利率 = 纯利率 + 通货膨胀贴水 + 风险报酬率$$
$$= 纯利率 + 通货膨胀补偿率 + 变现力附加率 +$$
$$违约风险附加率 + 到期风险附加率$$

(1) 纯利率。纯利率是指没有风险和通货膨胀情况下的平均利率。在没有通货膨胀时,国库券的利率可以视为纯利率。

纯利率的高低受平均利润率、资金供求关系和国家调节的影响,利息为利润的一部分,利息率依存于利润率,并受平均利润率的制约。利息率最高不能超过平均利润率,但其占平均利润率的比重,取决于金融业和工商业之间的竞争结果。在平均利润率不变的情况下,金融市场上的供求关系决定了利率水平。经济高涨时,资金需求量上升,若供应量不变,则利率上升;经济衰退时,正好相反。若政府为防止经济过热,通过中央银行减少货币的供应量,则利率上升;若政府为刺激经济发展,增加货币发行,则情况相反。

(2) 通货膨胀补偿率。通货膨胀补偿率是指由于通货膨胀会降低货币的实际购买力,为弥补其购买力损失而在纯利率的基础上加上通货膨胀附加率。由于通货膨胀使货币贬值,降低了货币的实际购买力,投资者的真实报酬下降,为了弥补因通货膨胀造成的购买力损失,在利率中给予的补偿,称为通货膨胀补偿率贴水。

(3) 变现力附加率。变现力是指资产转变为现金的能力。在利率中考虑变现力,一般是从有价证券的角度来考虑的。政府债券和大公司的股票容易被人接受,投资人随时可以出售它们以收回投资,变现能力强;而一些鲜为人知的小公司的债券、股票不易变现,投资人要求附加变现率(提高1%~2%的利率)作为补偿。

(4) 违约风险附加率。违约风险附加率是指为了弥补因债务人无法按时还本付息而带来的风险,由债权人要求附加的利率。违约风险越大,投资人要求的利率报酬越高。债券评级,实际上就是评定违约风险的大小。信用等级越低,违约风险越大。在其他因素不变的情况下,各信用等级债券利率水平同国库券利率之间的差额,便是违约风险报酬率。

(5) 到期风险附加率。到期风险附加率是指为了弥补因偿债期长而带来的风险,由债权人要求附加的利率。一项负债到期日越长,债权人承担的不确定因素就越多,承担的风险也就越大。

(三) 法律环境

财务管理的法律环境是指企业和外部发生经济关系时所应遵守的各种法律、法规和规章。市场经济是一种法治经济,企业的一切经济活动总是在一定的法律规范范围内进行的。一方面,法律提出了企业从事一切经济业务所必须遵守的规范,从而对企业的经济行为进行约束;另一方面,法律也为企业合法从事各项经济活动提供了保护。

按照对财务管理内容的影响情况国家相关法律法规可以分如下几类。

(1) 影响企业筹资的各种法规主要有公司法、证券法、金融法、证券交易法、合同法等。

(2) 影响企业投资的各种法规主要有证券交易法、公司法、企业财务通则等。

(3) 影响企业收益分配的各种法规主要有税法、公司法、企业财务通则等。

法律环境对企业的影响是多方面的,影响范围包括企业组织形式、公司治理结构、投融资活动、日常经营、收益分配等。如在投资活动中,《公司法》规定股份公司的发起人可以用货币资金出资,也可以用实物、工业产权、非专利技术、土地使用权作价出资,规定了投资的基本程序、投资方向和投资者的出资期限及违约责任等。在分配活动中,《税法》《公司法》《企业财务通则》及《企业财务制度》规定了企业成本开支的范围和标准,企业应缴纳的税金及计算方法,利润分配的前提条件、去向、一般程序及重大比例。在生产经营活动中,国家制定的各项法律也会引起财务安排的变动,所以在财务活动中必须予以考虑。

二、微观理财环境

微观理财环境是对财务管理有重要影响的微观方面的各种因素,包括企业的组织形式、财务管理体制、经营规模、产品销售状况、资源供应等。微观理财环境有的存在于企业内部,有的存在于企业外部。企业内部的理财环境包括财务管理体制和财务管理制度。

(一) 财务管理体制

财务管理体制是企事业单位财务管理内部环境的主导因素。由于管理体制的核心在于财权(决议权、支配权、控制权)的"集中"与"下放",由此形成了集权式的财务管理体制和分权式的财务管理体制的区别。

(1) 集权式财务管理体制是财务决议权、支配权、控制权高度集中的财务管理体制。由于企业的各项财务权限都集中于企业的最高管理层,企业的中、下层管理者没有任何财务决策权和支配权,只有对被授予具体事项的执行权限。因而有利于企业整合资源、调配财力、提高企业整体效益。在集权式财务管理体制下,董事会是财务控制权的主体,在董事会的强力控制下,形成董事会—总经理—财务副总经理—财务经理(财务部门)四个不同的财务管理层次。集权式财务管理体制照顾了企业的整体利益,但可能损害不同部门、不同利益关系人的局部利益,挫伤中、下层管理者的积极性。

(2) 分权式财务管理体制是将财务控制权分散到不同的下属单位和经营部门的管理体制。由于财务控制权的分散程度不同,分权式财务管理体制也存在着差异:有的分权式管理体制授予管理者产品定价权和成本费用管理权;有的分权式管理体制授予管理者投融资决策权和资产处置权;有的分权式管理体制授予管理者利润分配权。分权式财务管理体制虽然有利于调动各方面的积极性,挖掘出企业的盈利潜能,但是由于在涉及全局决策时难以协调,因而不利于企业统一处理对外关系,也不利于企业的战略规划。

(二) 企业内部财务管理制度

企业内部财务管理制度是企业财务工作的"内部法规",它是在《企业财务通则》的基础上,针对企业自身特点和管理要求,所制定的财务管理的遵循依据。无论企业规模大小,都必须建立严肃的内部财务制度,以作为企业开展各项财务工作的规范和依据。一般情况下,企业内部财务管理制度需要做出以下规范。

(1) 明确管理主体(董事会、监事会、经理、财务负责人、财务部门各岗位人员、其他职能部门及人员)的权责分工。

(2) 明确企业的各项财务关系。

(3) 明确企业内部财务管理基础工作的各项要求。

(4) 明确资金筹集的管理制度。

(5) 明确各类资产的管理制度。

(6) 明确对外投资的管理制度。

(7) 明确成本、费用的管理制度。

(8) 明确销售收入的管理制度。

(9) 明确企业利润及其分配的管理制度。

(10) 明确财务报告与财务评价制度。

第四节 财务管理的原则

为了使企业的财务活动能够有效地、规范地进行,企业需要遵循一定的规范,通过大量的企业财务管理实践活动,将经验加以总结和概括,形成了反映企业财务管理基本要求,体现企业财务活动规律的行为规范,这就是财务管理原则。

一、财务管理原则及其特征

财务管理的原则是人们在理财活动中对财务管理共同的、理性的认识,是企业组织财务活动、处理财务关系应遵循的准则。

财务管理的原则具有如下特征:

第一,财务管理原则必须符合大量观察和事实,能被多数人所接受。财务理论有不同的流派和争论,甚至存在完全相反的理论,而财务管理原则必须被现实反复证明并被多数人接受,具有共同认识的特征。

第二,财务管理原则是财务交易和财务决策的基础。财务管理实务是应用性的,"应用"是指管理原则的应用。各种财务管理程序和方法,是以财务管理原则为依据建立的。

第三,财务管理原则为出现的新问题提供解决思路。已经开发出来的、被广泛应用的程序和方法,只能解决常规问题,当问题不符合任何既定程序和方法时,原则为解决新问题提供预先的感性认识,指导人们寻找解决问题的方法。

第四,财务管理原则不一定在任何情况下都绝对正确。原则的正确性与应用环境有关,在一般情况下它是正确的,而在特殊情况下不一定正确。

二、财务管理的基本原则

为保证企业财务管理目标的实现,企业应遵循的财务管理原则主要包括以下几点。

(一) 货币时间价值原则

货币时间价值原则,是指在进行财务计量时要考虑货币时间价值因素。它是指货币经历一段时间的投资和再投资所增加的价值。从经济学的角度看,即使在没有风险和通货膨胀的情况下,一定数量的货币资金在不同时点上也具有不同的价值。因此,在数量上货币的时间价值相当于没有风险和通货膨胀条件下的社会平均资本利润率。该原则的首要应用是现值概念。长期投资决策中的净现值法、获利指数法和内含报酬率法,都要运用到货币时间价值原则。该原则的另一个重要应用是"早收晚付"观念。营业周期管理中应付账款付款期的管理、存货周转期的管理、应收账款周转期的管理等,都充分体现了货币时间价值原则在财务管理中的具体运用。

(二) 资金合理配置原则

拥有一定数量的资金,是企业进行生产经营活动的必要条件,但任何企业的资金总是有限的。企业财务管理是对企业全部资金的管理,而资金运用的结果则形成企业各种各样的物质资源。资金合理配置是指企业在组织和使用资金的过程中,通过组织和调节,保证各项物质资源具有最优化的结构比例关系,保证企业生产经营活动的正常进行,使资金得到充分有效的运用,并从整体上取得最大的经济效益。

资金的配置从筹资的角度看表现为资本结构,具体表现为负债资金和所有者权益资金的构成比例、长期负债和流动负债的构成比例,以及内部各具体项目的构成比例。企业不但要从数量上筹集保证其正常生产经营所需的资金,而且必须使这些资金保持合理的结构比例。从投资或资金的使用角度看,企业的资金表现为各种形态的资产,各种形态的资产之间应当保持合理的结构比例关系,包括对内投资和对外投资的构成比例。对内投资的比例包括:流动资产投资和固定资产投资的构成比例、有形资产和无形资产的构成比例、货币资产和非货币资产的构成比例等。对外投资的比例包括:债权投资和股权投资的构成比例、长期投资和短期投资的构成比例等,以及各种资产内部的结构比例。上述这些资金构成比例的确定,都应遵循资金合理配置原则。

(三)收支积极平衡原则

在财务管理中,不仅要保持各种资金存量间的协调平衡,还要关注资金流量的动态协调平衡。所谓收支积极平衡,就是要求资金收支不仅要在一定时期的总量上求得平衡,还要在每一个时点上协调平衡。资金收支在每一时点上的平衡性,是资金循环过程得以周而复始进行的条件。量入为出、收支平衡是对企业财务管理的基本要求。资金不足,会影响企业的正常生产经营,坐失良机,严重时,会影响到企业的生存;资金多余,会造成闲置和浪费,给企业带来不必要的损失。收支积极平衡原则要求企业一方面要积极组织收入,确保生产经营和对内、对外投资对资金的正常合理需要;另一方面要节约成本费用,压缩不合理开支,避免盲目决策。保持企业一定时期资金总供给和总需求的动态平衡和每一时点资金供需的静态平衡。要做到企业资金收支平衡,在企业内部,要增收节支,缩短生产经营周期,生产适销对路的优质产品,扩大销售收入,合理调度资金,提高资金利用率;在企业外部,要保持同资本市场的密切联系,加强企业的筹资能力。

(四)成本效益原则

在企业财务管理中,要关心资金的存量和流量,更要关心资金的增量。企业资金的增量即资金的增值额,是由营业利润或投资收益形成的。因此,必须认真进行分析和权衡形成资金增量的成本与收益这两方面的因素。成本效益原则,就是要对企业生产经营活动中的支出与所得进行分析比较,对经济行为的得失进行衡量,使成本与收益得到最优的结合,以求获取最多的盈利。

成本效益原则贯穿于企业的全部财务活动中。在筹资决策中,企业应将所发生的资本成本与所取得的投资利润率进行比较;在投资决策中,应将与投资项目相关的现金流出与现金流入进行比较;在生产经营活动中,应将所发生的生产经营成本与其所取得的经营收入进行比较;在不同备选方案之间进行选择时,应将所放弃的备选方案预期产生的潜在收益视为所采纳方案的机会成本与所取得的收益进行比较。

(五)收益风险均衡原则

财务活动中的风险是指获得预期财务成果的不确定性。企业要获得收益,就不能回避风险,低风险只能获得低收益,高风险则可能得到高收益。企业进行财务管理不能只顾追求收益,不考虑发生损失的可能。收益风险均衡原则是指风险和报酬之间存在对等关系,要求企业对每一项财务活动,全面分析其收益性和安全性,按照收益和风险适当均衡的要求来决定采取何种行动方案,企业经营者不应一味追求高风险而不顾企业的财务风险,也不能过于保守,片面强调财务安全,这也会使企业坐失良机,裹足不前。企业应该评估自身适应环境的赢利能力、承担风险的能力,并在对风险做出合理的分析和权衡之后,选择对企业最有利的方案。

三、关于财务管理原则的其他观点

如何概括财务管理的原则,人们的认识不完全相同。道格拉斯·R.爱默瑞和约翰·D.芬尼特的观点具有一定的代表性,他们将理财原则概括为三类,十二条。

(一)有关竞争环境的原则

有关竞争环境的原则,是对资本市场中人的行为规律的基本认识。

1. 自利行为原则

自利行为原则是指人们在进行决策时按照自己的财务利益行事,在其他条件相同的情况下人们会选择对自己经济利益最大的行动。自利行为原则的依据是理性的经济人假设。该假设认为,人们对每一项交易都会衡量其代价和利益,并且会选择对自己最有利的方案来行动。自利行为原则假设企业决策人对企业目标具有合理的认识程度,并且对如何达到目标具有合理的理解。在这种假设情况下,企业会采取对自己最有利的行动。自利行为原则并不认为钱是任何人生活中最重要的东西,或者说钱可以代表一切。问题在于商业交易的目的是获利,在从事商业交易时人们总是为了自身的利益做出选择和决定,否则他们就不必从事商业交易。自利行为原则也并不认为钱以外的东西都是不重要的,而是说在其他条件都相同时,所有财务交易集团都会选择对自己经济利益最大的行动。

2. 双方交易原则

双方交易原则是指每一项交易都至少存在两方,在一方根据自己的经济利益决策时,另一方也会按照自己的经济利益决策行动,并且双方一样聪明、勤奋和富有创造力,因此,在决策时要正确预见对方的反应。

双方交易原则要求在理解财务交易时不能"以我为中心",在谋求自身利益的同时,要注意对方的存在,以及对方也在遵循自利原则行事。这条原则要求我们不要总是自以为是,错误地认为自己优于对手。

3. 信号传递原则

信号传递原则,是指行动可以传递信息,并且比公司的声明更有说服力。信号传递原则是自利行为原则的延伸。由于人们或公司是遵循自利行为原则的,所以一项资产的买进能暗示该资产"物有所值",买进的行为提供了有关决策者对未来的预期或计划的信息。

信号传递原则要求根据公司的行为判断它未来的收益状况,要求公司在决策时不仅要考虑行动方案本身,还要考虑该项行动可能给人们传达的信息。

4. 引导原则

引导原则是指当所有办法都失败时,寻找一个可以信赖的榜样作为自己的引导。所谓"当所有办法都失败",是指我们的理解力存在局限性,不知道如何做对自己更有利,或者寻找最准确答案的成本过高以至于不值得把问题完全搞清楚。在这种情况下,不要继续坚持采用正式的决策分析程序,包括收集信息、建立备选方案、采用模型评价方案等,而是应该直接模仿成功榜样或者大多数人的做法。

引导原则是行动传递信号原则的一种运用。引导原则不会帮你找到最好的方案,却常常可以使你避免采取最差的行动。它是一个次优化准则,其最好结果是得出近似最优的结论,最差的结果是模仿了别人的错误。这一原则虽然有潜在的问题,但是我们经常会遇到理解力、成本或信息受到限制的情况,无法找到最优方案,需要采用引导原则来解决问题。引导原则的一个重要应用,是行业标准概念。例如,资本结构的选择问题,理论不能提供公司最优资本结构的实用化模型时,参考本行业成功企业的资本结构,或者多数企业的资本结构,避免与它们的水平偏离太远,这成为资本结构决策的一种简便、有效的方法。

(二) 有关创造价值的原则

有关创造价值的原则,是人们对增加企业财富基本规律的认识。

1. 有价值的创意原则

有价值的创意原则,是指新创意能获得额外报酬。有价值的创意原则主要应用于直接投资项目。一个项目依靠什么取得正的净现值?它必须是一个有创意的投资项目。重复过去的投资项目或者别人的已有做法,最多只能取得平均的报酬率,只能维持而不是增加股东财富。新的创意迟早要被别人效仿,失去原有的优势,因此创新的优势都是暂时的。企业长期的竞争优势,只通过一系列的短期优势才能维持。只有不断创新,才能维持产品的差异化,不断增加股东财富。

2. 比较优势原则

比较优势原则是指专长能创造价值。比较优势原则的依据是分工理论。让每一个人去做最适合他的工作,让每一个企业生产最适合它生产的产品,社会的经济效率才会提高。

比较优势原则要求企业把主要精力放在自己的比较优势上,而不是日常的运行上。建立和维持自己的比较优势,是企业长期获利的根本,企业应该选择自己擅长的、优势的项目。企业间的合资、合并、收购等,也是出于优势互补原则的。

3. 期权原则

期权是指不附带义务的权利,它是有经济价值的。期权原则是指在估价时要考虑期权的价值。任何不附带义务的权利都属于期权,许多资产都存在隐含的期权。一个投资项目,本来预期有正的净现值,因此被采纳并实施了,上马以后发现它并没有原来设想的那么好。此时,决策人不会让事情按原计划一直发展下去,而会制定方案下马或者修改方案使损失减少到最小。这种后续的选择权是有价值的,它增加了项目的净现值。在评价项目时就应考虑到后续选择权是否存在以及它的价值有多大。有时一项资产附带的期权比该资产本身更有价值。

4. 净增效益原则

净增效益原则是指财务决策建立在净增效益的基础上,一项决策的价值取决于它和替代方案相比所增加的净收益。

一项决策的优劣是与其他可替代方案(包括维持现状而不采取行动)相比较而言的。如果一个方案的净收益大于替代方案,我们就认为它是一个比替代方案好的决策,其价值是增加的净收益。

净增效益原则的应用:一是差额分析法,也就是在分析投资方案时只分析它们有区别的部分,而省略其相同的部分;二是沉没成本概念,沉没成本是指已经发生、不会被以后的决策改变的成本。沉没成本与将要采纳的决策无关,因此,在分析决策方案时应将其排除。

(三) 有关财务交易的原则

有关财务交易的原则,是人们对于财务交易基本规律的认识。

1. 风险——报酬权衡原则

风险——报酬权衡原则是指风险和报酬之间存在一个权衡关系,投资人必须对报酬和风险做出权衡,为追求较高报酬而承担较大风险,或者为减少风险而接受较低的报酬。

2. 投资分散化原则

投资分散化原则,是指不要把全部财富投资于一个项目,而要分散投资。投资分散化原则的理论依据是投资组合理论。马克维茨的投资组合理论认为,若干种股票组成的投资组合,其收益是这些股票收益的加权平均数,但其风险要小于这些股票的加权平均风险,所以投资组合能降低风险。投资分散化原则具有普遍意义,不仅仅适用于证券投资,公司各项决策都应注意分散化原则,凡是有风险的事项,都要贯彻分散化原则,以降低风险。

3. 资本市场有效原则

资本市场是指证券买卖的市场。资本市场有效原则是指在资本市场上频繁交易的金融资产的市场价格,反映了所有可获得的信息,而且面对新信息完全能迅速地做出调整。

资本市场有效原则要求理财时重视市场对企业的估价并慎重使用金融工具。资本市场是企业的一面镜子,股价可以综合反映公司的业绩,弄虚作假、人为地改变会计方法对于企业价值的提高毫无用处。当市场对公司的评价降低时,应分析公司的行为是否出了问题并设法改进,而不应设法欺骗市场。

4. 货币时间价值原则

货币时间价值原则,是指在进行财务计量时要考虑货币时间价值因素。货币具有时间价值的依据是货币投入市场后,其数额会随着时间的延续而不断增加,这是一种普遍的客观经济现象。财务估价中,广泛使用现值计量资产的价值,并在日常理财活动中建立"早收晚付"的观念。对于不附带利息的货币收支,晚收不如早收,早付不如晚付。

本章知识点小结

本章主要讲授财务管理的基本理论,包括财务管理的概念、目标、环境、原则等,核心知识点包括以下几点。

第一,财务管理总论。财务管理总论包括财务管理的概念和特点、企业财务管理的具体内容、财务关系。(1)财务管理的概念和特点:财务管理是一种价值管理;财务管理具有协调性;财务管理具有综合性。(2)企业财务管理的具体内容包括筹资管理、投资管理、营运资金管理和利润分配管理。(3)财务关系是指企业在进行财务活动时与有关方面发生的经济利益关系,包括企业与政府之间的财务关系、企业与投资者之间的财务关系、企业与债权人之间的财务关系、企业与受资者之间的财务关系、企业与债务人之间的财务关系、企业内部各单位之间的财务关系、企业与职工之间的财务关系。

第二,财务管理的目标。(1)财务管理总体目标的四种代表性的观点,即利润最大化、股东权益最大化、股东财富最大化、企业价值最大化和权益资本。(2)财务管理的具体目标包括:筹资管理目标、投资管理目标、收益分配管理目标。(3)财务管理目标的特点包括:稳定性、可操作性、层次性三个方面。(4)财务管理目标的影响因素包括:财务管理主体、财务管理环境、企业利益集团利益关系、社会责任。(5)财务管理目标的协调包括:所有者与经营者的矛盾与协调、所有者与债权人的矛盾与协调。

第三,财务管理的环境。财务管理的环境是指对企业财务管理产生影响的企业内外部各种条件或要素的总和,包括宏观财务管理环境和微观财务管理环境。宏观财务管理环境主要包括经济环境、法律环境、金融环境等。

第四,财务管理的原则。企业应遵循的财务管理原则主要包括:货币时间价值原则、资金合理配置原则、收支积极平衡原则、成本效益原则、收益风险均衡原则、分级分权管理原则。

思考与练习题

一、单项选择题

1. 企业筹措和集中资金的财务活动是指(　　)。
   A. 分配活动　　　B. 投资活动　　　C. 决策活动　　　D. 筹资活动
2. 企业与政府之间的财务关系主要体现在(　　)。
   A. 债权债务关系　　　　　　　　B. 税收征纳关系
   C. 资金结算关系　　　　　　　　D. 风险收益对等关系
3. 下列各项中,属于企业资金营运活动的有(　　)。
   A. 发行股票　　　B. 销售商品　　　C. 购买国库券　　　D. 支付利息
4. 下列财务管理目标中,(　　)观点反映了对企业资产保值增值的要求,并克服了管理上的片面性和短期行为。
   A. 股东财富最大化　　　　　　　B. 筹资数量最大化
   C. 产值最大化　　　　　　　　　D. 利润最大化
5. 企业财务管理的核心是(　　)。
   A. 企业的经营活动　　　　　　　B. 从事财务会计的人员
   C. 企业的资金活动　　　　　　　D. 企业的质量控制
6. 股东与经营者发生冲突的原因可归结为(　　)。
   A. 信息不对称　　B. 权益不同　　C. 地位不同　　D. 行为目标不同

二、多项选择题

1. 企业财务管理目标的特征有(　　)。
   A. 相对稳定性　　B. 可操作性　　C. 特殊性　　D. 层次性
2. 关于"企业价值最大化"正确的说法是(　　)。
   A. 企业价值是指公司全部资产的市场价值
   B. 评价的重点是潜在的获利能力
   C. 评价方法简单易行
   D. 是最理想的理财目标
3. 企业财务活动主要包括(　　)。
   A. 筹资活动　　　B. 投资活动　　　C. 人事管理活动　　　D. 分配活动
4. 企业财务管理目标如果定为利润最大化,它存在的缺点为(　　)。
   A. 没有考虑资金的时间价值
   B. 没有考虑投资风险
   C. 不能反映利润与投入资本的关系

D. 可能导致企业短期行为

三、思考题

青鸟天桥财务管理目标变迁

1999年11月18日至12月2日,对北京天桥北大青鸟科技股份有限公司的管理层和广大员工来说,是黑色的15天。在这15天里,天桥商场经历了46年来第一次大规模的裁员;在这15天里,公司管理层经受了职业道德与人道主义的考验,做出了在改革的道路上是前进还是后退的抉择。这场风波引起了市场各方面的高度关注,折射出我国经济社会在20世纪末新旧体制交替过程中不可避免的大冲撞。

天桥商场成立于1953年。1993年5月,天桥商场股票在上海证券交易所上市。1998年2月,北大青鸟责任有限公司和北京天桥百货股份有限公司相互持股进行重组,北京天桥百货商场更名为"北京天桥北大青鸟科技股份有限公司"。1998年12月25日,北京天桥北大青鸟科技股份有限公司董事会发布公告,宣布进入高科技领域,收购北大青鸟商用信息系统有限公司98%的股权,同时收购北大青鸟软件系统公司的两项知识产权。

天桥员工闻知,欢欣鼓舞,寄厚望于新入主的大股东,盼望高科技给他们带来新转机。然而天桥商场的经营并不令人放心,几个月后落到了盈亏临界点,并从此疲态不改。面对严峻的经营形势,公司董事会下定决心实行减员增效,谋求商场的长远发展。

为确保这一行动顺利实施,公司采取了两项措施:一方面,舆论先行,在天桥商场通过板报、咨询等形式,加紧宣传《劳动法》等有关政策法规;另一方面,与有关部门和企业联系,把需要招工的企业直接引进商场,方便员工再就业。

1999年11月18日,商场广播正式播放了董事会的决定:1999年12月26日,有664名员工合同到期,其中283人商场决定不再续签合同。当晚,未能续签合同的283名员工在一层营业大厅静坐,要求与企业法人对话,其理由是:我们没有一点思想准备,不理解企业为什么要这样做。

11月20日,公司有关负责人来到现场,阐明了裁员决定的合法性,强调在市场经济条件下,企业控制成本、减员增效、追求利润最大化,是十分正常的。双方经过多次交涉未果。

11月28日,员工递交了一封给董事会的信,信中写道:在目前的改革形势下,国有企业面临新的体制改革,青鸟天桥董事会做出了减员增效的决策,对此我们表示理解和支持。但是我们这些人必然将面临一个更严峻的问题,就是重新被社会选择。而我们这些基本不具备高学历、高技能,让我们走向市场,谁要我们?旧的体制不要我们,新的体制我们又进不去,因此我们要求,作为工龄、养老保险、再就业劳动技能培训、精神伤害等补助,公司补助每人总计47 500元。

但董事会最终商定的补助方案被认为与员工提出的要求相差甚远,紧张气氛立即升温。面对这种情况,公司管理层的代表沉重地说,我们实在不愿看到情况继续恶化下去。我们只有两个选择,要么退步,与这些员工续签合同或采取其他退让措施,这将意味着改革的失败;要么坚持往前走,实行减员增效的改革,但这可能会付出血的代价。

天桥裁员风波惊动了中央和北京市领导,市委、市政府高度重视。最后在政府的协调下,对283名终止劳动合同的职工给予人均1万元的补助。这次停业让公司丢掉了约400万元的销售额和60万元的利润。

15个不同寻常的日夜,带给人们的反思是深刻的。人们透过这场风波看到新旧体制、新老观念的较量,现代企业运行与传统企业桎梏的交锋,改革、发展、稳定三者关系的内在联系。

(案例来源:严成根主编,《财务管理》,北京:清华大学出版社,北京交通大学出版社)

请思考:

1. 从案例介绍的情况看,你能否推断该公司的财务目标?
2. 你认为青鸟天桥的最初决策是合理的吗?以后的让步是否合适?
3. 青鸟天桥案例给你什么启示?

第二章 财务管理的价值基础

知识体系框架

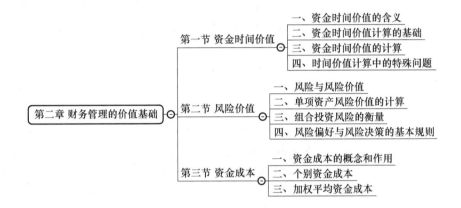

学习目标

本章学习财务管理中的三个重要的价值观念,包括资金时间价值、风险及风险价值和资金成本,这些内容与后续章节内容有密切关联并为后续学习奠定基础。通过本章的学习需要达到以下教学目标:

1. 理解资金时间价值的概念和意义;
2. 掌握复利终值与现值的计算及年金现值的计算;
3. 理解资金成本的概念;
4. 掌握个别资金成本的计算;
5. 掌握综合资金成本的计算;
6. 理解风险及风险价值的含义;
7. 掌握单项资产风险价值的计算;
8. 掌握资本资产定价模型的运用。

第一节　资金时间价值

【导入案例】

1797年3月28日,法兰西执政者拿破仑在参观卢森堡第一国立小学时,受到该校师生的热烈欢迎。在学校的欢迎大会上,拿破仑手举一束价值3路易的玫瑰花,说了这样一番话:"为了答谢贵校对我,尤其是对我夫人约瑟芬的盛情款待,我不仅今天呈上一束玫瑰花,并且在未来的日子里,只要我们法兰西存在一天,每年的今天我将亲自派人送给贵校一束价值相等的玫瑰花,作为法兰西与卢森堡友谊的象征。"拿破仑慷慨激昂的演说,使全校师生激动不已。回国后的拿破仑穷于应付连绵的战争和此起彼伏的政治事件,最终惨败而被流放到圣赫勒拿岛,将当年对卢森堡的诺言忘得一干二净。可卢森堡这个小国对这位欧洲巨人与卢森堡孩子亲切、和谐相处的一刻念念不忘,并载入了他们的史册。

沧海桑田,物换星移。两个世纪过去了,尽管拿破仑早已作古,但卢森堡第一国立小学的师生依然会在3月28日这一天,等待着玫瑰的到来。将近200年的等待,将近200次的失望。第一国立小学的师生们这下真的生气了,他们要让法国政府给个说法! 1984年,卢森堡第一国立小学一纸诉状,将法国政府告上了国际法庭,向法国提出违背"赠送玫瑰花"诺言的索赔:要么从1797年起,以3路易为一束玫瑰花的本金,以5厘复利(即利滚利)计息全部清偿这笔"玫瑰花债";要么法国政府在法国政府各大报刊上公开承认拿破仑是个言而无信的小人。

接到国际法庭的传票,法国政府不敢怠慢,准备不惜重金挽回拿破仑的声誉,然而计算出的赔偿金额让他们大吃一惊。原本3路易的一束玫瑰花,至今本息竟已高达1 375 596法郎!而在报刊上承认拿破仑言而无信的要求,法国政府更不可能接受。经过反复斟酌,法国政府终于给出了一个双方都能够接受的解决方案:一是马上给卢森堡第一国立小学建一座现代化的教学大楼,这所小学的毕业生将来如果愿意到法国留学,一切费用将由法国政府提供;二是以后无论在精神上还是物质上,法国政府将坚定不移地支持卢森堡的中小学教育事业,以弥补当年拿破仑的食言之过。

通过本章的学习,大家就会明白为什么每年一笔本金为3路易的"玫瑰花债"过了187年后竟然需要一次性偿还1 375 596法郎,卢森堡第一国立小学的这一诉讼请求是否合理? 有什么依据? 这1 375 596法郎到底是怎么算出来的?

资金时间价值理论是财务管理的重要基础理论,它揭示了不同时间点上资金之间的换算关系,对筹资、投资等财务决策活动产生了决定性影响。

一、资金时间价值的含义

(一) 资金时间价值的概念

资金时间价值又称为货币的时间价值,是货币经历一定时间的投资和再投资后所增加的价值,通常情况下,资金时间价值相当于没有风险和通货膨胀情况下的社会平均利润率。

假设年初将10 000元存入银行,银行的年利率为5%,一年后会得到10 500元,这500元就是 10 000 元经过一年时间产生的增值。这是随着时间的推移，周转使用中的资金价值发生的增值，它体现了资金的时间价值，即一定量的货币资金在不同的时间点上具有不同的价值。资金在周转使用中之所以会产生时间价值，是因为企业把资金投入经营活动以后，劳动者借以生产新的产品，创造新价值，都会带来利润，实现增值。周转使用的时间越长，所获得的利润越多，实现的增值额越大。所以资金时间价值的实质，是资金周转使用后的增值额。资金由资金使用者从资金所有者处筹集并进行周转使用以后，资金使用者要分享一部分资金的增值额给资金所有者。在现代市场经济中，金融市场高度发达，任何货币持有人都能将自己的货币投放到金融市场中参与社会资本运营，而无须直接将货币投入到企业的生产经营中。

在实际生活中，我们将货币存入银行或在证券市场上购买证券，虽然我们本人并没有参与企业的生产经营，但货币进入了资本市场，从而间接地参与了企业的资本循环周转，同样会发生增值。

(二) 资金时间价值的表示方式

资金时间价值可以用绝对数表示，也可以用相对数表示，即以利息额或利息率来表示。

利息率的实际内容是社会资金利润率。各种形式的利息率(贷款利率、债券利率等)的水平，是根据社会资金利润率确定的。但是，一般的利息率除了包括资金时间价值因素以外，还要包括风险价值和通货膨胀因素。

资金时间价值通常被认为是没有风险和没有通货膨胀条件下的社会平均利润率，是企业资金利润率的最低限度，也是企业使用资金的最低成本率。

(三) 理解资金时间价值的含义

正确理解资金时间价值的含义，对我们后续内容的学习有重要意义。学习中特别要注意以下几点：

(1) 时间价值产生于生产流通领域，消费领域不产生时间价值。企业应将更多的资金或资源投入到生产流通领域中，而作为消费者的个人将货币存放在自己手中或用于生活消费是不能产生时间价值的。

(2) 时间价值产生于资金运动之中。因此，只有运动着的资金才能产生时间价值，处于停顿状态的资金不会产生时间价值，企业在资金管理中应尽量减少资金的停顿时间和数量。

(3) 时间价值的大小取决于资金周转速度的快慢。时间价值与资金周转速度成正比，企业应注意提高资金周转的速度，提高资金的使用效率。

(4) 不同时间点的不同金额可以具有相等的价值。这是资金时间价值中资金等值的概念，例如，在利率为 8% 的条件下，现在的 10 000 元同一年后的 10 800 元可以看作是等值的，反之亦然。

(5) 不同时间点上等量的货币具有不同的价值。因此，不同时间点上的货币是不能直接进行比较的，只有换算到同一时间点之后才能进行比较分析。资金时间价值的计算就是完成不同时点之间终值与现值的相互转换。

二、资金时间价值计算的基础

(一) 利率

按照资金时间价值理论，不同时间点上的货币是不能直接进行比较的，需要将它们换算到同一时间点上才能进行比较,那么它们之间是如何换算的呢？比如,现在的1万元相当于10年后的多少钱呢？10年后的1万元又相当于现在的多少钱呢？解决这个问题,就要通过资金时间价值的计算。

计算资金时间价值有三个影响因素,即资金量、时间和利率,其中利率是资金时间价值计算中的一个重要影响因素。

利率是资金的使用价格,是资金的借入者(债务人)为在一定时期内使用资金而支付给借出者的一种利益补偿。债权人提供给债务人使用的初始资金称为本金。债务人为使用本金而付出的代价是利息,通常表示为单位时间内(多按年计)一定本金的百分比。

在实务中,计算利息可分别按两种制度进行:一种是单利制;另一种是复利制。

单利是指在一定期限内使用本金计算利息,每期产生的利息不计入下期的本金,即每期的本金是保持不变的。单利制的特点就是本金生利,利不生利。

复利是指每经过一个计息期,将该期产生的利息与本金合并,一起作为下期计算利息的基础,俗称"利滚利"。复利制的特点是本金生利,利也生利。

由于企业的资金是在不断的投资与再投资的运动中的,只有复利才能真正反映资金的时间价值。在单利制下,隐含着这样的假设,即每次计算的利息并不自动转为本金,而是借款人代为保存或由贷款人取走,因而不产生利息。而在复利制下,隐含的假设是每次计算利息时,都要将利息转入下次的本金,这是因为,贷款人每次收到利息,都不会让其闲置,而是重新贷出,从而扩大自己的货币价值。比较单利和复利的计算思路和假设,我们可看出复利的依据更为充分,更为现实。作为理性人,必然会追求自身货币价值的最大化,在每次收到利息时会重新将其贷出,以获得更多的利息收入。因此,在财务管理中,大部分的决策都是以复利计息方式为计算依据,进行方案的比较和选择的。

那么采用单利或复利计息到底相差多少呢？我们可以举一个简单的例子：老李借给小张1万元,双方商定年利率为5％,3年归还,按单利计算,则老李3年后应收的本金和利息(简称本利和)的计算方法如下：

$$本利和 = 10\,000 + 3 \times 10\,000 \times 5\% = 11\,500 \text{ 元}$$

如果老李与小张商定双方按复利计算利息,则老李3年后拿到的本利和的计算方法如下：

第1年的利息＝10 000×5％＝500 元

第2年的利息＝(10 000+500)×5％＝525 元

第3年的利息＝(10 500+525)×5％＝551.25 元

本利和＝10 000+500+525+551.25＝11 576.25 元

在本例中,单利与复利计息相差为76.25 元。假如把本金加大到10万元,利率加大到10％,那么计算出的本利和就会相差更大。通过这个例子可以看出,在利率一定的前提下,采用单利还是复利,对于计算结果有很大的影响。而本金越多、利息率越高、时间越长,采用单利与复利的差额也会越大。

(二) 资金时间价值计算中的重要概念

资金时间价值的计算中有三个重要概念,即现值——PV_0(present value)、终值(期值)——FV_n(future value)、年金(等额年金)——A (annuity),理解这三个概念有助于掌握资金时间价值的计算及后续章节中的相关内容。

现值(PV_0):是指将来某一特定时间收到或付出的一笔款项,按复利计算的现在价值,也被称作本金。

终值(FV_n):是指现在一定量的本金在复利计息条件下,在未来某个时间点上的价值,即若干期后的本利和,也称作将来值。

年金(A):是指在一定期间内,每隔相同时期等额收付的系列款项。

图 2-1 为现值、终值、年金的图示方式。

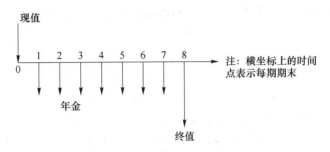

图 2-1 现值、终值、年金的图示方式

三、资金时间价值的计算

资金时间价值的计算是以复利为基础的,是现值、终值和年金三者之间的相互转换。

(一) 一次性收付款终值和现值的计算

一次性收付款是指在某一时点上一次性支出或收入,经过一段时间后再一次性收回或支出的款项。如将一笔款项存入银行 5 年后一次性取出本利和。

1. 复利终值

复利终值是指本金加上按复利计算的若干期内所得利息的总和。在复利方式下,每期利息与原来的本金合并一起计息,复利的终值也是本利和。

假设现有本金 PV_0,年利率为 i,计息期为 n 年,计算 n 年后的终值 FV_n。

第 1 年年末的本利和 $= PV_0 \times (1+i)$;

第 2 年年末的本利和 $= PV_0 \times (1+i) + PV_0 \times (1+i) \times i = PV_0 \times (1+i)^2$;

第 3 年年末的本利和 $= PV_0 \times (1+i)^2 + PV_0 \times (1+i)^2 \times i = PV_0 \times (1+i)^3$;

……

第 n 年年末的本利和 $= PV_0 \times (1+i)^n$。

因此,复利终值的一般计算公式为

$$FV_n = PV_0 \times (1+i)^n = PV_0 \times FVIF_{i,n}$$

式中:i 为利率,n 为计息期数,$(1+i)^n$ 为复利终值系数(future value factor),用符号 $FVIF_{i,n}$ 表示。在已知利率及计息期数的前提下可以通过"复利终值系数表"查到对应的系数值。

【例 2-1】 老李购买彩票中奖 20 万元,他将钱存入银行准备 15 年后退休时取出使用,如按利率 5% 计算,在复利计息条件下,到老李退休时能拿到多少钱?

退休时能拿到的本利和为

$$FV_n = 200\,000 \times FVIF_{5\%,15} = 415\,780 \text{ 元}$$

【例 2-2】 我们再看一个现实生活中的例子。假设你今年 40 岁,再过 20 年退休,你准备将积攒的 30 万元钱存入银行,以便将来退休时使用,如按年存款利率 3% 计算,在年利计息条件下,按复利计算,退休时你能拿到多少钱?

分析:退休时能拿到的钱是 20 年后 30 万元的本利和。

$$\begin{aligned}FV_n &= PV_0 \times FVIF_{i,n} \\ &= 300\,000 \times FVIF_{3\%,20} \\ &= 300\,000 \times 1.806\,1 \\ &= 541\,830 \text{ 元}\end{aligned}$$

通过计算可以清楚地知道,退休时你将能拿到 54.183 0 万元。

我们知道在现实生活中,银行存款是采用单利计息的,如果我们是按照复利计算本利和,那么这个计算结果是准确的吗?我国银行储蓄系统的利息计算确实是采用单利方式计息的,但这并不影响复利计算方式的科学性,因为储户在存款到期后,可以不断将到期后的本利和继续存入,直到取出为止。从这个角度看,在现实生活中即使银行采用单利计算利息,我们仍然可以按复利计算未来的收益。

2. 复利现值

复利现值是指未来某一时点上的资金按复利计算的现在价值。

复利现值是复利终值的逆运算,复利现值的一般计算公式为

$$\begin{aligned}PV_0 &= \frac{FV_n}{(1+i)^n} \\ &= FV_n \times PVIF_{i,n}\end{aligned}$$

式中:$\frac{1}{(1+i)^n}$ 为复利现值系数(present value interest factor),用符号 $PVIF_{i,n}$ 表示。在已知利率及计息期数的前提下可以通过"复利现值系数表"查到对应的系数值。

【例 2-3】 东宇公司的一项投资 5 年后可收回 100 000 元。按年利率 5% 计算,其现值是多少?

$$\begin{aligned}PV_0 &= FV_n \times PVIF_{i,n} \\ &= 100\,000 \times PVIF_{5\%,5} \\ &= 100\,000 \times 0.783\,5 = 78\,350 \text{ 元}\end{aligned}$$

【例 2-4】 东宇公司欲购入一项 33.5 万元的资产,这项资产非常安全,3 年后仍可卖到 40 万元,同时公司也可以把这 33.5 万元投资在另一项风险低,投资报酬率为 10% 的项目上。这两个投资方案哪个更合算呢?

分析这个问题可以有两种思路。

思路一:

方案一 3 年后可获得 40 万元,那么方案二 3 年后能获得多少?我们需要将方案二 3 年后的终值计算出来与方案一进行比较。

$$FV_n = 33.5 \times FVIF_{10\%,3} = 44.59 \text{ 万元} > 40 \text{ 万元}$$

通过计算可知,方案二 3 年后的回报大于方案一。

思路二:

将方案一 3 年后的 40 万换算成现值,与 33.5 万元比较,看看要获得 40 万元是否需要投入 33.5 万元。

$$PV_0 = 40 \times PVIF_{10\%,3} = 30.05 \text{ 万元}$$

通过计算发现,其实只需要投资 30.05 万元,3 年后就可以得到 40 万元。

这两种思路计算得出的结论都是方案二更为合算。

通过这个例子也可以看出,如果不是利用资金时间价值的计算,这两个方案是无法直接进行比较的。

(二) 普通年金终值和现值的计算

在日常经济生活中,我们经常会遇到有企业或个人在一段时期内定期支付或收取一定量资金的现象。比如:大学生在大学四年中,每年要支付金额大致相等的学费;租房户每月要支付大致相同的月租金等;在企业中也会发生按直线法按期计提固定资产折旧,定期支付保险费、养老金等经济活动。这种现金的收付与一次性收付款相比有两个明显的特点:一是定期收付,即每隔相等的时间段收款或付款一次;二是金额相等,即每次收到或付出的资金金额相等。在财务管理中我们把这种定期等额的系列收付款项称为年金。

年金具有连续性和等额性的特点。连续性即要求在一定时期内间隔相等时间就要发生一次收、付的业务,中间不得中断。等额性即要求每期收、付款项的金额必须相等。

根据收入或支出发生的时间点不同,年金又分为普通年金、先付年金、递延年金、永续年金四种。无论哪一种年金都建立在复利基础上,都有现值和终值之分。

(1) 普通年金(ordinary annuity),又称后付年金,每期期末等额收付款项的年金。

(2) 先付年金(annuity due),每期期初等额收付款项的年金。

(3) 递延年金(deferred annuity),距今若干期后发生的每期期末等额收付款项的年金。

(4) 永续年金(perpetual annuity),无期限连续等额收付款项的年金。

理解年金的概念应注意以下几点:

①年金中的"年"不应只理解为年度,而应该理解为"期"。根据实际情况,期可以是月、季、半年、一年等,只要每期的时间间隔是相等的即可。②年金收付的起止时间可以是从任何时点开始。如一年的间隔期不一定要从 1 月 1 日至 12 月 31 日,可以从 7 月 1 日至次年 6 月 30 日,或其他时间点。③现值与终值是相对于某个时点而言的,不是绝对的。某个时点的现值,对另一个时点可以是终值,反之亦然。因此无论是计算现值还是终值,都要先确定是哪个时点的价值。④普通年金是最基本的年金形式,其他类型的年金都可以看成是普通年金的转化形式。

1. 普通年金终值

普通年金(又称后付年金)是指发生在每期期末的系列等额收付款项。

年金终值的一般计算公式为

$$FVA_n = A \times \frac{(1+i)^n - 1}{i}$$
$$= A \times FVIFA_{i,n}$$

式中:$\frac{(1+i)^n - 1}{i}$ 为年金终值系数(future value interest factor for annuity),用符号 $FVIFA_{i,n}$ 表示。

普通年金终值公式推导如下：

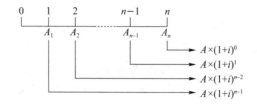

图 2-2 普通年金终值计算示意图

由图 2-2 可知,普通年金终值的计算公式应为

$$FVA_n = A \times (1+i)^0 + A \times (1+i)^1 + A \times (1+i)^2 + \cdots + A \times (1+i)^{n-1} \quad (2-1)$$

将式(2-1)两边同时乘以(1+i)得

$$(1+i) \times FVA_n = A \times (1+i)^1 + A \times (1+i)^2 + A \times (1+i)^3 + \cdots + A \times (1+i)^n \quad (2-2)$$

再由式(2-2)减式(2-1)得

$$(1+i) \times FVA_n - FVA_n = A \times (1+i)^n - A$$

$$FVA_n = A \times \frac{(1+i)^n - 1}{i}$$

式中，$\frac{(1+i)^n-1}{i}$ 是普通年金为 1 元,利率为 i,经过 n 期的年金终值系数,记作 $FVIFA_{i,n}$,可通过查阅"年金终值系数表"得到。故上述普通年金终值的计算公式可以写为

$$FVA_n = A \times FVIFA_{i,n}$$

【例 2-5】 小李每年年末存入银行 20 000 元,年利率为 7%。计算 5 年后他一共能取出多少钱。

$$FVA_n = A \times FVIFA_{i,n}$$
$$= 20\,000 \times FVIFA_{7\%,5}$$
$$= 20\,000 \times 5.751 = 115\,020 \text{ 元}$$

【例 2-6】 老赵从小养成收集硬币的习惯,平均每年收集 500 元,30 年来共收集了 15 000 元。如果他每年年末都将硬币存入银行,假设银行利率是 5%,那么他现在在银行里会有多少存款？比他现在的 15 000 元多多少？

银行里的存款：$FVA_n = 500 \times FVIFA_{5\%,30} = 33\,219.50$ 元

比现在多的钱：$33\,219.50 - 15\,000 = 18\,219.50$ 元

2. 普通年金现值

普通年金现值是一定时期内每期期末等额收支款项的复利现值之和。

年金现值的一般计算公式为

$$PVA_0 = A \times \frac{1-(1+i)^{-n}}{i}$$
$$= A \times PVIFA_{i,n}$$

式中：$\frac{1-(1+i)^{-n}}{i}$ 为年金现值系数(present value interest factor for annuity),用符号 $PVIFA_{i,n}$ 表示。

普通年金现值公式推导如下：

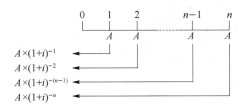

图 2-3　普通年金现值计算示意图

由图 2-3 可知,普通年金现值的计算公式应为

$$PVA_0 = A \times (1+i)^{-1} + A \times (1+i)^{-2} + A \times (1+i)^{-3} + \cdots + A \times (1+i)^{-n} \quad (1)$$

将(1)式两边同时乘以$(1+i)$得

$$(1+i) \times PVA_0 = A \times (1+i)^0 + A \times (1+i)^{-1} + A \times (1+i)^{-2} + \cdots + A \times (1+i)^{-(n-1)} \quad (2)$$

再由(2)式减(1)式得

$$PVA_0 \times i = A \times [1-(1+i)^{-n}]$$

$$PVA_0 = A \times \frac{1-(1+i)^{-n}}{i}$$

式中:$\frac{1-(1+i)^{-n}}{i}$ 是普通年金为 1 元,利率为 i,经过 n 期的年金现值系数,记作 $PVIFA_{i,n}$,可通过查阅"年金现值系数表"得到。故上述普通年金现值的计算公式可以写为

$$PVA_0 = A \times PVIFA_{i,n}$$

【例 2-7】 东宇公司的一个投资项目于 2018 年年初动工,假设当年投产,从投产之日起每年获得收益 40 000 元,按年利率 6% 计算。预期 10 年收益的现值是多少?

10 年收益的现值:$PVA_0 = A \times PVIFA_{i,n}$
$= 40\,000 \times PVIFA_{6\%,10}$
$= 40\,000 \times 7.360 = 294\,400$ 元

【例 2-8】 东宇公司计划租一台设备,租期为 6 年,每年年末需支付租金 1 500 元,假设利率为 5%,这 6 年租金的现值是多少?

房租的现值:$PVA_0 = A \times PVIFA_{i,n}$
$= 1\,500 \times PVIFA_{5\%,6}$
$= 7\,613.55$ 元

四、时间价值计算中的特殊问题

(一) 偿债基金

偿债基金是指为了使年金终值达到既定的金额每年应分次等额存入的金额。偿债基金的计算实际上就是年金终值的逆运算,即已知终值 FV_n 求年金 A。其计算公式如下。

年金终值的计算公式:　　　　$FVA_n = A \times FVIFA_{i,n}$

偿债基金的计算公式:　　　　$A = FVA_n \div FVIFA_{i,n}$

【例 2-9】 如果你有一笔 5 年后到期的借款,数额为 50 000 元,为保证 5 年后有足够的资金来还债,需设置偿债基金,每年等额存入银行一笔款项。若年利率为 4%,则每年年末你应

存入多少钱?

每年年末应存入的金额应为

$$A = \text{FVA}_n \div \text{FVIFA}_{4\%,5}$$
$$= 50\,000 \div 5.416\,3$$
$$= 9\,231.39 \text{ 元}$$

经计算可以看出,由于受利率的影响,不必每年存入 10 000 元,而只需存入 9 000 多元,5 年后的本金加利息就可以达到 50 000 元,使你如期还债。

(二) 年资本回收额

年资本回收额是指在一定时期内,等额回收初始投入资本或清偿所欠债务的金额。年资本回收额的计算也就是年金现值的逆运算。其计算公式如下:

年金现值的计算公式: $\text{PVA}_0 = A \times \text{PVIFA}_{i,n}$

年资本回收额的计算公式: $A = \text{PVA}_0 \div \text{PVIFA}_{i,n}$

【例 2-10】 初晓公司打算对一个项目投资 1 000 万元,预计回报率 8%,预计在 8 年内收回投资,则每年至少应收回多少资金?

每年至少应收回的资金为

$$A = \text{PVA}_0 \div \text{PVIFA}_{8\%,8}$$
$$= 1\,000 \div 5.746\,6 = 174.02 \text{ 万元}$$

(三) 先付年金(预付年金)终值与现值

与普通年金不同,先付年金是指从第一期开始,在一定时期内每期期初发生的等额系列收付款项,也称预付年金或即付年金。

预付年金在现实生活中有很多,如租房户每个月在月初支付房租,学生在学期开始时支付学费,等等。

1. 先付年金终值

在一定时期内,每期期初收到或付出等额现金流的复利终值之和,叫作先付年金终值。

先付年金是一定时期内每期期初等额的系列收付款项。先付年金与后付年金的差别,仅在于收付款时间的不同。

由于年金终值系数表和年金现值系数表是按常见的后付年金编制的,在利用这种后付年金系数表计算先付年金的终值和现值时,可在计算后付年金的基础上加以适当调整。

先付年金终值计算公式: $V_n = A \times (\text{FVIFA}_{i,n+1} - 1)$

先付年金终值公式推导如下:

图 2-4 先付年金终值计算示意图

从图 2-4 可以看出，n 期先付年金终值比 n 期后付年金终值多一个计息期，比 $n+1$ 期后付年金少付一次款。故先付年金终值公式为

$$V_n = A \times FVIFA_{i,n} \times (1+i)$$

或

$$V_n = A \times FVIFA_{i,n+1} - A$$
$$= A \times (FVIFA_{i,n+1} - 1)$$

【例 2-11】 张先生为给儿子上大学准备资金，连续 6 年每年年初存入银行 3 000 元，若银行年利率为 5%，则张先生在第 6 年末能一次性取出本利和是多少？

$$V_n = A \times (FVIFA_{i,n+1} - 1)$$
$$= 3\,000 \times (FVIFA_{5\%,6+1} - 1)$$
$$= 3\,000 \times (8.142\,0 - 1) = 21\,426 \text{ 元}$$

2. 先付年金现值

先付年金现值是指在一定时期内，每期期初发生的系列收付款折算到现在时点的价值。

先付年金现值计算公式： $V_0 = A \times (PVIFA_{i,n-1} + 1)$

先付年金现值公式推导如下：

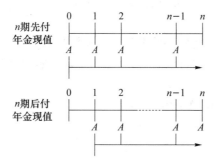

图 2-5 先付年金现值计算示意图

从图 2-5 可以看出，n 期先付年金现值比 n 期后付年金现值少贴现一期，比 $n-1$ 期后付年金多一期不需贴现的付款。故先付年金现值公式为

$$V_0 = A \times PVIFA_{i,n-1} \times (1+i)$$

或

$$V_0 = A \times PVIFA_{i,n-1} + A$$
$$V_0 = A \times (PVIFA_{i,n-1} + 1)$$

【例 2-12】 李先生采用分期付款方式购入商品房一套，每年年初付款 5 万元，分 10 年付清，若银行利率为 6%，则该项分期付款的费用相当于一次性现金支付多少？

$$V_0 = A \times (PVIFA_{i,n-1} + 1)$$
$$= 50\,000 \,(PVIFA_{6\%,10-1} + 1)$$
$$= 50\,000 \times (6.801\,7 + 1) = 390\,085 \text{ 元}$$

【例 2-13】 初晓公司租用一台设备 8 年，按照合同约定每年年初支付 4 000 元租金，年利率为 6%，这 8 年的租金相当于一次性支付多少钱？

$$V_0 = A \times (PVIFA_{i,n-1} + 1)$$
$$= 4\,000 \,(PVIFA_{6\%,8-1} + 1)$$
$$= 4\,000 \times (5.582\,4 + 1) = 26\,329.6 \text{ 元}$$

(四) 递延年金终值与现值

递延年金是指第一次收付款发生的时间不是从第一期开始,而是隔若干期后才开始发生的等额系列收付款项。

递延年金实际上是普通年金的特殊形式。

1. 递延年金终值

图 2-6 递延年金终值计算示意图

从递延年金示意图(图 2-6)可以看出递延年金在终值计算上与递延期无关,没有特殊性,可以按照普通年金计算终值,即

$$V_n = A \times \text{FVIFA}_{i,n}$$

2. 递延年金现值

递延年金现值是指从若干期后开始发生的每年年末等额收付的现金流现值之和。

从递延年金现值计算示意图可以看出,递延年金现值实际上是普通年金现值的特殊形式,关键在于递延期的确认。

m 期以后的 n 期年金现值,可以用图 2-7 表示。

图 2-7 递延年金现值计算示意图

递延年金在现值计算上,因为递延期的存在,与普通年金现值的计算有所不同。递延年金现值可以用如下两种方法来计算。

方法一:"二阶段计算"方式。

先把递延年金视为 n 期普通年金,求出递延期末的现值,然后再将此现值调整到第一期期初。

计算公式: $\quad V_0 = A \times \text{PVIFA}_{i,n} \times \text{PVIF}_{i,m}$

方法二:"假设计算"方式。

假设递延期内也发生年金,即变成一个 $(m+n)$ 期的普通年金,求出 $(m+n)$ 期的普通年金现值,然后扣除虚构的递延期内 m 期的年金现值,即可求得递延年金现值。

计算公式: $\quad V_0 = A \times (\text{PVIFA}_{i,m+n} - \text{PVIF}_{i,m})$

【例 2-14】 初晓公司向银行借入一笔款项,银行贷款的年利率为 8%,银行规定前 10 年不用还本付息,但从第 11 年至第 20 年每年年末偿还本息 1 000 万元,问这笔款项的现值应为多少?

$$V_0 = 1\ 000 \times \text{PVIFA}_{8\%,10} \times \text{PVIF}_{8\%,10}$$
$$= 1\ 000 \times 6.710\ 1 \times 0.463\ 2 = 3\ 108.12 \text{ 万元}$$

或 $$V_0 = 1\,000 \times (PVIFA_{8\%,20} - PVIFA_{8\%,10})$$
$$= 1\,000 \times (9.818\,1 - 6.710\,1) = 3\,108\,万元$$

【例 2-15】 东宇公司的一个项目于 2011 年动工，由于施工延期 5 年，于 2016 年年初投产，从投产之日起每年得到收益 40 000 元。按每年利率 6% 计算，则 10 年收益相当于 2011 年年初的多少现值？

$$V_0 = PVIFA_{6\%,10} \times PVIF_{6\%,5}$$
$$= 40\,000 \times 7.360\,1 \times 0.747\,3 = 220\,008\,元$$

或 $$V_0 = 4\,000 \times (PVIFA_{6\%,15} - PVIF_{6\%,5})$$
$$= 40\,000 \times (9.712\,2 - 4.212\,4) = 219\,992\,元$$

（注：两种方法的计算结果出现的微小计算差异，是因小数点的尾数造成的。）

（五）永续年金现值

永续年金是指无限期等额收付的年金，也称永久年金，可视为普通年金的特殊形式，即期限趋于无穷的普通年金。

由于永续年金的期限趋于无限，没有终止时间，因而也没有终值，只有现值。永续年金的现值计算公式为

$$V_0 = A \times \frac{1-(1+i)^{-n}}{i}$$

当 $n \to +\infty$ 时，$(1+i)^{-n} \to 0$，故

$$V_0 = \frac{A}{i}$$

有些国家的国债是没有到期日的债券，这种债券的利息可以视为永续年金。还有绝大多数优先股因为有固定的股利而又无到期日，因而其股利也可以视为永续年金。另外，期限长、利率高的年金现值，可以按永续年金现值的计算公式来计算其近似值。

【例 2-16】 某高校的杰出校友为鼓励在校大学生科技创新，拟设立一项永久性的奖励基金，计划每年颁发 30 000 元，每年发放一次，奖励基金存入金融机构。假设年利率为 3%，按复利计息，那么校友需要投资多少钱作为奖励基金？

解：由于每年都要拿出 30 000 元，且没有到期日，因此这项奖励基金的性质是一项永续年金，其现值应为

$$\frac{30\,000}{3\%} = 1\,000\,000\,元$$

通过计算可知，校友需存入 100 万元作为基金，才能保证奖励基金的运行。

第二节 风险价值

【导入案例】

老王和老李都有 2 万元的闲钱准备各自进行投资，约定两年后看看谁赚的钱更多。老王买了国债，老李买了某公司的股票。两年后，老王的国债到期，连本带利收回 22 400 元。而老

李此时还没有卖掉他持有的股票,其股票现在市值有 22 000 元,但他告诉老王在去年此时其股票市值曾经达到过 25 000 元,如果早点卖掉或未来股市继续上涨,会比老王赚得更多,所以他打算继续持有股票,并与老王约定再过两年比结果。

学习了风险价值的理论后,你会如何评价甲乙两人的投资呢?如果是你,你会倾向于哪一种投资方式?为什么?

在市场经济条件下,企业的财务活动经常是在有风险的情况下进行的,因此,在企业的理财活动中必须分析风险、计量风险、研究如何规避风险,使企业能够以较小的风险获得较大的收益。

一、风险与风险价值

(一) 风险的含义

风险是指在一定条件下和一定时期内,某项行动可能发生的各种结果的变动程度。从财务管理的角度来说,风险是指企业在各项财务活动过程中,由于各种难以预料或难以控制的因素的作用,企业的实际收益与预期收益发生背离,从而蒙受经济损失的可能性。

风险具有不确定性,但风险和不确定性又不完全等同。不确定性是指事先只知道某种行动可能造成的各种结果,但不知道它们出现的概率,或两者都不知道,而只能做出粗略的估计。例如,企业进行金矿开发工程,事前只知道地质勘探后会出现有开采价值和无开采价值两种结果,至于两种结果的可能性各有多大,事前很难预料。又如买股票,投资者事前不可确定所有可能得到的期望报酬率及其出现的概率大小。

在实践中,大多数决策一般是在不确定的情况下做出的。人们很难对风险和不确定性这两个概念加以区分,因为对风险发生的概率往往只能进行估计和测算,无法准确知道,而对不确定性问题可以主观估计一个概率,这样,不确定性问题就转化为风险问题了。因此,在财务管理中对风险和不确定性并不作严格区分,而统称为风险。

风险客观、普遍、广泛地存在于企业的财务活动中,并影响着企业财务目标的实现。由于企业的财务活动经常是在有风险的情况下进行的,各种难以预料和无法控制的原因,可能导致企业遭受风险、蒙受损失。企业冒着风险投资的最终目的是为了得到额外收益。因此,风险不仅能带来预期的损失,还能带来预期的收益。

在投资活动中,人们希望冒较小的风险而获得较多的收益,至少要使所得的收益与所冒的风险相当,这也是企业投资活动的基本要求,因此,在企业财务活动中分析风险是非常必要的。

(二) 风险的类型

企业面临的风险主要有两种:市场风险和企业特有风险。

1. 市场风险

市场风险又称系统风险或不可分散风险,是指那些影响所有公司的因素所引起的风险。市场风险由企业的外部因素引起,企业无法控制、无法分散,如战争、自然灾害、利率的变化、通货膨胀、经济周期的变化等。这类风险涉及所有的投资对象,不能通过组合投资分散。

2. 企业特有风险

企业特有风险又称非系统风险或可分散风险,是指发生于个别企业由特有事件造成的风险。企业特有风险只与个别企业和个别投资项目有关,不涉及所有企业和所有项目,可以通过组合投资来分散这种风险,如新产品开发失败、销售份额减少、诉讼失败、工人罢工等。

企业特有风险根据风险形成原因的不同,又可分为经营风险和财务风险。

(1) 经营风险是指由于企业生产经营条件变化而给企业收益带来的不确定性,又称商业风险。这些生产经营条件的变化可能来自企业内部,也可能来自企业外部,如顾客购买力发生变化、竞争对手增加、政策变化、产品生产方向不对路、生产组织不合理等。这些内外因素,使企业的生产经营产生不确定性,最终引起收益变化。

(2) 财务风险是指由于企业举债而给财务成果带来的不确定性,又称筹资风险。企业举债不仅可以解决企业资金短缺的困难,还可提高企业自有资金的赢利能力。但借入资金需按期偿还本息,而且借入资金所获得的利润是否大于支付的利息额,也具有不确定性,因此,举债会加大企业的风险,若企业经营不善,会使企业财务陷入困境甚至导致企业破产。

企业的经济活动大都是在有风险和不确定的情况下进行的,离开了风险因素就无法正确评价企业收益的高低。投资风险价值原理,揭示了风险同收益之间的关系,它同资金时间价值原理一样,是财务决策的基本依据。

根据对未来情况的掌握程度,投资决策可分为三种类型:①确定性投资决策,是指未来情况能够确定或已知的投资决策;②风险性投资决策,是指未来情况不能完全确定,但各种情况发生的可能性——概率为已知的投资决策。③不确定性投资决策,是指未来情况不但不能完全确定,而且各种情况发生的可能性也不清楚的投资决策。

(三) 风险价值

风险价值是指投资者由于承担着风险进行投资而获得的超过资金时间价值的那部分额外收益。由于风险价值是投资者冒着风险投资而获得的额外收益,是对人们所遇到的风险的一种价值补偿,因此也称作风险报酬。

风险和报酬之间存在密切的对应关系,高风险的项目必然有高报酬,低风险的项目报酬必然低,因此,风险报酬是投资报酬的组成部分。企业的财务活动和经营管理活动总是在有风险的状态下进行的,只不过风险有大有小。投资者冒着风险投资,是为了获得更多的报酬,冒的风险越大,要求的报酬就越高,即风险价值就越高。

风险价值有两种表现形式:一种是绝对数,即"风险报酬额",是指冒着风险进行投资而取得的额外酬;另一种是相对数,即"风险报酬率",是指风险报酬与原投资额的百分比。在实务中,风险报酬通常以相对数,即风险报酬率来表示。

如果不考虑通货膨胀,投资者冒着风险进行投资所希望得到的投资报酬率是无风险报酬率与风险报酬率之和,即

$$投资报酬率=无风险报酬率+风险报酬率$$
$$风险报酬率=风险报酬斜率\times风险程度$$

其中,风险与报酬的关系如图 2-8 所示。

无风险报酬率就是资金的时间价值,是在没有风险的状态下的投资报酬率,是投资者投资某一项目,能够肯定得到的报酬,具有预期报酬的确定性,并且与投资时间的长短有关,可用政府债券利率或存款利率表示。政府发行的国债,因其收益率完全确定而被视为无风险证券,因此,国债的利率常被看作无风险报酬率。

风险报酬率体现的是风险价值,是超过资金时间价值的额外报酬,是投资者冒风险进行投

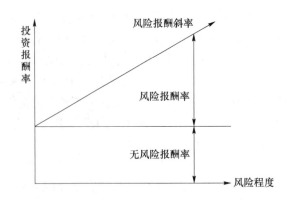

图 2-8 风险与报酬的关系

资而获得的额外收益。风险报酬率具有预期报酬的不确定性,与风险程度和风险报酬斜率的大小有关,并成正比关系。风险报酬斜率可根据历史资料用高低点法、直线回归法或由企业管理人员会同专家根据经验确定,风险程度用期望值、标准差来确定。

二、单项资产风险价值的计算

风险客观存在,广泛影响着企业的财务活动,因此正视风险并将风险程度予以量化,进行较为准确地衡量,便成为财务管理工作中的一项重要工作。

(一) 单项资产风险价值的计算步骤及公式

通过风险的含义可知,风险就是未来可能的收益值对预期收益期望值的偏离程度,因此通常可以利用概率分布、期望值和标准差来计算和衡量风险的大小。

单项资产风险价值可以按照以下步骤进行计算。

1. 计算概率分布

确定某一行动结果的变动性,即概率分布。在相同条件下,可能发生也可能不发生的事件称为随机事件,随机事件发生的可能性大小可以通过概率来描述。

在完全相同的条件下,某一事件可能发生也可能不发生,可能出现这种结果也可能出现另外一种结果,这类事件称为随机事件。概率就是用来反映随机事件发生的可能性大小的数值,一般用 X 表示随机事件,X_i 表示随机事件的第 i 种结果,P_i 表示第 i 种结果出现的概率。一般随机事件的概率在 0 与 1 之间,即 $0 \leqslant P_i \leqslant 1$,$P_i$ 越大,表示该事件发生的可能性越大;反之,P_i 越小,表示该事件发生的可能性越小。所有可能的结果出现的概率之和一定为 1,即 $\sum_{i=1}^{n} P_i = 1$。

在进行单项资产风险价值计算时,首先需要判断不同经济状况或市场环境条件出现的可能性,即发生的概率,不同经济状况发生的概率也就是不同预期收益出现的可能性。其概率应该符合以下两个条件:

(1) $0 \leqslant P_i \leqslant 1$;

(2) $\sum_{i=1}^{n} P_i = 1$。

2. 计算期望值

期望值是指各种可能发生的结果按各自发生的概率加权计算的平均值,又称预期值或均值,用$\overline{E}$表示。

期望值是各种未来收益的加权平均数,即期望值反映预计收益的平均化,它表示在一定的风险条件下投资者的合理预期,但它并不反映风险程度的大小。

期望报酬率是投资者在投资中所要求得到的收益率。期望报酬率因人而异,因为不同的投资者对风险和收益的态度不同,有的愿意承担较高风险而要求收益率高一些,有的宁可接受较低的收益率而不愿承担过高的风险。

期望值计算公式为

$$\overline{E} = \sum_{i=1}^{n} X_i P_i$$

式中:X_i为概率分布中第i种可能的结果;P_i为概率分布中第i种可能的结果发生的概率。

3. 计算标准差

由于期望值是各种未来收益的加权平均数,并不能反映风险程度的大小,因此为了定量地衡量风险大小,还要用统计学中衡量概率分布离散程度的指标。

标准差是反映各随机变量偏离期望收益值程度的指标之一,以绝对额反映风险程度的大小。

标准差用δ表示,其计算公式为

$$\delta = \sqrt{\sum (随机变量X_i - 期望值\overline{E})^2 \times 概率P_i}$$

标准差是以绝对数来衡量风险的,在有n个方案的情况下,若期望值相同,其标准差越大,则表明各种可能值偏离期望值的幅度越大,结果的不确定性越大,风险也越大;反之,其标准差越小,则表明各种可能值偏离期望值的幅度越小,结果的不确定越小,风险也越小。

4. 计算标准离差率

若投资项目的规模不同,在比较它们的风险或不确定性时,用标准差作为风险的衡量标准可能会产生误差,此时可以用标准离差率来反映随机变量的离散程度。

标准离差率是反映各随机变量偏离期望收益值程度的指标之一,以相对数反映风险程度的大小。

标准离差率用V表示,其计算公式为

$$V = \frac{\delta}{E}$$

标准离差属于绝对额指标,适用于单一方案的选择,或期望值相同的决策方案风险程度的比较。标准离差率属于相对数指标,可用于期望值不同的多方案的选择和比较。在期望值不同的情况下,标准离差率越大,风险越大;反之,标准离差率越小,风险越小。

5. 计算风险收益率

虽然标准离差率可以反映投资者所冒风险的程度,可以评价投资项目的风险程度,但无法反映风险与收益间的关系,而人们更关心的是风险报酬。对于投资者来说,要获得高收益,就必须承受高风险,高收益必然伴随高风险。但反过来,高风险的投资机会却并不一定能确保高收益的实现,因为高风险本身就意味着收益具有较大的不确定性,高风险的结果可能是高收益,也可能是低收益,甚至可能是高损失。可见,收益是以风险为代价的。因此,要使投资者心甘情愿地承担一份风险,必须以一定的收益作为回报或补偿,风险越大,要求的投资收益率越高。

风险程度越大,得到的收益率也应越高,而风险收益与反映风险程度的标准离差率成正比。

风险收益率用 R_R 表示,计算公式为

$$风险收益率 R_R = 风险价值系数 b \times 标准离差率 V$$

标准离差率的大小由该项资产的风险大小所决定。

风险价值系数 b 的大小由投资者根据经验并结合其他因素加以确定。通常有以下几种方法。(1)根据以往同类项目的有关数据确定。根据以往同类投资项目的投资收益率、无风险收益率和收益标准离差率等历史资料可以求得风险价值系数。(2)由企业领导或有关专家确定。如果现在进行的投资项目缺乏同类项目的历史资料,不能采用上述方法计算,则可根据主观经验加以确定。例如,可以由企业核心决策部门或有关专家研究确定。此时风险价值系数的确定在很大程度上取决于企业对风险的态度。比较敢于冒风险的企业,往往把风险价值系数定得低些;而比较稳健的企业,则往往定得高些。(3)由国家有关部门组织专家确定。国家财政、银行、证券等管理部门可组织有关方面的专家,根据各行业的条件和有关因素确定各行业的风险价值系数。这种风险价值系数的国家参数由有关部门定期颁布,供投资者参考。

将风险收益率分解为风险价值系数和标准离差率的意义在于,使人们注意到获得风险收益的不同途径,稳健的投资者一般只选择风险价值系数较高的项目,而冒险的投资者则敢于选择标准离差率较高的项目。

(二) 单项资产风险价值计算应用举例

按照5个步骤分别进行计算。

1. 确定某一行动结果的变动性

初晓公司有A、B两个不同产品的投资项目,假设未来的市场状况有繁荣、一般与较差三种可能。

根据预测和估算,相关的概率分布和预期报酬率见表2-1。

表2-1 初晓公司投资项目未来收益状态分布表

经济状况	发生概率 P_i	A项目预期收益 X_i/万元	B项目预期收益 X_i/万元
繁荣	0.2	700	800
一般	0.6	500	500
较差	0.2	300	200

表2-1中不同市场状况出现的可能性用概率表示,不同概率对应了不同预期报酬率出现的可能性。如未来市场状况出现繁荣的可能性为0.2,假如这种情况出现,A项目可获得700万元的预期收益,B项目可获得800万元的预期收益。

2. 计算该行动的期望值

$$\overline{E} = \sum_{i=1}^{n} X_i P_i$$

根据公式计算:

A项目: $\overline{E}_A = 0.2 \times 700 + 0.6 \times 500 + 0.2 \times 300 = 500$ 万元

B项目: $\overline{E}_B = 0.2 \times 800 + 0.6 \times 500 + 0.2 \times 200 = 500$ 万元

计算结果显示两个项目的预期收益相同,那么风险程度如何呢?这还需要进一步通过计算标准差和标准离差率来分析。

3. 计算标准差

$$\delta = \sqrt{\sum (\text{随机变量} X_i - \text{期望值} \overline{E})^2 \times \text{概率} P_i}$$

根据公式计算:

A 项目:$\delta_A = \sqrt{(700-500)^2 \times 0.2 + (500-500)^2 \times 0.6 + (300-500)^2 \times 0.2} = 126.49$

B 项目:$\delta_B = \sqrt{(800-500)^2 \times 0.2 + (500-500)^2 \times 0.6 + (200-500)^2 \times 0.2} = 189.73$

计算结果显示,A 项目的标准差是 126.49,B 项目的标准差是 189.73,说明 B 项目的风险比 A 项目的风险大。

4. 计算标准离差率

$$V = \frac{\delta}{E}$$

根据公式计算:

A 项目:$V_A = \dfrac{126.49}{500} \times 100\% = 25.298\%$

B 项目:$V_B = \dfrac{189.73}{500} \times 100\% = 37.946\%$

计算结果显示,B 项目的风险大于 A 项目。

5. 计算风险收益率

$$\text{风险收益率} R_R = \text{风险价值系数} b \times \text{标准离差率} V$$

若本例中,风险价值系数为 8%,则 A、B 项目的风险收益率分别为:

A 项目:$R_R = 8\% \times 25.298\% = 2.024\%$

B 项目:$R_R = 8\% \times 37.946\% = 3.036\%$

计算结果显示,B 项目的风险收益率大于 A 项目。

三、组合投资风险的衡量

(一) 组合投资的风险种类及其特性

组合投资的风险可以分为两种性质完全不同的风险,即非系统风险和系统风险。

1. 非系统风险

非系统风险(又称可分散风险和公司特有风险),是指某些因素对单一投资造成经济损失的可能性。一般来说通过投资多样化,这种风险是可以被分散的。如在证券投资时,可通过证券持有的多样化来抵消这种风险,即多买几家公司的股票,其中某些公司的股票收益上升,另一些股票的收益下降,从而将风险抵销。因而,这种风险称为可分散风险。

当然,并不是任何股票的组合都能降低可避免风险。一般讲,只有呈负相关关系的股票(即一种股票的报酬上升时,另一种股票的报酬下降,则这两种股票呈负相关关系)进行组合才能降低可避免风险;而呈正相关关系的股票(即一种股票的报酬与另一种股票的报酬同升同降,则这两种股票呈正相关关系)进行组合不能降低可避免风险。因此,股票投资的风险应通过多种股票的合理组合予以降低。

2. 系统风险

系统风险（又称不可分散风险和市场风险），是指某些因素对市场上所有投资造成经济损失的可能性。这种风险与组合投资中证券种类的多少没有关系，因而无法通过组合投资分散掉。例如，宏观经济状况的变化、国家税法的变化、国家财政政策和货币政策的变化、世界能源状况的改变都会使股票收益发生变动。这些风险会影响到所有的证券，因此，不能通过证券组合分散掉。对投资者来说，这种风险是无法消除的，故称不可分散风险。不可分散风险的程度，通常用 β 系数来计量，β 系数有多种计算方法，计算过程复杂，一般不需要投资者自己计算，而由一些投资服务机构定期计算并公布。作为整体的证券市场其 β 系数等于 1，如果某种股票的 β 系数大于 1，说明其风险大于市场风险，反之则小于市场风险。

投资者进行证券的组合投资，正是为了分散掉可避免风险。实践证明，只要科学地选择足够多的证券进行组合投资，就能基本分散掉大部分可避免风险。简而言之，就是不要把全部资金都投资于一种证券，而应根据各种证券的具体情况和投资者本人对收益与风险的偏好，来选择若干种最理想的证券作为投资对象，形成一个投资组合。

（二）组合投资风险与收益的关系

组合投资的风险收益是指投资者因承担不能分散的风险而获取的，超过时间价值的那部分额外收益。

企业在投资决策中应综合考虑各种资产的风险与收益，尽可能将风险分散，即将两项或两项以上的投资进行合理组合，从而形成组合投资。由于多样化投资可以把所有的非系统风险分散掉，因而组合投资风险主要是系统风险。从这一点上讲，组合投资的收益只反映系统风险（暂不考虑时间价值和通货膨胀因素）的影响程度。

决定组合投资风险和收益高低的关键因素是不同组合投资中各证券的比重，因为个别证券的 β 系数是客观存在的，是无法改变的。但是，人们通过改变组合投资中的证券种类或比重即可改变组合投资的风险和收益。

组合投资风险和收益的关系可以用资本资产定价模型来表示：

$$K_i = R_F + \beta_p (K_M - R_F) \tag{2-1}$$

通过式（2-1）可以看出，组合投资的风险收益率实质上是在不考虑通货膨胀情况下无风险收益率与风险收益率之和。

式中：K_i 为组合投资的风险收益率；R_F 为无风险收益率，一般用国债利率表示；K_M 为所有投资的平均收益率，又称市场收益率；β_p 为组合投资的 β 系数，可通过公式计算得出：

$$\beta_p = \sum_{i=1}^{n} X_i \beta_i$$

关于组合投资风险价值的计算及资本资产定价模型的具体应用，将会在后面的第六章第四节中进行详细介绍。

四、风险偏好与风险决策的基本规则

（一）风险偏好

风险偏好是指为了实现目标，企业或个体投资者在承担风险的种类、大小等方面的基本态度。风险就是一种不确定性,投资者面对这种不确定性所表现出的态度、倾向便是其风险偏好的具体体现。

风险偏好可分为风险回避者、风险追求者和风险中立者。

1. 风险回避者

当预期收益率相同时,风险回避者都会偏好于具有低风险的资产,而对于同样风险的资产,他们则都会钟情于具有高预期收益的资产。但当面临以下这样两种资产时,他们的选择就要取决于他们对待风险的态度:一项资产具有较高的预期收益率同时也具有较高的风险,而另一项资产虽然预期收益率低,但风险水平也低。

风险回避者在承担风险时,就会因承担风险而要求额外收益,额外收益要求的多少不仅与所承担的风险的大小有关(风险越高,要求的风险收益就越大),还取决于他们的风险偏好。对风险回避的愿望越强烈,要求的风险收益就越高。

一般的投资者和企业管理者都是风险回避者,因此,财务管理的理论框架和实务方法是针对风险回避者的,并不涉及风险追求者和中立者的行为。

2. 风险追求者

与风险回避者恰恰相反,风险追求者主动追求风险,喜欢收益的动荡胜于喜欢收益的稳定。他们选择资产的原则是:当预期收益相同时,选择风险大的,因为这会给他们带来更大的效用。

3. 风险中立者

风险中立者既不回避风险,也不主动追求风险。他们选择资产的唯一标准是预期收益的大小,而不管风险状况如何,这是因为所有预期收益相同的资产将给他们带来同样的效用。

在现实生活中,我们作为个人投资者也会进行各种投资理财的活动,对于投资活动中的风险,每个人的风险偏好和风险承受能力是不同的。在通过金融机构进行投资时,金融机构通常会先让客户填写风险偏好的测试问卷,以便了解客户的风险偏好和风险承受能力,并以此为依据推荐不同的投资产品或投资组合。

(二) 风险决策的基本规则

企业在进行风险条件下的决策时,对于单个方案的决策,通常是将该方案的标准离差(或标准离差率)与企业设定的标准离差(或标准离差率)的最高限值进行比较,当前者小于或等于后者时,该方案可以被接受,否则予以拒绝;对于多个方案的决策,则是将该方案的标准离差率与企业设定的标准离差率的最高限值比较,当前者小于或等于后者时,该方案可以被接受,否则予以拒绝。只有这样,才能选择标准离差最低、期望收益最高的最优方案。

在决策过程中,由于风险和报酬之间的关系,究竟选择何种方案,取决于决策者对风险的态度。对风险比较反感的投资者,一般倾向于选择期望收益较低同时风险也较低的方案。而敢于冒风险的投资者则可能选择风险高,但同时收益也高的方案。

第三节 资金成本

【导入案例】

假设你所在的公司计划生产一种新产品,这种新产品将填补当前的市场空白,有很好的市场发展前景。因此,公司准备组建分公司专门生产此新产品,预计新产品的生产运营需要1 000万元资金。为了快速和有效地筹集到资金,公司拟定了两种融资方案:方案一是5年期债务融资600万元,利率为14%,每年付息,普通股股权融资400万元,每股发行价为20元;方案二是5年期债务融资200万元,利率为11%,每年付息,普通股股权融资800万元,每股发行价为20元。公司适用的所得税税率为25%。

如果你是公司的财务人员,对该项投融资计划有何建议?通过本部分的学习,将有助于你为企业的融资决策提供支持。

资金成本是财务管理中的重要概念,是很多重要财务决策的依据。企业在筹资活动中,希望以较低的资金成本筹集到所需要的资金,则资金成本成为选择资金来源、确定筹资方案的依据,也是资本结构优化的依据。在企业的投资活动中,资金成本是评价投资项目和判断投资项目可行性的重要标准。

一、资金成本的概念和作用

(一) 资金成本的概念

资金成本是指企业筹集和使用资金所必须支付的各种费用,也就是企业为筹集和使用资金而付出的代价。

在市场经济条件下,资金作为一种特殊商品,企业需要通过各种筹资方式获得,而获取和使用这些资金都是有偿的,企业必须向资金提供者支付一定数量的费用作为补偿。由于企业使用资金是要付出代价的,所以,企业也必须合理地使用资金。

资金成本的构成包括:(1)用资费用,是指企业使用资金而支付的费用,如股利、利息等,其金额与使用资金的数额多少及使用时间长短成正比,它是资金成本的主要内容;(2)筹资费用,是指企业筹集资金而支付的费用,如借款手续费、证券发行费等,其金额与资金筹措有关而与使用资金的数额多少及使用时间长短无关。由于存在筹资费用,企业计划筹资额与实际筹资额是不相等的,实际筹资额等于计划筹资额减筹资费用,因此,企业使用资金的实际代价高于名义代价。

(二) 资金成本的表示方式

资金成本可以用绝对数表示,也可以用相对数表示。资金成本用绝对数表示即资金总成本,是筹资费用和用资费用之和。但是由于绝对数不利于不同筹资规模的比较,也不能反映用资的多少,所以在财务管理中一般采用相对数来表示。资金成本用相对数表示即资金成本率,它是资金占用费与筹资净额的比率。在财务管理中提到资金成本一般就是指资金成本率。

资金成本率一般包括:

1. 个别资金成本率。个别资金成本率是指企业各种长期资金的成本率。例如,股票资金成本率、债券资金成本率等。企业在比较各种筹资方式时,需要使用个别资本成本率。

2. 综合资金成本率。综合资金成本率是指企业全部长期资金的成本率。企业在进行长期资本结构决策时,可以利用综合资金成本率。

(三) 资金成本的作用

资金成本对不同的利益群体具有不同的含义。从资金筹集者的角度来看,资金成本是指企业为筹集和使用资金而付出的代价。广义地说,企业筹集和使用任何资金,不论短期的还是长期的,都要付出代价。狭义的资金成本仅指筹集和使用长期资金(包括筹集和使用权益资金和借入长期资金)的成本。由于长期资金也被称为资本,所以长期资金的成本也称为资本成本。资本成本包括资金筹集费和资金占用费两部分。其中:资金筹集费是指资金筹集过程中支付的各项费用,如发行股票和债券时支付的印刷费、发行手续费、律师费、资信评估费、公证费、担保费、广告费等;资金占用费是指占用资金支付的费用,如股票的股息、银行借款和债券的利息等,相比之下,资金占用费是筹资企业经常发生的,而资金筹集费通常在筹集资金时一次性发生,因此在计算资本成本时可作为筹集金额的一项扣除。

从资金的提供者即企业的投资者(包括股东和债权人)的角度来看,资本成本代表了资金的提供者期望从具有相同风险程度的投资活动中所获取的报酬,所以资本成本是一项机会成本。比如,当企业有富余的资金时,有两种选择:一是立刻派发现金股利;二是用这些资金投资一个项目,用项目未来产生的现金流派发现金股利。作为投资者将如何选择？如果投资者自己能够以与企业的投资项目相同的风险将分得的股利再投资于一项现金资产(债券或者股票),那么投资者就会在自己投资和企业投资中选择收益率较高的一个,也就是说,只有当项目的期望收益率大于风险水平相当的金融资产的收益率时,企业的投资项目才是可行的,即投资项目的盈利必须足以支付资金提供者想要得到的回报。因此,资本成本的决定者不是企业自身而是投资者,更准确地说是资本市场,即资本成本是企业投资者对投入企业的资本所要求的收益率,是投资项目(或本企业)的机会成本,在投资决策中作为一个重要参数贴现率出现。

资金成本的作用体现在以下方面。

1. 资金成本是选择筹资方式,进行资本结构决策和选择追加筹资方案的依据。

(1) 个别资金成本率是企业选择筹资方式的依据。一个企业长期资金的筹集往往有多种筹资方式可供选择,包括长期借款、发行债券、发行股票等。这些长期筹资方式的个别资金成本率的高低,可作为比较选择各种筹资方式的一个依据。

(2) 综合资本成本率是企业进行资本结构决策的依据。企业的全部长期资本通常是由多种长期资本筹资类型的组合构成的。企业长期资本的筹资有多个组合方案可供选择。不同筹资组合的综合资本成本率的高低,可以用于比较各个筹资组合方案,可作为资本结构决策的一个依据。

2. 资金成本是评价投资项目、比较投资方案和进行投资决策的经济标准。

一般而言,一个投资项目,只有当其投资收益率高于其资金成本率时,在经济上才是合理的,否则,该项目将无利可图,甚至会发生亏损。因此,国际上通常将资金成本率视为一个投资项目必须达到的最低报酬率,视为项目采纳与否的依据和比较选择投资方案的一个经济标准。在企业投资评价分析中,可以将资金成本率作为折现率,用于测算各个投资方案的净现值和现值指数,以比较选择投资方案,进行投资决策。

(1) 当采用净现值指标决策时,常以资金成本率作为折现率,此时净现值为正则投资项目可行,否则不可行。

(2) 当以内部收益率指标决策时,资金成本率是决定项目取舍的一个重要标准。只有当项目的内部收益率高于资金成本率时,项目才可能被接受,否则就必须放弃。

3. 资本成本可以作为评价企业整个经营业绩的基准。

企业的整个经营业绩可以用企业全部投资的利润率来衡量,并可与企业全部资本的成本率相比较,如果利润率高于成本率,可以认为企业经营有利;反之,则认为经营不利,需要改善经营管理,提高企业全部资本的利润率并降低成本率。

由此可以看出,资金成本对于企业筹资管理、投资管理,乃至企业整个财务管理和经营管理都有着重要的作用,在国际上也将其视为一项财务标准。

二、个别资金成本

个别资金成本是指各种筹资方式的资金成本,是计算企业的加权平均资金成本(综合资金成本)及相关决策的重要依据。

个别资本成本的高低取决于三个因素,即用资费用、筹资费用和筹资额。①用资费用是决定个别资本成本高低的一个主要因素。在其他两个因素不变的情况下,某种资本的用资费用大,其成本就高;反之,用资费用小,其成本就低。②筹资费用也是影响个别资本成本高低的一个因素。一般而言,发行债券和股票的筹资费用较大,故其资本成本较高;而其他筹资方式的筹资费用较小,故其资本成本较低。③筹资额是决定个别资本成本高低的另一个主要因素。在其他两个因素不变的情况下,某种资本的筹资额越大,其成本越低;反之,筹资额越小,其成本越高。

个别资本成本是企业用资费用与有效筹资额的比率,如果不考虑所得税因素,其基本的测算公式为

$$资金成本 = \frac{年用资费用}{筹资总额 - 筹资费用} \times 100\%$$

$$= \frac{年用资费用}{筹资总额 \times (1 - 筹资费率)} \times 100\%$$

个别资金成本主要包括:债券成本、长期借款成本、优先股成本、普通股成本、留存收益成本。债券成本、长期借款成本属于债务资金成本,其特点是:①债务资本还本付息的期限固定而明确;②债务资本收益固定,债权人无权分享高风险投资所带来的超额收益;③债务利息在税前列支,可以产生减税效应。优先股、普通股、留存收益属于权益资本,投资者由于承担了比债权人更多的风险,也因此要求有更高的收益,因此,权益资本成本一般高于债务资本成本。

由于每一种资本成本存在构成上的差异,因此需分别测算各种个别资金成本。

1. 债券成本

债券成本中的利息在税前支付,具有减税效应。其计算公式为

$$K_b = \frac{I(1-T)}{B_0(1-f)} = \frac{B \cdot i \cdot (1-T)}{B_0(1-f)}$$

式中:K_b 为债券资金成本;I 为债券年利息;B_0 为债券筹资总额;T 为所得税税率;f 为债券筹资费率;B 为债券面值总额;i 为债券年利息率。

企业债券资金成本中的利息费用可在所得税前列支,但发行债券的筹资费用一般较高。债券的筹资费用即发行费用,包括申请费、注册费、印刷费和上市费以及推销费等,其中有的费用按一定的标准支付。此外,债券的发行价格有等价、溢价和折价等情况,与面值可能不一致。

【例 2-17】 初晓公司发行债券 1 000 万元,期限为 5 年,债券利息率为 8%,每年计息一次,发行费用为发行价格的 5%,所得税税率为 25%。问该债券资本成本为多少?

$$K_b = \frac{1\,000 \times 8\% \times (1-25\%)}{1\,000 \times (1-5\%)} = 6.32\%$$

2. 长期借款成本

企业向银行等金融机构的长期借款与企业债券同属债务资金,其成本的构成及计算也与债券基本一致。其计算公式为

$$K_l = \frac{I(1-T)}{L(1-f)} = \frac{L \cdot i \cdot (1-T)}{L(1-f)}$$

式中:K_l 为长期借款资金成本;I 为长期借款年利息;L 为长期借款筹资总额;T 为所得税税率;i 为长期借款年利息率;f 为长期借款筹资费率。

【例2-18】 初晓公司向银行借款1 000万元,手续费为1%,年利率为5%,期限为3年,每年计息一次,到期一次还本。公司所得税税率为25%。问该借款的资本成本为多少?

$$K_l = \frac{1\,000 \times 5\% \times (1-25\%)}{1\,000 \times (1-1\%)} = 3.79\%$$

3. 优先股成本

优先股的成本由筹资费用和股利构成,其股利在税后支付。其计算公式为

$$K_p = \frac{D}{P_0(1-f)}$$

式中:K_p 为优先股资金成本;D 为优先股年股利额;p_0 为优先股筹资总额;f 为优先股筹资费率。

【例2-19】 初晓公司发行优先股,每股15元,年支付股利为1.5元,发行费率为3%。问该优先股资金成本为多少?

$$K_p = \frac{1.5}{15 \times (1-3\%)} = 10.31\%$$

4. 普通股成本

普通股成本的计算,存在多种不同方法,其主要方法为估价法。这种方法是利用估价普通股现值的公式,来计算普通股成本的一种方法。其计算公式为

$$V_0 = \sum_{i=1}^{n} \frac{D_i}{(1+K_s)^i} + \frac{V_n}{(1+K_s)^n}$$

由于股票没有到期日,则当 $n \to \infty$ 时,股票现值的公式为

$$K_0 = \sum_{i=1}^{n} \frac{D_i}{(1+K_s)^i}$$

许多公司的股利都是不断增加的,假设年增长率为 g,则普通股成本为

$$K_s = \frac{D_1}{V_0(1-f)} + g$$

式中:V_0 表示普通股现值;D_i 表示第 i 期支付的股利;V_n 表示普通股终值;K_s 表示普通股成本;D_1 表示第一年的股利。

【例2-20】 初晓公司准备增发普通股,每股的发行价格为15元,发行费用为1.5元,预定第一年分派现金股利每股1.5元,以后每年股利增长4%,则该股票资金成本为多少?

$$K_p = \frac{1.5}{15-1.5} + 4\% = 15.11\%$$

5. 留存收益成本

留存收益是企业内部融资的来源,留存收益属于普通股股东,其实质上是使用者对企业的

追加投资。投资人对于留存收益要求的收益率与普通股资金是相同的,因此留存收益成本等于不考虑筹资费用时的普通股资金成本,其计算公式为

$$K_e = \frac{D}{V_0}$$

如果股利不断增加的企业,其公式为

$$K_e = \frac{D_1}{V_0} + g$$

式中:K_e 为留存收益成本。

【例 2-21】 初晓公司准备增发普通股,每股的发行价格为 15 元,发行费用为 1.5 元,预定第一年分派现金股利每股 1.5 元,以后每年股利增长 4%。问该公司留存收益成本为多少?

$$K_p = \frac{1.5}{15} + 4\% = 14\%$$

通过上述例题的计算我们可以看出,在这五种资金成本中,银行借款和债券的成本相对较低,这两者都属于债务资本,而其他三类权益资本的资金成本相对较高。因而在企业的资本结构中适当加大债务资本所占的比重,有助于降低企业的综合资金成本。

三、加权平均资金成本

(一) 决定综合资金成本的因素

一个企业全部长期资本的成本率就是这个企业的综合资金成本,综合资金成本是由个别资金成本和各种长期资本比例这两个因素所决定的。各种长期资本比例是指一个企业各种长期资本分别占企业全部资本的比例,也称为狭义的资本结构。当企业的资本结构不变时,个别资金成本越高,则综合资金成本越高;反之,个别资金成本越低,则综合资金成本越低。因此,在资本结构一定的条件下,综合资金成本的高低是由个别资金成本所决定的。当个别资金成本不变时,资本结构中成本较高资本的比例上升,则综合资金成本提高;反之,成本较低资本的比例下降,则综合资金成本降低。因此,在个别资金成本一定的条件下,综合资金成本的高低是由各种长期资本比例即资本结构所决定的。企业要将资金成本控制在合理的范围内,必须通过资本结构的不断优化。有关资本结构的研究将在后续章节中进行介绍。

(二) 综合资金成本的计算

企业的综合资金成本是以各类资金在全部资金中所占的比重为权数,对各类资金的个别资金成本进行加权平均后形成的,因此综合资金成本也称为加权平均资金成本。

其计算公式为

$$K_w = \sum_{j=1}^{n} K_j W_j$$

式中:K_w 为加权平均资金成本;K_j 为第 j 种个别资金成本;W_j 为第 j 种个别资金成本占全部资金的比重。

现实中,企业在筹措资金或追加筹资时经常会采用不同筹资渠道形成筹资组合,而这个组合的资本成本是筹资决策时必须考虑的重要因素,通过测算不同筹资组合的综合资金成本可以为企业的筹资决策提供依据。

【例2-22】 大华公司共有资金10 000万元,其中银行借款2 000万元,长期债券3 000万元,普通股3 500万元,优先股1 000万元,留存收益500万元。以上几种资金的资金成本分别为5%、4%、13%、10%、12%。大华公司的综合资金成本是多少?

先分别计算各项资金的占比:

银行借款占比=2 000/10 000=20%

长期债券占比=3 000/10 000=30%

普通股占比=3 500/10 000=35%

优先股占比=1 000/10 000=10%

留存收益占比=500/10 000=5%

综合资金成本=20%×5%+30%×4%+35%×13%+10%×10%+5%×12%=8.35%

【例2-23】 东宇公司资金总量为9 000万元,其中发行面额为3 000万元的债券,发行价款3 010万元,票面利率为10%,筹资费用率为5%;银行借款1 000万元,年利率为8%,期限为2年,每年计息一次,到期还本付息,银行借款手续费率为0.5%;发行普通股3 500万元,筹资费用率为5%,预计第一年的股利率为12%,以后每年按3%递增;发行优先股,票面金额为700万元,股息率为11%,筹资费用率为3%,溢价发行,筹资总额790万元;700万元的留存收益用于扩大再生产,所得税率为33%。计算该公司的综合资金成本率。

第一步先计算个别资金成本。

债券资金成本:

$$K_b = \frac{I(1-T)}{B_0(1-f)} = \frac{B \cdot i \cdot (1-T)}{B_0(1-f)} = \frac{3\ 000 \times 10\% \times (1-33\%)}{3\ 010 \times (1-5\%)} = 7.02\%$$

银行借款资金成本:

$$K_l = \frac{I(1-T)}{L(1-f)} = \frac{L \cdot i \cdot (1-T)}{L(1-f)} = \frac{1\ 000 \times 8\% \times (1-33\%)}{1\ 000 \times (1-0.5\%)} = 5.39\%$$

普通股资金成本:

$$K_s = \frac{D_1}{V_0(1-f)} + g = \frac{3\ 500 \times 12\%}{3\ 500 \times (1-5\%)} + 3\% = 15.63\%$$

优先股资金成本:

$$K_p = \frac{D}{P_0(1-f)} = \frac{700 \times 11\%}{790 \times (1-3\%)} = 10.05\%$$

留存收益成本:

$$K_e = \frac{D_1}{V_0} + g = \frac{700 \times 12\%}{700} + 3\% = 15\%$$

第二步计算综合资金成本。

$$K_w = \sum_{j=1}^{n} K_j W_j$$

$$= \frac{2\ 010}{9\ 000} \times 7.02\% + \frac{1\ 000}{9\ 000} \times 5.39\% + \frac{3\ 500}{9\ 000} \times 15.63\% + \frac{790}{9\ 000} \times 10.05\% + \frac{700}{9\ 000} \times 15\%$$

$$= 10.29\%$$

通过这个例题我们可以清楚地看出,一个企业的综合资金成本的高低,既与企业中各类资金的个别资金成本有关,也取决于各类资金在整个资金总量中所占的比重。

【例2-24】 初晓公司在初创时有三个筹资方案可供抉择,有关资料见表2-2。从资金成本的角度看哪个方案比较好呢?

表2-2 三个初始筹资方案的有关资料

单位:万元

筹资方式	筹资方案Ⅰ		筹资方案Ⅱ		筹资方案Ⅲ	
	筹资额	资本成本(%)	筹资额	资本成本(%)	筹资额	资本成本(%)
长期借款	40	6	50	6.5	80	7.0
债 券	100	7	150	8.0	120	7.5
优先股	60	12	100	12.0	50	12.0
普通股	300	15	200	15.0	250	15.0
合 计	500	—	500	—	500	—

下面分别测算三个筹资方案的加权平均资本成本。

方案一:

(1)各种筹资占筹资总额的比重如下。

长期借款:$40 \div 500 = 0.08$

债券:$100 \div 500 = 0.2$

优先股:$60 \div 500 = 0.12$

普通股:$300 \div 500 = 0.6$

(2)加权平均成本$= 0.08 \times 6\% + 0.2 \times 7\% + 0.12 \times 12\% + 0.6 \times 15\% = 12.32\%$

方案二:

(1)各种筹资占筹资总额的比重如下。

长期借款:$50 \div 500 = 0.1$

债券:$150 \div 500 = 0.3$

优先股:$100 \div 500 = 0.2$

普通股:$200 \div 500 = 0.4$

(2)加权平均成本$= 0.1 \times 6.5\% + 0.3 \times 8\% + 0.2 \times 12\% + 0.4 \times 15\% = 11.45\%$

方案三:

(1)各种筹资方式占筹资总额的比重如下。

长期借款:$80 \div 500 = 0.16$

债券:$120 \div 500 = 0.24$

优先股:$50 \div 500 = 0.1$

普通股:$250 \div 500 = 0.5$

(2)加权平均资本成本$= 0.16 \times 7\% + 0.24 \times 7.5\% + 0.1 \times 12\% + 0.5 \times 15\% = 11.62\%$

通过将以上三个筹资方案的加权平均资本成本相比较,可知,方案二的最低,在其他有关因素大体相同的条件下,方案二是最好的筹资方案。

本章知识点小结

本章主要讲授资金时间价值理论、资金成本理论和风险价值理论,核心知识点总结如下。

第一,资金时间价值。(1)资金时间价值是资金在周转使用中由于时间因素而形成的差额价值,即资金在生产经营中带来的增值额,可以用利息额或利息率来表示。(2)资金时间价值计算中重要概念包括现值、终值、年金。(3)资金时间价值的计算包括一次性收付款终值和现值的计算、普通年金终值和现值的计算,共四个基本公式,其他公式是由基本公式的推导或变换而来的。

第二,风险价值。(1)风险价值是指投资者由于承担着风险进行投资而获得的超过资金时间价值的那部分额外收益。风险价值可以用风险报酬额、风险报酬率两种形式来表现。如果不考虑通货膨胀,投资者冒着风险进行投资所希望得到的投资报酬率是无风险报酬率与风险报酬率之和。(2)单项资产风险价值计算的步骤包括:计算概率分布;计算期望值 $\overline{E}$;计算标准差 δ;计算标准离差率 V;计算风险收益率 R_R。(3)组合投资的风险分为非系统风险和系统风险。非系统风险指某些因素对单一投资造成经济损失的可能性。系统性风险指某些因素对市场上所有投资造成经济损失的可能性。组合投资的风险收益是指投资者因承担不能分散的风险而获取的、超过时间价值的那部分额外收益,组合投资风险和收益的关系可以用资本资产定价模型来表示。(4)风险决策的基本规则对单个方案往往是将该方案的标准离差(或标准离差率)与企业设定的标准离差(或标准离差率)的最高限值比较,当前者小于或等于后者时,该方案可以被接受,否则予以拒绝;对多个方案则是将该方案的标准离差率与企业设定的标准离差率的最高限值比较,当前者小于或等于后者时,该方案可以被接受,否则予以拒绝。风险控制对策包括:规避风险、减少风险、转移风险、接受风险。

第三,资金成本。(1)资金成本是指企业筹集和使用资金必须支付的各种费用,即企业为筹集和使用资金而付出的代价。资金成本的构成包括用资费用和筹资费用。资金成本用相对数即资金成本率表示,它是资金占用费与筹资净额的比率。(2)资本成本的作用体现在:它是选择筹资方式、进行资本结构决策和选择追加筹资方案的依据;它是评价投资项目、比较投资方案和进行投资决策的经济标准;它可以作为评价企业整个经营业绩的基准。(3)个别资金成本是指各种筹资方式的资金成本,是计算企业的加权平均资金成本(综合资金成本)及相关决策的重要依据。个别资金成本包括债券成本、银行借款成本、优先股成本、普通股成本、留存收益成本。(4)综合资金成本率是以各类资金在全部资金中所占的比重为权数,对各类资金的个别资金成本进行加权平均后形成的,因此综合资金成本也称为加权平均资金成本。

思考与练习题

一、单项选择题

1. 资金时间价值是指(   )。
   A. 没有通货膨胀条件下的社会平均利润率
   B. 投资活动增加的价值

C. 资金在周转使用中由于时间因素而形成的差额价值

D. 没有风险条件下的利润率

2. 普通年金属于（　　）。

　　A. 先付年金　　　B. 后付年金　　　C. 预付年金　　　D. 永续年金

3. 某人进行一项投资，预计 6 年后获得 880 元收益，在年利率为 5% 的情况下，这笔收益的现值是（　　）元。

　　A. 4 466.62　　　B. 656.66　　　C. 670.56　　　D. 4 455.66

4. 某企业进行一项投资，目前支付的投资额是 10 万元，预计在未来 6 年内收回投资，在年利率为 6% 的情况下，那么企业每年至少要收回（　　）元钱，这项投资才合算。

　　A. 14 336.3　　　B. 15 792.4　　　C. 20 122.1　　　D. 20 336.4

5. 年资本回收额的计算也就是（　　）。

　　A. 年金现值的逆运算　　　　　　B. 年金终值的逆运算

　　C. 复利终值的逆运算　　　　　　D. 复利现值的逆运算

6. 以下对风险的叙述错误的是（　　）。

　　A. 风险在长期投资中是经常存在的

　　B. 风险与收益变动的方向不一致

　　C. 企业的经济活动大都是在风险和不确定的情况下进行的

　　D. 正确估计风险将可能给企业带来超过预期的收益

7. 标准离差率是各种可能的收益率偏离（　　）的综合差异。

　　A. 风险报酬率　　B. 实际报酬率　　C. 期望报酬率　　D. 概率

8. 甲方案比乙方案的标准离差大，甲、乙方案的期望值不同，则甲方案的风险（　　）。

　　A. 大于乙方案　　B. 小于乙方案　　C. 等于乙方案　　D. 无法确定

9. 投资者因冒风险进行投资，所获得超过资金时间价值的那部分额外报酬称为（　　）。

　　A. 无风险报酬　　B. 风险报酬　　C. 平均报酬　　D. 投资报酬

10. 在投资规模相同的情况下，标准差越大的项目，其风险（　　）。

　　A. 越大　　　　　B. 越小　　　　　C. 不变　　　　　D. 不确定

二、多项选择题

1. 按照资本资产定价模型，影响特定股票预期收益率的因素有（　　）。

　　A. 无风险收益率　　　　　　　　B. 所有股票的平均收益率

　　C. 特定股票的 β 系数　　　　　D. 财务杠杆系数

2. 下列风险中，不能用多角化投资来分散的风险有（　　）。

　　A. 市场风险　　B. 系统风险　　C. 公司特有风险　　D. 市场利率风险

3. 考虑风险因素后，影响投资报酬率变动的因素有（　　）。

　　A. 风险报酬率　　　　　　　　　B. 无风险报酬率

　　C. 风险价值系数　　　　　　　　D. 投资年限

4. 在个别资金成本的计算中，要考虑筹资费用影响的是（　　）。

　　A. 长期借款　　B. 长期债券　　C. 普通股　　D. 留存收益

5. 在计算个别资本成本时,考虑所得税递减作用的筹资方式有( )。
   A. 银行借款　　　B. 长期债券　　　C. 优先股　　　D. 普通股
6. 一般的利息率除了包括资金时间价值因素以外,还要包括( )因素。
   A. 风险价值　　　B. 市场环境　　　C. 通货膨胀　　　D. 资金形态
7. 可以用来衡量风险大小的指标有( )。
   A. 无风险报酬率　B. 期望值　　　C. 标准离差　　　D. 标准离差率
8. 非系统风险又叫作( )。
   A. 可分散风险　　　　　　　　　B. 不可分散风险
   C. 公司特有风险　　　　　　　　D. 市场风险

三、计算题

1. 某公司拟采用分期付款方式购买一套生产设备,每年年初支付 100 万,分 6 年付清,假设银行利率为 10%,这项分期付款的费用相当于一次性支付多少?

2. 某公司为扩大生产欲租赁一处厂房,租期 10 年,年利率 10%。出租方提出三种付款方案:①立即一次性支付全部款项 20 万;②从第四年开始每年年初支付 4 万至第十年年初结束;③第一到八年每年年末支付 3 万,第九年年末支付 4 万,第十年年末支付 5 万。你认为该公司选择哪种方案比较合算?

3. 某企业家支持家乡教育事业,在祖籍所在县设立奖学金。奖学金每年发放一次,奖励每年高考的文理科状元各 10 000 元。奖学金的基金存在中国银行该县支行。银行一年的定期存款利率为 2%,问该企业家要投资多少钱作为奖励基金?

4. 某公司购买甲、乙、丙三种股票进行投资组合,它们的 β 系数分别为 1.5、1.2 和 0.5,三种股票在投资组合中的比重分别为 40%、30% 和 30%,股票的市场收益率为 15%,无风险收益率为 8%。请计算该投资组合的风险收益率是多少?投资收益率是多少?

5. 某公司欲改变资金结构,有以下两个方案。
   甲方案:(1) 债券 30 万元　$i=10\%$
   　　　　(2) 股票 70 万元　每股售价 25 元,预计本年度每年股息 2 元,股息增长率 6%。
   乙方案:(1) 债券 40 万元　$i=10\%$
   　　　　(2) 股票 60 万元　每股售价 20 元,每股股息 2.5 元,股息增长率仍为 6%。

该公司所得税率为 33%,筹资费用率均为 4%。从资金成本的角度分析,哪个方案比较好?

6. 某公司拟筹资 8 000 万元,其中发行面额为 2 000 万元的债券,发行价款 2 010 万元,票面利率为 10%,筹资费用率为 5%;发行优先股,票面金额为 700 万元,股息率为 12%,筹资费用率为 3%,溢价发行,筹资总额 790 万元;借款 1 000 万元,年利率为 8%,期限为 2 年,每年计息一次,到期还本付息,银行借款手续费率为 0.5%;发行普通股 3 500 万元,筹资费用率为 5%,预计第一年的股利率为 13%,以后每年按 3% 递增;将留存收益 700 万元用于扩大再生产,所形成的新股权每年的股利率及增长率与普通股相同,所得税率为 33%。计算该公司的债券资金成本率、借款资金成本率、优先股资金成本率、普通股资金成本率、留存收益成本率及综合资金成本率。

7. 某投资项目与经济情况有关,在四种不同的经济情况下预期收益的概率分布见表2-3。

表2-3 不同经济情况下预期收益的概率分布

经济情况	发生概率	收益/万元
1	0.15	1 000
2	0.25	1 400
3	0.40	2 000
4	0.20	2 500

请计算该项目收益的期望值及标准差。如果无风险报酬率为6%,风险价值系数为0.1,则该项目的投资报酬率是多少?

8. 小李分别在2008年至2011年各年的1月1日存入某金融机构5 000元,利率为10%,按复利计息,到2012年12月31日能取出多少钱?

四、思考题

1. 如果你准备买一辆30万元的车,并已经准备好30万元的资金。此时,汽车销售方告诉你除了以全款支付的方式外,你还可以选择3年期贷款按月分期付款的方式,但需要缴纳4 000元手续费及相应的利息,汽车生产方提供优惠的贷款年利率为2%。在这种情况下你会怎么做?学习了资金时间价值理论后,又会怎么考虑?会对你原来选择的付款方式产生影响吗?

2. 假设你通过辛勤工作积攒了10万元,有两个投资项目可选择:一是购买利率为5%的短期国库券,你投入的10万元在第一年末将能够获得确定的0.5万元收益;二是购买A公司的股票,如果A公司的研发计划进展顺利,那么你投入的10万元将增值到21万元,然而,如果其研发失败,股票价值则跌至0,你将血本无归。

如果预测A公司研发成功与失败的概率各占50%,则股票投资的预期价值为$0.5×0+0.5×21=10.5$万元。扣除10万元的初始投资成本,预期收益为0.5万元,即预期收益率为5%。在这种情况下你会如何做出选择?为什么?

第三章 筹资方式管理

知识框架体系

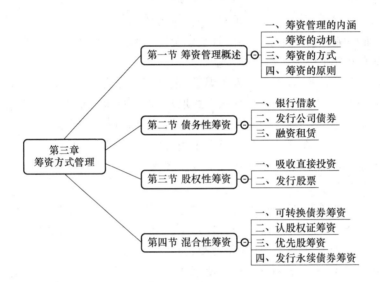

【学习目标】

本章在介绍筹资管理基本理论的基础上,重点讲授了债务资金的筹资与管理、权益资金的筹集与管理、混合资金的筹集与管理。通过本章的学习,需要达到以下教学目标:

1. 理解筹资管理的内涵、动机、方式和原则;
2. 掌握债务资金的筹集与管理;
3. 掌握权益资金的筹集与管理;
4. 理解混合资金的筹集与管理。

第一节 筹资管理概述

企业进行生产经营活动,需要一定量的资金。如何筹集企业所需要的资金,通过何种方式获得资金,以及如何在获得资金和付出的成本之间进行平衡等问题,是企业筹资时需要考虑的因素,这就涉及筹资管理方面的内容。

一、筹资管理的内涵

筹资,是指企业为了满足经营活动、投资活动等生产经营的需要,运用一定的筹资方式,通过一定的筹资渠道,向外部有关单位或个人以及从企业内部筹措和获取所需资金的一种财务行为。

筹集资金是企业资金运动的起点,通过一定的资金渠道和筹资方式筹集资金,保证企业的生产经营活动,是企业筹资管理的一项重要内容。因此,筹资管理需要解决企业为什么要进行筹资,筹集的资金量是多少,通过什么渠道、采取什么方式进行筹集,以及如何协调财务风险和资本成本,是筹资管理需要关注的重要内容。具体来说,筹资管理的内容包括以下方面。

第一,根据企业生产经营的进程,科学合理预计资金的需要量。充足的资金是企业开展生产经营业务活动的基本前提。在企业正常运营时,需要根据企业的年度经营计划和资金周转情况,确定企业能够维持正常经营活动的日常资金需要量;在企业扩张发展时,要根据企业的扩张规模,合理确定企业扩张所需要的资金。

第二,根据企业的资源,合理安排筹资渠道、选择筹资方式。确定资金的需要量,下一步企业要解决的问题是资金从哪里来并以什么方式取得,是通过银行借款等债务筹资,还是通过发行股票等权益筹资,是直接筹资还是间接筹资,这就需要企业科学合理地进行分析,确定合理的筹资渠道和筹资方式。在选择筹集渠道和筹资方式时,企业需要在权衡不同性质资金的数量、成本和风险的基础上,深刻认识各种筹资渠道和筹资方式的特征、性质以及与企业融资要求的适应性,以便有效筹集资金。

第三,根据企业的财务状况,在筹集资金时,努力降低资本成本,控制财务风险。企业筹集资金,除自有资金外,是需要付出资本成本的。资本成本是企业筹集和使用资金所付出的代价,包括股票发行费、借款手续费、证券印刷费、公证费、律师费等资金筹集费用,也包括利息支出、股利支出、融资租赁的资金利息等资金使用费用。企业在筹资时,要努力降低资本成本,控制财务风险。

二、筹资的动机

为了维持企业自身的运营和发展,企业需要购置设备、研发产品、引进新技术、对外投资、开发新产品等,企业日常的周转资金不能满足企业进一步发展的需求,这时,企业就需要进行筹资。因此,可以说,企业具体的筹资活动往往受特定动机的驱使,呈现出不同的动机类型。综合企业各项经营活动的资金需求,归纳起来,企业的筹资动机可分为初始筹资动机、支付筹资动机、扩张筹资动机和调整筹资动机四类。

(一)初始筹资动机

初始投资动机,是指企业在最初设立时,为取得满足正常的生产经营活动所需的原始投入的资金而产生的投资动机。这些资金是为满足企业成立并开展经营活动的基本条件而筹集的。任何一个企业或公司在设立时,都需要根据我国《公司法》等相关法律的规定,满足相关法律所规定的符合企业或公司章程的全体股东认缴的出资额,这样,就需要筹措注册资本等股权资金,若股权资金不足则需要以银行借款等债务资金的方式进行筹集。这些,都属于企业筹资的初始投资动机。

(二) 支付筹资动机

支付筹资动机,是指企业在生产经营活动中,经营活动的资金支出,会超出正常经营活动所准备的资金,这些超出正常资金需求的活动,包括季节性或临时性的原材料购买支出、员工工资的集中支出、银行借款的提前偿还等,这就要求企业在保证正常生产经营活动的资金需求外,还需要经常通过临时性筹资来满足额外的波动需求。面对这样的资金需求,企业可以举借新债务,也可以向社会发行公司债券等,以筹集资金,维持企业的支付能力。因此,支付筹资动机是企业为了满足正常波动所形成的支付需要而产生的动机。

(三) 扩张筹资动机

扩张筹资动机,是指处于成长时期、具有良好发展前景的企业,为扩大生产经营规模或增加对外投资需要而产生的追加筹资动机。企业如果要扩大经营规模、开展对外投资等,就需要大量的资金,而日常经营的流动资金,不可能满足企业扩大再生产的需要,此时,企业就会产生扩张性的筹资动机。在进行扩张性投资时,需要注意筹资的时间和数量,要服从于投资决策和投资计划,避免过度筹资,造成资金的闲置和浪费,也需要避免贻误投资时机。

扩张性筹资,是指企业资产、负债和权益总额增加,会使企业的资本结构发生明显变化。

【例3-1】 CQ公司经过决策,准备开发新产品,引进一条新的生产线,根据该项扩大生产经营的需要,公司需要进行扩张筹资,追加设备价值800万元,追加存货价值700万元。为此,需要筹集资金1 500万元,假设资金需要全部对外筹集,企业通过银行短期借款筹资200万元,取得所有者投入资本1 000万元,通过发行公司债券筹资300万元。企业的这些扩大生产经营活动,使得该公司的资本结构发生了如下变化,如表3-1所示。

表3-1 CQ公司扩张筹资前后资本结构变动表

资产	追加筹资前 ①	追加筹资 ②	追加筹资后 ③	负债和所有者权益	追加筹资前 ④	追加筹资 ⑤	追加筹资后 ⑥
现金	500		500	应付账款	1 000		1 000
应收账款	1 500		1 500	预收账款	400		400
预付账款	500		500	短期借款	1 200	200	1 400
存货	1 000	700	1 700	长期借款	800		800
长期股权投资	500		500	应付债券	1 100	300	1 400
固定资产	3 000	800	3 800	股东权益	2 500	1 000	3 500
资产总额	7 000	1 500	8 500	负债和所有者权益总额	7 000	1 500	8 500

从表3-1中可以看出,CQ公司原有的资产总额、负债和所有者权益总额分别为7 000万元,资产负债率为64%(负债总额/资产总额=4 500万元/7 000万元),大于60%,财务风险较高;通过扩张筹资后,资产总额、负债和所有者权益总额分别增长到了8 500万元,资产负债率为58.8%(负债总额/资产总额=5 000万元/8 500万元),小于60%,资本结构趋于合理,财务风险降低。这是公司扩张筹资带来的直接结果。

(四) 调整筹资动机

调整筹资动机,是指企业为控制财务风险、降低资本成本、提升企业价值,调整现有不合理的资本结构而产生的筹资动机。资本结构是指企业各种筹资来源的构成及其比例关系。对于企业来说,一个合理的资本结构,可以利用财务杠杆效应提升企业价值。但企业往往由于资金的不足借入资金,致使债务资本比例过高,现有的资本结构中债务筹资所占的比例过大,面临较大的财务风险和较大的偿债压力,这时,需要采取措施降低债务筹资的比例,使资本结构趋于合理。另外,如果股权资本比例较大,企业也需要承担较重的资本成本。

调整筹资的目的,就是为了调整资本结构,通过筹资调整股权投资和债务投资的比例,优化资本结构,使得资本成本最小化,而不是为企业经营活动追加资金,这类筹资通常不会增加企业的资本总额。

【例3-2】 续例3-1,假如CQ公司不准备开发新产品,只是由于债务资本比例过高,财务风险较大,所以想通过债转股的方式调整资本结构。经过研究,将原有的长期借款中的600万元和应付债券中的1000万元,通过债转股的形式予以调整,这样调整之后,该公司的资本结构发生了如下变化,如表3-2所示。

表3-2 CQ公司调整筹资前后资本结构变动表

资产	调整筹资前③	调整筹资④	调整筹资后③	负债和所有者权益	调整筹资前⑤	调整筹资⑥	调整筹资后⑥
现金	500		500	应付账款	1 000		1 000
应收账款	1 500		1 500	预收账款	400		400
预付账款	500		500	短期借款	1 200		1 200
存货	1 000		1 000	长期借款	800	−600	200
长期股权投资	500		500	应付债券	1 100	−1 000	100
固定资产	3 000		3 000	股东权益	2 500	+1 600	4 100
资产总额	7 000		7 000	资本总额	7 000		7 000

从表3-2中可以看出,经过调整筹资后,CQ公司原有的资产总额、负债和所有者权益总额依然分别为7 000万元,原有的资本总额不变。但是,调整筹资前,资产负债率为64%(负债总额/资产总额=4 500万元/7 000万元),大于60%,财务风险较高;通过调整筹资后,资产负债率为41.4%(负债总额/资产总额=2 900万元/7 000万元),小于60%,资本结构趋于合理,财务风险降低。这是公司调整筹资带来的直接效果,降低了财务风险。

三、筹资的方式

筹资方式,是指企业获得资金的渠道来源的具体表现形式。企业的筹资方式,需要根据国家的法律政策、经济体制、融资市场机制等因素进行选择。企业在选择筹资方式时,尤其要受国家的金融市场和融资行为方面的法律法规的制约。总体来说,根据表现形式的不同,企业的筹资方式可以归纳为三大类:债务性筹资、股权性筹资和混合性筹资三种。

（一）债务性筹资

债务性筹资，是指企业通过负债融资所取得的资金，如当企业资金不足时，通过向银行申请银行借款、向社会募集资金发行公司债券，以及融资租赁等方式筹集和取得的资金。具体来说，向银行借款、发行公司债券和融资租赁，是债务性筹资的三种基本形式。

第一，银行借款。银行借款，是企业根据借款合同从银行或非银行金融机构取得资金的筹资方式，是企业采用的最为普遍的一种债务筹资方式。银行借款广泛适用于各类企业，具有灵活、方便的特点。当企业经营资金出现周转困难时，可以向银行申请短期借款；当企业扩张需要更新大型设备或者购买先进仪器等时，可以向银行申请长期借款。

第二，发行公司债券。公司债券又称企业债券，是指公司依照法定程序发行、约定还本付息期限、标明债权债务关系的有价证券，是持券人拥有公司债权的债权证书。公司债券，作为债务筹集资金的一种形式，适用于向法人单位和自然人筹资。公司债券可分为带息和不带息两种，持券人可按期获得固定利息，到期收回本金。但是，与股权筹资所不同的是，持券人无权参与公司的经营管理，也不能根据企业的盈亏进行分红，因此，对企业的经营盈亏不承担责任。

第三，融资租赁。融资租赁，也称为资本租赁或者财务租赁，是指企业与租赁公司签订租赁合同，从租赁公司取得租赁物资产，租赁公司按照承租单位的要求出资购买设备，在较长的契约或合同期内提供给承租单位使用的信用业务。它通过对租赁物的占有取得筹资，是直接取得实物资产的方式，而不是先取得货币性资金，再购买实物资产，因此，融资租赁是借用信用方式快速形成生产能力的一种债务筹资方式。

（二）股权性筹资

股权性筹资，是指投资者投入企业的资本金以及企业在生产经营中所形成的积累，反映所有者的权益。当企业资金不足时，可以向社会公众发行股票吸收投资。具体来说，吸收直接投资、发行股票是股权性筹资的基本形式。

第一，吸收直接投资。吸收直接投资，是指企业以投资合同、协议等形式，吸收国家、企业、个人包括外商等的投入资金的一种筹资方式。这种筹资方式吸收的是直接投资，不以股票这种融资工具为载体，通过签订投资合同或投资协议来规定双方的权利和义务，是非股份制公司筹集股权资本、筹集自有资金的基本方式。吸收直接投资包括现金投资、实物投资、工业产权和非专利技术投资、土地使用权投资等，具有财务风险低但资本成本较高的特点。

第二，发行股票。发行股票是指企业采用发售股票的方式取得资金的筹资方式。股票是股份公司为筹集自由资金而发行的有价证券，是股东按其持有股份享有企业权益和承担企业义务的入股凭证。股票的发售对象，可以是社会公众，也可以是定向的特定投资主体。但对于发行者来说，只有股份有限公司才能发行股票，因此这种筹资方式只适用于股份有限公司，而且必须以股票作为载体。

（三）混合性筹资

混合性筹资，是指筹资的载体既具有股票性质，又具有债券特点，可以是证券，也可以在一定条件下转化为股票，对于这种具有双重性质的筹资活动，称为混合性筹资。具体来说，可转换债券筹资、优先股筹资、认股权证筹资和永续债券筹资是混合性筹资的四种基本形式。

第一，可转换债券筹资。可转换债券是一种混合型证券，是指根据发行公司债券募集办法的规定,债券持有人在一定期限内,可以按照事先规定的价格或者转换比例,自由地选择是否转换为发行公司股票的债券,它有规定的转换比率和转换价格。发行可转换债券,既可以为投资者增加灵活的投资机会,也可以为发行公司调整资本结构或者缓解财务压力提供方便,该种债券是公司普通债券与证券期权的组合体。

第二,优先股筹资。优先股是指股份有限公司发行的相对优先于普通股的一种特别股票,它具有普通股的特征,但与债券也有很多相似之处。在利润分配及剩余财产清偿分配的地位方面,优先股持有人优先于普通股股东得到分配,拥有优先分配股利、对剩余资产优先求偿等优先权利,但在参与公司决策管理等方面,优先股的权利会受到限制。

第三,认股权证筹资。认股权证是由股份有限公司发行的以特定的认购价格购买规定数量的普通股份的一种买入期权,它赋予权证持有者在一定期限内以事先约定的价格购买发行公司一定股份的权利。对于筹资公司而言,由于认股权证本身含有期权条款,其持有者在认购股份之前,对发行公司既不拥有债权也不拥有股权,而是只拥有股票认购权,因此,发行认股权证是上市公司的一种特殊筹资手段,其主要功能是辅助公司的股权性筹资,并可直接筹措现金。

第四,永续债券筹资。永续债券,也被称为无期债券,是指不规定到期期限,只需付息而不需还本的债券。因此,永续债券也被视为债券中的股票,兼具债权和股权两种属性。

四、筹资的原则

企业筹资,是企业扩大生产经营规模和调整资本结构所必须采取的行为,需要根据企业经营活动的实际需求,并要严格遵守国家法律法规,统筹考虑分析影响筹集资金的性质、数量、成本和风险等各种因素,合理选择适合企业自身的筹资方式,提高筹资效果。因此,企业在筹资时,需要遵循以下原则。

(一)筹集资金要合法

企业筹集资金,要遵守国家有关法规,维护各方合法权益。不论是直接筹资还是间接筹资,都影响着社会资金的流向和流量,最终都通过筹资行为向社会获取了资金。企业的筹资为自身的生产经营提供了资金来源,也会涉及各有关方面的经济权益。因此,企业的筹资活动必须遵守国家的有关法律法规,履行法律法规和投资合同约定的责任,实行公开、公平、公正的原则,依法披露信息,维护各方的合法权益,避免非法筹资行为给企业本身及相关主体造成损失。

(二)筹资规模要适当

企业筹资的规模,要根据生产经营的实际需要合理规划,不论筹资的多少,不论筹资的目的是扩大筹资还是调整筹资,或者是支付筹资等,都需要合理预测确定资金的需要量,合理安排资金需求,筹资规模与资金需要量要匹配,不能过量筹资,造成资金闲置,也要避免因筹资不足,影响生产经营的正常进行。因此,企业筹资的规模,需要根据企业的经营生产情况,事先进行科学合理的预测。

(三)筹资时机要恰当

企业要适时取得所筹资金,保证资金投放的需要。企业要做到合理安排筹资时间,就需要合理地预测使用资金的时间,企业管理部门需要统筹各部门,尤其是财务部门,要根据企业的生产经营方针及进程,确定资金需求的具体情况,合理安排资金的到位时间,使资金在需要用的时候有的用,但又需要避免过早筹集资金造成资金投放前的闲置,承担不必要的资金成本,因此,筹资与用资时间点能完美衔接的才是最佳的筹资时机。

(四) 筹资成本要经济

企业筹资要认真选择筹资来源,力求降低筹资成本。企业筹集资金都要付出资本成本,这就给企业筹集资金提出了最低报酬要求。由于筹集渠道和方式多种多样,不同筹资渠道和方式所取得的资金,其筹资难易程度、资本成本和财务风险也各不一样。因此,企业要充分利用各种筹资渠道,研究各种资金来源的构成,选择经济、可行的资金来源和筹集方式,求得最优的筹资组合,力求降低筹资成本。

(五) 筹资结构要合理

企业筹集资金,要使得筹资后的资本结构趋于合理,以避免财务风险和经营风险。资本结构是指在企业资本总额中各种资本来源的构成比例,一般以债务股权比率或资产负债率来表示。企业筹集资金,要综合考虑各种筹资方式,包括股份资金与债务资金的关系、长期资金与短期资金的关系等,既要防止负债过多,偿债能力不足,导致财务风险过大,又要有效地利用财务杠杆,提高权益资金的收益水平。因此,企业筹资时,要充分考虑筹资后资本结构的变化,综合安排筹资渠道、筹资金额和筹资方式等,力求筹资后获得最佳的资本结构。

第二节 债务性筹资

【导入案例】

大海公司为了满足市场上日益增长的产品需求,准备购入一套自动化生产线以扩充生产能力。经预测,该生产线需要资金500万元,大海公司拟通过债务筹资方式筹集资金购买或者租赁该设备,资本成本率为10%。假设大海公司均满足各项债务筹资的条件。

分析讨论:

1. 大海公司通过债务资金方式筹集资金,可以运用哪几种方法?
2. 若通过银行借款筹资购入该设备,大海公司需要考虑哪些银行借款的信用条件?
3. 若通过发行公司债券筹资购入该设备,大海公司应如何确定公司债券的发行价格?
4. 若通过融资租赁方式购入该设备,大海公司应如何确定该融资租赁设备的租金?

债务性筹资,是指通过负债筹集资金,具有筹资速度较快、筹资弹性较大、资本成本负担较轻的特点,同时,债务性筹资可以利用财务杠杆,稳定公司的控制权。但是,由于债务性筹资到期需要偿还,只能作为企业的补充性资本来源,所以它不能形成企业稳定的资本基础,财务风险较大,筹资数额有限,除发行公司债券外,一般难以像发行股票那样一次性筹集到大笔资金,无法满足公司大规模筹资的需要。目前在我国,债务性筹资主要是企业通过银行借款、向社会发行公司债券、融资租赁等方式筹集和取得资金。

一、银行借款

(一) 银行借款筹资概述

银行借款是指企业根据借款合同向银行或其他非银行金融机构借入的,需要还本付息的款项。银行借款主要用于企业扩大生产经营购建固定资产以及满足日常经营中流动资金周转的需要,包括短期借款和偿还期限超过一年的长期借款。

根据不同的角度,银行借款可以有不同的分类:按提供贷款的机构,分为政策性银行贷款、商业银行贷款和其他金融机构贷款;按机构对贷款有无担保要求,分为信用贷款和担保贷款;按企业取得贷款的用途,分为基本建设贷款、专项贷款和流动资金贷款。

如果是长期借款,由于期限长、风险大,银行通常会对借款企业提出一些有助于保证贷款能够按时足额偿还的条件。这些条件一旦被写进借款合同中,就形成了合同的保护性条款。这些保护性条款包括一般性保护条款和特殊性保护条款。一般性保护条款包括对借款企业流动资金保持量的规定、对支付现金股利和再购入股票的限制,以及对其他长期债务的限制,如期缴纳税费和清偿其他到期债务等;特殊性保护条款包括对贷款专款专用的规定、对企业高级职员的薪金和奖金总额的限制等。这些保护性条款是为了保证借款企业能够及时偿还银行的借款,避免银行的坏账风险。在具体的实务操作中,银行会对借款企业附加一些信用条件。

(二) 银行借款筹资的信用条件

银行借款的筹集,最重要的就是需要考虑银行借款的信用条件,并根据信用条件确定筹集资金的规模和借款的种类。按照国际惯例,这些信用条件主要有授信额度、周转信贷协议、补偿性余额和按贴现法计息。

1. 授信额度

授信额度,亦称信贷额度或贷款限额,是借款企业与银行间正式或非正式协议规定的可以得到的最高借款限额。通常,在信贷额度内,企业可随时按需要向银行申请借款。若超出信贷额度,银行则不予办理。另外,当企业的信誉恶化,即使仍在银行曾经同意的信贷额度内,银行也可以拒绝办理,这时银行不承担法律责任。

【例3-3】 甲企业由于扩大生产经营的需要,拟投资兴建一条新产品生产线,以授信额度的条件向银行借款2 800万元。企业与银行签订了正式协议,约定甲企业在授信额度内,可以根据生产线的建设情况随时向银行申请取得借款。

分析:如果甲企业已经借用了2 000万元,生产线也即将完工。但由于在此期间,甲企业因产品质量问题信誉恶化,此时,银行可以拒绝额度内剩余的800万元借款,不再借款给甲企业,此时,银行并不承担法律责任。

2. 周转信贷协议

周转信贷协议,是银行承诺提供不超过某一最高限额的贷款协定。与一般授信额度不同,银行对周转信用额度有法律义务。

银行的法律义务体现在,在协定的有效期内,只要企业的借款总额没有超过最高限额,银行就必须满足企业在任何时候提出的借款要求。企业享受的最高限额体现在,企业只要没超过最高限额,就可以随时向银行借款,但企业通常要为贷款限额的未使用部分付给银行一笔承诺费用。这笔承诺费用一般按未使用的信用额度的一定比率(2%左右)进行计算,有的银行不额外收费。

周转信贷协议是一种经常被大公司使用的正式授信额度,有效期通常超过一年,但实际上贷款每几个月发放一次,所以这种信贷具有短期借款和长期借款的双重特点。

【例3-4】 乙企业与银行签署了周转信贷协议,周转信贷金额为2 000万元,承诺费率为1%,乙企业年度内使用了1 200万元,余额为800万元,乙企业该年度需要向银行支付承诺费8万元(800×1%)。这就是银行向企业提供周转信贷协议贷款的一项附加条件。

3. 补偿性余额

补偿性余额是银行要求借款企业保持按贷款限额或实际借款额的一定百分比的最低存款余额。最低存款余额的百分比一般为10%~20%,这笔余额需要留存银行。从银行的角度看,其目的是通过补偿性余额降低银行的贷款风险,提高贷款的有效利率,补偿银行遭受的贷款损失。从借款企业的角度看,补偿性余额提高了借款的实际利率,加重了企业的负担。

【例3-5】 丙企业借款50 000元拟扩大生产规模,银行要求维持贷款限额的20%的补偿性余额。

(1) 按照这个条件,丙企业获得的实际借款金额为

$$50\ 000 - 50\ 000 \times 20\% = 40\ 000\ 元$$

(2) 如果丙企业为了获取50 000元的借款,则必须向银行借入的款项为

$$50\ 000 / (1 - 20\%) = 62\ 500\ 元$$

(3) 如果名义利率为8%,则丙企业该项借款的实际利率为

$$50\ 000 \times 8\% / [50\ 000 \times (1 - 20\%)] = 10\%$$

可见,此笔借款,丙企业需要承担比名义利率多2%的利息,实际负担的利率为10%。

4. 按贴现法计息

按贴现法计息,是指银行在向企业发放贷款时,先从本金中扣除利息,而到期时借款企业再偿还全部本金的一种计息方法。采用这种方法,企业可利用的贷款额只有本金扣除利息后的差额部分,因此这种方法和采用补偿性余额的条件一样,企业负担的实际利率高于名义利率。

【例3-6】 丁企业借款60 000元拟偿还到期债务,银行要求采用贴现法计息,借款名义利率为8%,借款期限为1年。

(1) 按照这个条件,丙企业获得的实际借款金额为

$$60\ 000 - 60\ 000 \times 8\% = 55\ 200\ 元$$

(2) 如果丙企业为了获取60 000元的借款,则必须向银行借入的款项为

$$60\ 000 / (1 - 8\%) \approx 65\ 217\ 元$$

(3) 如果名义利率为8%,则丙企业该项借款的实际利率为

$$60\ 000 \times 8\% / [60\ 000 \times (1 - 8\%)] \approx 8.70\%$$

可见,此笔借款,丙企业需要承担比名义利率多0.7%的利息,实际负担的利率为8.7%。

除了上述信用条件外,银行还可能采取借款抵押、限定偿还条件的措施,以及要求企业为取得贷款做出相关的承诺,比如,及时提供财务报表,保持适当的财务水平,以便能及时偿还银行贷款等。如企业违背做出的承诺,银行可要求企业立即偿还全部贷款。

(三) 银行借款筹资的特点

与其他筹资方式相比,银行借款筹资具有以下特点。

1. 银行借款筹资的优点

第一,筹资速度较快。银行借款与发行证券相比,一般所需时间较短,可以迅速地获取资金,而发行各种证券,需要做好印制证券、申请批准等证券发行的准备,这都需要一定时间,因此,通过发行证券来筹集资金所需的时间一般较长。

第二,筹资成本较低。利用银行借款进行筹资的成本,一般都比发行债券和融资租赁要低,因为无须支付大量的证券发行费用、租赁手续费用等筹资费用。

第三,筹资弹性较大。公司可以根据借款时的资本需求与贷款机构直接商定具体的贷款时间、数量和条件。借款期间,若公司的财务状况发生变化,可与银行进行协商,修改相关借款条件,或者提前偿还本息。借款到期后,如有正当理由,可延期归还。可见,银行借款筹资相对灵活,弹性较大。

第四,筹资的利息可以抵税。利用银行借款进行筹资,企业所支付的利息,记入到财务费用当中,在计算利润总额时是扣除项,而且可以在所得税前扣除,相比于发行债券和融资租赁,从另外一个角度来看,是使企业获得了收益。

2. 银行借款筹资的缺点

第一,财务风险较大。银行借款有固定的还本付息的时间,必须定期还本付息,如果企业一段时间内经营不善,流动资金不足,企业可能会面临不能及时偿还借款的财务风险,甚至导致破产。

第二,限制条款较多。银行为了保证企业能够及时足额地偿还银行借款,会在合同中增加保护性条款,对公司资本支出额度、再筹资、股利支付等有严格的约束。在具体借款时,银行还会增加授信额度、周转信贷协定、补偿性余额等信用条件,因此,与发行公司债券相比,银行借款的限制条件较多,势必会在一定程度上影响公司的生产经营和财务活动。

第三,筹资数额有限。对于银行来说,银行一般不愿借出巨额的长期借款,其数额往往受到贷款机构资本实力的制约,不如股票、债券那样可以一次筹集到大笔资金,无法满足公司大规模需要资金时的筹资需求。

二、发行公司债券

(一) 公司债券筹资概述

公司债券又称企业债券,是企业依照法定程序发行的,并约定在一定期限内还本付息的有价证券,是持券人拥有公司债权的书面证书,它代表债券持有人与发债公司之间的债权债务关系。持券人可按期取得固定的利息,债券到期时收回本金,但无权参与公司的经营管理,也不参加分红,持券人对企业的经营盈亏不承担责任。

公司债券按照不同的角度,可以有不同的分类。按是否记名,可分为记名债券和无记名债券;按是否能够转换成公司股权,可分为可转换债券与不可转换债券;按有无特定财产担保,可分为担保债券和信用债券;按有无抵押品担保,可分为抵押债券、担保债券和信用债券;按偿还期限分类,可分为短期债券和长期债券等。

在我国,只要满足一定的法定条件,股份有限公司和有限责任公司均具有发行债券的资格,但公开发行公司债券筹集的资金,必须用于核准的用途,不得用于弥补亏损和非生产性支出。

(二) 债券筹资发行价格的确定

1. 债券发行价格的含义

债券发行价格,是指发行公司或者代理承销机构在发行债券时所使用的价格,亦即投资者购买债券时所支付的价格。公司在发行债券之前,必须依据有关因素,运用一定的方法,确定债券的发行价格。

2. 债券发行价格的计算公式

根据公司债券的含义,公司在债券到期时,不仅要还本还要付息,因此,债券的发行价格包括两部分:债券面值和债券各期的利息。由于公司债券都是有一定持有期间的,从资金时间价值角度来看,将债券面值和债券各期的利息进行折现,债券的发行价格就由以下两部分组成,即债券到期还本面额的现值和债券各期利息的年金现值。

据此,可以列出债券发行价格的计算公式如下:

$$债券发行价格 = \frac{F}{(1+R_M)^n} + \sum_{t=1}^{n} \frac{I}{(1+R_M)^t} \tag{3-1}$$

式中:F 为债券面额,即到期偿还的本金;I 为债券年利息,即债券面额与债券票面利率的乘积;R_M 为市场利率,即债券发售时的市场利率;n 为债券期限;t 为债券付息期数。

上述公式也可以写成如下形式:

$$债券发行价格 = F \times \mathrm{PVIF}_{i,n} + I \times \mathrm{PVIFA}_{i,n} \tag{3-2}$$

式中:$\mathrm{PVIF}_{i,n}$ 为复利现值系数;$\mathrm{PVIFA}_{i,n}$ 为年金现值系数。

3. 债券发行价格的类型

从债券发行价格的公式可以看出,债券的发行价格会由于多种因素的影响而不同,其中最主要的就是公司债券票面利率和市场利率这两个因素。债券的票面金额、票面利率是在债券发行前就已经参照市场利率和发行公司的具体情况确定下来的,并载明于债券之上。但是,在债券发行时,已经确定的票面利率与发行时间点的市场利率可能不一致,这时为了协调债券购销双方在债券利息上的利益,就需要调整发行价格。因此,也就出现了公司债券发行价格的三种情况,即平价发行、溢价发行和折价发行。

第一,平价发行。当票面利率与市场利率一致时,根据债券发行价格公式的计算结果,债券的发行价格与债券面额一致,称为平价发行。

第二,溢价发行。当票面利率高于市场利率时,根据债券发行价格公式的计算结果,债券的发行价格大于债券面额,称为溢价发行。

第三,折价发行。当票面利率低于市场利率时,根据债券发行价格公式的计算结果,债券的发行价格小于债券面额,称为折价发行。

4. 债券发行价格的应用举例

根据债券发行价格的计算公式及可能出现的不同结果,下面通过示例来进一步分析和理解。

【**例 3-7**】 东方公司拟发行面值为 2 000 元的公司债券,参照拟发行时的市场利率和发行公司的具体情况确定票面利率为 10%,期限为 5 年,每年年末付息。但是,到债券正式发行时,市场上的利率发生了以下变化,那么最终如何确定发行价格呢?现按以下三种情况分别讨论。

(1) 如果正式发行时资金市场上的利率也就是市场利率保持不变,与票面利率一致,则东方公司的债券发行价格计算如下:

$$债券发行价格 = \frac{2\,000}{(1+10\%)^5} + \sum_{t=1}^{5} \frac{2\,000 \times 10\%}{(1+10\%)^t}$$

$$= 2\,000 \times PVIF_{10\%,5} + 2\,000 \times 10\% \times PVIFA_{10\%,5}$$

$$= 2\,000 \times 0.620\,9 + 200 \times 3.790\,8$$

$$\approx 2\,000 \text{ 元}$$

可见,债券的发行价格与票面金额一致,所以,当票面利率与市场利率一致时,企业可以直接采用平价发行。

(2) 如果正式发行时资金市场上的利率有较大幅度的下降,市场利率降为8%,低于票面利率10%,则东方公司的债券发行价格计算如下:

$$债券发行价格 = \frac{2\,000}{(1+8\%)^5} + \sum_{t=1}^{5} \frac{2\,000 \times 10\%}{(1+8\%)^t}$$

$$= 2\,000 \times PVIF_{8\%,5} + 2\,000 \times 10\% \times PVIFA_{8\%,5}$$

$$= 2\,000 \times 0.681 + 200 \times 3.993$$

$$= 2\,160.60 \text{ 元}$$

可见,债券的发行价格高于票面金额,所以,当票面利率高于市场利率时,企业应采用溢价发行。

(3) 如果正式发行时资金市场上的利率有较大幅度的上升,市场利率达到12%,高于票面利率10%,则东方公司的债券发行价格计算如下:

$$债券发行价格 = \frac{2\,000}{(1+12\%)^5} + \sum_{t=1}^{5} \frac{2\,000 \times 10\%}{(1+12\%)^t}$$

$$= 2\,000 \times PVIF_{12\%,5} + 2\,000 \times 10\% \times PVIFA_{12\%,5}$$

$$= 2\,000 \times 0.567 + 200 \times 3.605$$

$$= 1\,855 \text{ 元}$$

可见,通过计算债券的发行价格低于票面金额,所以,当票面利率低于市场利率时,企业应采用折价发行。

(三) 公司债券筹资的特点

公司债券与其他筹资方式相比,具有以下特点。

1. 公司债券筹资的优点

第一,债券筹资数额较大。由于企业在扩大生产经营时,需要投入大量的资金进行初始建设等,才能满足公司扩大经营规模的需要,公司债券属于直接融资,发行的对象广,市场分布和容量相对较大,而且不受金融中介机构等自身条件的限制和约束,因此,采用发行公司债券筹资,相比银行借款、融资租赁等债务筹资方式更能够筹集大额的资金,这也是诸多企业选择通过发行公司债券来筹资的主要原因。

第二,债券筹资限制条件较少。发行公司债券与银行借款相比,募集的资金在使用上具有相对灵活性和自主性,由于没有银行等金融机构的限制保护条款,通过发行债券募集的资金,能够用于流动性较差的长期资产上。因此,公司在扩大生产经营、增加大型固定资产和基本建设投资的需求时,多采用发行债券的方式筹资。

第三,债券筹资具有稳定性。债券的期限较长,投资者一般不能在债券到期之前向企业索取本金,债券利息率固定,债券持有人按照固定的利息率取得利息,这样企业可以将更多的利润分配给股东或留归企业用以扩大经营,不论企业盈利多少,因而,债券筹资方式具有长期性和稳定性的特点。

第四,债券筹资可保障控制权,优化资源配置。由于债券持有人无权参与公司的管理决策,不管企业是否盈利,债券持有人都无权参与分红,不会像增发新股票那样可能分散股东对公司的控制权。另外,由于债券是公开发行的,投资者基于自己的判断购买债券,而且可以方便地交易并转让所持有的债券,这样有助于加速市场竞争,优化社会资金的资源配置效率。

2. 公司债券筹资的缺点

第一,债券发行和披露成本较高。债券发行时,企业需要支付发行手续费等,还需要聘请保荐人、会计师、律师、资产评估机构以及资信评级机构等中介,发行的成本较高。另外,企业还需要公开披露募集说明书及其引用的审计报告、资产评估报告、资信评级报告等多种文件。债券上市后,企业也需要披露定期报告和临时报告,信息披露成本较高。

第二,债券财务风险相对较高。和银行借款筹资一样,相比股票筹资等权益性筹资,债券的财务风险相对较高。公司债券有固定的到期日,需要承担还本、定期付息的义务。如果在企业经营不景气时,再向债券持有人还本付息,势必会给企业造成更大的资金困难,使得企业的财务风险增高。

三、融资租赁

(一) 融资租赁筹资概述

融资租赁是租赁的一种形式。租赁,是指通过签订资产出让合同的方式,使用资产的一方,即承租方为得到所需资产的使用权,通过支付租金,向出让资产的一方,即出租方取得资产使用权的一种交易行为。

租赁分为经营租赁和融资租赁两种形式。

经营租赁是由租赁公司向承租单位在短期内提供设备,并提供维修、保养、人员培训等的一种服务性业务,又称服务性租赁。其主要特点包括:出租的设备一般由租赁公司根据市场需要选定;租赁期较短;租赁设备的维修保养由租赁公司负责;租赁期满或合同中止以后,出租资产由租赁公司收回,比较适用于租用技术过时较快的生产设备。

融资租赁是以融通资金为主要目的的租赁,融资租赁是由租赁公司按承租单位要求出资购买设备,在较长的合同期内提供给承租单位使用的融资信用业务。其基本形式包括直接租赁、售后回租、杠杆租赁三种形式。其主要特点包括:出租的设备根据承租方的要求购买,或者由承租方选定;租赁期较长,租赁期间内双方无权取消合同;设备的维修、保养等由承租方负担;租赁期满,按事先约定的方法处理设备,包括退还租赁公司,或继续租赁,或企业留购。

由于融资租赁是一种融资信用业务,所以融资租赁需要承租方按照合同的约定向出租方支付租金。一般而言,租金支付次数越多,每次的支付额就越小。支付租金的方式可以按支付间隔期的长短,分为年付、半年付、季付和月付;按在期初还是期末支付,分为先付和后付;按每次是否等额支付,分为等额支付和不等额支付。

实务中,承租企业与租赁公司商定的租金支付方式,大多为后付等额年金。

(二) 融资租赁租金的计算

融资租赁租金的计算方法有很多,在我国的融资租赁实务中,采用比较多的有两种方法:平均分摊法和等额年金法。

(1) 平均分摊法

平均分摊法,是指按照事先商定的利息率和手续费率,计算出租赁期间的利息和手续费,然后加上设备成本,按支付次数进行平均,计算出每年需要负担的租金。这种方法计算简单,只考虑了利息因素的时间价值,其他如手续费等则没有充分考虑资金时间价值因素。

按照平均分摊法,每次应付租金的计算公式如下:

$$R=\frac{(C-S)+I+F}{N} \tag{3-3}$$

式中:R 为每次支付的租金;C 为租赁设备的购置成本;S 为租赁设备的预计残值;I 为租赁期间的利息;F 为租赁期间的手续费;N 为租期。

从上述公式可以看出,融资租赁每期租金的多少,取决于设备的购置成本、设备的预计残值、租赁期间的利息、租赁期间的手续费和租赁期限。设备的购置成本,包括设备买价、运输费、安装调试费、保险费等;设备的预计残值,指设备租赁期满后,出售可得的市价;租赁期间的利息,指租赁公司为承租企业购置设备垫付资金所应支付的利息;租赁期间的手续费,指租赁公司承办租赁设备所发生的营业费用,不包括维修、保养费用,但可包括一定的盈利。

【例 3-8】 MQ 公司为了扩大再生产的需要,拟从某租赁公司租入一套生产设备。该设备价值为 80 000 元,按照租赁协议,租期确定为 5 年,预计该设备租赁期满时的残值率为 10%,设备租赁期满后归 MQ 公司所有,年利率为 8%,租赁的相关手续费为设备价值的 3%。租金每年年末支付一次。采用平均分摊法,MQ 公司租赁该设备每年应支付的租金为多少?

解:按照平均分摊法,需要先计算融资租赁该设备的成本总额如下:

设备价值 $C=80\ 000$ 元

设备残值 $S=80\ 000\times10\%=8\ 000$ 元

根据复利终值计算公式可知,租赁设备使用到期值为

$$80\ 000\times(1+8\%)^5=80\ 000\times\text{FVIF}_{8\%,5}=80\ 000\times1.469=117\ 520\ 元$$

则

租赁利息 $I=117\ 520-80\ 000=37\ 520$ 元

租赁手续费 $F=80\ 000\times3\%=2\ 400$ 元

则,融资租赁该设备的成本总额为上述费用之和,按照平均分摊法的计算公式有

$$R=\frac{(80\ 000-8\ 000)+37\ 520+2\ 400}{5}=22\ 384\ 元$$

通过计算可知,MQ 公司租赁该设备每年支付的租金为 22 384 元。进一步分析可知,平均分摊法只是考虑了利息的时间价值,但却没有考虑手续费等其他因素的时间价值,因此,平均年限法没有充分考虑时间价值因素。

(2) 等额年金法

等额年金法,通常要根据利率和手续费率确定一个租费率,作为贴现率,然后运用年金现值的计算原理计算每期应付租金。在我国融资租赁实务中,租金的计算采用等额年金法的

较多。

根据后付年金现值的计算公式，$PVA_n = A \times PVIFA_{i,n}$，可推导出后付等额租金方式下每年末支付租金的计算公式为

$$A = \frac{PVA_n}{PVIFA_{i,n}} \tag{3-4}$$

式中：A 为每年支付的租金；PVA_n 为等额租金现值，即年金现值；$PVIFA_{i,n}$ 为等额租金现值系数，即年金现值系数；n 为支付租金期数；i 为资本成本率。

【例 3-9】 续例 3-8，假如 MQ 公司的设备残值归属承租企业，根据利率和手续费率确定的资本成本率为 10%，假如其他条件不变，计算融资租赁租金的方法改为等额年金法，那么该公司每年应付多少租金呢？

解：根据等额年金法的计算公式，有

$$A = \frac{PVA_n}{PVIFA_{i,n}} = \frac{80\,000}{PVIFA_{10\%,5}} = \frac{80\,000}{3.791} \approx 21\,103 \text{ 元}$$

由上述计算可知，按照等额年金法，MQ 公司每年需要支付 21 103 元的租金。

（三）融资租赁筹资的特点

与其他筹资方式相比，融资租赁具有如下特点：

第一，融资租赁筹资能迅速获得资产。在资金缺乏情况下，融资租赁一般要比先筹措现金后购置设备来得更快，使企业在资金短缺的情况下引进设备成为可能，尽快形成生产经营能力。特别是针对中小企业、新创企业而言，融资租赁是一条重要的融资途径。

第二，融资租赁筹资限制条件较少。在股票、债券、长期借款等筹资方式中，企业都需要受到较多保护条款、资格条件等的限制，而融资租赁筹资，相比上述筹资方式，限制条件较少。

第三，融资租赁筹资能延长资金融通的期限，财务风险较小。融资租赁相较于先筹集资金再购买设备的筹资方式而言，其租金支出是未来的、分期的，企业无须一次筹集大量资金予以偿还，避免了一次性资金支付的负担。而且，融资租赁在到期时，设备可以退还给租赁公司，免遭设备陈旧过时的风险。

第四，融资租赁的税收负担较轻。由于按照会计制度，租金是一项费用，可以在缴纳所得税前扣除，因此，融资租赁具有可抵免所得税的作用。

当然，融资租赁也具有一定的缺点，最主要的就是资本成本高。由于租金分期支付，企业所负担的租金通常比举借银行借款或发行债券所负担的利息高得多，更远高于设备价值，这样承租企业在财务困难时期，固定的支付租金也将构成企业一项沉重的负担。

第三节 股权性筹资

【导入案例】

续本章第二节的导入案例，大海公司为了满足市场上日益增长的产品需求，准备购入一套自动化生产线以提高生产能力。经预测，该生产线需要资金 500 万元，若大海公司拟通过权益筹资方式筹集资金购买或者租赁该设备，资本成本率为 10%。假设大海公司均满足各项权益

筹资的条件。

分析讨论：
1. 大海公司通过权益资金方式筹集资金，可以运用哪几种方法？
2. 若通过发行股票购入该设备，大海公司应如何确定股票的发行价格？

股权性筹资，涉及企业的注册资本制度，也涉及企业的管理权和控制权，是企业稳定的资本基础，能够建立良好的企业信誉，筹资的风险较小。股权性筹资最基本的形式包括吸收直接投资和发行股票。

一、吸收直接投资

（一）吸收直接投资概述

吸收直接投资是指企业不以股票、债券等证券为中介，而是直接吸收国家、企业单位、个人以及外商等以现金、实物、工业产权和非专利技术、土地使用权等形式投入资金的一种筹资方式。采用吸收直接投资的企业，无须公开发行股票，资本不分为等额股份，实际出资额中的注册资本部分形成实收资本，超过注册资本的部分属于资本溢价，形成资本公积。吸收直接投资是非股份制企业筹集权益资本的基本方式。

吸收直接投资的种类包括吸收国家投资、吸收企事业单位法人投资、吸收外商投资、吸收社会公众投资等。吸收国家投资，是指吸收代表国家投资的政府部门或机构，以国有资产投入企业形成的国有资本；吸收企事业单位法人投资，是指吸收企事业法人单位以其依法可支配的资产投入公司而形成的法人资本；吸收外商投资，是指吸收外国投资者投入资金而形成的外商资本金；吸收社会公众投资，是指吸收社会个人或本公司职工以个人合法财产投入公司而形成的个人资本。

（二）吸收直接投资的出资方式

吸收直接投资，根据企业的需要和出资者的情况，可以通过不同方式进行出资。一般来说，企业吸收投资单位的出资方式主要包括以货币资金出资、以实物资产出资、以土地使用权和工业产权出资，以及以非专利技术出资等。

第一，以现金等货币资金出资。

用货币资金出资是吸收直接投资中最重要的出资方式。由于货币资金具有很大的灵活性，能支付各种费用，因此，企业如果有了货币资产，便可以获取其他物质资源，满足企业创建初期的开支和日后的生产经营需要。

第二，以房屋、建筑物、机器设备等固定资产和材料、燃料、商品等流动资产等实物资产出资。

以实物资产进行出资，需要满足一定的要求：出资的实物资产需要符合企业生产、经营以及科研开发的需要；该资产的技术性能良好；该资产的作价公平合理。实物出资的作价，可以聘请专业资产评估机构评估确定，也可以由出资各方在合同中协商确定。但是，对于国有及国有控股企业接受其他企业的非货币资产出资，必须委托有资格的资产评估机构进行资产评估。

房屋、建筑物价值的高低，主要受地理位置、新旧程度、投资额等因素的影响，可采用现行市价法、收益现值法、市场价格类比法等进行估价。机器设备，如果是合营或联营吸收的，一般采用重置成本法和现行市价法进行估价;如果是有独立生产能力的,也可以采用收益现值法估价。对于材料、燃料和商品等流动资产,可采用现行市价法或重置成本法进行估价。

第三,以土地使用权、工业产权、非专利技术等无形资产出资。

土地使用权是指土地经营者对依法取得的土地,在一定期限内,有开展建筑、生产经营或其他活动的权利。在土地使用权存续期间,包括土地所有者在内的其他任何人和单位,不能任意收回土地和非法干预使用权人的经营活动,土地使用权具有相对的独立性。

工业产权一般是指专有技术、商标权、专利权。以工业产权吸收投资,企业面临的风险较大,因为以工业产权进行投资,实际上是把技术转化为资本,使技术的价值固定化了,但由于科学技术更新换代快,具有很强的时效性,随着新技术的发展,旧的技术会老化落后,因此吸收工业产权投资的企业面临的风险较大。

工业产权、土地使用权和非专利技术,构成了我国企业主要的无形资产。国家相关法律法规对无形资产出资方式有限制:股东或者发起人不得以劳务、信用、自然人姓名、商誉、特许经营权或者设定担保的财产等作价出资;《企业财务通则》也规定了企业吸收的除土地使用权之外的无形资产的出资额一般不得超过注册资金的20%。

【例3-10】 甲股份有限公司经核定的股本总额为5 000万元,划分为5 000万股,每股面值为1元。拟吸收A、B、C、D和E的直接投资,按照合同规定的出资比例和出资方式:A占50%,全部以非货币资产出资,折合股份2 500万股,其中包括固定资产和土地使用权,固定资产账面原价为1 800万元,经评估确认的价值为1 700万元,经评估确认的专利使用权的价值为850万元,上述财产已依法转入甲公司;B、C、D、E各占12.5%,全部以货币资金出资,有关出资已全部到位,存入银行。

根据相关规定,甲公司在收到上述各方出资时,计入固定资产的金额为评估确认的价值1 700万元,计入无形资产的专利使用权价值850万元,计入银行存款2 500万元,总计5 050万元。

但是,甲公司的股本总额核定为5 000万元,多出的50万元,系A出资的非货币资产固定资产和无形资产多出的价值。按照会计制度的规定,这多出的50万元计入"资本公积——股本溢价"。

此例中,属于无形资产的专利使用权金额为850万元,占总股本的比例为17%(850÷5 000×100%),没有超过《企业财务通则》规定的除土地使用权之外的无形资产的出资额一般不得超过注册资金的20%的比例,因此是合理的。

(三) 吸收直接投资的特点

1. 吸收直接投资,相对于其他筹资方式来说,具有以下优点:

(1) 吸收直接投资,不仅可以获得现金,也可以直接获得所需的先进设备和技术,能够尽快形成生产能力。

(2) 吸收直接投资的投资者比较单一,股权没有社会化、分散化,投资者甚至可以直接担任公司管理层职务,使得公司与投资者易于沟通。

(3) 吸收直接投资,如果所筹资金属于企业的自有资金,与借入资金相比,能够提高企业的借款能力和信誉。

2. 吸收直接投资也具有如下缺点:

(1) 吸收直接投资使得公司控制权集中,不利于公司治理。投资者进行直接投资,一般都要求获得与投资数额相适应的经营管理权,如果投资额集中于某一个投资者,投资比例较大,则该投资者对企业的经营管理就会有相当大的控制权,这样,容易损害其他投资者的利益。

(2) 吸收直接投资的资本成本较高。投资者投资是为了获得收益。当企业经营较好、盈利较多时,投资者会要求将大部分盈余作为红利分配,使得资本成本比较高。

(3) 吸收直接投资由于没有证券为媒介,不利于产权交易,因此难以进行产权转让。

二、发行股票

(一) 发行股票筹资概述

1. 股票的分类

股票是股份公司为筹集自有资金而发行的有价证券,是持股人拥有股份公司股份的入股凭证,以证明持股人在股份公司中所拥有的所有权。按照股份公司的组织章程,作为公司的股东,股票持有者有权参加或监督企业的经营管理,分享企业的红利,并依法承担所购股额的有限的企业经营亏损责任。

股票可以根据不同的角度进行分类。

第一,根据股东的权利和义务,股票可以分为普通股股票和优先股股票。普通股股票简称普通股,是指股份公司依法发行的具有表决权和剩余索取权的一类股票。普通股代表着股东享有平等的权利、义务,不加特别限制的,股利不固定,是最基本的一种股票形式。股份有限公司通常情况下只发行普通股。优先股股票简称优先股,相对于普通股来说,是公司发行的具有一定优先权的股票,主要表现在股利分配优先权和分取剩余财产优先权上。

第二,按票面是否记名,股票可以分为记名股票和无记名股票。记名股票是指在股票票面上标明股东姓名或记入公司股东名册的股票;无记名股票则不登记股东名称,公司只记载股票编号、数量及发行日期。《公司法》规定,向社会公众发行的股票,可以为记名股票,也可以为无记名股票;向发起人、国家授权投资机构、法人发行的股票,为记名股票。

第三,按发行对象和上市地点,股票可以分为 A 股、B 股、H 股、N 股和 S 股等。A 股即人民币普通股票,是指由我国境内公司发行,以人民币标明面值、认购和交易,在境内上市交易的股票;B 股即人民币特种股票,是指由我国境内公司发行,以人民币标明面值,以外币认购和交易,但仍在境内上市交易的股票;H 股是注册地在内地,但却在香港上市的股票;在纽约上市的股票被称为 N 股,在新加坡上市的股票被称为 S 股。

2. 股票的发行方式

股票的发行方式分为以下两种:

第一,公开间接发行股票。股份公司通过中介机构向社会公众公开发行股票,称为公开间接发行。这种发行方式发行对象多,发行范围广,容易足额筹集资金,也有利于提高公司的知名度和影响力,但审批手续复杂严格,发行成本高。股份有限公司若是采用募集设立方式成立的,在向社会公开发行股票时,必须由有资格的证券公司、信托投资公司等证券经营中介机构承销。

第二,非公开直接发行股票。股份公司只向少数特定对象直接发行股票,不需要中介机构承销时,就是非公开直接发行。这种发行方式弹性较大,企业能控制发行过程,可以节省发行费用,但发行范围小,不容易及时足额地筹集到资金,股票的变现性也差。采用发起设立方式成立并向特定的对象采用募集方式发行新股的股份有限公司,可采用直接将股票销售给认购者的自销方式。

3. 股票的发行类型

股票的发行一般均指普通股的发行。普通股的发行分为三类：

第一，普通股首次发行。股份有限公司在设立时发行的股票，称为普通股首次发行。在首次发行时，要实行公平、公正的原则，同股同权、同股同利。同次发行的股票，每股发行条件和价格均应当相同。股票发行时，需要遵守与股票发行条件、发行程序和方式，以及销售方式等相关的管理规定。

第二，配股发行。配股是指向原普通股股东，按照其持股比例，以低于市价的某一特定价格配售一定数量的新发行股票的融资行为。按照惯例，公司配股的时候，新股的认购权按照原有的股权比例在原股东之间进行分配，因此，配股赋予了企业原股东配股权，使原股东能够拥有合法的优先购买新发行股票的权利。

第三，增发新股。增发新股是指上市公司为了筹集权益资本而再次发行股票的融资行为。增发新股包括公开增发和非公开增发两种形式。公开增发新股，需要满足以下条件：(1)最近3个会计年度加权平均净资产报酬率平均不低于6%；(2)除金融企业外，最近1期期末不存在持有金额较大的交易性金融资产和可供出售的金融资产，以及借予他人款项、委托理财等财务性投资的情形。而非公开增发的要求则低得多。

(二) 股票筹资发行价格的确定

1. 股票发行价格的含义

股票的发行价格，是股份公司发行股票时，将股票出售给认购者所采用的价格，也就是投资者认购股票时所支付的价格。

由于股票发行价格关系着发行公司与新股东、老股东等投资者以及发行公司与承销机构间的利益关系，所以股票发行价格一般由发行公司根据股市行情、股票面额以及其他有关因素决定。股票发行价格不能定得过低，否则可能难以满足发行公司的筹资需求，甚至会损害老股东的利益；但也不能定得过高，否则可能会增大承销机构的发行风险和发行难度，也加大投资者的风险，抑制投资者的认购热情。一般来说，公司设立首次发行股票时，股票的发行价格由发起人决定；公司增资发行新股时，股票的发行价格由股东大会或董事会决定。本教材仅就普通股首次发行的价格做以下介绍。

2. 股票发行价格的测算方法

普通股首次发行的测算方法，主要有以下三种：

第一，分析法。分析法以资产净值为基础，计算出的每股价格接近于账面价值。账面价值股票所包含的实际资产价值，是根据公司会计报表资料计算出来的，数字准确，可信度高，因此是证券经营者分析股票价格、股票投资者，并进行投资评估分析的依据之一。如果公司的账面价值高，股东可能享受的收益就多，若此时股票售价较低，则对投资者有利。分析法的计算公式如下：

$$每股价格 = \frac{资产总值 - 负债总值}{投入资本总额} \times 每股面值 \quad (3-5)$$

第二，综合法。综合法以公司收益能力为基础，计算出的每股价格接近于市场价值。市场价值，也称为市价，是股票在股票市场上进行交易时具有的价值，市价通常受许多因素的影响，但与企业的盈利能力直接有关，是一种经常变动的数值，直接反映股票市场的行情，是投资者

的直接参考依据。综合法的计算公式如下:

$$每股价格=\frac{年平均利润÷行业资本利润率}{投入资本总额}×每股面值 \qquad (3-6)$$

第三,市盈率法。市盈率法以市盈率为基础,乘以每股利润,能充分反映市价和盈利之间的关系。计算公式如下:

$$每股价格=市盈率×每股利润 \qquad (3-7)$$

【例3-11】 QM公司投入资本总额为1 000万元,每股面值为10元,资产总额为4 500万元,负债总额为1 800万元,行业资本利润率为20%,公司年平均利润为350万元,该公司每股利润为1.8元,市盈率为12。请分别按照股票发行价格的方法测算股票每股的发行价格。

解:(1)按照分析法确定股票的发行价格,每股价格应为

$$每股价格=\frac{4\ 500-1\ 800}{1\ 000}×10=27元$$

(2)按照综合法确定股票的发行价格,每股价格应为

$$每股价格=\frac{350÷20\%}{1\ 000}×10=17.5元$$

(3)按照市盈率法确定股票的发行价格,每股价格应为

$$每股价格=12×1.8=21.6元$$

3. 股票发行价格的决策

股票发行价格可根据式(3-5)、式(3-6)和式(3-7)求得,但具体发行时还要结合不同时期、不同状态、不同种类的股票确定其发行价格。总体来说,股票发行价格通常有等价、时价和中间价三种。

第一,等价。等价即以股票面值为发行价格发行股票,即股票的发行价格与其股票面额等价,也称平价发行或面值发行。股票票面价值,简称面值,是股票票面上标明的金额,以股为单位,用每股的资本数额来表示。等价发行的股票,一般比较容易推销,但发行公司不能取得溢价收入。在股票市场不甚发达的情况下,设立公司首次发行股票时,选用等价发行可确保及时足额地募集资本。

第二,时价。时价是以公司原发行同种股票的现行市场价格为基准来选择增发新股的发行价格,也称市价发行。选用时价发行股票,考虑了股票的现行市场价值,因而可促进股票的顺利发行。

第三,中间价。中间价,即取股票市场价值与面值的中间值作为股票的发行价格。中间价兼具等价和时价的特点,能在一定程度上足额募集资本,也考虑了股票的市场价值,有利于股票的发行。

我国《公司法》规定,股票发行价格可以按照票面金额发行,即等价发行,也可以超过票面金额发行,即溢价发行,但不得低于票面金额发行,即折价发行。国际惯例,股票通常溢价发行或等价发行,很少折价发行,特殊情况下确需折价发行,也要严格限制折价幅度和时间等。

(三) 发行股票筹资的特点

股票筹资一般均指普通股筹资,与公司债券、长期借款等筹资方式相比,具有如下特点。

1. 股票筹资的优点

第一,没有固定到期日,没有固定利息负担,筹资风险小。股票筹资没有固定到期日。当公司有盈余并认为适合分配股利时,可以将股利分给股东;公司盈余较少,或虽有盈余但资金

短缺或有更有利的投资机会时,可少支付或不支付股利。另外,利用普通股筹集的是永久性的资金,除非公司清算才需偿还,不用支付固定的利息,因此风险小。

第二,能增强公司的社会声誉,有利于公司自主经营管理。普通股的股东大众化,股票的流通性强,能为公司带来了广泛的社会影响,便于吸收新的投资者。另外,公司通过对外发行股票筹资,公司日常经营管理事务主要由公司的董事会和经理层负责,有利于公司自主管理、自主经营。

第三,筹资限制较少,容易吸收资金。利用优先股或债券筹资,通常有许多限制,这些限制往往会影响公司经营的灵活性,而利用普通股筹资则没有这种限制。另外,由于普通股的预期收益较高并可在一定程度上抵消通货膨胀的影响,因此,普通股筹资容易吸收资金。

2. 股票筹资的缺点

第一,普通股筹资的资本成本较高。由于普通股风险较大,股东相应要求较高的报酬,且股利要从扣除所得税后的利润中支付,不允许税前扣除,不能抵税,这样一来增加了公司的成本。另外,普通股的发行费用一般也高于其他证券。公司股票上市后,一旦公司经营或是财务方面出现问题,可能面临被收购的风险。

第二,普通股筹资会增加新股东,可能会分散公司的控制权,削弱原有股东对公司的控制权。普通股的发行量一般比较大,利用普通股筹资,增加新股东时,一方面可能会分散公司的控制权,另一方面,新股东对公司已积累的盈余具有分享权,会降低普通股的每股收益,从而可能引起普通股股价的下跌。

第三,不易及时形成生产能力。普通股筹资吸收的一般都是货币资金,还需要通过购置和建造形成生产经营能力。相对吸收直接投资方式来说,普通股筹资不易及时形成生产能力。

第四节 混合性筹资

【导入案例】

续本章第二节导入案例,大海公司为了满足市场上日益增长的产品需求,准备购入一套自动化生产线以提高生产能力。经预测,该生产线需要资金500万元,若大海公司拟通过混合筹资方式筹集资金购买或者租赁该设备,资本成本率为10%。假设大海公司均满足各项混合资金筹资的条件。

分析讨论:

1. 大海公司通过混合资金方式筹集资金,可以运用哪几种方法?
2. 若通过发行可转换债券购入该设备,大海公司应如何确定可转换债券的转换期限、转换价格和转换比率?
3. 若通过发行优先股购入该设备,大海公司应如何预测优先股的发行价格?

混合性筹资,是指企业在筹资时发行的具有双重性质的证券,这些证券,有的基本性质是股票,但又兼具债券的性质,有的是债券,但又能转换成股票。这种双重性质的筹资活动,被称为混合性筹资。混合性筹资的主要形式包括发行可转换债券、认股权证、优先股和永续债券。

一、可转换债券筹资

（一）可转换债券筹资概述

可转换债券也被简称为可转债，是一种混合型证券，是指由公司发行并规定债券持有人在一定期限内，可以按照事先规定的价格或者转换比例，将其转换为发行公司普通股的债券，是公司普通债券与证券期权的组合体。

从筹资公司的角度看，发行可转换债券具有债务与股权筹资的双重属性，属于一种混合性筹资。其主要体现在以下两个方面：一方面，利用可转换债券筹资，可转换债券的持有人可按约定将其转换为该公司股票，在可转换债券转换之前，对发行公司而言，需要定期向持有人支付利息，若持有人在规定的转换期限内，未将可转换债券转换为股票，发行公司还需要到期偿付债券本金，此时，可转换债券筹资与普通债券相似，具有债务筹资的属性；另一方面，若持有人在规定的转换期限内，将可转换债券转换为股票，则发行公司将债券负债转化为股东权益，此时，可转换债券具有股权筹资的属性。

根据是否可以分离独立交易，可转换债券可以分为两类：不可分离的可转换债券和可分离交易的可转换债券。不可分离的可转换债券，其转股权与债券不可分离，债券持有者直接按照债券面额和约定的转股价格，在规定的期限内将债券转换为股票；可分离交易的可转换债券，在发行时附有认股权证，是认股权证与公司债券的组合，发行上市后，公司债券和认股权证各自独立流通、交易。认股权证的持有者认购股票时，需要按照认购价格出资购买股票。

可转换债券通常包括以下主要条款：标的股票、票面利率、转换价格、转换比率、转换期、赎回条款、回售条款和强制性转换条款等。标的股票，是指可转换债券转换期权的标的物是可转换成的公司股票。票面利率，一般会低于普通债券的票面利率，有时甚至还低于同期银行存款利率；转换价格，是指在转换期内可转换债券转换为普通股的每股价格；转换比率，是指每一张可转换债券在既定的转换价格下能转换为普通股股票的数量，在债券面值和转换价格确定的前提下，转换比率为债券面值与转换价格之比；转换比率是债权人将一份债券转换成普通股可获得的普通股股数；转换期是指可转换债券转换为股份的起始日至结束日的期间；赎回条款是可转换债券的发行企业可以在债券到期日之前提前赎回债券的规定；回售条款是指债券持有人有权按照事先约定的价格将债券卖回给发债公司的条件规定；强制性转换条款，是指在某些条件具备之后，债券持有人必须将可转换债券转换为股票，无权要求偿还债券本金的条件规定。

（二）可转换债券的转换测算

可转换债券在一定期限内按约定的条件可以转换为特定公司的普通股，在转换时，主要涉及可转换债券主要条款中的三个因素：转换期限、转换比率和转换价格。

1. 转换期限

可转换债券的转换期限，是指可转换债券转换为股份的起始日至结束日的期间，是持有人按发行公司的约定，能够行使转换权的有效期限。一般而言，转换期限的长短与可转换债券本身的期限相关，转换期可以与债券本身的期限相同，也可以短于债券本身的期限。

我国《上市公司证券发行管理办法》规定，自发行结束之日起 6 个月后方可转公司股票，转股期限由公司根据可转换债券的存续期限及公司财务状况决定。按照该规定，上市公司发行可转换债券，在发行结束 6 个月后，持有人可以依据约定的条件随时将其转换为股票。可转换债券的期限按规定最短为1年,最长为6年。分离交易的可转换债券的期限最短为1年。

需要说明的是,可转换债券转换为特定公司的普通股,这种转换,在资产负债表上只是负债转换为普通股,并不增加额外的资本。

2. 转换比率

可转换债券的转换比率,是指每一张可转换债券在既定的转换价格下能转换为普通股股票的数量,等于可转换债券的面值除以转换价格。可转换债券的面值、转换价格、转换比率之间存在下列关系:

$$转换比率 = 债券面值 \div 转换价格$$

【例3-12】 甲上市公司发行的可转换债券每份面值为1 500元,转换价格为每股30元,则转换比率为多少?

$$转换比率 = 1\,500 \div 30 = 50\,股$$

通过上述计算可知,每份可转换债券可以转换50股股票。

3. 转换价格

可转换债券的转换价格,是指在转换期内可转换债券转换为普通股的每股价格。这个价格是据以转换为普通股的折算价格,通常由发行公司在发行可转换债券时约定,以怎样的价格转换为普通股,这个约定的价格就是可转换债券的转换价格,或称转股价格。

由于可转换债券在未来可以行权转换成股票,在债券发售时,所确定的转换价格一般比发售日股票市场价格高出一定比例,一般来说,转换价格通常比发行时的股价高出20%~30%。按照我国的有关规定:上市公司发行可转换债券,以发行可转换债券前一个月股票的平均价格为基准,上浮一定幅度作为转换价格;重点国有企业发行可转换债券,以拟发行股票的价格为基准,折扣一定比例作为转换价格。

在具体实务中,可转换债券存在两个时间点计算转换价格。

(1) 转换股票前,可转换债券价格的确定

由于有的可转换债券期限较长,可能已发行数年但还未到期。在准备转为普通股时,需要计算转换股票前的可转换债券的价格。通常情况下,转换股票前的价格用一般债券价格的计算公式,即本章第二节的式(3-1)或者式(3-2)来进行计算。

【例3-13】 MC上市公司可转换债券的面值为1 500万元,期限为20年,年利率为5%,收益贴现率为4%,则该可转换债券在转换股票前的价格应为

$$可转换债券价格 = \frac{1\,500}{(1+4\%)^{20}} + \sum_{t=1}^{20} \frac{1\,500 \times 5\%}{(1+4\%)^t}$$
$$= 1\,500 \times \text{PVIF}_{4\%,20} + 1\,500 \times 5\% \times \text{PVIFA}_{4\%,20}$$
$$= 1\,500 \times 0.456 + 75 \times 13.590$$
$$= 1\,703.25\,元$$

通过计算可知,该可转换债券转换为股票前的价格为1 703.25元。此例是按照可转换债券到期的期限进行计算的,如果是在未到期前进行转换,比如,在持有第10年进行转换,则

$$可转换债券价格 = \frac{1\,500}{(1+4\%)^{10}} + \sum_{t=1}^{10} \frac{1\,500 \times 5\%}{(1+4\%)^t}$$
$$= 1\,500 \times \text{PVIF}_{4\%,10} + 1\,500 \times 5\% \times \text{PVIFA}_{4\%,10}$$
$$= 1\,500 \times 0.676 + 75 \times 8.111$$
$$= 1\,622.325\,元$$

通过计算可知,该可转换债券在第10年转换为股票前的价格为1 622.325元,比到期时转换的价格低80.925元。

(2) 转换股票时,可转换债券价格的确定

确定了准备转换为股票时间点的可转换债券价格后,就可以计算并确定可转换债券转换为普通股股票的转换价格了。此时,转换股票时的价格计算公式如下:

$$PV_t = PV_0 \times (1+g)^t \times q \tag{3-8}$$

上述公式也可写成

$$PV_t = PV_0 \times FVIF_{g,t} \times q \tag{3-9}$$

式中:PV_t 为可转换债券转为股票时的价格;PV_0 为股票的现行市场价格;g 为股票价格增长率;q 为转换率;t 为转换时间。

【例3-14】 续例3-13,若MC上市公司有面值为1 500万元的可转换债券,拟10年后将可转换债券转换为普通股股票。股票市场价格为每股30元,股票的价格增长率为5%,与股票的转换比率为1:16,则5年后的转换价格应为

$$PV_t = 30 \times (1+5\%)^{10} \times 16 = 30 \times FVIF_{5\%,10} \times 16$$
$$= 30 \times 1.629 \times 16 = 781.92 \text{元}$$

通过计算可知,该公司的可转换债券在第10年转换为股票时,转换价格为781.92元,但从例3-13的计算可知,该债券在第10年的转换前价格为1 622.325元。因此,该公司应该谨慎权衡,是否此时将可转换债券转换为股票。

需要说明的是,由于又增发新股、配股及其他原因,可转换债券的转换价格并非固定不变,公司发行可转换债券并约定转换价格后,股份发生变动的,应当及时调整转换价格,并向社会公布。

(三) 可转换债券的筹资特点

可转换债券是一种特殊的筹资方式,既有优点也有缺点。

1. 可转换债券筹资的优点

第一,可转换债券具有股票和债券双重属性,筹资灵活。可转换债券是将传统的债务筹资功能和股票筹资功能结合起来,债券发行企业先以债务方式取得资金,到了债券转换期,如果股票市价较高,债券持有人将会按约定的价格将债券转换为股票,在筹资性质和时间上具有灵活性。

第二,可转换债券的利率通常低于普通债券,资本成本较低。在可转换债券转换为普通股前,可转换债券的资本成本低于普通债券;在可转换债券转换为普通股时,公司无须另外支付筹资费用,节约了股票的筹资成本,资本成本较低。

第三,可转换债券的转换价格通常高于发行时的股票价格,有利于筹集更多资本。可转换债券在发行时,规定的转换价格往往高于当时公司的股票价格。如果这些债券将来都转换成了股权,这相当于在债券发行之际,就以高于当时股票市价的价格新发行了股票,以较少的股份代价筹集了更多的股份资金。

第四,可转换债券可以转换为普通股,有利于调整资本结构。可转换债券在转换前属于发行公司的一种债务,如果发行公司需要调整资本结构,可以通过相关积极促进措施,促使可转换债券持有人转股,借以调整资本结构。

2. 可转换债券筹资的缺点

第一,可转换债券转股后将失去资本成本低的好处。债权人同意接受较低利率的原因是有机会分享公司未来发展带来的收益。可转换债券的票面利率低于同一条件下的普通债券的利率,降低了公司前期的筹资成本。与此同时,可转换债券向持有人提供了转为股权投资的选择权,但是若持有人转为普通股,可转换债券就将失去资本成本低的好处。

第二,可转换债券存在回售的财务压力。若可转换债券发行后,公司股价长期低迷,在设计有回售条款的情况下,投资者集中在一段时间内将债券回售给发行公司,会加大公司的财务支付压力。

第三,可转换债券存在着持券者不转换的财务压力。如果在转换期内公司股价处于恶化性的低位,持券者到期不会转股,从而会造成公司因集中兑付债券本金而带来的财务压力。

二、认股权证筹资

(一) 认股权证筹资概述

认股权证是由股份有限公司发行的可认购其股票的一种买入期权,它赋予持有者在一定期限内以事先约定的价格购买发行公司一定股份的权利。

发行公司发行认股权证的目的,一是为公司筹集额外的现金,增强公司的资本实力和运营能力;二是为促进其他筹资方式的运用。发行认股权证是一种特殊的筹资手段,单独发行的认股权证有利于将来发售股票,附带发行的认股权证可提高其所依附证券的发行效率,可作为公司成立时对承销商的一种补偿。由于认股权证本身含有期权条款,其持有者在认购股份之前,对发行公司既不拥有债权也不拥有股权,而是只拥有股票认购权。对于筹资公司而言,认股权证依附于债券发行,可以促进债券的发售。

认股权证的形式多种多样,可分为不同种类。

第一,根据认股的期限不同,认股权证可以分为长期认股权证和短期认股权证。长期认股权证的认股期限通常持续几年,有的是永久性的;短期认股权证的认股期限比较短,一般在 90 天以内。

第二,根据发行方式的不同,认股权证可以分为单独发行的认股权证与附带发行的认股权证。单独发行的认股权证,不依附于其他证券而独立发行;附带发行的认股权证,依附于债券、优先股、普通股或短期票据的发行。

第三,根据股份比例的不同,认股权证可以分为备兑认股权证与配股权证。在备兑认股权证中,每份备兑权证按一定比例含有几家公司的若干股份;配股权证是确认股东配股权的证书,它按股东的持股比例定向派发,赋予股东以优惠的价格认购发行公司一定份数新股的权利。

(二) 认股权证筹资的应用

认股权证通常被企业用来改善筹资的条件,以便能够以较低的利率出售债券。由于新建和处于发展中的公司,前途并不能确定,所以投资者不愿意购买这些公司发行的低利率的公司债券,但是,如果公司在发行债券时同时发行附在债券上的认股权证,投资者则可能会被吸引从而购买低利率的公司债券,因为投资者可以通过行使认股权证取得资本利得。

一般来说,认股权证被认购时,公司会收到增加的资金,会改变公司的资本总额和权益总额。

【例3-15】 LZ公司发行附有认股权证的公司债券8 500万元。该债券具有10%的息票率,债券面值为10 000元,且每份附有500份认股权证。该认股权证允许以每股5元的价格购买1股普通股,普通股每股面值为1元。该公司筹资前、筹资后,以及认购认股权证后的情况如表3-3所示。

表3-3 认股权证在筹资中的应用情况

单位:万元

筹资来源	发行债券前	发行债券后	认股权证影响额	认购认股权证后
发行公司债券		8 500		8 500
普通股	2 200	2 200	425	2 625
资本公积	5 800	5 800	1 700	7 500
留存收益	25 000	25 000		25 000
总资本	33 000	41 500	2 125	43 625

通过表3-3可以看出,发行债券前,甲公司有2 200万股普通股,每股面值1元,资本公积金5 800万元,留存收益25 000万元,总资本为33 000元;发行公司债券后,债券金额增加了8 500万元,其他资金不变,资本总额为41 500万元,资本总额的增加是由于发行了8 500万元的公司债券;

由于该公司债券附有认股权证,每份面值10 000元的债券,附有500份认股权证,且允许以每股5元的价格购买1股面值为1元的普通股票,则

500份认股权证可以购买的股票总数:8 500×500=425万份

普通股增加:425×1=425万元

资本公积的增加额:5×425−425=1 700万元

可见,通过附有认股权证的公司债券的发行,公司的总资本增加了2 125万元,其中普通股增加了425万元,资本公积增加了1 700万元。

(三)认股权证的筹资特点

在发行附认股权证的情况下,由于债券的发行人主要是经济高速增长的小公司,这些公司有较高的风险,直接发行债券需要较高的票面利率,而发行附认股权证债券,能够以潜在的股权稀释为代价换取较低的利息。因此,发行附认股权证债券可以起到一次发行、二次融资的作用,而且可以有效降低融资成本。

由于附认股权证债券发行者的主要目的是发行债券而不是股票,是为了发债而附带期权,如果将来公司发展良好,股票价格大大超过执行价格,原有股东会蒙受较大损失。另外,因附认股权证债券无赎回和强制转股条款,发行人一直都有偿还本息的义务,因此,附认股权证债券筹资的主要缺点是灵活性较差。

三、优先股筹资

（一）优先股筹资概述

优先股是指股份有限公司发行的具有优先权利的，相对优先于一般普通股股份的股份种类。这些优先权利，体现在利润分配及剩余财产清偿分配的权利方面，优先股持有人优先于普通股股东，但是，在参与公司决策管理等方面，优先股的权利会受到限制。

优先股具有约定股息、权利优先、权利范围小等属性。约定股息，是指相对于普通股而言，优先股的股利收益是事先约定的，也是相对固定的；权利优先，是指优先股在年度利润分配和剩余财产清偿分配方面，具有比普通股股东优先的权利；权利范围小，是指优先股股东一般没有选举权和被选举权，对股份公司的重大经营事项无表决权，仅在股东大会表决与优先股股东自身利益直接相关的特定事项时，具有有限表决权。

根据具体的权利不同，优先股可以分为以下三类。

第一，根据股利是否累积支付，优先股可分为累积优先股和非累积优先股。累积优先股，是指公司在过去年度未支付的股利可以累积计算，由以后年度的利润补足付清；非累积优先股则没有这种需求补付的权利。因此，累积优先股发行也较为广泛，比非累积优先股具有更大的吸引力。

第二，根据股利是否分配额外股利，优先股可分为参与优先股和非参与优先股。参与优先股，是指当公司按规定正常分配完股利后仍有剩余利润可供分配股利时，能够与普通股一起参与分配额外股利的优先股；否则为非参与优先股。

第三，根据公司可否赎回，优先股可分为可赎回优先股和不可赎回优先股。可赎回优先股，是指股份有限公司出于减轻股利负担的目的，可按规定以原价购回的优先股。不可赎回优先股，是指公司不能购回的优先股。

优先股的发行，需要具备一定的条件，针对上市公司来说，需要具备以下一般条件：第一，最近3个会计年度实现的年均可分配利润应当不少于优先股1年的股息；第二，最近3年现金分红情况应当符合公司章程及中国证监会的有关监管规定；第三，报告期不存在重大会计违规事项；第四，已发行的优先股不得超过公司普通股股份总数的50%，且筹资金额不得超过发行前净资产的50%，已回购、转换的优先股不纳入计算。

（二）优先股的发行定价

优先股发行价格的确定，根据发行方式分为公开发行优先股的定价和非公开发行优先股的定价。

公开发行优先股的价格或票面股息率，需要以市场询价或证监会认可的其他公开方式确定；非公开发行优先股的票面股息率，不得高于最近两个会计年度的年均加权平均净资产收益率。

优先股的发行价格和票面股息率的确定，应当公允、合理，不得损害股东或其他利益相关方的合法利益，发行价格不得低于优先股的票面金额，即不得折价发行。

(三) 优先股筹资的特点

优先股既像公司债券,又像公司股票,因此优先股筹资属于混合筹资,其筹资特点兼有债务筹资和股权筹资的性质,具有如下特点。

1. 优先股筹资的优点

第一,优先股筹资有利于公司资本结构的调整。优先股为投资者提供了多元化的投资渠道,看重现金红利的投资者可投资优先股,而希望分享公司经营成果的投资者则可以选择普通股,这样,有利于公司资本结构的调整。

第二,优先股筹资有利于保障普通股收益和控制权。由于优先股的每股收益是固定的,优先股股东无表决权,基本上不会稀释原普通股的权益,因此不影响普通股股东对企业的控制权。

第三,优先股筹资有利于降低公司的财务风险。由于优先股股利不是公司必须偿付的一项法定债务,当公司经营成果不佳,财务状况恶化时,公司可以不支付优先股股利,从而相对避免了企业的财务负担。另外,发行优先股,增加了权益资本,对于高成长企业来说,承诺给优先股的股息与其成长性相比而言是比较低的,因此能够降低公司的财务风险。

2. 优先股筹资的缺点

第一,从资本成本的角度来看,优先股的资本成本虽低于普通股,但一般情况下会高于债券。

第二,从公司角度来看,可能给股份公司带来一定的财务负担。由于优先股要求支付固定股利,但不能抵减所得税,因此当公司盈利下降时,对于固定股息率优先股、强制分红优先股和可累积优先股而言,固定的股利支付可能成为企业的一项财务负担,有时不得不延期支付,从而影响公司的形象。

四、永续债券筹资

永续债券,也被称为无期债券,是指不规定到期期限,只需付息而不需要还本的债券。因此,永续债券也被视为债券中的股票,兼具债权和股权两种属性。

一般来说,企业发行永续债券基于以下动机:第一,筹集用于投资项目的资本金;第二,若企业在财务杠杆率高时发行永续债券,则是为了突破借款举债的空间限制;第三,若发行主体是银行等金融机构,则是为了满足新的资本管理办法的规定,以补充资金。

永续债券具有如下特点:第一,永续债券的发行人有决定是否赎回的选择权,并有权决定是否付息,也就是说,在公司支付利息之前不可分配股利的前提下,原则上永续债券的利息可以无限次递延;第二,永续债券的利率通常具有调整机制,即当在一定时间内公司若选择不赎回永续债券,则利率会相应上升以补偿投资者的潜在风险和可能遭受的损失。

在我国,永续债券的发行还处于探索之中。目前资本市场上所称的"永续债",主要是指国家发改委审批的"可续期债券"和中国交易商协会注册的"长期限含权中期票据"。国际资本市场上,永续债券的发行则比较成熟。发行的主体主要是金融机构,发行的动机多为以债代股。

本章知识点小结

本章主要讲授筹资管理的基本理论,核心知识点包括以下几点。

第一,筹资管理概述:包括筹资管理的内涵、筹资的动机、方式和原则。

第二,债务性筹资:债务性筹资包含银行借款、发行公司债券和融资租赁三种方式。(1)银行借款的信用条件主要有授信额度、周转授信协议、补偿性余额和按贴现法计息。(2)公司在发行债券之前,必须依据有关因素,运用一定的方法,确定债券的发行价格。(3)融资租赁是租赁的一种形式,在我国融资租赁实务中,确定租金常用的两种方法为平均分摊法和等额年金法。

第三,股权性筹资:股权性筹资最基本的形式包括吸收直接投资和发行股票。(1)吸收投资单位的出资方式主要包括以货币资金出资、以实物资产出资、以土地使用权和工业产权出资,以及以非专利技术出资等。(2)公司在发行股票之前,需要确定股票的发行价格,普通股首次发行的测算方法,主要有分析法、综合法和市盈率法。股票发行价格通常有等价、时价和中间价三种。

第四,混合资金的筹集与管理:混合性筹资的主要形式包括可转换债券、认股权证筹资、优先股筹资和永续债券筹资。(1)可转换债券主要条款中的三个因素包括转换期限、转换价格和转换比率。(2)认股权证需要考虑对公司资本结构的影响。(3)优先股的发行需要确定发行价格。(4)发行永续债券筹资含义、动机和特点。

思考与练习题

一、单项选择题

1. ( )是指企业在最初设立时,为取得满足正常的生产经营活动所需的原始投入的资金而产生的投资动机。
   A. 初始筹资动机 B. 支付筹资动机
   C. 扩张筹资动机 D. 调整筹资动机

2. ( )又称企业债券,是指公司依照法定程序发行、约定还本付息期限、标明债权债务关系的有价证券,是持券人拥有公司债权的债权证书。
   A. 银行借款 B. 公司债券
   C. 可转换公司债券 D. 认股权证

3. ( ),亦称信贷额度或贷款限额,是借款企业与银行间正式或非正式协议规定的可以得到的最高借款限额。
   A. 周转授信协议 B. 补偿性余额
   C. 授信额度 D. 按贴现法计息

4. ( )也被简称为可转债,是一种混合型证券,是指由公司发行并规定债券持有人在一定期限内,可以按照事先规定的价格或者转换比例,将其转换为发行公司普通股的债券,是公司普通债券与证券期权的组合体。
   A. 银行借款 B. 公司债券

C. 认股权证　　　　　　　　D. 可转换债券

5. 可转换债券的面值、转换价格、转换比率之间存在(　　)关系。

A. 转换比率＝债券面值＋转换价格

B. 转换比率＝债券面值－转换价格

C. 转换比率＝债券面值×转换价格

D. 转换比率＝债券面值÷转换价格

二、多项选择题

1. 企业筹资时,需要考虑多方因素,遵循(　　)原则。

A. 筹集资金要合法　　　　　B. 筹资规模要适当

C. 筹资时机要恰当　　　　　D. 筹资成本要经济

2. 按照国际惯例,银行借款的信用条件包括(　　)。

A. 周转授信协议　　　　　　B. 补偿性余额

C. 授信额度　　　　　　　　D. 按贴现法计息

3. 银行借款具有(　　)的优点。

A. 筹资速度较快　　　　　　B. 筹资成本较低

C. 财务风险较大　　　　　　D. 筹资弹性较大

4. 企业通过权益资金筹资,可以采取(　　)的形式。

A. 吸收直接投资　　　　　　B. 发行股票

C. 留存收益　　　　　　　　D. 银行借款

5. 企业通过混合资金方式筹资,可以采取(　　)的形式。

A. 银行借款　　　　　　　　B. 可转换债券筹资

C. 优先股　　　　　　　　　D. 认股权证

三、计算题

1. 已知 W 公司投入资本总额为 800 万元,每股面值为 10 元,资产总额为 2 500 万元,负债总额为 1 000 万元,行业资本利润率为 10%,公司年平均利润为 200 万元,该公司每股利润为 1.5 元,市盈率为 10。

(1) 按照分析法,股票的发行价格为多少?

(2) 按照综合法,股票的发行价格为多少?

(3) 按照市盈率法,股票的发行价格为多少?

2. Z 公司拟借款 30 000 元扩大生产规模,银行要求维持贷款限额的 15% 的补偿性余额。

(1) 按照这个条件,该公司获得的实际借款金额为多少?

(2) 如果该公司为了获取 30 000 元的借款,则必须向银行借入的款项为多少?

(3) 如果名义利率为 8%,则该公司该项借款的实际利率为多少?

四、案例分析题

A 公司拟发行面值为 100 元的公司债券,参照拟发行时的市场利率和发行公司的具体情况确定票面利率为 8%,期限为 5 年,每年年末付息。但是,到债券正式发行时,市场上的利率发生了以下变化,那么最终如何确定发行价格呢?

(1) 如果正式发行时资金市场上的利率也就是市场利率保持不变,与票面利率一致,请计算 A 公司的债券发行价格为多少？并根据计算结果分析其属于何种发行价格？

(2) 如果正式发行时资金市场上的利率有较大幅度的下降,市场利率降为 8%,低于票面利率 10%,请计算 A 公司的债券发行价格为多少？并根据计算结果分析其属于何种发行价格？

(3) 如果正式发行时资金市场上的利率有较大幅度的上升,市场利率达到 12%,高于票面利率 10%,请计算 A 公司的债券发行价格为多少？并根据计算结果分析其属于何种发行价格？

第四章 筹资结构决策

知识框架体系

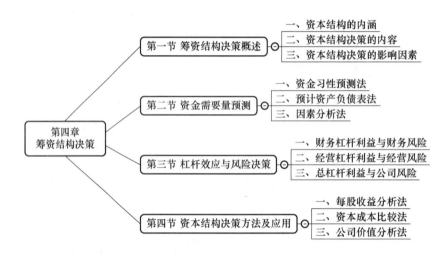

【学习目标】

本章在介绍筹资决策结构基本理论的基础上,重点讲授了资本成本的测算方法、杠杆效应与风险决策,以及资本结构决策的方法及应用。通过本章的学习,需要达到以下教学目标:

1. 理解资本结构的内涵、资本结构决策的内容和影响因素;
2. 掌握债务资本成本、权益资本成本、综合资本成本的测算;
3. 掌握财务杠杆、经营杠杆、总杠杆的计算与风险分析;
4. 掌握资本结构决策的每股收益分析法、资本成本比较法和公司价值分析法的原理及应用。

第一节 筹资结构决策概述

筹资结构的决策,就是资本结构的决策。企业为了达到经营的目标,就需要以最小的成本获得最大的收益或价值。而资本结构直接决定着企业的财务风险以及所获得的收益或者价值。如何在收益和风险之间进行平衡,使企业在承担一定财务风险的前提下,能够获得比较大的收益或实现公司的价值,是企业在进行筹资、确定筹资方式和确定资本结构时,需要考虑的一个重要问题。资本结构,是各种筹资方式形成的结果,确定合理或者最优资本结构的目的是要降低成本、获得财务杠杆、增加公司的价值。具体来说,筹资结构决策就是资本结构决策,主要包括资本成本的确定、财务杠杆的应用和最优资本结构的决策等内容。

一、资本结构的内涵

(一) 资本结构的含义

企业的筹资方式很多,但总体来说分为债务资本和权益资本两大类。由于权益资本是企业必备的基础资本,不会轻易改变,因此资本结构问题实际上也就是债务资本的比例问题,即债务资金在企业全部资本中所占的比重。

具体来说,资本结构是指在企业资本总额中各种资本来源的构成比例,是在企业多种筹资方式下筹集资金形成的各种筹资方式的不同组合,决定着企业资本结构及其变化。资本结构有广义和狭义之分:广义的资本结构,是指企业全部的债务与股东权益的构成比例;狭义的资本结构,是指长期负债与股东权益的构成比例。最基本的资本结构是借入资本和自有资本的比例,以债务股权比率或资产负债率表示。本书所指的资本结构,是指狭义的资本结构。

(二) 最佳资本结构的含义

所谓最佳资本结构,即是指在一定条件下能够使企业综合资本成本率最低、企业价值最大的资本结构。资本成本,表现为企业的综合资本成本率;股权收益,在财务管理上表现为净资产报酬率或者普通股的每股收益。根据资本结构理论,当公司平均资本成本最低时,公司价值最大。因此,资本结构优化的目标,就是降低综合资本成本率或者提高普通股的每股收益。

资本结构,从本质上看,是产权结构的问题,是社会资本在企业经济组织形式中资源配置的结果,直接影响着社会资本所有者的利益。不同的资本结构会给企业带来不同的后果:当企业利用债务资本进行举债经营时,既可以发挥财务杠杆效应,也可能带来财务风险。因此,企业在进行资本结构决策时,必须权衡财务风险和资本成本的关系,确定既能够提高股权收益或降低资本成本,又能控制财务风险,提升企业最大价值的方案。

二、资本结构决策的内容

在企业的资本结构决策中,充分合理地利用债务筹资,发挥财务杠杆作用,科学地安排债务资本的比例,使企业价值最大化,是企业筹资管理的一个核心问题。具体来说,资本结构决策包括以下内容。

(一) 如何合理安排债务资本比例,降低企业的综合资金成本

企业的资本总额,包括债务资本和权益资本,由于债务利息率通常低于权益资金成本率,另外,由于债务利息能够在缴纳所得税前的利润中扣除,从而使得债务资金成本率明显低于权益资金成本率。因此,在一定的限度内,如何合理地提高债务资本的比例,降低权益的综合资金成本率,成为资本结构决策的一个重要内容。

(二) 如何合理安排债务资本比例,获得财务杠杆利益

企业获得利润后,需要按照所得税法缴纳所得税。由于债务利息通常是固定的,当息税前利润增大时,每一元息税前利润所负担的债务利息就会相应地降低,从而可分配给权益投资者的税后利润就会相应增加。因此,在一定的限度内如何合理地利用债务资本,发挥财务杠杆作用,最大限度地给企业所有者带来财务杠杆利益,就成为资本结构决策不可缺少的内容。

(三) 如何合理安排债务资本比例,增加公司的价值

一个企业的总价值,不仅包括债务资本的市场价值,也包括权益资本的市场价值。因此,一个公司的总价值应该等于它债务资本的市场价值与权益资本的市场价值之和。这意味公司的价值与公司的资本结构是紧密联系的,因为资本结构反映的是债务资本和权益资本之间的比例关系,是对公司的债务资本市场价值和权益资本市场价值的直接反映,因此,如何合理安排债务资本比例,进而增加公司的价值,就成为企业的资本结构决策中不得不考虑的内容。

三、资本结构决策的影响因素

企业进行资本结构决策,力求以最小的综合资本成本获得最大的利益或者公司价值,会受到多方面的影响,具体来说,这些影响因素包括以下几个方面。

(一) 企业所在的行业特征和企业所处的发展周期

根据产品生命周期理论,一个企业会经历初创期、成长期、成熟期和衰退期四个阶段。但是,企业所处的行业不同,会影响企业所处的发展周期。高新技术企业的产品、技术、市场一般来说尚不成熟,经营的风险比较高,因此,在进行资本结构决策时,可采取降低债务资金比重、控制财务杠杆风险的策略。从企业所处的发展周期来看,企业在初创阶段,经营风险高,在资本结构安排上应控制负债比例;在发展成熟阶段,产品的产销业务量比较稳定而且能够持续增长,经营风险较低,企业可采取适度增加债务资金比重、发挥财务杠杆效应的策略;在衰退阶段,企业的产品市场占有率下降,经营风险逐步加大,需采取逐步降低债务资金比重,保证经营现金流量能够偿付到期债务,保持企业持续经营能力,减少破产风险的策略。

(二) 企业投资人以及管理当局的态度

企业的资金,可以来源于债权人,也可以来源于权益的投资者。从企业所有权的角度看,企业为了避免股权被稀释,可能更多地采用债务资本筹资,因为如果企业为少数股东控制,股东通常会重视企业的控股权问题。为防止控股权被稀释,企业一般尽量避免普通股筹资,而是采用优先股或债务资金筹资。与此相反,从企业管理当局的角度看,如果资本结构的财务风险高,一旦经营失败或者出现财务危机,管理当局将面临市场接管的威胁或者被董事会解聘,因此,稳健的管理当局更偏好于选择低负债比例的资本结构。

(三) 企业经营状况的稳定性和财务状况的信用等级

企业经营状况是否稳定,直接对资本结构有着重要影响。如果产销业务稳定,盈余有周期性,企业有能力负担较多固定的财务费用,否则,将会带来较大的财务风险。如果企业的财务

状况良好,信用等级高,则债权人愿意向企业提供信用,企业也容易获得债务资金;如果企业财务状况欠佳,信用等级不高,则债权人认为投资风险大,从而降低企业的信用能力,加大债务资金筹资的资本成本。

第二节 资金需要量预测

【导入案例】

兴隆公司20×8年12月31日的资产负债表如表4-1所示。20×8年度实现销售收入200 000元,扣除所得税后可获8%的销售净利润。预计20×9年度销售收入将增加到300 000元。

表4-1 资产负债表
20×8年12月31日　　　　　　　　　　　　　　　　　　　　　　单位:元

资　　产		负　　债	
现金	25 000	应付账款	35 000
应收账款	40 000	应付费用	32 000
存货	80 000	短期借款	61 000
预付账款	45 000	长期负债	32 000
固定资产	60 000	普通股	60 000
		留用利润	30 000
合　　计	250 000	合　　计	250 000

根据已知资料,要求运用预计资产负债表法回答下列问题:

(1) 判断上述资产负债表中,哪些报表项目属于预计随销售变动而变动的敏感资产和敏感负债,为什么?

(2) 根据(1)的判断,如何计算各敏感项目20×8年度的销售百分比?

(3) 根据(2)的结果,如何计算各敏感项目20×9年度的预测值和留用利润?

(4) 根据(3)的计算结果,如何填写"20×9年末预计资产负债表"一列?如何编制20×9年度的预计资产负债表?

企业的生产规模扩大时,不仅要增加流动资产,甚至还需要增加长期资产,但企业的流动资金一般只用来保证日常经营的需要,当需要增加额外的资产时,则需要企业及时筹措资金。资金可以从企业内部筹措,比如留存收益,也可以从外部筹措,而需要筹集多少资金,则需要进行资金需要量的预测。在资金需要量预测中,常用的方法有资金习性预测法、预计资产负债表法和因素分析法。

一、资金习性预测法

(一) 资金习性预测法的含义

所谓资金习性,是指企业资金的变动同产销量变动之间的依存关系。这种依存关系,可以按照资金变动的情况,把资金分为变动资金、半变动资金、不变资金。

第一,变动资金。变动资金是指资金随着产销量的变动而同比例变动的那部分资金。例如,直接用于生产产品的原材料,以及外购零部件等占用的资金。除此以外,在最低储备之外的现金、存货、应收账款等,由于在产量增加或减少时,现金和存货也会相应增加或减少,在销量增加或减少时,应收账款也会随之增加或减少,因此,这些因素也会受到产销量的影响,也具有变动资金的性质。

第二,半变动资金。半变动资金是指受产销量变化的影响,但并不是成同比例变动的资金。例如,生产产品时,除了直接构成产品的主要原材料,还需要一些辅助材料等,这些辅助材料所占用的资金,就属于半变动资金,这些资金会随着产销量的变动而变动,但并不明显地成同比例变动。因此,这部分资金称为半变动资金。从管理角度,半变动资金可采用一定的方法划分为不变资金和变动资金两部分,据此可以运用不同的成本核算方法,比如完全成本法或变动成本法。

第三,不变资金。不变资金是指在一定的产销量范围内,保持固定不变的那部分资金。这部分资金不受产销量变动的影响,不会随着产销量的变化而变化,不管产销量多少,均保持固定不变。不过,这个不变的前提是产销量在一定范围内变动,这部分资金保持不变。比如,为维持企业的日常生产经营而占用的最低限额的营业资金,还有生产产品原材料的保险储备,以及厂房、机器设备等固定资产所占用的资金。

通过上面的资金习性分析可知,资金习性研究的是企业资金的变动同产销量的变动之间的依存关系。因此,资金习性预测法,则是指根据资金习性进行未来资金需要量预测的一种方法。

(二)资金习性预测法的原理

资金习性预测法,就是运用回归分析法即最小二乘法的原理,根据历史上企业资金占用总额与产销量之间的关系,把资金分为不变和变动两部分,然后结合预计的销售量,确定反映产销量与资金需要量之间的回归直线,并据以推算未来资金需要量的一种方法。

产销量与资金需要量之间的回归关系可用下式表示:

$$y = a + bx \tag{4-1}$$

式中:y 为资金需要量;x 为产销量;a 为不变资金;b 为单位产销量所需变动资金。

根据该公式,只要求出 a 和 b,并知道预测期的产销量,就可以测算资金的需求情况,a 和 b 可用回归直线方程组求出。

其中,

$$a = \frac{\sum y - b \sum x}{n}$$

$$b = \frac{n \sum xy - \sum x \sum y}{n \sum x^2 - (\sum x)^2}$$

将 a 和 b 的结果代入到公式 $y = a + bx$ 中,即可求出预测年度的资金需要量。

(三)资金习性预测法的应用

资金习性预测法,可以根据资金占用总额与产销量之间的关系,进行资金总量预测,也可以根据各资金占用项目、资金来源项目同产销量之间的关系进行逐项分析预测。本文从资金总量的角度分析资金习性预测法的应用。

资金习性预测法的应用思路：首先，根据企业的实际情况，确定资金需要量与产销量之间的线性关系；其次，运用最小二乘法，通过计算确定a、b的数值，在计算时，一般需要使用3年以上的连续若干年的历史资料；最后，在预测时，应考虑价格变动等因素的变动情况，避免出现预测偏差。

【例 4-1】 WYZ 公司是一家生产净水机的企业，20×4 年至 20×8 年 5 年间的产销量和资金变化情况见表 4-2，20×9 年预计销售量为 280 件，需要根据以前历年年度的数据，预测 20×9 年的资金需要量。

表 4-2　产销量和资金变化情况表

年度	产销量/万件	资金总量/万元
20×4	220	200
20×5	210	195
20×6	200	190
20×7	220	200
20×8	230	205

分析：运用回归分析原理，对表 4-2 中的数据进行加工整理，可得表 4-3。

表 4-3　产销量和资金变化情况回归分析表

年度	产销量 x/万件	资金总量 y/万元	xy	x^2
20×4	220	200	44 000	48 400
20×5	210	195	40 950	44 100
20×6	200	190	38 000	40 000
20×7	220	200	44 000	48 400
20×8	230	205	47 150	52 900
$n=5$	$\sum x = 1\,080$	$\sum y = 990$	$\sum xy = 214\,100$	$\sum x^2 = 233\,800$

将表 4-2 中得数值代入最小二乘法公式中，计算 a 与 b 得值。

$$b = \frac{n\sum xy - \sum x \sum y}{n\sum x^2 - (\sum x)^2}$$

$$= \frac{5 \times 214\,100 - 1\,080 \times 990}{5 \times 233\,800 - (1\,080)^2} = \frac{1\,300}{2\,600} = 0.5$$

$$a = \frac{\sum y - b\sum x}{n}$$

$$= \frac{990 - 0.5 \times 1\,080}{5} = 90$$

将 a、b 的值代入到公式 $y = a + bx$ 中，可预测 20×9 年的资金需要总量为

$$y = a + bx = 90 + 0.5 \times 280 = 230 \text{ 万元}$$

可见，运用资金习性预测法，可预测 20×9 年的资金需要量为 230 万元。

二、预计资产负债表法

（一）预计资产负债表法的含义

资产负债表是反映企业某一时点财务状况的报表。预计资产负债表法，就是通过编制预计资产负债表来预计预测期资产、负债和留用利润，从而测算外部资金需要量的一种方法。

（二）预计资产负债表法的原理

企业增加的资产，必然是通过增加负债或者所有者权益的途径进行筹资的。筹资的渠道，一部分来自随着销售收入同比例增加的流动负债，一部分来自预期的留存收益，如果还有不足，就需要额外再通过外部筹资取得。因此，通过预计资产的增减，可以确定需要从外部筹措的负债或所有者权益的数额，即需要从外部筹措的资金数额。

由于资产、负债的许多项目随着销售收入的增加而增加，随着销售收入的减少而减少，这些项目与销售收入呈现一定的比例关系，因此，可以利用基年的随着销售收入变化的各项资产、负债项目与销售收入之间的比例关系，通过计算，预计预测期的资产、负债各项目的数额。例如，存货与生产量成正比例变动，而销售量的增加与生产量同样存在比例变动的关系。随着销售收入的增加，应收账款也会因企业扩大销售等原因而随之增加，在预测时，找到这些项目与销售收入的比例关系，就可以通过计算来预测未来的资金需要量。

（三）预计资产负债表法的应用

在应用预计资产负债表法时，可以按照如下步骤逐步进行测算。

第一，在基年资产负债表中，确定随销售额变动而变动的敏感资产和敏感负债。

随着销售额的变化、经营性资产的增加，相应的经营性短期债务也会增加。经营性资产项目包括库存现金、应收账款、存货等项目；经营负债项目包括应付票据、应付账款等，不包括短期借款、短期融资、长期负债等筹资性负债。在预测时，需要根据各经营性资产和负债的项目与销售额的变化关系，确定随销售额变动的敏感资产和敏感负债。

第二，计算各敏感项目与基年销售额的稳定比例关系。

如果企业资金周转的营运效率保持不变，经营性资产项目与经营性负债项目将会随销售额的变动而呈正比例变动，保持稳定的百分比关系。因此，在找到了敏感资产和敏感负债项目后，就需要进一步计算各敏感项目与销售额的比例关系。

第三，根据预测年度的销售额，计算各敏感项目在预测年度的预测值和留用利润值。

第四，根据计算结果，填列预测年度的资产负债表。

第五，计算预测年度资产负债表的资产总额、负债和所有者权益总额。

第六，计算可用资金总额。

$$可用资金总额 = 预计负债总额 + 预计所有者权益总额$$

第七，计算需要筹措的外部资金总额。

$$需要筹措的外部资金总额 = 预计资产总额 - 可用资金总额$$

【例 4-2】 ZYW 公司 20×8 年 12 月 31 日的资产负债表如表 4-4 所示。20×8 年度实现销售收入 300 000 元,扣除所得税后可获 5%的销售净利润。预计 20×9 年度销售收入将增加到 400 000 元。

表 4-4　资产负债表

20×8 年 12 月 31 日　　　　　　　　　　　　　　　　　　　　　　　　　单位:元

资　　产		负　　债	
现金	15 000	应付账款	30 000
应收账款	30 000	应付费用	30 000
存货	90 000	短期借款	60 000
预付账款	35 000	长期负债	30 000
固定资产	70 000	普通股	60 000
		留用利润	30 000
合　　计	240 000	合　　计	240 000

根据已知资料,要求运用预计资产负债表法回答下列问题:

(1) 判断上述资产负债表中,哪些报表项目属于预计随销售变动而变动的敏感资产和敏感负债,并说明原因;

(2) 根据(1)的判断,计算各敏感项目 20×8 年度的销售百分比;

(3) 根据(2)的结果,计算各敏感项目 20×9 年度的预测值和留用利润值;

(4) 根据(3)的计算结果,填列"20×9 年末预计资产负债表"一列,编制如下 20×9 年度的预计资产负债表(表 4-5)。

表 4-5　预计资产负债表

20×9 年 12 月 31 日　　　　　　　　　　　　　　　　　　　　　　　　　单位:元

项目	20×8 年末资产负债表	20×8 销售百分比(%)	20×9 年末预计资产负债表
一、资产			
现金	15 000		
应收账款	30 000		
存货	90 000		
预付账款	35 000	不变动	
固定资产	70 000		
资产总额	240 000		
二、负债			
应付账款	30 000		
应付费用	30 000		
短期借款	60 000	不变动	
长期负债	30 000	不变动	
负债总额	150 000		
三、所有者权益			

续 表

项目	20×8年末资产负债表	20×8年销售百分比(%)	20×9年末预计资产负债表
普通股	60 000	不变动	
留用利润	30 000	变动	
所有者权益	90 000		
负债和所有者权益总额	240 000		

(5)根据(4)的预计资产负债表,计算20×9年度该企业的可用资金总额、需要筹措的资金总额,并进行分析。

解:(1)从资产负债表中可以看出,资产中除预付账款外均属于敏感资产,这些资产将随销售的增加而增加,因为较多的销售不仅会增加现金、应收账款,占用较多的存货,还会相应增加一部分固定资产。而负债与所有者权益中只有应付账款、应付费用属于敏感负债,将随销售的增加而增加;短期借款、长期负债、普通股等将不随销售的增加而增加;当企业税后利润不全部分配给投资者时,留用利润也将增加。

(2)计算各敏感项目2018年度的销售百分比如下:

现金销售百分比 $=15\ 000 \div 300\ 000 \times 100\% = 5\%$

应收账款销售百分比 $=30\ 000 \div 300\ 000 \times 100\% = 10\%$

存货销售百分比 $=90\ 000 \div 300\ 000 \times 100\% = 30\%$

固定资产销售百分比 $=70\ 000 \div 300\ 000 \times 100\% = 23.33\%$

应付账款销售百分比 $=30\ 000 \div 300\ 000 \times 100\% = 10\%$

应付费用销售百分比 $=30\ 000 \div 300\ 000 \times 100\% = 10\%$

(3)根据已知资料,2019年度预计的销售收入为400 000元,因此,计算各敏感项目2019年度的预测值如下:

预计现金 $=400\ 000 \times 5\% = 20\ 000$ 元

预计应收账款 $=400\ 000 \times 10\% = 40\ 000$ 元

预计存货 $=400\ 000 \times 30\% = 120\ 000$ 元

预计固定资产 $=400\ 000 \times 23.33\% = 93\ 320$ 元

预计应付账款 $=400\ 000 \times 10\% = 40\ 000$ 元

预计应付费用 $=400\ 000 \times 10\% = 40\ 000$ 元

预计留用利润 $=30\ 000 + 400\ 000 \times 5\% = 50\ 000$ 元

(4)编制2019年度的预计资产负债表如下(表4-6)。

表4-6 预计资产负债表

20×9年12月31日　　　　　　　　　　　　　　　　　　单位:元

项目	20×8年末资产负债表	20×8年销售百分比(%)	20×9年末预计资产负债表
一、资产			
现金	15 000	5	20 000
应收账款	30 000	10	40 000

续 表

项目	20×8年末资产负债表	20×8年销售百分比(%)	20×9年末预计资产负债表
存货	90 000	30	120 000
预付账款	35 000	不变动	35 000
固定资产	70 000	23.33	93 320
资产总额	240 000	68.33	308 320
二、负债			
应付账款	30 000	10	40 000
应付费用	30 000	10	40 000
短期借款	60 000	不变动	60 000
长期负债	30 000	不变动	30 000
负债总额	150 000	20	170 000
三、所有者权益			
普通股	60 000	不变动	60 000
留用利润	30 000	变动	50 000
所有者权益	90 000		110 000
负债和所有者权益总额	240 000		280 000

(5) 根据预计资产负债表，计算20×9年度该企业的可用资金总额、需要筹措的资金总额如下：

$$可用资金总额＝预计负债总额＋预计所有者权益总额$$
$$＝170 000＋110 000$$
$$＝280 000 元$$
$$需要筹措的资金总额＝预计资产总额－可用资金总额$$
$$＝308 320－280 000$$
$$＝28 320 元$$

因此，该企业20×9年度需要的资金总额为28 320元。

三、因素分析法

因素分析法，又称分析调整法，是以有关项目上年度的实际平均资金需要量为基础，根据预测年度的生产经营任务和资金加速周转的要求，进行分析调整，来预测资金需要量的一种方法。

因素分析法的计算公式如下：

预测期资金需要量＝(基期资金平均占用额－不合理资金占用额)×(1＋预测期销售增长率)×(1－预测期资金周转速度增长率)

【例4-3】 QWY企业上年度资金平均占用额为1 200万元，经分析，其中不合理部分为100万元，预计本年度销售增长6%，资金周转加速3%。那么，

预测本年度资金需要量＝(1 200－100)×(1＋6％)×(1－3％)＝1 131.02 万元

因素分析法,计算简便,容易掌握,但是预测的结果不太精确,通常用于规格复杂、品种繁多、资金用量较小的项目的资金预测。

第三节 杠杆效应与风险决策

【导入案例】

大地公司是一家生产家用电冰箱的企业,该公司的具体资料如下:
(1) 20×9年资本总额为9 500万元,其中长期资本为6 500万元,长期资本中债务资金为银行借款3 000万元,银行借款利息为8％,公司所得税税率为25％。息税前利润为900万元。
(2) 20×9年,当年产销额为25 000万元时,变动成本为3 500万元,固定成本为1 000万元。
分析讨论:
1. 大地公司的财务杠杆应如何计算?公司的财务风险如何?
2. 大地公司的经营杠杆应如何计算?公司的经营风险如何?
3. 大地公司的总杠杆应如何计算?如何评估该公司面临的风险?

杠杆效应是指以较小的力量获得较大效果。杠杆利益与风险同样并存,风险越大,利益越高。如何平衡杠杆利益和风险,是企业资本结构决策的重要内容。财务管理中涉及的杠杆利益主要体现在财务杠杆利益、经营杠杆利益和总杠杆利益上,并对应着财务风险、经营风险和企业总风险。财务管理利用杠杆的目标,就是在控制企业总风险的基础上,以较低的代价获得较高的收益。企业的资本结构决策,应该在这三个杠杆利益和面临的风险之间进行权衡。

一、财务杠杆利益与财务风险

(一) 财务杠杆的原理

1. 财务杠杆的含义

财务杠杆,是指由于企业固定性资本成本的存在,而使得普通股收益或每股收益变动率大于息税前利润变动率的现象。在运用银行借款、发行债券以及优先股进行筹资时,由于利息费用、优先股股利等财务费用是固定不变的,因此,当息税前利润增加时,每股普通股负担的固定财务费用就会相对减少,从而给投资者带来额外的利益,即财务杠杆利益;反之,则带来额外的财务风险。

2. 财务杠杆利益的产生

具体来说,财务杠杆利益,是企业利用债务筹资方式,因固定性资本成本的存在,而给权益资本带来的额外收益。在企业的资本规模和结构一定时,企业从息税前利润中支付的债务利息是相对固定的,息税前利润越多,每一元息税前利润所负担的固定性资本成本越小,扣除所得税后可分配给投资者的利润就会增加,从而给权益资本所有者带来额外的利益。这种情况所带来的利益是由财务杠杆的作用产生的,因而被称为财务杠杆利益。

3. 财务风险的产生

与财务杠杆利益相伴随产生的,是财务风险。具体来说,与财务杠杆利益相对应的财务风险,是指在筹资活动中,利用财务杠杆可能导致企业权益资本收益下降甚至企业破产的风险。如前所述,在企业的资本规模和结构一定时,企业从息税前利润中支付的债务利息是相对固定的,息税前利润越少,每一元息税前利润所负担的固定性资本成本越大,扣除所得税后可分配给投资者的利润就会减少,从而给权益资本所有者带来额外的损失,这种情况所带来的损失,被称为财务风险。

综上所述,运用财务杠杆,能够反映投资者投入的权益资本报酬的波动性,进而评价企业的财务风险。企业的筹资结构决策,就是要运用财务杠杆,规避财务风险,取得财务杠杆收益。而对于财务杠杆的运用,需要利用财务杠杆系数,对财务杠杆利益和与其相对应的财务风险进行衡量。

(二) 财务杠杆系数

财务杠杆的大小一般用财务杠杆系数表示。财务杠杆系数,是指企业每股收益变动率与息税前利润变动率之间的比率,它反映着财务杠杆的作用程度。

企业为获得财务杠杆利益,规避财务风险,就需要运用财务杠杆系数进行测算。财务杠杆系数的计算公式如下:

$$\text{DFL} = \frac{\text{每股收益变化百分比}}{\text{息税前利润变化百分比}} = \frac{\Delta \text{EPS}/\text{EPS}}{\Delta \text{EBIT}/\text{EBIT}} \qquad (4\text{-}2)$$

式中:DFL 为财务杠杆系数;ΔEBIT 为息税前利润变动额;EBIT 为息税前利润额;ΔEPS 为普通股每股税后利润变动额;EPS 为普通股每股税后利润额。

为便于计算,可将式(4-2)作如下变换:

由于,EPS=(EBIT−I)(1−T)/N,ΔEPS=ΔEBIT(1−T)/N

则有

$$\text{DFL} = \frac{\text{EBIT}}{\text{EBIT} - I} \qquad (4\text{-}3)$$

式中:I 为债务年利息;T 为公司所得税税率;N 为流通在外普通股股数。

(三) 财务杠杆的衡量标准

财务杠杆放大了企业息税前利润变化对每股收益变动的影响程度,因而能够通过财务杠杆衡量财务杠杆利益与财务风险。财务杠杆系数越大,表明财务杠杆作用越大,财务风险也就越大;财务杠杆系数越小,表明财务杠杆作用越小,财务风险也就越低。

【例 4-4】 甲公司某年资本总额为 9 500 万元,其中长期资本为 6 500 万元,长期资本中债务资金为银行借款 3 000 万元,银行借款利息为 8%,公司所得税税率为 25%。息税前利润为 900 万元,则该公司的财务杠杆计算如下:

$$\text{DFL} = \frac{\text{EBIT}}{\text{EBIT} - I} = \frac{900}{900 - 3\,000 \times 8\%} = 1.36$$

通过以上计算,可知甲公司的财务杠杆系数为 1.36。这意味着当息税前利润增长 1 倍时,普通股每股利润将增长 1.36 倍,表现为财务杠杆利益;反之,当息税前利润下降 1 倍时,普通股每股利润将下降 1.36 倍,表现为财务风险。一般而言,财务杠杆系数越大,则财务杠杆利益和财务风险就越高;财务杠杆系数越小,则财务杠杆利益和财务风险就越低。

二、经营杠杆利益与经营风险

（一）经营杠杆的原理

1. 经营杠杆的含义

经营杠杆，是指由于固定性经营成本的存在，所产生的息税前利润变动率大于产销量变动率的现象。企业在进行生产经营时，由于存在生产设备等固定生产经营成本，当产量增加时，销售额增加，变动成本会随着产量的增加而增加，而固定生产经营成本则固定不变，但是，由于产量或营业额的增加，单位产品所负担的固定性经营成本则会变小，从而使得单位产品能够获得额外的收益，这就是经营杠杆。企业可以通过扩大营业总额，降低单位营业额的固定成本来增加企业的营业利润，由此形成企业的经营杠杆。企业利用经营杠杆，可以取得一定的经营杠杆利益，有时也承受着相应的损失，即经营风险。

2. 经营杠杆利益的产生

经营杠杆利益是指在企业扩大营业总额的条件下，单位营业额的固定成本下降而给企业增加的息税前利润。企业在一定的营业规模内，变动成本会随着营业总额的增加而增加，固定成本则保持固定不变，随着营业额的增加，单位营业额所负担的固定成本会相对减少，从而给企业带来额外的利润。

3. 经营风险的产生

经营风险亦称营业风险，是指企业由于生产经营上的原因而导致的资产报酬波动的风险，尤其是指企业在经营活动中利用营业杠杆而导致营业利润下降的风险。引起企业经营风险的主要原因在于市场需求和生产成本等因素的不确定性。当市场对企业产品的需求稳定时，经营风险小；反之，则经营风险大。当产品售价稳定时，经营风险小；反之，则经营风险大。当产品成本变动大时，经营风险大。当产品成本变动时，若企业具有较强的调整价格的能力，则经营风险小；反之，经营风险就大。

（二）经营杠杆系数

经营杠杆的大小一般用经营杠杆系数表示。经营杠杆系数，是息税前利润变动率与产销业务量变动率的比值。

企业为获得经营杠杆利益，规避经营风险，就需要运用经营杠杆系数进行测算。经营杠杆系数的计算公式如下：

$$\text{DOL} = \frac{\text{息税前利润变化百分比}}{\text{营业收入变化百分比}} = \frac{\Delta \text{EBIT}/\text{EBIT}}{\Delta S/S} \tag{4-4}$$

式中：DOL 为经营杠杆系数；ΔS 为营业收入或销售量变动量；S 为变动前营业收入或销售量。

为便于计算，可将式（4-3）作如下变换：

由于 $\text{EBIT} = Q(P-V) - F$，$\Delta \text{EBIT} = \Delta Q(P-V)$，则

$$\text{DOL}_Q = \frac{Q(P-V)}{Q(P-V) - F} \tag{4-5}$$

或

$$\mathrm{DOL}_S = \frac{S-C}{S-C-F} \qquad (4-6)$$

式中：DOL_Q 为按销售数量确定的经营杠杆系数；Q 为销售数量；P 为销售单价；V 为单位销量的变动成本额；F 为固定成本额；DOL_S 为按销售金额确定的经营杠杆系数；C 为变动成本额。

（三）经营杠杆的衡量标准

经营杠杆放大了企业息税前利润变化对产销量变动率变动的影响程度，因而能够通过经营杠杆衡量经营杠杆利益与经营风险。一般来说，经营杠杆系数越大，表明经营杠杆作用越大，经营风险也就越大；经营杠杆系数越小，表明经营杠杆作用越小，经营风险也就越小；经营杠杆系数等于 1 时，则不存在经营风险。

【例 4-5】 MY 公司产销某种冰箱，年产销额为 5 000 万元时，变动成本为 3 500 万元，固定成本为 1 000 万元；年产销额为 8 000 万元时，变动成本为 4 900 万元，固定成本仍为 1 000 万元。分别计算不同产销额的经营杠杆系数如下：

$$\mathrm{DOL}_{5000} = \frac{5\,000 - 3\,500}{5\,000 - 3\,500 - 1\,000} = 3$$

$$\mathrm{DOL}_{8000} = \frac{8\,000 - 4\,900}{8\,000 - 4\,900 - 1\,000} = 1.48$$

通过上述计算结果可知，当年产销额为 5 000 万元时，营业杠杆系数为 3，表明假如当该公司营业收入增长 10% 时，息税前利润将增长 30%；反之，当营业收入下降 10% 时，息税前利润将下降 30%。当年产销额为 8 000 万元时，营业杠杆系数为 1.48，表明当该公司营业收入增长 10% 时，息税前利润将增长 14.8%；反之，当营业收入下降 10% 时，息税前利润将下降 14.8%。显然，当公司产销额为 5 000 万元时的经营风险大于年产销额为 8 000 万元时的风险，因此，此时，该公司应该扩大产销额，进一步获得利润，降低经营风险。

三、总杠杆利益与公司风险

（一）总杠杆的原理

1. 总杠杆的含义

总杠杆，是经营杠杆和财务杠杆的综合，是指由于固定经营成本和固定融资成本的存在，导致普通股每股收益变动率大于产销业务量变动率的现象。

经营杠杆是利用企业经营成本中固定成本的作用影响息税前利润，财务杠杆是利用企业资本成本中债务资本固定利息的作用影响税后利润，经营杠杆和财务杠杆最终都影响着企业的税后利润，总杠杆综合了经营杠杆和财务杠杆的共同影响，使得这种杠杆作用更大。

2. 总杠杆利益的产生

总杠杆是用来反映经营杠杆和财务杠杆共同作用结果的，即反映权益资本报酬与产销业务量之间的变动关系。经营杠杆和财务杠杆可以独自发挥作用，也可以综合发挥作用。当固定性经营成本存在时，产生经营杠杆效应；当固定性资本成本存在时，产生财务杠杆效应。两种杠杆共同作用，将导致产销业务量稍有变动，就会引起普通股每股收益更大的变动。总杠杆利益就是在经营杠杆利益和财务杠杆利益间进行平衡。

一般来说,企业在初创阶段,由于产品市场占有率低,产销业务量小,此时企业筹资主要依靠权益资本,在较低程度上使用财务杠杆,经营杠杆系数则大,以获得较高的经营杠杆利益;而企业在扩张成熟期,由于产品市场占有率高,产销业务量大,此时,企业资本结构中可扩大债务资本比重,在较高程度上使用财务杠杆,以获得财务杠杆利益,经营杠杆系数则小。而总杠杆利益则是经营杠杆利益和财务杠杆利益共同作用的结果。

3. 总杠杆风险的产生

企业的整体风险包括企业的经营风险和财务风险,而公司的整体风险则为总杠杆风险。总杠杆作用是经营杠杆和财务杠杆的连锁作用。通过经营杠杆与财务杠杆之间的相互关系,有利于管理层对经营风险与财务风险进行管理。为了控制总杠杆系数,企业可以运用经营杠杆和财务杠杆进行很多不同的组合。经营杠杆系数较高的公司,可以在较低的程度上使用财务杠杆,以规避财务风险;经营杠杆系数较低的公司,可以在较高的程度上使用财务杠杆,以规避经营风险。公司的总风险就是公司的财务风险和经营风险不同组合的结果。

一般来说,固定资产比重较大的资本密集型企业,经营杠杆系数高,经营风险大,企业的筹资主要依靠权益资本,以保持较小的财务杠杆系数和财务风险;而变动成本比重较大的劳动密集型企业,经营杠杆系数低,经营风险小,企业筹资可以主要依靠债务资金,以保持较大的财务杠杆系数和财务风险。这样决策的目的,都是为了控制公司的总风险。

(二) 总杠杆系数的测算

总杠杆的大小一般用总杠杆系数表示。总杠杆系数,是经营杠杆系数和财务杠杆系数的乘积,是普通股收益变动率与产销量变动率的倍数,反映企业的总风险程度。

企业为达到企业总风险程度不变而企业总收益提高的目的,可以通过降低经营杠杆系数来降低经营风险,同时适当提高负债比例来提高财务杠杆系数,以增加企业收益,虽然这样做会使财务风险提高,但如果经营风险的降低能够抵消财务风险提高的影响,则仍将使企业总风险下降;反之亦然。企业为获得总杠杆利益,规避公司总风险,就需要运用总杠杆系数进行测算。总杠杆系数的计算公式如下:

$$\mathrm{DTL} = \frac{每股收益变化百分比}{营业收入变化百分比} = \frac{\Delta \mathrm{EPS}/\mathrm{EPS}}{\Delta S/S} \tag{4-7}$$

只要企业同时存在固定性经营成本和固定性资本成本,就存在总杠杆效应。依据经营杠杆系数和财务杠杆系数的定义,总杠杆系数是经营杠杆系数和财务杠杆系数的乘积,反映的是企业经营风险和财务风险的组合效果。因此,在不存在优先股股息的情况下,式(4-4)的计算简化为

$$\mathrm{DTL} = \mathrm{DOL} \times \mathrm{DFL} \tag{4-8}$$

(三) 总杠杆系数的衡量标准

总杠杆系数反映的是企业的总风险程度,是税后利润变动率相当于营业总额变动率的倍数,是经营杠杆与财务杠杆的综合,因而能够通过总杠杆系数衡量总杠杆利益与公司的总风险。一般来说,总杠杆系数越大,表明总杠杆作用越大,公司的总风险也就越大;总杠杆系数越小,表明总杠杆作用越小,公司的总风险也就越小;总杠杆系数等于1时,则公司不存在风险。

【例4-6】 QC公司经营杠杆系数为1.5,财务杠杆系数为2.4。计算该公司的联合杠杆系数为多少?

$$DTL = DOL \times DFL = 1.5 \times 2.4 = 3.6$$

通过上例计算,总杠杆系数为3.6则意味着:当公司营业收入或销售数量增长10%的时候,普通股每股收益将增长36%,具体反映了公司的总杠杆利益;反之,当公司营业收入或销售数量下降10%的时候,普通股每股收益将下降36%,具体反映了公司的总杠杆风险。

第四节 资本结构决策方法及应用

【导入案例】

宏达公司当前的资本结构如下:资本总额为2 000万元,其中债务资金为800万元,年利息率为10%;普通股股本1 200万股,每股面值为1元,市场价值为5元。目前,公司有一个新产品生产线需要追加筹资600万元,据专业人员测算,追加筹资后的销售额为1 800万元,变动成本率为60%,固定成本为400万元,所得税税率为25%,不考虑筹资费用等因素。

根据上述资料,企业现有以下两种筹资方案可供选择。

A方案:增发普通股200万股,每股发行价为3元,资本成本为12%。

B方案:向银行取得长期借款600万元,利息率为15%。

分析讨论:

1. 如果运用每股收益分析法进行测算,该公司应该选择哪种筹资方案?
2. 如果运用资本成本测算法,该公司应该选择哪种筹资方案?

资本结构决策是企业结合相关情况,分析相关影响因素,运用一定方法确定最佳资本结构的过程,是企业财务决策的核心内容。最佳资本结构,从理论上来说,是企业在适度财务风险的条件下,使预期的综合资本成本最低,或者同时使公司价值最大时的资本结构。资本结构决策的方法,主要包括三种:每股收益分析法、资本成本比较法和公司价值分析法。

一、每股收益分析法

(一) 每股收益分析法的含义

每股收益分析法是利用每股收益无差别点进行资本结构决策的方法。由于每股收益受到利润水平、资本成本等因素的影响,分析每股收益与资本结构的关系,可以找到每股收益无差别点。每股收益无差别点是指不同筹资方式下每股收益都相等时的息税前利润点,即息税前利润平衡点,又称筹资无差别点。

(二) 每股收益分析法的决策标准

在资本结构管理中,企业可以利用每股收益的变化来判断资本结构是否合理。因为企业利用债务资本筹资的目的之一,就是利用财务杠杆效应来增加股东财富,而只有合理的资本结构才能够发挥财务杠杆的作用,避免风险。能够提高普通股每股收益的资本结构,就是合理的资本结构,而测算合理的资本结构,就可以运用每股收益分析法。

在确定合理的资本结构时,运用每股收益分析法的决策标准:由于在每股收益无差别点上,无论是采用债务还是股权筹资方案,每股收益都是相等的,所以,当预期息税前利润或业务量水平大于每股收益无差别点时,应当选择债务筹资方案;当预期息税前利润或业务量水平小于每股收益无差别点时,应当选择股权筹资方案。

(三)每股收益分析法的计算公式

运用每股收益分析法,由于在每股收益无差别点上,不同筹资方案的每股收益是相等的,所以公式表示如下:

$$\frac{(\overline{EBIT}-I_1)(1-T)}{N_1}=\frac{(\overline{EBIT}-I_2)(1-T)}{N_2} \qquad (4-9)$$

式中:$\overline{EBIT}$表示每股收益无差别点;I_1,I_2表示两种筹资方式下的长期债务年利息;N_1,N_2表示两种筹资方式下的普通股股数。

(四)每股收益分析法的应用

根据每股收益分析法公式,计算每股利润无差别点,可以分析判断企业应该在何时运用债务筹资来安排和调整资本结构。现通过举例说明每股收益分析法的应用。

【例 4-7】 MXJ 公司当前的资本结构如下:资本总额为 2 000 万元,其中,债务资金为 800 万元,年利息率为 10%,普通股股本为 1 200 万股,每股面值为 1 元,市场价值为 5 元。目前,公司有一个新产品生产线需要追加筹资 600 万元,据专业人员测算,追加筹资后的销售额为 1 800 万元,变动成本率为 60%,固定成本为 400 万元,所得税税率为 25%,不考虑筹资费用等因素。

根据上述资料,企业现有以下两种筹资方案可供选择。

A 方案:增发普通股 200 万股,每股发行价 3 元。

B 方案:向银行取得长期借款 600 万元,利息率 15%。

请运用每股收益分析法进行测算,MXJ 公司应该选择哪种筹资方案?

解:

第一步,将已知数据代入每股无差别点公式,计算每股无差别点。

$$\frac{(\overline{EBIT}-I_1)(1-T)}{N_1}=\frac{(\overline{EBIT}-I_2)(1-T)}{N_2}$$

$$=\frac{(\overline{EBIT}-800\times10\%)(1-25\%)}{1\,200+200}$$

$$=\frac{(\overline{EBIT}-80-600\times15\%)(1-25\%)}{1\,200}$$

得

$$\overline{EBIT}=710\text{ 万元}$$

通过上述计算可知,每股收益无差别点为 710 万元。

第二步,计算每股收益无差别点的每股盈余。

将 710 万元代入上述每股收益无差别点的计算公式中,可得

$$\frac{(710-800\times10\%)(1-25\%)}{1\,200+200}=0.337\,5\text{ 元}$$

同样,代入右侧的结果也是 0.337 5 元,因为在每股收益无差别点 710 万元这个点上,增发普通股和向银行借款这两个方案的每股收益相等,均为 0.337 5 元,证明 710 万元这点是每股收益无差别点。

第三步,计算筹资后预计销售额为1 800万元时的息税前利润。

$$1\,800-1\,800\times 60\%-400=320<710\text{ 万元}$$

根据每股无差别点的决策标准,当预期息税前利润或业务量水平小于每股收益无差别点时,应当选择股权筹资方案。本例中,由于筹资后的息税前利润为320万元,小于每股无差别点的息税前利润710万元,因此,该公司应该选择股权筹资方案,即选择方案A。

二、资本成本比较法

(一) 资本成本比较法的含义

资本成本比较法,是指在适度财务风险的条件下,不考虑各种融资方式在数量和比例上的约束以及财务风险差异时,通过计算各种基于市场价值的长期融资组合方案的加权平均资本成本,并以此为标准相互比较,选择加权平均资本成本最小的融资方案,确定最佳资本结构的方法。

(二) 资本成本比较法的决策标准

资本成本比较法的决策标准:选择加权平均资本成本最小的融资方案来确定最佳资本结构。这种方法侧重于从资本投入的角度对筹资方案和资本结构进行优化分析。

资本成本法的测算过程简单,容易理解。但该法没有具体测算财务风险因素,仅以加权资本成本率最低为决策标准,反映的决策目标实质上是利润最大化,而不是公司价值最大化。资本成本法一般适用于资本规模较小、资本结构较为简单的非股份制企业。

(三) 资本成本比较法的应用

下面根据本章第三节的综合资本成本的计算公式,通过举例来说明该方法在实务中的具体应用。

【例4-8】 HHJ公司根据发展的需要,需筹集10 000万元长期资本,可通过银行借款、发行债券、发行普通股、发行优先股几种方式募集,该公司的所得税率为25%。现有以下三种筹资方案,请运用资本成本法测算,该公司应该选择哪种方案?具体资料如表4-7所示。

表4-7 筹资方案基本数据表

筹资方式	方案A		方案B		方案C	
	筹资金额	资本成本	筹资金额	资本成本	筹资金额	资本成本
银行借款	1 500	5%	2 000	6.5%	1 500	5%
公司债券	2 000	7%	2 500	7%	3 500	7.5%
普通股	6 000	12%	5 000	11%	4 500	10%
优先股	500	8%	500	8%	500	8%
资本合计	10 000		10 000		10 000	

解:第一步,分别计算三个方案的综合资本成本。

A方案的综合资本成本为

$$\frac{1\,500}{10\,000}\times 5\% + \frac{2\,000}{10\,000}\times 7\% + \frac{6\,000}{10\,000}\times 12\% + \frac{500}{10\,000}\times 8\% = 9.75\%$$

B 方案的综合资本成本为

$$\frac{2\,000}{10\,000}\times 6.5\% + \frac{2\,500}{10\,000}\times 7\% + \frac{5\,000}{10\,000}\times 11\% + \frac{500}{10\,000}\times 8\% = 8.95\%$$

C 方案的综合资本成本为

$$\frac{1\,500}{10\,000}\times 5\% + \frac{3\,500}{10\,000}\times 7.5\% + \frac{4\,500}{10\,000}\times 10\% + \frac{500}{10\,000}\times 8\% = 8.275\%$$

第二步,根据资本成本法的决策标准,确定筹资方案及公司的资本结构。

根据上述计算结果,按照综合资本成本从小到大的顺序依次为

C 方案 8.275% < B 方案 8.95% < A 方案 9.75%

假定不考虑财务风险等其他因素,按照资本成本法选择综合资本成本最低的筹资方案,该公司应选择 C 方案进行筹资,即筹资方案的最佳资本结构为:银行借款 1 500 万元,公司债券 3 500 万元,普通股 4 500 万元,优先股 500 万元。

三、公司价值分析法

(一) 公司价值分析法的含义

公司价值分析法是在反映公司财务风险和资本成本等因素影响的前提下,以公司的市场价值为标准,进行资本结构优化,经过测算确定公司最佳资本结构的方法。公司价值分析法的测算原理及测算过程较为复杂,适用于资本规模较大的上市公司,对现有资本结构进行调整和优化分析。

(二) 公司价值分析法的决策标准

公司价值分析法的决策标准:在进行资本结构决策时,以公司价值的大小为标准,选取能够提升公司价值的资本结构,就是合理的资本结构。公司价值分析法与资本成本比较法和每股收益分析法相比,充分考虑了公司的财务风险,更符合公司价值最大化的财务目标。在公司价值最大的资本结构下,公司的平均资本成本率也是最低的。

(三) 公司价值分析法的测算公式

根据公司价值分析法的定义和衡量标准,在不考虑优先股的前提下,公司价值分析法的测算公式如下:

$$V = S + B \tag{4-10}$$

式中:V 为公司价值,即公司资本的市场价值;B 为债务资金价值;S 为权益资本价值。

为简化计算与分析,在不考虑优先股股息的前提下,假设公司各期的息税前利润即 EBIT 保持不变,债务资金的市场价值等于其面值,那么,权益资本的市场价值测算公式如下:

$$S = \frac{(\text{EBIT} - I) \times (1 - T)}{K_s} \tag{4-11}$$

式中:EBIT 为息税前利润;I 为年利息额;T 为公司所得税税率;K_s 为权益资本成本。根据资本资产定价模型有

$$K_s = R_F + \beta(R_M - R_F) \qquad (4-12)$$

式中：R_F 表示无风险报酬率；R_M 表示市场报酬率；β 表示股票的贝塔系数。

则，在不考虑优先股的情况下有

$$K_w = K_b \times \frac{B}{V} + K_s \times \frac{S}{V} \qquad (4-13)$$

式中：K_w 为公司的加权资本成本；K_b 为税前债务资本的资本成本。

（四）公司价值分析法的应用

【例 4-9】 ZQL 公司资本总额账面价值为 3 000 万元，其中长期资本均为普通股，无长期债务资本和优先股，预计未来每年的息税前利润为 500 元。假设无风险报酬率为 8%，证券市场平均报酬率为 12%，所得税税率为 25%。债务市场价值等于面值，假设税前债务利息率等于税前债务资本成本。经测算相关资料如表 4-8 所示。请利用公司价值分析法测算该公司的最佳资本结构。

解：第一步，根据已知资料测算不同债务水平下的权益资本成本率，如表 4-8 所示。

表 4-8 债务资本成本率和权益资本成本率情况表

债务市场价值 B/万元	税前债务资本成本率 K_b	股票系数 β	无风险利率 R_F	平均市场报酬率 R_M	权益资本成本率 K_s
0	—	1.35	8%	12%	13.4%
100	8.5%	1.4	8%	12%	13.6%
300	9.0%	1.45	8%	12%	13.8%
500	9.5%	1.5	8%	12%	14.2%
700	10%	1.7	8%	12%	14.8%
900	11%	1.9	8%	12%	15.6%
1 200	13%	2.2	8%	12%	16.8%
1 400	15%	2.6	8%	12%	18.4%

表 4-8 中，当 $B=0, \beta=1.2, R_F=8\%, R_M=12\%$ 时，

$$K_{s0} = R_F + \beta(R_M - R_F) = 8\% + 1.35 \times (12\% - 8\%) = 13.4\%$$

当 $B=100, K_b=8.5\%, \beta=1.4, R_F=8\%, R_M=12\%$ 时，

$$K_{s100} = R_F + \beta(R_M - R_F) = 8\% + 1.4 \times (12\% - 8\%) = 13.6\%$$

其他计算同理，可得

$$K_{s300} = 13.8\%; K_{s500} = 14\%; K_{s700} = 14.8\%;$$
$$K_{s900} = 15.6\%; K_{s1200} = 16.8\%; K_{s1400} = 18.4\%$$

第二步，根据上述计算结果，依次计算股票市场价值 S、公司总价值 V 和加权资本成本 K_w，结果见表 4-9。

表 4-9 公司总价值和加权平均资本率

单位：万元

债务市场价值 B/万元①	股票市场价值 S②	公司总价值 V ③=①+②	税前债务资本成本率 K_b④	权益资本成本率 K_s⑤	加权资本成本 K_w⑥
0	2 799	2 799	—	13.4%	13.4%

续表

债务市场 价值 B/万元①	股票市场 价值 S②	公司总价值V ③=①+②	税前债务资本 成本率K_b④	权益资本成本 率K_s⑤	加权资本成本 K_w⑥
100	2 616	2 716	8.5%	13.6%	13.41%
300	2 570	2 870	9.0%	13.8%	13.30%
500	2 432	2 932	9.2%	14.0%	13.18%
700	2 179	2 879	10%	14.8%	13.98%
900	1 928	2 828	11%	15.6%	14.14%
1200	1 535	2 735	13%	16.8%	14.42%
1400	1 182	2 582	15%	18.4%	16.56%

(1) 计算股票市场价值。

当 $B=0, K_{s0}=13.4\%$ 时,

$$S_0 = \frac{(\text{EBIT}-I)\times(1-T)}{K_s} = \frac{(500-0)\times(1-25\%)}{13.4\%} \approx 2\,799 \text{ 万元}$$

当 $B=100, K_b=8.5\%, K_s=13.6\%$ 时,

$$S_{100} = \frac{(\text{EBIT}-I)\times(1-T)}{K_s} = \frac{(500-300\times 8.5\%)\times(1-25\%)}{13.6\%} \approx 2\,616 \text{ 万元}$$

依次计算,可得

$$S_{300}=2\,570\text{ 万元},S_{500}=2\,432\text{ 万元},S_{700}=2\,179\text{ 万元},$$
$$S_{900}=1\,928\text{ 万元},S_{1200}=1\,535\text{ 万元},S_{1400}=1\,182\text{ 万元}$$

将上述结果填入到表 4-9 中。

(2) 计算公司总价值。

当 $B=0, S_0=7\,721$ 时,公司总价值为

$$V_0 = S+B = 2\,799+0 = 2\,799 \text{ 万元}$$

当 $B=100, S_{100}=2\,616$ 时,公司总价值为

$$V_{300} = S+B = 2\,616+100 = 2\,716 \text{ 万元}$$

依次计算,可得

$$V_{300}=2\,870\text{ 万元},V_{500}=2\,932\text{ 万元},V_{700}=2\,879\text{ 万元},$$
$$V_{900}=2\,828\text{ 万元},V_{1200}=2\,735\text{ 万元},V_{1400}=2\,582\text{ 万元}$$

将上述结果填入表 4-9。

(3) 计算加权平均资本。

当 $B=0, K_{s0}=13.4\%$ 时, $S=2\,799, V=2\,799$,有

$$K_{w0} = K_b \times \frac{B}{V} + K_s \times \frac{S}{V} = 0+13.4\%\times\frac{2\,799}{2\,799}=13.40\%$$

当 $B=100, K_b=8.5\%, K_s=13.6\%$ 时, $S=2\,616, V=2\,716$,有

$$K_{w100} = K_b \times \frac{B}{V} + K_s \times \frac{S}{V} = 8.5\%\times\frac{100}{2\,716}+13.6\%\times\frac{2\,616}{2\,716}\approx 13.41\%$$

依次计算,可得

$$K_{w300}=13.30\%, K_{w500}=13.18\%, K_{w700}=13.98\%,$$
$$K_{w900}=14.14\%, K_{w1200}=14.42\%, K_{w1400}=16.56\%$$

将上述结果填入表4-9。

第三步,根据上述计算结果进行分析。

根据表4-9的计算结果可以看出,在没有债务资本的情况下,公司的总价值2 799万元等于股票的账面价值2 799万元。当公司增加一部分债务时,财务杠杆开始发挥作用,股票市场价值大于其账面价值,公司总价值上升,平均资本成本率下降。

在债务资本达到500万元时,公司总价值为2 932万元,为最高,加权资本成本率为13.18%,为最低。债务资本超过500万元后,随着利息率的不断上升,财务杠杆作用逐步减弱甚至显现副作用,公司总价值下降,平均资本成本率上升。因此,债务资本为500万元时的资本结构是该公司的最优资本结构。

本章知识点小结

本章主要讲授筹资结构决策的基本理论,核心知识点包括以下几点。

第一,资本结构、最佳资本结构的含义;资本结构决策的内容、资本结构决策的影响因素。

第二,资本成本测算包括债务资本成本测算。(1)债务资本成本的测算包括银行借款和公司债券两个方面资本成本的测算。(2)权益资本成本的测算包括普通股筹资、优先股筹资和留存收益三个方面资本成本的测算。(3)综合资本成本,是一个企业全部资本的成本率,是以各种资本所占的比例为权重,对个别资本成本率进行加权平均测算的。

第三,财务杠杆、经营杠杆和总杠杆。(1)财务杠杆,是指由于企业固定性资本成本的存在,而使得普通股收益或每股收益变动率大于息税前利润变动率的现象。财务杠杆的大小一般用财务杠杆系数表示。(2)经营杠杆,是指由于固定性经营成本的存在,所产生的息税前利润变动率大于产销量变动率的现象。经营杠杆的大小一般用经营杠杆系数表示。(3)总杠杆,是经营杠杆和财务杠杆的综合,是指由于固定经营成本和固定融资成本的存在,导致普通股每股收益变动率大于产销业务量变动率的现象。总杠杆的大小一般用总杠杆系数表示。

第四,资本结构决策的方法。资本结构决策的方法主要包括三种:每股收益分析法、资本成本比较法和公司价值分析法。(1)运用每股收益分析法的决策标准:由于在每股收益无差别点上,无论是采用债务还是股权筹资方案,每股收益都是相等的,所以当预期息税前利润或业务量水平大于每股收益无差别点时,应当选择债务筹资方案,当预期息税前利润或业务量水平小于每股收益无差别点时,应当选择股权筹资方案。(2)资本成本比较法的决策标准:选择加权平均资本成本最小的融资方案,来确定最佳资本结构。(3)公司价值分析法的决策标准:在进行资本结构决策时,以公司价值的大小为标准,选取能够提升公司价值的资本结构,即合理的资本结构。

思考与练习题

一、单项选择题

1. 所谓( ),即指在一定条件下能够使企业综合资本成本率最低、企业价值最大的资本结构。

    A. 最佳资本结构   B. 每股盈余无差别点

C. 资本资产定价模型　　　　D. 综合资本成本

2. 下列表述错误的是（　　）。

A. 当资本结构不变时，个别资本成本率越高，则综合资本成本率越高

B. 个别资本成本率越低，则综合资本成本率越高

C. 个别资本成本率越低，则综合资本成本率越低

D. 在资本结构一定的条件下，综合资本成本率的高低是由个别资本成本率决定的

3. （　　）是指普通股投资的必要报酬率等于无风险报酬率与风险报酬率之和。

A. 每股盈余无差别点　　　　B. 最佳资本结构

C. 资本资产定价模型　　　　D. 综合资本成本

4. （　　）是指由于固定性经营成本的存在，所产生的息税前利润变动率大于产销量变动率的现象。

A. 经营杠杆　　　　　　　　B. 财务杠杆

C. 总杠杆　　　　　　　　　D. 以上都不是

5. （　　）的决策标准是选择加权平均资本成本最小的融资方案，来确定最佳资本结构。

A. 每股收益分析法　　　　　B. 公司价值分析法

C. 历史资料分析法　　　　　D. 资本成本比较法

二、多项选择题

1. 按照普通股股利的发放方式，普通股的资本成本率的测算方法主要有（　　）。

A. 股利折现模型　　　　　　B. 资本资产定价模型

C. 每股收益分析法　　　　　D. 公司价值分析法

2. 按照资金习性的依存关系和资金变动的情况，可以把资金分为（　　）。

A. 变动资金　　　　　　　　B. 半变动资金

C. 不变资金　　　　　　　　D. 留存收益

3. 企业的资本结构决策，应该在（　　）利益和面临的风险之间进行权衡。

A. 消费杠杆　　　　　　　　B. 财务杠杆

C. 经营杠杆　　　　　　　　D. 总杠杆

4. 资本结构决策包括（　　）。

A. 合理安排债务资本比例，降低企业的综合资金成本

B. 合理安排债务资本比例，降低企业的个别资金成本

C. 合理安排债务资本比例，获得财务杠杆利益

D. 合理安排债务资本比例，增加公司的价值

5. 资本结构决策的影响因素包括（　　）。

A. 企业所在的行业特征和企业所处的发展周期

B. 企业投资人以及管理当局的态度

C. 企业经营状况的稳定性和财务状况的信用等级

D. 以上都不是

三、计算题

1. 甲公司准备兴建一条新产品生产线，拟从银行借入一笔长期借款 2 500 万元，借款手续

费率为 2%,年利率为 5%,期限为 5 年,每年付息一次,到期一次还本。公司所得税税率为 25%,则这笔银行借款的资本成本率为多少?

2. 乙公司为筹集资金,同时调整资本结构,拟增发普通股股票,每股发行价格为 10 元,每股发行费用为 2 元。

（1）若公司预计发行后每年分派现金股利为每股 2.5 元,则该公司普通股的资本成本率为多少?

（2）若公司预计发行后,第一年分派现金股利为每股 2.5 元,以后每年股利固定增长 5%,则该公司普通股的资本成本率多少?

3. 丙公司某年资本总额为 8 500 万元,其中长期资本为 5 500 万元,长期资本中债务资金为银行借款 2 000 万元,银行借款利息为 8%,公司所得税税率为 25%。息税前利润为 900 万元。该公司年产销额为 4 000 万元时,变动成本为 2 500 万元,固定成本为 800 万元。

要求：（1）计算该公司的财务杠杆；
　　　（2）计算该公司的经营杠杆；
　　　（3）计算该公司的总杠杆。

四、案例分析题

MCQ 公司当前的资本结构如下：资本总额 8 000 万元,其中债务资金为 800 万元,年利息率为 10%,普通股股本为 1 200 万股,每股面值为 1 元,市场价值为 5 元。目前,公司有一个新产品生产线需要追加筹资 2 000 万元,据专业人员测算,追加筹资后的销售额为 2 800 万元,变动成本率为 60%,固定成本为 1 400 万元,所得税税率为 25%,不考虑筹资费用等因素。

根据上述资料,企业现有以下三种筹资方案可供选择（表 4-10）。

表 4-10　筹资方案基本数据表

筹资方式	方案 A		方案 B		方案 C	
	筹资金额	资本成本	筹资金额	资本成本	筹资金额	资本成本
银行借款	500	5%	700	6.5%	800	5%
公司债券	400	7%	250	7%	350	7.5%
普通股	600	12%	550	11%	350	10%
优先股	500	8%	500	8%	500	8%
资本合计	2 000		2 000		2 000	

要求：

1. 如果运用每股收益分析法进行测算并分析,该公司应该选择哪种筹资方案?
2. 如果运用资本成本测算法进行测算并分析,该公司应该选择哪种筹资方案?

第五章　项目投资管理

知识体系框架

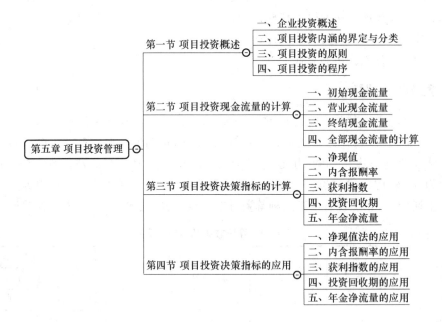

【学习目标】

本章在介绍项目投资的基本理论的基础上,重点讲授了项目投资现金流量的计算、项目投资决策指标的计算,以及项目投资决策指标的应用。通过本章的学习需要达到以下教学目标:

1. 理解项目投资的内涵界定与分类;
2. 掌握项目投资现金流量的计算;
3. 掌握项目投资决策指标的计算;
4. 掌握项目投资决策指标的应用。

第一节　项目投资概述

企业为了改善生产条件、扩大生产能力,以获取更多的经营利润,必然会进行项目投资。为了更好地阐述项目投资决策的相关理论知识和相关指标决策的技术方法,本节在介绍企业投资基本概念的基础上,重点介绍项目投资的内涵、分类,以及项目投资的原则和程序,为后面章节的进一步学习打下基础。

一、企业投资概述

(一) 投资的含义

投资是指特定的政府、企业和个人等经济主体投入财力,将货币、实物资产等作为资本投放于某一个具体对象,以期在未来一定期间内获取利益的一种经济行为。简言之,投资就是企业投放资金获取未来收益的经济行为。例如,购建生产线以及股票债券等经济行为,均属于企业的投资。

(二) 企业投资的意义

企业进行投资行为,对企业具有重要意义。

首先,企业财务管理的目标是不断提高企业价值,为股东创造财富,企业要想获得利润,就必须进行投资,在投资中获得效益,因此,企业投资是实现财务管理目标的基本前提。

其次,在科学技术、社会经济迅速发展的今天,企业要想与市场接轨获取更大收益,必须及时对所使用的机器设备进行更新,对产品和生产工艺进行改造,因此,企业投资是生产发展的必要手段。

最后,企业在生产经营过程中,涉及生产经营能力的配套、平衡,以便形成更大的综合生产能力,而把资金投向多个行业,实行多元化经营,更能增加公司销售和盈余的稳定性,因此,企业的投资是降低风险的重要方法。

需要说明的是,财务管理中的投资内涵与会计学中的投资内涵并不完全一致。一般来说,会计学上的投资一般指的是对外投资,侧重对外投资的计量与收益的核算与回报;而财务管理中的投资不仅包括对外投资,也包括对内投资,尤其是对内的固定资产等项目的投资,侧重的是投资项目收益的测算,是财务管理投资决策的重要内容。

(三) 企业投资的分类

根据不同的划分标准,企业投资可作如下分类。

1. 直接投资与间接投资

按照投资与企业生产经营活动的关系,投资可以划分为直接投资与间接投资。直接投资是指企业将资金直接购买并配置劳动力、劳动资料和劳动对象等具体生产要素,直接投放于形成生产经营能力的实体性资产,是直接谋取经营利润的投资。在非金融企业中,直接投资所占比重很大。

间接投资又称证券投资,是指把资金投入证券等金融资产,以取得利息、股利或资本利得收入的投资。企业将资金投放于股票、债券等金融性资产,待股票、债券的发行方在筹集到资金后,再把这些资金投放于形成生产经营能力的实体性资产,以获取经营利润。间接投资方不直接介入被投资者的具体生产经营过程,而是通过股票、债券上所约定的权利分配收益,获取股利或利息收入,分享投资的经营利润。随着我国金融市场的完善和多渠道筹资的形成,企业间接投资将越来越广泛。

2. 长期投资

按投资回收时间的长短,企业投资可分为短期投资和长期投资两类。

短期投资是指能够并且准备在一年以内收回的投资,主要是指对现金、应收账款、存货、短期有价证券等的投资,又称流动资产投资。

长期投资则是指一年以上才能收回的投资,主要是指对厂房、机器设备等固定资产,以及无形资产和长期有价证券等的投资。由于长期投资中固定资产所占的比重较大,因此,长期投资有时专指固定资产投资。长期证券如能随时变现亦可作为短期投资。

3. 对内投资和对外投资

按投资活动资金投出的方向,企业投资可以划分为对内投资和对外投资。

对内投资是指企业把资金投入公司内部,用来购置各种生产经营所用的资产的投资。例如,购置生产线、大型机器设备、厂房等固定资产的投资,目的是为生产经营服务。

对外投资是指向本企业范围以外的其他单位的资金投放,包括以现金、实物、无形资产等方式或者以购买股票、债券等有价证券的方式向其他单位的投资。

一般说来,对内投资都是直接投资,对外投资多数为间接投资,但有时也可能是直接投资,特别是企业间横向经济联合中的联营投资。

4. 项目投资与证券投资

按投资对象的存在形态和性质,企业投资可以划分为项目投资和证券投资。

项目投资是指企业购买具有实质内涵的经营资产,包括有形资产和无形资产,形成具体的生产经营能力,开展实质性的生产经营活动,谋取经营利润,目的在于改善生产条件、扩大生产能力,以获取更多的经营利润。项目投资属于直接投资。

证券投资是指企业通过购买债券、股票等证券资产,通过证券资产上所赋予的权利,间接控制被投资企业的生产经营活动,获取投资收益的投资。证券投资的目的在于通过持有权益性证券,控制其他企业的财务或经营政策,并不直接参与被投资企业的具体生产经营过程。证券投资属于间接投资。

以上投资的分类只是从不同的角度进行划分的,目的是更好地理解企业投资的内涵及意义,也为进一步进行企业投资管理提供多方位思考的角度。实际上,企业的一项投资可以同时是直接和间接投资,也可以同时是项目投资或者证券投资,直接投资与间接投资强调的是投资的方式,项目投资与证券投资强调的是投资的对象。

二、项目投资内涵的界定与分类

如前所述,按投资对象的存在形态和性质,企业投资可以划分为项目投资和证券投资。本章所介绍的项目投资是一种以特定项目为对象,直接与新建项目或更新改造项目有关的长期投资行为,主要从企业投资主体的角度研究项目投资问题,投资者即企业本身,投资对象是与企业生产经营有关的固定资产等新建或更新改造项目等。

按照如上界定,项目投资可以按照不同的分类标准,进一步细分为以下类型。

(一) 独立投资项目与互斥投资项目

按投资项目之间的相互关联关系,企业投资项目可以划分为独立投资项目和互斥投资项目。

1. 独立投资项目

独立投资项目,是指各个投资项目之间互不关联、互不影响,可以同时并存的投资项目。独立投资项目的决策选择既不要求也不排斥其他投资项目。在进行投资决策时,只需要考虑项目本身是否满足企业经营生产的决策标准,不需要考虑其他项目,不存在非此即彼,具有相容性。因此,独立投资项目决策考虑的是方案本身是否满足某种决策标准。

独立方案可以是一个,也可以是一组。在对独立方案进行评价时,需要掌握以下特点:

第一,由于方案间是互不排斥的,因此企业既可以全部不接受,也可以只接受其中一个或多个;第二,在对独立方案进行财务可行性评价的过程中,除了要熟练掌握和运用上述判定条件外,还必须评价指标在评价财务可行性的过程中所起的主导作用,即在对独立项目进行财务可行性评价和投资决策的过程中,以净现值等主要指标的结论为准;第三,在独立投资方案中,对于同一项投资,利用净现值率、获利指数和内含报酬率等动态指标的评价,会得出完全相同的结论。

2. 互斥投资项目

互斥投资项目是各个投资项目之间相互关联、相互替代,不能同时并存的投资项目。互斥投资项目的决策选择,需要考虑各方案之间的排斥性,也许每个方案都是可行方案,但只能按照一定的决策标准从中选择一个最优方案,非此即彼,具有排他性。

多个互斥方案比较决策是指在每一个入选方案都具备财务可行性的前提下,利用具体决策方法比较各个方案的优劣,利用评价指标从各个备选方案中最终选出一个最优方案的过程。因此,互斥投资项目决策需要考虑的是从两个或者两个以上的项目中选择一个最优方案。

互斥方案具有如下特点:第一,互斥方案具有排他性,即一组方案中的各个方案彼此可以相互代替,采纳方案组中的某个方案,就会自动排斥这组方案中的其他方案;第二,在互斥选择方案中,可以采用项目投资多方案比较决策的方法,这些方法主要包括净现值法、内含报酬率法、获利指数法等。

需要说明的是,独立投资与互斥投资项目之间是可以相互转化的。如果企业所能筹集的资金有限,这项资金只能投资于一个项目,那么从这个角度来说,项目之间即使没有相关性,从企业投资的角度来说,投入这个项目就要放弃另外一个项目,因此项目之间也变成了互斥项目。企业需要选择生产经营最急需的项目进行投资。

(二) 新建投资项目和更新改造投资项目

按投资项目的类型,可以分为新建投资项目和更新改造投资项目。

1. 新建投资项目

新建投资项目,是以新增生产能力为目的的扩大再生产的项目。新建投资项目可以分为两种类型:

第一,单纯的固定资产投资项目。这是投资最基本的形式。由于是单纯的固定资产投资项目,项目的投入仅涉及固定资产资金的投入,目的是新增生产能力,因此,在投资中只包括为取得固定资产而发生的垫支资本投入,不涉及后续用于周转的资本投入。可以说,任何新建项目的投资,都包括单纯的固定资产投资。

第二,完整的工业投资项目。这是投资基本形式的扩展。在投资中不仅包括固定资产投资,还包括用于项目建设的流动资金投资,以及为了建设项目而投入的无形资产、开办费等其他长期资产投资。

2. 更新改造投资项目

更新改造投资项目，是指以恢复或改善生产能力为目的，采用以新换旧或在原有旧固定资产的基础上进行改扩建的投资项目。在项目的建设中，需要增加资金的投入，同时，这些追加的资金也会带来现金流入的增加。因此，判断更新改造项目是否实施的关键标准在于，追加投入的资金所带来的现金流入的增加额是否会大于达到同等生产能力的新增的投资数额，这是判断是否需要进行更新改造的关键。

由于固定资产更新是对技术或经济上不宜继续使用的旧资产，用新的资产更换或先进的技术进行局部改造，因此更新改造方案一般面临两种选择：一是决定是否更新，即继续使用旧资产还是更换新资产；二是决定选择使用什么样的资产来更新。由于旧设备总可以通过修理后继续使用，所以更新改造项目的投资决策就是继续使用旧设备与购置新设备之间的抉择。

在进行更新改造项目投资的决策时，需要考虑的因素包括以下几点：

第一，变价净收入。需要考虑更新改造项目建设起点旧的固定资产可能取得的变价净收入。这项变价净收入是考虑继续使用旧资产的一项资金投入，因此，需要正确计算。它涉及固定资产的年折旧额、残值率以及按税法规定出售更新改造项目的旧资产所取得的变价收入应缴纳的营业税、增值税等。

第二，所得税。需要考虑更新改造项目建设起点可能发生的净损益对所得税的影响。如果出售旧固定资产时，变现净收入大于账面价值，则为净收益，应缴纳所得税，产生更新改造项目的现金流出量；反之，则为净损失，可以抵减当年的所得税支出，少缴纳的所得税可以视为更新改造项目的现金流入量。

第三，营业现金流入。更新改造项目现金流量主要是购置新固定资产所引起的投资支出，更新时出售原有固定资产所取得的变价收入，属于投资支出的抵减。当然，更新改造项目运营期节约的付现成本也可以视作营业现金流入。

第三，评价方法的选择。如果新旧设备使用寿命相同，除了可以使用净现值法进行分析外，还可采用内含报酬率法进行更新改造项目的可行性分析；如果新旧设备使用寿命不相同，但未来报酬相同且准确数字不好估计时，可使用年均成本法，据以判断是否进行固定资产更新改造的投资决策。

（三）初始投资项目和后续投资项目

按照项目建设性质分类的不同，项目投资可以分为初始投资项目和后续投资项目。

初始投资项目，是指企业投资于过去从未有过的完全是新建造的项目，还有那些原有规模很小，经重新总体设计并扩大建设规模后，新增加的投资价值远远超过原有投资的项目。初始投资项目多数为新建项目。

后续投资项目，是指企业为巩固和发展企业所进行的各种再投资，包括为维持企业简单再生产进行的更新性投资，以及为实现扩大再生产进行的追加性投资等。具体来说，后续投资项目可以分为扩建项目和改建项目。扩建项目是指企业为扩大原有产品的生产能力，以及在原有生产能力的基础上，为生产新产品，适应新产品的生产能力而增建的主要生产车间或工程项目；改建项目是指企业改变原有生产设备的结构、核心组件，提高原有生产设备的核心性能，以延长使用年限等的投资项目。

三、项目投资的原则

项目投资具有建设投资影响的期间长、项目建成后变现能力较差、投资占用的资金数额较大、决策风险大等特征,因此,企业在进行项目投资时,要适应投资项目的特点和要求,做出合理的投资决策,在进行项目投资时,需要遵循如下原则,以保证投资活动的顺利进行。

(一) 资产结构平衡原则

企业进行项目投资,根本目的是谋求利润、增加企业价值。企业的资产不仅包括生产设备、厂房等固定资产,还包括原材料、存货等流动资产,企业的项目投资是为了生产更好的产品,提升生产能力和生产条件,最终目的是盈利。由于项目投资需要的资金量大,而且项目实施后,资金会在较长时期里固化在具体的项目上,因此,企业在投资时,必须遵循资产结构平衡原则。

遵循资产结构平衡原则,要求企业在项目的资金投放时,平衡固定资金与流动资金的配套关系、生产能力与经营规模的平衡关系、资金来源与资金运用的匹配关系、投资进度和资金供应的协调关系、流动资产内部的资产结构关系、发展性投资与维持性投资的配合关系、对内投资与对外投资的顺序关系、直接投资与间接投资的分布关系等。

遵循资产结构平衡原则,要求企业在进行项目投资时,既要投放于主要生产设备,又要投放于辅助设备;既要满足长期资产的需要,又要满足流动资产的需要。要分析企业生产能力和生产条件的现状,把资金用在能够为企业可持续发展带来长远利益的项目上,使有限的资金发挥最大的效用,只有遵循资产结构平衡原则,投资项目实施后才能正常顺利地运行,才能避免资源的闲置和浪费。

(二) 项目的可行性分析原则

企业的项目投资决策投资项目金额大,资金占用时间长,并且一旦投资后具有不可逆转性,对企业的发展前景和财务状况影响重大。因此,在投资决策时,为了保证投资决策的正确有效,必须按科学的投资决策程序,进行市场调查研究,进行市场预测,建立严密的投资决策程序,进行科学的可行性分析。可行性分析的侧重点应着重于环境可行性、技术可行性、市场可行性、财务可行性等几个方面。

环境可行性分析,要求分析企业的投资项目对自然环境、社会环境和生态环境的影响;技术可行性分析,要求投资项目形成的生产经营能力,具有技术上的适应性和先进性;市场可行性分析,要求投资项目形成的产品能够被市场所接受,具有市场占有率,能够为企业开拓市场等;财务可行性分析,要求投资项目在经济上具有明显和长期的效益性,能够在较长的一段时间内,为企业带来盈利。分析的主要内容包括经营成果指标的分析、财务状况指标的分析、资金筹集和配置的分析、资金流转和回收等资金运行过程的分析、经济效益指标的分析、项目收益与风险关系的分析等。

(三) 项目的报酬与风险的平衡原则

企业在对投资机会做决策时,通常假定投资是在既定的状况下进行的。然而,报酬和风险是共存的,企业项目投资的目的,最终是为了使企业的价值最大化,实现企业的财务目标。因此，企业在项目投资时要有风险意识，在关注项目收益的同时，应加强投资风险的管理。

一般而言，报酬越高，风险也越大，报酬的增加是以风险的增大为代价的，而风险的增加将会引起企业价值的下降，不利于财务目标的实现。企业在预测项目投资收益的同时，必须考虑风险情况，只有在报酬和风险达到一定程度的平衡时，才能使企业的收益最大化。

(四) 项目的动态监控原则

项目投资往往需要一个具体的投资过程。企业必须建立监控机制，对投资项目实施进程控制，特别是对于那些工程量大、工期长的建造项目，需要按工程预算实施有效的动态投资控制。

采取工程预算的动态监控机制，要求企业应当按工程进度，对分项工程、分步工程、单位工程的完成情况，逐步进行资金拨付和资金结算，控制工程的资金耗费，防止资金浪费。在项目建设完工后，通过工程决算，全面清点所建造的资产数额和种类，分析工程造价的合理性，合理确定工程资产的账面价值。

四、项目投资的程序

项目投资的程序是指企业投资主体在市场调研的基础上，根据企业发展战略，提出项目投资方案，并对项目投资方案进行可行性研究、决策分析、财务控制和财务分析的过程和步骤。项目投资程序一般包括事前、事中和事后三个阶段，事前阶段包括投资项目的提出、评价与决策；事中阶段是指实施投资方案并对其进行监督与控制；事后阶段是指在投资项目结束后对投资效果进行事后审计与评价。具体来说，主要包括以下几个步骤。

(一) 项目投资的提出

项目投资提出之前，需要企业进行充分的市场调查与预测，在充分了解国内外宏观经济发展的未来趋势、国家关于产业和行业政策的基础上，根据本企业的发展战略，考虑企业现有可利用的资源，决定是否提出符合市场需求的投资项目。

(二) 项目投资的评价

投资的项目提出以后，最重要的环节是对投资项目进行评价，这直接关系到该项目投资是否会被采纳。

对于投资规模大、所需资金多的战略性项目，应由董事会提议，由各个部门专家组成专家小组进行可行性研究。投资规模较小、投资金额不大的战术性项目由主管部门提议，由有关部门组织人员提出方案并进行可行性研究。

进行项目投资评价，需要进行可行性分析。分析的内容包括对投资项目进行分类，估算出投资方案的预期现金流量状况，确定资本成本，计算投资项目的现金流入量和现金流出量等，按照评价指标，对各个投资项目进行分析并根据某一标准排队，考虑资本限额等约束因素，编写评价报告，并做出相应的投资预算，报请审批。

(三) 项目投资的决策

进行项目投资的评价后，企业有关部门需要根据项目投资的评价报告，由公司的决策层做出最后决策。决策的标准要从企业的战略层面进行考虑布局,更为重要的是该项目投资能够为企业带来长远的经济利益。从财务管理角度,需要运用项目投资决策指标的评价方法,如净现值法、内含报酬率法等对项目进行评估,形成决策所依据的方案,并根据该方案综合进行决策。

项目决策的结果一般分为三种:第一,接受这个投资项目;第二,拒绝这个项目,不进行投资;第三,退还给提出项目的部门,由其重新调查和修改后再做处理。对于接受的项目投资,即进入下一步的实施过程。

(四) 项目投资的实施与监控

当企业决定接受某一个或某一组投资项目,就需要开展对该项目的实施计划,包括为投资方案筹集资金,按照拟定的投资方案有计划、分步骤地实施投资项目,对项目的实施进度、工程质量、施工成本等进行控制和监督,以使投资按照预算规定如期完成。

在项目的实施过程中,需要进行动态监控。监控的内容,包括依据预算执行的项目进度、项目投资的环境变化、项目投资的预期净现值是否能够实现等内容。企业可以将实际的现金流量与报酬和预期的现金流量与报酬进行对比,找出差异,分析差异存在的原因。

如果发现某项目的现金流量状况与预期相差甚远,以至于继续投资会产生负的净现值,给公司带来巨大的投资损失,公司就应该考虑及时放弃该投资项目;如果某投资项目的实际情况优于预期值,则可以考虑为该项目提供额外的发展资源,应考虑扩充投资。反之,如果项目的投资效果不理想,则可以考虑削减投资。

(五) 项目投资的事后审计与绩效评价

项目投资完成后,需要对项目投资进行验收及审计。项目投资的事后审计主要由公司内部审计机构完成,将投资项目的实际表现与原来的预期相对比,发现预测技术上存在的偏差,分析原有资本预算的执行情况和预算的精确度,查找项目执行过程中存在的漏洞,找出影响投资效果的敏感因素,通过对其差额的分析可以更深入地了解某些关键的问题。

企业有关部门根据审计结果对投资管理部门进行绩效评价,组织有关专家,科学合理地确定绩效评价指标,确定绩效评价方案,并据此建立相应的激励制度,以持续提高投资管理效率。

第二节 项目投资中现金流量的计算

【导入案例】

飞腾公司是一家生产民用家电产品的制造企业,随着家电产品性能等的升级,消费者越来越青睐那些低能耗的产品,因此,为了使企业的产品能够满足消费者的需要,该公司决定引进一条新的家电生产线项目,经可行性分析,有关资料如下。

(1) 项目开始时需花费相关费用如下:设备购置费用 70 000 元,设备运输费用 1 000 元,设备安装费用 5 000 元,投产时需垫支营运资本 7 000 元。

(2) 家电生产线项目经营期预计为 5 年,固定资产按直线法计提折旧。该固定资产正常终结处理变现收入及残值为 5 000 元,清理费用为 5 300 元。

（3）根据市场预测，该项目投产后第 1 年营业收入为 520 000 元，以后 4 年每年营业收入均为 650 000 元。第 1 年的付现成本为 350 000 元，以后 4 年每年的付现成本均为 410 000 元。

（4）该企业适用的所得税税率为 25%。

分析讨论：

1. 飞腾公司该项目的投资是否需要计算现金流量？如果需要，该项目的现金流量分为哪几个阶段？
2. 每个阶段的现金流量涉及哪些因素？
3. 每个阶段的现金流量如何计算？
4. 飞腾公司该项目的全部现金流量如何计算？

项目投资中的现金流量，是指与项目投资有关的现金流入和现金流出的数量，是评价项目投资方案是否可行而必须事先计算的一个基础性指标。在项目投资决策中，无论是初始期、营业期还是终结期，都需要用现金流量对投资的可行性进行分析，因此，现金流量是在评价项目投资方案是否可行时必须事先计算的一个基础性数据。在项目投资中，现金流量按照项目的生命周期分为初始现金流量、营业现金流量和终结现金流量。

一、初始现金流量

（一）初始现金流量的含义

初始现金流量是指开始投资时所发生的现金流量。由于初始投资是在建立新企业时所进行的各种投资，通常包括固定资产投资、无形资产投资、开办费投资、流动资金投资和原有固定资产的变价收入等。

初始投资的特点是投入的资金通过建设形成企业的原始资产，为企业的生产、经营创造必要的条件。因此，总的来看，初始现金流量以现金流出为主，以现金流入为辅，初始现金流量的流出会大于现金流入，表现为净流出。

（二）初始现金流量的构成

初始投资的活动主要涉及初始资金的垫支、设备的购置，以及原有固定资产的变价收入等。具体来说，初始现金流量包括以下内容。

1. 投资前费用

投资前费用是指在正式投资之前为做好各项准备工作而花费的费用，主要包括勘察设计费、技术资料费和其他费用。投资前费用的总额要在综合考虑以上费用的基础上，合理加以预测。

2. 设备购置费用

设备购置费用是指为购买投资项目所需各项设备而花费的费用。企业财务人员要根据所需设备的数量、规格、型号、性能、价格、运输费用等预测设备购置费的多少。

3. 设备安装费用

设备安装费用是指为安装各种设备所需的费用。这部分费用主要根据安装设备的多少、安装的难度、安装的工作量、当地安装的收费标准等因素进行预测。

4. 建筑工程费

建筑工程费是指进行土建工程所花费的费用。这部分费用要根据建筑类型、建筑面积的大小、建筑质量的要求、当地的建筑造价标准进行预测。

5. 营运资本的垫支

投资项目建成后,必须垫支一定的营运资本才能投入运营。这部分垫支的营运资本一般要到项目寿命终结时才能收回。所以,这种投资应作为长期投资,而不是短期投资。

6. 原有固定资产的变价收入扣除相关税金后的净收益

变价收入主要是指固定资产更新时变卖原有固定资产所得的现金收入。

7. 不可预见费

不可预见费是指在投资项目正式建设之前不能完全估计到的但又很可能发生的一系列费用,如设备价格的上涨、自然灾害的出现等。这些因素也要合理预测,以便为现金流量预测留有余地。

(三) 初始现金流量的计算

项目投资在最初开始的时候,最为关键的一项任务就是预测投资额的大小。因此,初始现金流量关键的问题是预测投资额。预测投资额最常用的方法是逐项测算法。逐项测算法是对构成投资额基本内容的各个项目先逐项测算其数额,然后进行汇总从而预测投资额的一种方法。

【例 5-1】 续前文的导入案例,飞腾公司拟投资的家电生产线的初始投资资料(1)如下。

(1) 项目开始时需花费的相关费用如下:设备购置费用 70 000 元,设备运输费用 1 000 元,设备安装费用 5 000 元,投产时需垫支营运资本 7 000 元。

下面运用逐项测算法进行计算。

固定资产投资所花费的费用:70 000+1 000+5 000=76 000 元

垫支营运资金费用:7 000 元

因此,飞腾公司该项目的初始现金流量为

$$76\ 000 + 7\ 000 = 83\ 000\ 元$$

通过上述方法的计算,可以预测飞腾公司准备建设的这条新生产线的初始投资现金流量为 83 000 元。

二、营业现金流量

(一) 营业现金流量的含义

营业现金流量是项目投资在营业期间内产生的现金流量。营业期是投资项目的主要阶段,一般以年为单位计算。与初始现金流量相反,该阶段既有现金流入量,也有现金流出量。

(二) 营业现金流量的构成

由于营业期是项目投产完工验收之后进行运行获取收益的时期,因此,营业期的现金流入主要是营运各年的营业现金收入,现金流出主要是付现成本和缴纳的税金。

具体来说,营业现金流量注意包括以下内容。

1. 营业现金收入

营业现金收入属于现金流入,主要包括当前收现收入、收回前期的赊销收入,它是运营期主要的现金流入项目。一般情况下,计算现金流量时,营业收入以各年年末的数据作为计算依据。

2. 付现成本

付现成本属于现金流出,是指在经营期内为满足正常生产经营所支付现金的成本,是生产经营期内最主要的现金流出量。一般情况下,以各年年末的数据作为计算依据。

3. 所得税费用

所得税费用所产生的现金流量,是指项目建成投产后,因应纳税所得额增加而增加的所得税。在计算营业现金流量时,存在考虑所得税因素的影响和不考虑所得税因素的影响两种情况。

(三)折旧与税负对营业现金流量的影响

折旧对投资决策产生影响,实际上是由于所得税引起的。因此,这两个问题要一并讨论。

1. 所得税对营业现金流量的影响

所得税对营业现金流量的影响体现在税后收入和税后费用两个方面。

$$税后收入 = 收入金额 \times (1 - 所得税税率)$$

$$税后费用 = 费用金额 \times (1 - 所得税税率)$$

这里的"收入金额"是指根据税法规定需要纳税的营业收入,不包括项目结束时收回垫支的营运资本等现金流入;这里的"费用金额"是指费用发生时实际支付的金额。

由于所得税的作用,企业营运收入的金额会有一部分流出企业,因此企业实际得到的现金流入是税后收入;同理,如果企业费用发生时支付的费用属于可减免税负的项目,那么企业的实际支付额并不是真的成本,而应将剔除减免的税负之后的支出作为实际支出的成本。因此,在存在所得税影响因素的情况下,企业的现金流出是指税后费用。

2. 折旧对营业现金流量的影响

由于固定资产计提的折旧可以计入制造费用或者管理费用,可以起到减少税负的作用,即可以起到"折旧抵税"的作用。折旧属于税前扣除项目,但企业并不实际在当期支付现金,并不是真实的成本,因此,折旧可以起到减少所得税的作用。折旧对税负的影响可以按照下式计算:

$$折旧抵税 = 折旧 \times 税率$$

折旧抵税的这部分金额,实际上相当于企业的一项现金流入。

3. 因所得税和折旧影响的营业现金流量的计算

(1) 不考虑所得税只考虑折旧的净现金流量的测算

如果一个投资项目每年的销售收入等于营业现金收入,付现成本(指不包括折旧的成本)等于营业现金支出,那么,年营业净现金流量(NCF)可用下列公式计算:

$$\begin{aligned}每年营业净现金流量(NCF) &= 年营业收入 - 年付现成本 \\ &= 年营业收入 - (总成本 - 折旧) \\ &= 利润 + 折旧\end{aligned} \tag{5-1}$$

(2) 考虑所得税和折旧的净现金流量的测算

营业期内每年的所得税额,都取决于该年利润的大小和所得税税率的高低,而利润的大小也受折旧方法的影响。

考虑所得税的净现金流量的计算公式如下:

$$\begin{aligned}
每年营业净现金流量(NCF) &= 营业收入 - 付现营业费用 - 所得税 \\
&= 营业收入 - (营业费用 - 折旧) - 所得税 \\
&= 税前营业利润 + 折旧 - 所得税 \\
&= 税后营业利润 + 折旧
\end{aligned} \quad (5\text{-}2)$$

进一步推算可知,

$$\begin{aligned}
每年营业净现金流量(NCF) &= 税后营业利润 + 折旧 \\
&= (营业收入 - 营业费用) \times (1 - 税率) + 折旧 \\
&= (营业收入 - 付现营业费用 - 折旧) \times (1 - 税率) + 折旧 \\
&= 营业收入 \times (1 - 税率) - 付现营业费用 \times (1 - 税率) - \\
&\quad 折旧 \times (1 - 税率) + 折旧 \\
&= 营业收入 \times (1 - 税率) - 付现营业费用 \times (1 - 税率) - \\
&\quad 折旧 + 折旧 \times 税率 + 折旧 \\
&= 营业收入 \times (1 - 税率) - 付现营业费用 \times (1 - 税率) + \\
&\quad 折旧 \times 税率
\end{aligned} \quad (5\text{-}3)$$

(四) 营业现金流量的计算

【例 5-2】 续前文的导入案例,飞腾公司拟投资的家电生产线投入生产后,有关的营业期的现金流量资料(2)、(3)、(4)如下:

(2) 家电生产线项目经营期预计为 5 年,固定资产按直线法计提折旧。家电生产线项目正常终结处理变价收入及残值为 5 000 元,清理费用为 5 300 元。

(3) 根据市场预测,家电生产线项目投产后第 1 年营业收入为 520 000 元,以后 4 年每年营业收入均为 650 000 元。第 1 年的付现成本为 350 000 元,以后 4 年每年的付现成本均为 410 000 元。

(4) 该企业适用的所得税税率为 25%。

根据上述资料,可以按照如下方法计算营业现金流量。

首先,计算该项目的每年折旧额。

$$\begin{aligned}
年折旧额 &= (固定资产原值 - 变价收入及残值) \div 5 \\
&= (76\,000 - 5\,000) \div 5 \\
&= 14\,200 \text{ 元}
\end{aligned}$$

其次,根据上述计算结果和已知资料,编制如下营业现金流量的计算表,见表 5-1。

表 5-1 投资项目的营业现金流量

单位:元

t	第 0 年	第 1 年	第 2 年	第 3 年	第 4 年	第 5 年
销售收入①		520 000	650 000	650 000	650 000	650 000
付现成本②		350 000	410 000	410 000	410 000	410 000
折旧③		14 200	14 200	14 200	14 200	14 200
税前利润④=①-②-③		155 800	225 800	225 800	225 800	225 800
所得税⑤=④×25%		38 950	56 450	56 450	56 450	56 450

续表

t	第0年	第1年	第2年	第3年	第4年	第5年
税后净利⑥=④－⑤		116 850	169 350	169 350	169 350	169 350
营业净现金流量 ⑦=①－②－⑤ 或=③+⑥		131 050	183 550	183 550	183 550	183 550

在表5-1中,$t=0$代表第1年年初,$t=1$代表第1年年末,$t=2$代表第2年年末,…,$t=5$代表第5年年末。

可见,飞腾公司营业期的各年现金流量第1年为131 050元,第2年至第5年分别为183 550元。

三、终结现金流量

(一) 终结现金流量的含义

终结阶段的现金流量,是指项目终结期所产生的现金流量。和营业期相同,终结期的现金流量主要是现金流入量,包括固定资产变价净收入和垫支营运资金的收回。

(二) 终结现金流量的构成

1. 回收固定资产的净收入

投资项目在终结阶段,原有固定资产将退出生产经营,企业对固定资产进行清理,固定资产出售或报废时的出售价款或残值收入扣除清理费用后的净额,就是固定资产的净收入。

这部分资金需要考虑所得税的影响,即计算期末处置固定资产时产生的净损益应缴纳或应抵扣所得税。按税法规定,如果预计的固定资产报废时残值净收入大于预计残值,就应上缴所得税,形成一项现金流出量;反之,如果预计的固定资产报废时残值净收入小于预计残值,则应抵减当年所得税,形成一项现金流入量。

2. 垫支营运资金的收回

项目投资清理的时候,需要收回项目投资期所投入的营运资金,这部分资金由于只属于企业资本的内部转移,因此不需要交纳税金,仅使收回当期现金流入量增加。伴随着固定资产的出售或报废,应收账款收回,应付账款也随之偿付,投资项目的经济寿命结束,营运资金恢复到原有水平。在终结点回收的固定资产余值和回收垫支的流动资金统称为回收额。

(三) 终结现金流量的计算

终结现金流量的计算,就是将项目终结期的固定资产变价净收入和垫支营运资金的收回加总。

【例5-3】 续前文的导入案例,飞腾公司拟投资的家电生产线投入生产后,有关的终结期的现金流量资料(1)、(2)、(4)如下。

(1) 项目开始时需花费相关费用如下:设备购置费用70 000元,设备运输费用1 000元,设备安装费用5 000元,投产时需垫支营运资本7 000元。

(2) 家电生产线项目经营期预计为5年,固定资产按直线法计提折旧。该固定资产正常终结处理变现收入及残值为 5 000 元,清理费用为 5 300 元。

(4) 该企业适用的所得税税率为 25%。

根据上述资料,飞腾公司该项目终结期的现金流量如表 5-2 所示。

表 5-2 终结现金流量

单位:元

t	第 0 年	第 1 年	第 2 年	第 3 年	第 4 年	第 5 年
回收垫支流动资金①						7 000
资产变现收入及残余价值②						5 000
清理费用③						5 300
清理损失④=②-③						300
清理损失减税⑤=④×25%						75
终结现金流量⑥=①+②-③+⑤						6 775

通过上述计算可知,飞腾公司该项目终结期的现金流量为 6 775 元。

特别需要说明的是,由于本例中固定资产的变价收入为 5 000 元,小于预计的清理费用 5 300 元,因此可以减税 75 元,属于现金流入。

四、全部现金流量的计算

在介绍了初始现金流量、营业现金流量和终结现金流量的基本内容后,下面介绍企业投资项目全部现金流量的计算。一个项目投资全部的现金流量包括:初始现金流量、营业现金流量和终结现金流量三个阶段的现金流量。

需要说明的是,计算全部现金流量,最好以表格的形式呈现计算过程,这样更简洁清晰。

【例 5-4】 续前文的导入案例,飞腾公司拟投资的家电生产线,根据前文的计算以及已知的资料,全部的现金流量如表 5-3 所示。

表 5-3 投资项目的全部现金流量

单位:元

t	第 0 年	第 1 年	第 2 年	第 3 年	第 4 年	第 5 年
初始现金流量	−83 000					
销售收入①		520 000	650 000	650 000	650 000	650 000
付现成本②		350 000	410 000	410 000	410 000	410 000
折旧③		14 200	14 200	14 200	14 200	14 200
税前利润④=①-②-③		155 800	225 800	225 800	225 800	225 800
所得税⑤=④×25%		38 950	56 450	56 450	56 450	56 450
税后净利⑥=④-⑤		116 850	169 350	169 350	169 350	169 350
营业净现金流量⑦=①-②-⑤或=③+⑥		131 050	183 550	183 550	183 550	183 550
终结现金流量						6 775
全部现金流量	−83 000	131 050	183 550	183 550	183 550	190 325

由表 5-3 的计算可知,该项目的全部现金流量如下:第 0 年及第 1 年年初为 -83 000 元,第 2 年为 131 050 元,第 3 年和第 4 年为 183 550 元,第 5 年为 190 325 元。

第三节 项目投资决策指标的计算

企业进行项目投资决策,在确定投资项目各阶段的现金流量之后,需要运用一定的方法对投资项目的现金流量进行计算与评价,据此确定投资项目是否可行。常用的项目投资决策的方法有净现值法、内含报酬率法、获利指数法、投资回收期法、年金净流量法等。

一、净现值

(一) 净现值的含义

净现值(net present value,NPV),是指从投资开始至项目寿命终结时所有现金流量的现值之和,是投资项目投入使用后的净现金流量,即按资本成本率或企业要求达到的报酬率折算为现值,减去初始投资以后的余额,称为净现值。

(二) 净现值的计算公式

根据净现值的含义,净现值的计算公式如下。

$$\text{净现值(NPV)} = \text{未来现金净流量现值} - \text{原始投资额现值} \tag{5-4}$$

即

$$\text{NPV} = \left[\frac{\text{NCF}_1}{(1+K)^1} + \frac{\text{NCF}_2}{(1+K)^2} + \cdots + \frac{\text{NCF}_n}{(1+K)^n}\right] - C$$

$$= \sum_{t=1}^{n} \frac{\text{NCF}_t}{(1+K)^t} - C \tag{5-5}$$

式中:NPV 为净现值;NCF_t 为第 t 年的净现金流量;K 为折现率,即资本成本率或者公司要求的报酬率;n 为项目预计使用年限;C 为初始投资额。

如果第一期投资发生在 $t=0$ 的时刻,则净现值的公式也可以表示为

$$\text{NPV} = \sum_{t=0}^{n} \frac{\text{NCF}_t}{(1+K)^t} \tag{5-6}$$

上述公式中的 K,即折现率或报酬率,可以按以下标准确定:

第一,以市场利率为标准。由于资本市场的市场利率是整个社会投资报酬率的最低水平,因此,可以视为要求的最低报酬率。

第二,以预期最低投资报酬率为标准。在一项投资中,投资者会希望获得一个预期最低的投资报酬率,这就考虑了投资项目的风险补偿因素以及通货膨胀因素。

第三,以企业的平均资本成本率为标准。企业投资所需要的资金都或多或少地具有资本成本,企业筹资承担的资本成本率水平,给投资项目提出了最低报酬率要求。

(三) 净现值法的决策标准

净现值法的决策规则是,在只有一个备选方案时,净现值为正者则采纳,净现值为负者不采纳;在有多个备选方案的互斥项目选择决策中,应选用正的净现值中的最大者。

(四)净现值法的优缺点

净现值法简便易行,是一种较好的方法。净现值法的优点是考虑了货币的时间价值,适用性强,能够反映各种投资方案的净收益,能基本满足项目年限相同的互斥投资方案决策。净现值法在所设定的贴现率中包含投资风险报酬率要求,能有效地考虑投资风险。

净现值法的缺点是不能揭示各个投资方案本身可能达到的实际报酬率是多少,主要表现在以下方面:第一,所采用的贴现率不易确定,如果两方案采用不同的贴现率贴现,采用净现值法不能够得出正确结论;第二,不适用于独立投资方案的比较决策,如果各方案的原始投资额现值不相等,有时无法做出正确决策;第三,净现值不能直接用于对寿命期不同的互斥投资方案进行决策。要采用净现值法对寿命期不同的投资方案进行决策,需要将各方案均转化为相等寿命期进行比较。

二、内含报酬率

(一)内含报酬率的含义

内含报酬率(internal rate of return,IRR),也称内部报酬率,是指对投资方案未来的每年现金净流量进行贴现,使所得的现值恰好与原始投资额现值相等,从而使净现值等于零时的贴现率。内含报酬率实际上反映了投资项目的真实报酬,目前越来越多的企业使用该项指标对投资项目进行评价。

(二)内含报酬率的计算公式

根据内含报酬率的含义,内含报酬率的计算公式如下。

$$\frac{\text{NCF}_1}{(1+r)^1}+\frac{\text{NCF}_2}{(1+r)^2}+\cdots+\frac{\text{NCF}_n}{(1+r)^n}-C=0 \tag{5-7}$$

即

$$\sum_{t=1}^{n}\frac{\text{NCF}_t}{(1+r)^t}-C=0 \tag{5-8}$$

式中:NCF_t 表示第 t 年的净现金流量;r 表示内含报酬率;n 表示项目使用年限;C 表示初始投资额。

(三)内含报酬率法的决策标准

内含报酬率法的决策规则是,在只有一个备选方案时,如果计算出的内含报酬率大于或等于公司的资本成本率或必要报酬率,则采纳;反之,则拒绝。在有多个备选方案的互斥选择决策中,选择内含报酬率超过资本成本率或必要报酬率最多的投资项目。

(四)内含报酬率法的优缺点

内含报酬率考虑了资金的时间价值,反映了投资项目的真实报酬率,概念也易于理解。但这种方法的计算过程比较复杂,特别是对于每年 NCF 不相等的投资项目,一般要经过多次计算。

三、获利指数

(一) 获利指数的含义

获利指数(profitability index,PI)又称利润指数或现值指数,是投资项目未来报酬的总现值与初始投资额的现值之比。

(二) 获利指数的计算公式

由获利指数的含义,可以得出以下公式:

$$PI=\left[\frac{NCF_1}{(1+K)^1}+\frac{NCF_2}{(1+K)^2}+\cdots+\frac{NCF_n}{(1+K)^n}\right]/C \tag{5-9}$$

式中:PI 表示获利指数;NCF 表示每年的现金净流量;K 表示折现率或报酬率;C 表示初始投资额。

也就是说,

$$PI=\frac{未来现金流量的总现值}{初始投资额} \tag{5-10}$$

如果投资是多期完成的,则计算公式为

$$PI=\frac{未来现金流入的总现值}{现金流出的总现值} \tag{5-11}$$

(三) 获利指数法的决策标准

获利指数法的决策规则是,在只有一个备选方案时,获利指数大于1,则采纳;否则,就拒绝,在有多个备选方案的互斥选择决策中,应采用获利指数大于1最多的投资项目。

(四) 获利指数法的优缺点

获利指数可以看作1元的初始投资渴望获得的现值净收益。获利指数法的优点是,考虑了资金的时间价值,能够真实地反映投资项目的盈利能力。由于获利指数是用相对数表示的,因此有利于在初始投资额不同的投资方案之间进行对比。获利指数法的缺点是,获利指数只代表获得收益的能力而不代表实际可能获得的财富,它忽略了互斥项目之间投资规模上的差异,所以在多个互斥项目的选择中,可能会得出错误的结论。

四、投资回收期

(一) 投资回收期的含义

投资回收期(payback period,PP),是指投资项目的未来现金净流量与原始投资额相等时所经历的时间,即原始投资额通过未来现金流量回收所需要的时间。投资回收期代表收回投资所需的年限,回收期越短,方案越有利。

(二) 投资回收期的计算公式

投资回收期的计算,根据是否考虑货币的时间价值,分为静态回收期和动态回收期两种计算方式。同时,根据每年净现金流量是否相等,又分为每年净现金流量相等和不相等两种情况。

1. 不考虑货币时间价值的投资回收期的计算

不考虑货币时间价值计算投资回收期的情况,称为静态回收期,是指直接用未来现金净流量累计到原始投资数额时所经历的时间,实际上,这种情况是一种年金形式。

在初始投资一次支出,且每年的净现金流量(NCF)相等时,投资回收期可按下列公式计算:

$$投资回收期 = \frac{初始投资额}{每年 NCF} \tag{5-12}$$

如果每年净现金流量(NCF)不相等,在这种情况下,应把未来每年的现金净流量逐年折现加总,根据累计现金流量现值与初始投资额来确定回收期。也就是说,折现回收期是指在考虑了资金时间价值的情况下,以项目现金流量流入抵偿全部投资所需要的时间。

2. 考虑货币时间价值的投资回收期的计算

考虑货币时间价值计算投资回收期的情况,称为动态回收期,需要将投资引起的未来现金净流量进行贴现,以未来现金净流量的现值等于原始投资额现值时所经历的时间来确定投资回收期。

在未来每年现金净流量相等时,实际上就是一种年金形式。当未来每年现金净流量不相等时,需要把每年的现金净流量逐一贴现并加总,根据累计现金流量现值来确定回收期。

(三) 投资回收期法的决策标准

项目的投资回收期越短,说明该项目回收资金的时间越短。用回收期评价投资方案时,回收期越短越好。在有多个备选方案的互斥选择决策中,应采用投资回收期短的投资项目。

(四) 投资回收期法的优缺点

投资回收期法的优点是容易理解,计算也比较简单,是一种较为保守的方法。缺点在于静态回收期忽视了货币的时间价值,而且没有考虑回收期满后的现金流量状况。另外,静态回收期和动态回收期都只考虑了未来现金净流量或现值总和中等于原始投资额或现值的部分,没有考虑超过原始投资额或现值的部分。

投资回收期是过去评价投资方案最常用的方法,目前仅作为辅助方法使用,主要用来测定投资方案的流动性而非盈利性。

五、年金净流量

(一) 年金净流量的含义

年金净流量(annual NCF),是指项目期间内全部现金净流量总额的总现值或总终值折算为等额年金的平均现金净流量。

(二) 年金净流量的计算公式

$$年金净流量 = \frac{现金净流量总现值}{年金现值系数} = \frac{现金净流量总终值}{年金终值系数} \tag{5-13}$$

(三) 年金净流量法的决策标准

与净现值指标一样,年金净流量指标大于零,说明每年平均的现金流入能抵补现金流出,投资项目的净现值大于零,方案的报酬率大于所要求的报酬率,方案可行。在两个以上寿命期不同的投资方案比较时,年金净流量越大,方案越好。

(四) 年金净流量法的优缺点

年金净流量法是净现值法的辅助方法,在各方案寿命期相同时,实质上就是净现值法。因此,它适用于期限不同的投资方案决策。与此同时,它也具有与净现值法同样的缺点,不便于对原始投资额不相等的独立投资方案进行决策。

第四节 项目投资决策指标的应用

【导入案例】

兴华公司准备购入一台先进设备以扩充生产能力。现有 A、B 两个方案可以选择。

A 方案:需要投资 15 000 元,使用寿命为 5 年,采用直线法计提折旧,5 年后设备无残值,5 年中每年销售收入为 8 000 元,每年的付现成本为 4 000 元。

B 方案:需要投资 22 000 元,采用直线法计提折旧,使用寿命也为 5 年,5 年后有残值收入 2 000 元。每年的销售收入为 12 000 元,付现成本第 1 年为 4 000 元,以后随着设备陈旧,将逐年增加修理费 500 元,另需垫支营运资本 2 000 元。

假设兴华公司的所得税税率为 25%,资本成本率为 10%。

分析讨论:

1. 兴华公司进行项目投资决策,可以运用哪几种方法?
2. 运用净现值法,兴华公司应该选择哪种方案?
3. 运用内含报酬率法,兴华公司应该选择哪种方案?
4. 运用获利指数法,兴华公司应该选择哪种方案?
5. 运用投资回收期法,兴华公司应该选择哪种方案?
6. 运用年金净流量法,兴华公司应该选择哪种方案?

企业的生产经营会面临各种选择,决定是否投产或更新一个项目,除了从企业的战略层面综合考虑之外,一个最为重要的决策依据就是该项目是否能够获得盈利。而评价一个项目是否能够盈利,就需要合理选择科学的判别方法,进行科学合理的预测。从财务管理角度来说,项目投资决策的指标包括投资回收期、净现值法、内含报酬率法、获利指数法等。企业可以将这些指标的结果作为投资决策评价的标准,做出最终的投资决策。

一、净现值法的应用

(一) 净现值法的应用原理

净现值是指从投资开始至项目寿命终结时所有现金流量的现值之和。净现值法,就是计算不同方案的净现值并进行比较,从中选择最优方案的方法。

(二) 净现值法的应用思路

在应用净现值法进行投资决策时,无论是哪种投资项目,都可以按照如下步骤计算并分析。

第一步,计算初始现金流量。

第二步,计算每年的营业净现金流量并折算为现值。如果每年的 NCF 相等,则按年金法折算成现值;如果每年的 NCF 不相等,则先对每年的 NCF 进行折现,然后加以合计。

第三步,计算终结现金流量,并确定全部现金流量。

第四步,计算未来现金流量的总现值。

第五步,计算净现值。

根据上述步骤计算出不同方案的净现值以后,就可以按照净现值的决策标准进行选择了。

(三) 净现值法的应用案例分析

【例 5-5】 续导入案例,兴华公司准备购入一台先进设备以提高生产能力。现有甲、乙两个方案可以选择。

A 方案:需要投资 15 000 元,使用寿命为 5 年,采用直线法计提折旧,5 年后设备无残值,5 年中每年销售收入为 8 000 元,每年的付现成本为 4 000 元。

B 方案:需要投资 22 000 元,采用直线法计提折旧,使用寿命也为 5 年,5 年后有残值收入 2 000 元。每年的销售收入为 12 000 元,付现成本第 1 年为 4 000 元,以后随着设备陈旧,将逐年增加修理费 500 元,另需垫支营运资本 2 000 元。

假设兴华公司的所得税税率为 25%,资本成本率为 10%。请计算两个方案的净现值并进行决策。

解:第一步,计算两个方案的初始现金流量。

$$A 方案初始现金流量 = 15\ 000 元$$
$$B 方案初始现金流量 = 22\ 000 + 2\ 000 = 24\ 000 元$$

第二步,计算两个方案每年的营业净现金流量。

(1) 计算两个方案的折旧额。

$$A 方案每年折旧额 = 15\ 000/5 = 3\ 000 元$$
$$B 方案每年折旧额 = (22\ 000 - 2\ 000)/5 = 4\ 000 元$$

(2) 计算两个方案的营业现金流量,具体计算结果和过程见表 5-4。

表 5-4 投资项目的营业现金流量

项目	第1年	第2年	第3年	第4年	第5年
A方案：					
销售收入①	8 000	8 000	8 000	8 000	8 000
付现成本②	4 000	4 000	4 000	4 000	4 000
折旧③	3 000	3 000	3 000	3 000	3 000
税前利润④=①-②-③	1 000	1 000	1 000	1 000	1 000
所得税⑤=④×25%	250	250	250	250	250
税后净利⑥=④-⑤	750	750	750	750	750
营业净现金流量⑦=①-②-⑤或=③+⑥	3 750	3 750	3 750	3 750	3 750
B方案：					
销售收入①	12 000	12 000	12 000	12 000	12 000
付现成本②	4 000	4 500	5 000	5 500	6 000
折旧③	4 000	4 000	4 000	4 000	4 000
税前利润④=①-②-③	4 000	3 500	3 000	2 500	2 000
所得税⑤=④×25%	1 000	875	750	625	500
税后净利⑥=④-⑤	3 000	2 625	2 250	1 875	1 500
营业净现金流量⑦=①-②-⑤或=③+⑥	7 000	6 625	6 250	5 875	5 500

第三步，结合初始现金流量和终结现金流量编制两个方案的全部现金流量表，见表5-5。

表 5-5 投资项目的全部现金流量

t	第0年	第1年	第2年	第3年	第4年	第5年
A方案：						
固定资产投资	-15 000					
营业净现金流量		3 750	3 750	3 750	3 750	3 750
现金流量合计	-15 000	3 750	3 750	3 750	3 750	3 750
B方案：						
固定资产投资	-22 000					
营运资本垫支	-2 000					
营业净现金流量		7 000	6 625	6 250	5 875	5 500
固定资产残值						2 000
营运资本回收						2 000
现金流量合计	-24 000	70 00	6 625	6 250	5 875	9 500

特别需要说明，在表5-5中，$t=0$代表第1年年初，$t=1$代表第1年年末，$t=2$代表第2年年末……在现金流量的计算中，为了简化计算，一般都假定各年投资在年初一次进行，各年营业净现金流量在各年年末一次发生，并假设终结现金流量是最后一年年末发生的。

第四步，计算未来现金流量的总现值。

A 方案:未来现金流量的总现值＝NCF×PVIFA$_{t,n}$
　　　　　　　　　　　　　＝3 750×PVIFA$_{10\%,5}$
　　　　　　　　　　　　　＝3 750×3.791
　　　　　　　　　　　　　＝14 216.25 元

B 方案:未来现金流量的总现值＝NPV＝$\sum_{t=1}^{n}\frac{NCF_t}{(1+K)^t}$
　　　＝7 000×PVIF$_{10\%,1}$＋6 625×PVIF$_{10\%,2}$＋6 250×PVIF$_{10\%,3}$＋5 875×PVIF$_{10\%,4}$＋9 500×PVIF$_{10\%,5}$
　　　＝7 000×0.909＋6 625×0.826＋6 250×0.751＋5 875×0.683＋9 500×0.621
　　　＝6 363＋5 472.25＋4 693.75＋4 012.63＋5 899.5
　　　＝26 441.13 元

第五步,计算两个方案的净现值。

$$NPV_A＝未来现金流量的总现值－初始投资额$$
$$＝14 216.25－15 000＝－783.75 元$$
$$NPV_B＝未来现金流量的总现值－初始投资额$$
$$＝26 441.13－24 000＝2 441.13 元$$

通过以上的计算结果可知,兴华公司 A 方案的净现值为－783.75 元,为负数,不应采纳,而 B 方案的净现值为 2 441.13 元,为正数,且远远大于 A 方案。根据净现值法的决策规则,在只有一个备选方案时,应采纳净现值为正者,净现值为负者不应采纳;在有多个备选方案的互斥项目选择决策中,应选用正的净现值中的最大者。所以,兴华公司应该采用 B 方案。

二、内含报酬率的应用

(一) 内涵报酬率的应用原理

内含报酬率反映投资项目的真实报酬,以必要投资报酬率作为贴现率计算,净现值的结果往往大于零或小于零,这就说明方案实际可能达到的投资报酬率大于或小于必要投资报酬率。而当净现值为零时,说明两种报酬率相等,内含报酬率法就是要通过设定报酬率逐步测算,找到净现值为零时的报酬率,再将所获得的结果与资本成本率进行对比,据此进行项目决策。

(二) 内涵报酬率的应用思路

根据项目投资现金流量的情况,内涵报酬率的计算分为以下两种情况。

1. 每年的 NCF 相等时,按下列步骤计算。

第一步,计算年金现值系数。

第二步,计算相邻折现率。查年金现值系数表,在相同的期数内,找出与上述年金现值系数相邻近的较大和较小的两个折现率。

第三步,运用插值法,计算该方案的内含报酬率。根据上述两个邻近的折现率和已求得的年金现值系数,采用插值法计算出该投资方案的内含报酬率。

2. 如果每年的 NCF 不相等,则需按下列步骤计算。

第一步，计算预估折现率的净现值。先预估一个折现率，并按此折现率计算净现值。如果计算出的净现值为正数，则表示预估的折现率小于该项目的实际内含报酬率，应提高折现率，再进行测算；如果计算出的净现值为负数，则表明预估的折现率大于该方案的实际内含报酬率，应降低折现率，再进行测算。如此反复测算，直到找到净现值由正到负并且比较接近于零的两个折现率。

第二步，根据上述两个邻近的折现率，用插值法计算出该方案的实际内含报酬率。

（三）内含报酬率的应用案例分析

【例 5-6】 续导入案例，请用内含报酬率法，确定兴华公司应该采用 A 方案还是 B 方案？

解：首先，计算 A 方案的内含报酬率。

由于 A 方案每年的 NCF 相等，因此可以采用如下方法计算内含报酬率。

$$年金现值系数 = \frac{初始投资额}{每年的 NCF} = \frac{15\,000}{3\,750} = 4$$

查年金现值系数表，期限为 5 年，年金现值系数为 4 的 A 方案的内含报酬率应该在折现率 7%~8% 之间，现用插值法计算如下：

折现率		年金现值系数	
7% ⎫		4.100 ⎫	
? ⎬ x% ⎫ 1%		4.000 ⎬ 0.100 ⎫ 0.107	
8% ⎭		3.993 ⎭	

$$\frac{x}{1} = \frac{0.100}{0.107}$$

$$x \approx 0.935$$

A 方案的内含报酬率 = 7% + 0.935% = 7.935%

其次，计算 B 方案的内含报酬率。

B 方案每年的 NCF 不相等，因此，B 方案的内含报酬率必须逐步测算，测算过程见表 5-6。

表 5-6　B 方案内含报酬率的测算过程

年次(t)	NCFt	测试 11%		测试 16%	
		复利现值系数 $PVIF_{11\%,t}$	现值	复利现值系数 $PVIF_{16\%,t}$	现值
0	-24 000	1.00	-24 000	1.00	-24 000
1	7 000	0.901	6 307	0.862	6 034
2	6 625	0.812	5 379	0.743	4 922
3	6 250	0.731	4 568	0.641	4 006
4	5 875	0.659	3 872	0.552	3 243
5	9 500	0.593	5 634	0.476	4 522
NPV			1 760	—	-1 273

在表 5-6 中，首先按照 11% 的折现率进行测算，所得到的净现值为 1 760 元，大于 0，说明所选的折现率偏低，应该调高折现率，因而以 16% 的折现率进行第二次测算，所得到的净现值的结果为 -1 273 元，为负数，说明 B 方案的内含报酬率一定在 11%~16% 之间。

运用插值法进一步计算如下：

折现率 年金现值系数

$$\frac{x}{5} = \frac{1\,760}{2\,066}$$

$$x \approx 4.26$$

因此，B方案的内含报酬率＝11％＋4.26％＝15.26％

根据内含报酬率法的决策规则，在只有一个备选方案时，如果计算出的内含报酬率大于或等于公司的资本成本率或必要报酬率，就采纳它；反之，则拒绝采纳。在有多个备选方案的互斥选择决策中，选择内含报酬率超过资本成本率或必要报酬率最多的投资项目。按照该决策规则，兴华公司的A、B两个方案属于互斥的选择决策，B方案的内含报酬率为15.26％，远远大于A方案的7.935％，因此，应选择B方案，与运用净现值法进行决策的结果一致。

三、获利指数的应用

(一) 获利指数的应用原理

获利指数是一个相对数值，是用相对数来反映的企业未来现金流量的总现值与初始投资额的比率，是净现值的相对化。

(二) 获利指数的应用思路

在运用获利指数法进行决策时，可以按照如下步骤进行计算与分析。

第一步，计算项目未来现金流量的总现值。其计算方法与计算净现值采用的方法相同。

第二步，根据未来现金流量的总现值和初始投资额之比来计算获利指数。

第三步，根据获利指数的计算结果，按照获利指数法的决策规则，进行决策分析。在只有一个备选方案时，获利指数大于或等于1，则采纳它；否则就拒绝采纳。在有多个备选方案的互斥选择决策中，应采用获利指数大于1最多的投资项目。

(三) 获利指数的应用案例分析

【例 5-7】 续导入案例，请用获利指数法，确定兴华公司应该采用A方案还是B方案？

解：第一步，计算兴华公司A方案、B方案的未来现金流量的总现值。

由例 5-5 的计算可知，

A方案： 未来现金流量的总现值＝NCF×PVIFA$_{t,n}$＝14 216.25 元

B方案： 未来现金流量的总现值＝NPV＝$\sum_{t=1}^{n}\frac{NCF_t}{(1+K)^t}$＝26 441.13 元

第二步，计算兴华公司A方案、B方案的获利指数。

A方案的获利指数：

$$PI_A = \frac{未来现金流量的总现值}{初始投资}$$

$$= \frac{14\,216.25}{15\,000} \approx 0.95$$

B方案的获利指数：

$$PI_B = \frac{未来现金流量的总现值}{初始投资}$$

$$= \frac{26\,441.13}{24\,000} \approx 1.10$$

根据上述计算结果，兴华公司应选择B方案。因为A方案的获利指数为0.95，小于1；B方案的获利指数为1.10，大于1。这个决策的结果与运用净现值法和内含报酬率决策的结果一致。

四、投资回收期的应用

（一）投资回收期的应用原理

投资回收期，是原始投资额通过未来现金流量回收所需要的时间。因此，通过计算投资回收期，能够确定投资方案回收期的长短，回收期越短说明回收资金的时间越短，对企业越有利。

（二）投资回收期的应用思路

在运用投资回收期进行决策时，可以按照如下步骤进行计算与分析。

第一步，根据已知资料判断是采用一般的投资回收期法，还是折现的投资回收期法。

第二步，计算项目的投资回收期。

第三步，根据投资回收期的计算结果，按照投资回收期法的决策规则，进行决策分析。用回收期评价投资方案时，回收期越短越好，在有多个备选方案的互斥选择决策中，应采用投资回收期短的投资项目。

（三）投资回收期的应用案例分析

【例5-8】 续导入案例，假定资本成本率为10%，请用投资回收期法，确定兴华公司应该采用A方案还是B方案？

解：由例5-3的计算可知，兴华公司的A方案、B方案每年的现金流量如表5-7所示。

表5-7 投资项目的预计现金流量

项目	第0年	第1年	第2年	第3年	第4年	第5年
A方案现金流量合计	−15 000	3 750	3 750	3 750	3 750	3 750
B方案现金流量合计	−24 000	7 000	6 625	6 250	5 875	9 500

由于两个方案的投资回收期都是5年，是相同的，运用一般的投资回收期法无法判断哪个方案好。因此，对于两个以上的方案，应采用折现的投资回收期计算，就是在考虑货币时间价值的情况下，计算投资回收期，见表5-8。

表 5-8　折现回收期计算表

项目	第 0 年	第 1 年	第 2 年	第 3 年	第 4 年	第 5 年
A 方案：						
净现金流量	−15 000	3 750	3 750	3 750	3 750	3 750
折现系数	1	0.909	0.826	0.751	0.683	0.621
折现后现金流量	−15 000	3 408.75	3 097.50	2 816.25	2 561.25	2 328.75
累计折现后现金流量		−11 591.25	−8 493.75	−5 677.50	−3 116.25	−787.50
B 方案：						
净现金流量	−24 000	7 000	6 625	6 250	5 875	9 500
折现系数	1	0.909	0.826	0.751	0.683	0.621
折现后现金流量	−24 000	6 363	5 472.25	4 693.75	4 012.625	5 899.5
累计折现后现金流量		−17 637	−12 164.75	−7 471	−3 458.375	2 441.125

由表 5-8 可知，A 方案的投资回收期大于 5 年，假如 A 方案第 6 年的净现金流量仍为 3 750 元，则第 6 年折现后的现金流量为

$$3\,750 \times \text{PVIF}_{10\%,6} = 3\,750 \times 0.564 = 2\,115\ \text{元}$$

第 6 年累计折现后的现金流量为

$$-787.5 + 2\,115 = 1\,327.50\ \text{元}$$

由此可知，

A 方案：　　　　投资回收期 $= 5 + \dfrac{787.5}{2\,115} = 5 + 0.37 = 5.37$ 年

B 方案：　　　　投资回收期 $= 4 + \dfrac{3\,458.375}{5\,899.5} = 4 + 0.59 = 4.59$ 年

从以上的计算结果可以看出，折现后的投资回收期 B 方案为 4.59 年，比 A 方案的 5.37 年短 0.78 年，所以，兴华公司应选择 B 方案。这与运用净现值法、内含报酬率法、获利指数法的决策结果都是相同的。

五、年金净流量的应用

(一) 年金净流量的应用原理

年金净流量法实际上是净现值法的辅助方法。由于净现值法不能对寿命期不同的互斥投资方案做出决策，为了弥补净现值法的这一不足，对于寿命期不同的互斥投资，用年金净流量的总现值除以年金现值系数，计算出每年度的年金净流量，以便于进行比较。

(二) 年金净流量的应用思路

在运用年金净流量方法时，按照如下步骤进行计算。

第一，首先判断是否是寿命期不同的互斥投资方案。如果寿命期相同，可以采用净现值法；若寿命期不同，则应采用年金净流量法。

第二，根据不同方案的不同寿命，按照系数表查找年金现值系数。

第三,计算不同方案的年金净流量。

第四,计算不同方案的年金净流量总现值。

第五,根据计算结果进行投资项目的方案选择。

(三) 年金净流量的应用案例分析

【例 5-9】 续导入案例,假定 A 方案投资的寿命为 4 年,资本成本率依然为 10%,请用年金净流量法,确定兴华公司应该采用 A 方案还是 B 方案?

解:第一步,判断是否可以使用年金净流量法。由于两个方案的投资回收期不同,A 方案为 4 年,B 方案为 5 年,所以采用年金净流量法进行决策。

第二步,计算 A 方案、B 方案的年金总现值,由例 5-8 的计算可知,兴华公司的 A 方案、B 方案每年的现金流量如表 5-9 所示。

表 5-9 折现回收期计算表

项目	第0年	第1年	第2年	第3年	第4年	第5年
A 方案:						
净现金流量	−15 000	3 750	3 750	3 750	3 750	3 750
折现系数	1	0.909	0.826	0.751	0.683	0.621
折现后现金流量	−15 000	3 408.75	3 097.50	2 816.25	2 561.25	2 328.75
B 方案:						
净现金流量	−24 000	7 000	6 625	6 250	5 875	9 500
折现系数	1	0.909	0.826	0.751	0.683	0.621
折现后现金流量	−24 000	6 363	5 472.25	4 693.75	4 012.625	5 899.5

A 方案的现金流量总现值为

3 408.75+3 097.50+2 816.25+2 561.25+2 328.75−15 000=−787.5 元

B 方案的现金流量总现值为

6 363+5 472.25+4 693.75+4 012.625+5 899.5−24 000=2 441.13 元

第三步,计算年金净流量。

A 方案: $$年金净流量=\frac{-787.5}{PVIFA_{10\%,4}}=\frac{-787.5}{3.17}=-248.42 元$$

B 方案: $$年金净流量=\frac{2\ 441.13}{PVIFA_{10\%,5}}=\frac{2\ 441.13}{3.791}=643.93 元$$

从计算结果看,B 方案的年金净流量为 643.93 元,大于 A 方案的−248.42 元。根据年金净流量的决策标准,在两个以上寿命期不同的投资方案进行比较时,年金净流量越大,方案越好。因此,兴华公司应该选择 B 方案。

从计算结果看,B 方案的年金净流量为 643.96 元,大于 A 方案的−248.43 元。根据年金净流量的决策标准,在两个以上寿命期不同的投资方案进行比较时,年金净流量越大,方案越好。因此,兴华公司应该选择 B 方案。

本章知识点小结

本章主要讲授项目投资的基本理论、基本决策方法及其应用,需要掌握的核心知识点总结如下。

第一，项目投资概述。(1)企业投资的四种分类。(2)项目投资的原则,包括资产结构平衡原则、可行性分析原则、报酬与风险的平衡原则、动态监控原则。(3)项目投资的程序,包括项目投资的提出、评价、决策、实施与监控、事后审计与绩效评价。

第二,项目投资中现金流量的计算。(1)现金流量的含义。(2)现金流量的分类。(3)初始现金流量,是指开始投资时所发生的现金流量,包括投资前费用、设备购置费用、设备安装费用、建筑工程费、营运资本的垫支、原有固定资产的变价收入扣除相关税金后的净收益、不可预见费。初始现金流量最常用的测算方法是逐项测算法。(4)营业现金流量,是项目投资在营业期间内产生的现金流量,由营业现金收入、付现成本、非付现成本、所得税费用、折旧构成。营业现金流量的计算分为是否考虑所得税的影响两种情况。(5)终结现金流量,是指项目终结期所产生的现金流量,由回收固定资产的净收入、垫支营运资金的收回构成,计算时将项目终结期的固定资产变价净收入和垫支营运资金的收回加总。

第三,项目投资决策指标的计算。(1)净现值(NPV),是指从投资开始至项目寿命终结时所有现金流量的现值之和。净现值的决策标准:在只有一个备选方案时,净现值为正者则采纳,净现值为负者不采纳。在有多个备选方案的互斥项目选择决策中,应选用正的净现值中的最大者。(2)内含报酬率(IRR),也称内部报酬率,是指对投资方案未来的每年现金净流量进行贴现,使所得的现值恰好与原始投资额现值相等,从而使净现值等于零时的贴现率。内含报酬率的决策标准:在只有一个备选方案时,如果计算出的内含报酬率大于或等于公司的资本成本率或必要报酬率,就采纳;反之,则拒绝。在有多个备选方案的互斥选择决策中,选择内含报酬率超过资本成本率或必要报酬率最多的投资项目。(3)获利指数(PI),又称利润指数或现值指数,是投资项目未来报酬的总现值与初始投资额的现值之比。获利指数的决策标准:在只有一个备选方案时,获利指数大于1,则采纳;否则就拒绝。在有多个备选方案的互斥选择决策中,应采用获利指数大于1最多的投资项目。(4)投资回收期(PP),是指投资项目的未来现金净流量与原始投资额相等时所经历的时间,即原始投资额通过未来现金流量回收所需要的时间。投资回收期的决策标准:项目的投资回收期越短,说明该项目回收资金的时间越短。用回收期评价投资方案时,回收期越短越好。在有多个备选方案的互斥选择决策中,应采用投资回收期短的投资项目。(5)年净现金流量(annual NCF),是指项目期间全部现金净流量总额的总现值或总终值折算为等额年金的平均现金净流量。年金净流量的决策标准:与净现值指标一样,年金净流量指标大于零,说明每年平均的现金流入能抵补现金流出,投资项目的净现值大于零,方案的报酬率大于所要求的报酬率,方案可行。在两个以上寿命期不同的投资方案进行比较时,年金净流量越大,方案越好。

思考与练习题

一、单项选择题

1. ( )又称证券投资,是指把资金投入证券等金融资产,以取得利息、股利或资本利得收入的投资。

A. 间接投资　　　　　　　　　　B. 直接投资
C. 初始投资　　　　　　　　　　D. 后续投资

2. （　　）是指各个投资项目之间互不关联、互不影响，可以同时并存的投资项目。
   A. 间接投资　　　　　　　　　　　　B. 直接投资
   C. 互斥投资　　　　　　　　　　　　D. 独立投资
3. （　　）是各个投资项目之间相互关联、相互替代，不能同时并存的投资项目。
   A. 间接投资　　　　　　　　　　　　B. 直接投资
   C. 互斥投资　　　　　　　　　　　　D. 独立投资
4. 开始投资时所发生的现金流量，是指（　　）。
   A. 投资现金流量　　　　　　　　　　B. 营业现金流量
   C. 初始现金流量　　　　　　　　　　D. 终结现金流量
5. 项目投资在营业期间内产生的现金流量是（　　）。
   A. 投资现金流量　　　　　　　　　　B. 营业现金流量
   C. 初始现金流量　　　　　　　　　　D. 终结现金流量

二、多项选择题

1. 按照投资与企业生产经营活动的关系，投资可以划分为（　　）。
   A. 直接投资　　　　　　　　　　　　B. 间接投资
   C. 短期投资　　　　　　　　　　　　D. 长期投资
2. 项目投资的原则包括（　　）。
   A. 资产结构平衡原则　　　　　　　　B. 项目的可行性分析原则
   C. 项目的报酬与风险的平衡原则　　　D. 动态监控原则
3. 营业现金流量包括（　　）。
   A. 营业现金收入　　　　　　　　　　B. 付现成本与非付现成本
   C. 折旧　　　　　　　　　　　　　　D. 所得税费用
4. 终结现金流量的构成包括（　　）。
   A. 营业现金收入　　　　　　　　　　B. 付现成本与非付现成本
   C. 折旧垫支营运资金的收回　　　　　D. 回收固定资产的净收入
5. 常用的项目投资决策的方法包括（　　）。
   A. 净现值　　　　　　　　　　　　　B. 内含报酬率
   C. 获利指数　　　　　　　　　　　　D. 投资回收期

三、计算题

1. 大成模型机械厂准备从 A、B 两种生产线中选购一种。A 生产线购价为 25 000 元，投入使用后，每年现金净流量为 8 000 元；B 生产线购价为 26 000 元，投入使用后，每年现金流量为 9 000 元。
   要求：用投资回收期指标决策法进行决策，确定大成公司应该选购哪种生产线？
2. 飞天公司近期准备购入一台大型机床，有甲、乙两个投资方案：甲方案需一次性投资 20 000 元，可用 8 年，残值 5 000 元，每年取得税后营业利润 5 500 元；乙方案需一次性投资 15 000 元，可用 5 年，无残值，第 1 年获利 6 000 元，以后每年递增 10%。如果资本成本率为 10%。
   要求：运用年金净流量法，确定飞天公司应采用哪种方案？

四、案例分析题

QZ 公司准备购入一台生产流水线以提高生产能力。现有甲、乙两个方案可以选择。

甲方案：需要投资 25 000 元，使用寿命为 5 年，采用直线法计提折旧，5 年后设备无残值，5 年中每年销售收入为 9 000 元，每年的付现成本为 3 000 元。

乙方案：需要投资 12 000 元，采用直线法计提折旧，使用寿命也为 5 年，5 年后有残值收入 25 000 元。每年的销售收入为 18 000 元，付现成本第 1 年为 5 000 元，以后随着设备陈旧，将逐年增加修理费 1 000 元，另需垫支营运资本 35 000 元。

假设 QZ 公司的所得税税率为 25%，资本成本率为 10%。

要求计算并分析：

(1) 运用净现值法，QZ 公司应该选择哪种方案？
(2) 运用内含报酬率法，QZ 公司应该选择哪种方案？
(3) 运用获利指数法，QZ 公司应该选择哪种方案？

第六章　证券投资管理

知识体系框架

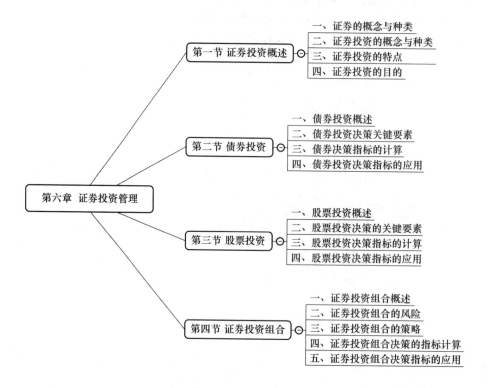

【学习目标】

本章在介绍证券投资基本理论的基础上,重点讲授了证券投资的概念、特点、程序和风险;债券投资和股票投资的核心要素、价格的确定、投资收益的确定和决策;证券投资组合的风险、收益和策略。通过本章的学习需要达到以下教学目标:

1. 理解证券投资的概念、特点、程序和风险;
2. 掌握债券投资的核心要素、债券价格的确定、投资收益的确定和决策;
3. 掌握股票投资的核心要素、股票价格的确定、投资收益的确定和决策;
4. 掌握证券投资组合的风险、收益和策略。

第一节 证券投资概述

证券投资和项目投资是企业投资的两种主要方式。第五章介绍了项目投资的基本理论和项目投资决策指标的计算及应用,本章进一步介绍证券投资,在介绍证券投资基本理论的基础上,按照证券投资的对象,从债券投资、股票投资、证券组合投资三个方面进行阐述。本节重点阐述证券投资的概念与种类、特点与目的,为后面的学习打好基础。

一、证券的概念与种类

证券是有价证券的简称,是指具有一定票面金额,代表财产所有权或债权,可以在证券市场上有偿转让的一种信用凭证或金融工具,它表明证券持有人或第三方有权取得该证券拥有的特定权益。证券可以按照不同的标准进行分类。

(一) 根据证券的权益关系和经济内容进行分类

根据证券的权益关系和经济内容的不同,可将证券分为权益性证券、债权性证券、混合性证券和投资基金。

权益性证券表示投资者在被投资企业所占权益的份额,在被投资企业盈利的情况下,投资者才可以按其权益比例分享企业的净收益,获得股利收入,权益性证券不定期支付利息,也没有偿还期;债权性证券是一种必须定期支付利息、按期偿还的证券,当一个证券发行单位破产时,债权证券要优先清偿;混合性证券是兼有股票特点和债券特点两重性的证券,主要指优先股,定期获得的固定收入,没有偿还期;投资基金是一种集合投资制度,由基金发起人将众多投资者的资金集中起来,委托专门的投资机构进行专业的资金投放和投资管理,投资者按出资比例分享投资收益,并共同承担投资风险。

(二) 根据投资期限长短进行分类

根据期限的不同,证券可分为短期证券和长期证券。短期证券是指期限在一年以内的证券,其风险小,变现能力强,但收益率相对较低。长期证券是指期限在一年以上的证券,其时间长,风险大。

(三) 根据发行主体的不同进行分类

根据发行主体的不同,可将证券分为政府证券、金融证券和企业证券。政府证券是指中央政府或地方政府为筹集资金而发行的证券;金融证券是指银行或其他非银行的金融机构为筹集资金而发行的证券;企业证券是指企业为筹集资金而发行的证券。其中,政府证券的风险最小,国库券是政府证券最典型的形式。

(四) 根据证券收益状况的不同进行分类

按证券收益状况的不同,可将证券分为固定收益证券和变动收益证券两种。固定收益证券是指在证券的票面上规定有固定收益率的证券,其风险较小,但报酬不高;变动收益的证券是指证券的票面不标明固定的收益率,其收益情况随企业经营状况而变动的证券,其风险大,但报酬较高。普通股股票是最典型的变动收益证券。除此之外,证券还有其他许多分类。企业在进行证券投资时,需要考虑证券性质、期限、偿还条件、各期收益等因素,权衡风险与收益,慎重决策。

二、证券投资的概念与分类

证券投资是企业对外投资的重要组成部分,对外投资按照投资方式的不同,可以分为实物投资和证券投资。实物投资又称直接投资,是企业以现金、实物、无形资产等投入其他企业进行的投资。证券投资是指企业为特定经营目的或获取投资收益,将资金用于购买股票、债券、基金及衍生证券等金融资产的投资行为,与实物投资相比,证券投资具有投资方便、变现能力强等特点。与证券的种类相呼应,证券投资根据不同标准也有不同的分类。

(一) 按照投资期限长短进行分类

按照投资期限的长短,可将证券分为长期投资和短期投资。

短期投资是指能够随时变现、持有时间不超过一年的有价证券及不超过一年的其他投资,主要利用债券和股票等有价证券进行投资,具有投资风险小、变现能力强、收益率低等特点;长期投资是指不准备随时变现、持有时间超过一年的有价证券及超过一年的其他投资,可以利用现金、实物、无形资产、有价证券等形式进行,具有投资风险大、变现能力差、收益率高等特点。

(二) 按照投资收益是否固定进行分类

按照投资收益是否固定,可将证券分为固定收益投资和变动收益投资。

固定收益投资是指能够获得确定的收益的投资,如根据票面利率计算的利息收入或者固定股利收入等;变动收益投资是指不能确定收益的投资,如购入的无限期的股票等。

(三) 按照证券投资对象的不同进行分类

按照证券投资对象的不同,可将证券分为债券投资、股票投资、基金投资和组合投资。

债券投资是指企业通过证券市场购买各种债券进行的投资,与股票投资相比,债券投资能获得稳定的收益,投资风险较低;股票投资是指企业将资金投向其他企业所发行的股票,表明企业拥有证券发行公司的所有权,与债券投资相比,股票投资风险较大,收益一般较高;基金投资是指企业将资金投向投资基金组织所发行的基金证券,委托专家管理和运作,收益来自年终分红或者不定期的基金分红;组合投资是指企业将资金同时投向多种证券,达到分散风险的目的。根据不同证券的特点、风险等,企业可以科学地进行证券投资,实现资源的合理配置,增加企业收益,减少风险,实现企业的财务管理目标。

三、证券投资的特点

证券投资与项目投资相比,具有如下特点。

第一,价值虚拟性。由于证券资产不能脱离实体资产而完全独立存在,因而证券资产的价值不是完全由实体资本的现实生产经营活动决定的,而是取决于契约性权利所能带来的未来现金流量,是一种未来现金流量折现的资本化价值,因此,证券具有价值虚拟性的特点。

第二,可分割性。由于项目投资的经营资产一般具有整体性要求,往往是厂房、设备、配套流动资产的结合,而证券资产可以分割为一个最小的投资单位,如一股股票、一份债券,收益往往由原始投资、未来收益或资本利得、本金回收所构成,因此,证券投资具有可分割性的特点。

第三,目的多元性。由于项目投资的经营资产往往为消耗而持有,为流动资产的加工提供生产条件,而证券资产的持有目的是多元的,既可能为未来变现而持有,也可能为谋取资本利得而持有,还有可能为取得对其他企业的控制权而持有,因此,证券投资具有持有目的多元性的特点。

第四,强流动性。由于证券资产变现能力强,持有目的可以相互转换,当企业急需现金时,可以立即变现,因此,证券投资具有强流动性的特点。

第五,高风险性。由于证券资产是一种虚拟资产,决定了金融投资受公司风险和市场风险的双重影响,不仅发行证券资产的公司业绩影响着证券资产投资的报酬率,资本市场的市场平均报酬率变化也会给金融投资带来直接的市场风险,因此,证券投资具有高风险性的特点。

可见,证券投资与项目投资有很大的区别,总体来说,证券投资具有价值虚拟性、可分割性、持有目的多元性、强流动性和高风险性的特点。

四、证券投资的目的

企业进行生产经营,要实现的财务目标就是使利润最大化。企业证券投资是企业经营活动的一部分,目的是降低风险,获得收益。具体来说,企业进行证券投资要实现如下目标。

(一) 利用闲置资金,增加企业收益,实现企业资金的保值与增值

企业在生产经营过程中,由于各种原因有时会出现资金闲置、现金结余较多的情况。这些闲置的资金可以投资于股票、债券等有价证券上,谋取投资收益。当企业在生产经营过程中,由于市场变化或者企业管理的原因,出现资产闲置、资产报酬率下降、利润亏损的情况时,企业就可以考虑利用现有的资产对外投资,进行资产的重新组合,以优化资源配置,增加企业的收益。因此,追求更多的收益,实现资金的保值与增值,是企业对外投资的首要目的。

(二) 实现企业对外的扩张与控制

企业扩张经营规模的方式,可以通过对内的固定资产投资、流动资产投资、无形资产投资及其他投资等实现对企业经营规模的扩张,也可以通过股票投资、债券投资,以及其他直接投资等对外扩张企业的经营规模,相比对内投资,对外形式的投资扩张速度较快,往往在较短的时间内就能迅速扩张企业的规模,从而使企业在激烈的市场竞争中处于较为有利的地位。比如,企业如果收购一家上市公司的股票,达到一定比例,就可以参与该公司的生产经营或者实现控股,控制该公司。

(三) 分散资金投向,降低投资风险

投资分散化,即将资金投资于多个相关程度较低的项目,实行多元化经营,能够有效地分散投资风险。市场竞争的日趋激烈,企业在经营过程中面临着各种不同程度的风险。为了增强偿债能力,降低财务风险,企业必须保持资产良好的流动性。在企业的资产中,长期资产的流动性较差,一般不能直接用于偿还债务,流动资产中现金可以直接用于偿还债务,但储备现

金过多,又会降低企业资产的收益率。如果通过购买或出售有价证券来调剂资金,不仅保持了资产的良好流动性,降低了风险,还将增加企业的收益。另外,通过投资或退出被投资企业,也可以优化资产组合、实现多角化经营。

(四)稳定客户关系,保障生产经营

企业的生产经营环节中,供应和销售是企业与市场相联系的重要通道。没有稳定的原材料供应来源,没有稳定的销售客户,都会使企业的生产经营中断,为了保持与供销客户良好而稳定的业务关系,可以对业务关系链的供销企业进行投资,保持掌握它们一定的债权或股权,甚至控股。这样,能够以债权或股权对关联企业的生产经营施加影响和控制,保障本企业的生产经营顺利进行。

(五)提高资产的流动性,增强偿债能力

资产流动性强弱是影响企业财务安全性的主要因素。除现金等货币资产外,有价证券投资是企业流动性最强的资产,是企业速动资产的主要构成部分。在企业需要支付大量现金,而现有现金储备又不足时,可以通过变卖有价证券迅速取得大量现金,保证企业的及时应对。

企业在进行证券投资时,需要根据证券投资的上述特点,根据不同的目标,采取不同的投资策略,以实现企业的经营目标。

第二节 债券投资

【导入案例】

振兴公司是一家从事物流运输的公司,随着线上购物日益增长的需求,该公司的效益日渐增长,资金越来越多。为使闲置资金获得更好的效益,该公司拟购买面值为10 000元,票面利率为8%,期限为5年的债券A,若该公司要求的投资必要收益率为10%。

分析讨论:

1. 假如该债券每年年末支付利息一次,到期归还本金,振兴公司是否值得投资该债券?
2. 假如该债券的利息和本金,均于到期日一并支付,振兴公司是否值得投资该债券?

债券投资作为企业投资的主要方式之一,具有与股票投资不同的特点与风险。本节在介绍债券投资的基本概念的基础上,重点讲授债券投资决策的关键要素,债券投资决策的指标,即债券的内在价值和债券的预期收益率的计算及应用。

一、债券投资概述

(一)债券投资的含义

债券是债务人为筹集债务资本而发行的,是约定在一定期限内向债权人还本付息的有价证券。债券投资是指企业以购买其他企业债券的方式进行的投资,属于债权投资。发行债券是企业筹集债务资本的重要方式。债权投资是指投资企业以购买债券和租赁投资等方式向被

投资企业进行的投资。

(二) 债券投资的特点

债券投资与股权投资相比,主要具有以下特点。

第一,投资风险较低。由于债券具有偿还性,因此投资风险较低。债券有固定的到期日,具有偿还性,债券发行单位必须按规定的期限向债券投资者偿还本息,所以,债券投资的风险较低。

第二,投资收益稳定。由于债券的投资收益不仅包括利息,还包括资本利得,因此投资收益比较稳定。债券的票面利率一般固定不变,债券投资者在持有期间能够按期取得稳定的利息收入,并不受债券发行单位经营状况好坏的影响。此外,债券投资者还可以通过在市场上买卖债券,获取资本利得。

第三,选择余地比较大。由于债券种类多样,因此选择余地比较大。债券按发行单位可分为金融债券、政府债券、企业或公司债券。不同种类的债券,其期限、利率也各不相同,企业可根据自身的情况,对债券投资的风险和收益进行权衡,选择合适的债券或债券组合进行投资,以获取较高的投资收益。

第四,没有参与管理的权利。由于债券持有者仅是债券发行单位的债权人,不是所有者,因此无权参与发行单位的经营管理。债券投资者的权利只是按期收回本金、获得利息和中途转让的资本利得,无权参与发行单位的经营管理,对发行单位的经营好坏也不负任何经济责任。

(三) 债券投资的风险

任何投资都有风险,债券投资虽然具有上述特点,但风险仍然存在。债券投资风险主要包括违约风险、利率风险、购买力风险、变现风险和再投资风险。

第一,债券发行人违约引起的违约风险。

违约风险是指债券发行单位无法按期支付债券利息或偿还本金的风险。企业在进行债券投资时,应对债券发行单位的资信情况和偿债能力进行分析评价,选择合适的债券,以避免或降低违约风险。

第二,市场利率变动引起的利率风险。

市场利率是影响债券价格的基本因素之一。一般而言,债券的价格与市场利率呈反向变动,市场利率上升,债券的价格则下跌;反之,市场利率下降,债券的价格则上升。因此,市场利率的变动会引起债券价格的下跌,使债券投资者遭受损失。不同期限的债券,利率风险不同,债券的期限越长,利率风险就越大。企业可以通过分散债券投资的到期日来分散利率风险。

第三,通货膨胀引起的购买力风险。

由于通货膨胀因素的存在,使得债券到期或出售所获得的货币购买力下降,引起购买力风险。一般而言,收益固定的证券比收益变动的证券购买力风险更大,而普通股的股利收益一般不稳定,所以受通货膨胀的影响较小。因此,普通股更适合作为避免购买力风险的投资工具。

第四,短期债券出售时的再投资风险。

购买短期债券,而没有购买长期债券,会有再投资风险。由于长期债券的利率风险高于短期债券,所以长期债券的利率一般高于短期债券,因此,投资者为了避免利率风险要购买短期债券。但当短期债券到期收回现金时,如果市场利率下降,这时投资者只能投资那些利率大约与市场利率相当的投资机会,不如当初购买长期债券,以获取较高的投资收益。

二、债券投资决策关键要素

债券是一种有价证券,依照法定的程序发行,并且约定在一定期限内还本付息,它反映了证券发行者与债券持有者之间的债权债务关系。要更好地理解债券投资,需要掌握以下几个债券的基本要素。

(一) 债券面值

债券面值,是指债券本身设定的票面金额,代表发行人借入并且承诺于未来某一特定日偿付债券持有人的金额。票面金额对债券的发行成本、发行数量和持有者的分布具有以下影响:票面金额小,有利于小额投资者购买,从而有利于债券发行,但发行费用可能增加;票面金额大,会降低发行成本,但可能减少发行量。

(二) 债券票面利率

债券票面利率,指债券发行者预计在一年内向债券持有者支付的利息占票面金额的比率。债券票面利率不同于实际利率,实际利率是指按复利计算的一年期的利率,由于债券的计息和付息方式有多种,可能使用单利或复利计算。利息支付可能是半年一次、一年一次或到期一次的还本付息,这使得票面利率可能与实际利率发生差异。

(三) 债券到期日

债券到期日,是指债券预先设定的偿还债券本金的日期,债券一般都有规定的到期日,以便到期时归还本金。

三、债券投资决策指标的计算

企业购买债券进行投资,在投资前面临的首要任务就是确定该债券是否值得投资,这就涉及债券投资决策的指标。一般来说,债券投资决策的指标有两个:一是债券的内在价值;二是债券的预期收益率。

(一) 债券内在价值的确定

债券作为一种投资,其现金流出是购买价格,现金流入是利息收入和偿还的本金或出售时得到的现金。债券的内在价值,也称为债券的理论价格,是债券投资未来现金流入的现值,即将债券投资未来收取的利息和收回的本金折为现值,便可得到债券的内在价值。

影响债券价值的因素主要有债券的面值、期限、票面利率和所采用的贴现率等。由于债券一般均有固定的到期日和利息,因此,根据债券期限的不同和票面利率的不同,债券的内在价值可以分为以下几种情况计算。

1. 利率不变,每期末支付利息,到期归还本金的债券价值模型——基本模型

一般来说,比较典型的债券是在期限内利率固定不变,每年年末或每期期末支付利息,到期归还本金的债券。这类债券投资的未来现金流入包括各年的利息和到期本金,因此,债券的

内在价值就是各年利息的现值和本金现值之和。其计算公式为

$$V = \sum_{t=1}^{n} \frac{I}{(1+i)^t} + \frac{M}{(1+i)^n}$$
$$= I \times \text{PVIFA}_{i,n} + M \times \text{PVIF}_{i,n} \tag{6-1}$$

式中：V 为债券的内在价值；I 为年利息；M 为债券面值或到期本金；i 为市场利率或投资者要求的必要收益率；n 为债券期限。

2. 不分期支付利息，一次还本付息的债券价值模型

由于一次还本付息的债券只有一次现金流入，也就是到期日的本息之和，因此，其债券的内在价值就是到期日本息之和的现值。在复利情况下，债券内在价值的计算公式为

$$V = \frac{M(1+r)^n}{(1+i)^n}$$
$$= M \times (1+r)^n \times \text{PVIF}_{i,n}$$
$$= M \times \text{FVIF}_{r,n} \times \text{PVIF}_{i,n} \tag{6-2}$$

式中：r 为债券票面利率。

（二）债券的预期收益率

债券的预期收益率，是指债券投资净现值为零的贴现率，即能使债券的内在价值等于其债券市场价格的贴现率，也就是债券投资的内部收益率。

从理论上讲，债券投资的收益应包括债券投资者在无风险的条件下应获取的收益，即无风险投资收益，同时也包括投资者因冒风险投资而应获取的超过资金时间价值的额外收益，即风险投资收益；从实践上讲，债券投资的收益主要包括债券投资者按期以固定的票面利率获取的利息收益，以及债券投资者在债券市场上通过低进高出所获得的买卖价差收益，即资本利得收益。债券投资的收益通常使用相对数，即用收益率表示。

根据上述债券内在价值的计算原理，以债券市场价格 P 代替债券内在价值 V，那么，债券投资的预期收益率应是使下列公式成立的贴现率。

$$P = \sum_{t=1}^{n} \frac{I}{(1+i)^t} + \frac{M}{(1+i)^n} = I \times \text{PVIFA}_{i,n} + M \times \text{PVIF}_{i,n} \tag{6-3}$$

计算时，可采用"逐步测试法"，测试使债券内在价值大于和小于买价的两个贴现率，然后用插值法计算债券投资的预期收益率。

四、债券投资决策指标的应用

（一）债券投资决策的标准

1. 运用债券内在价值指标决策的标准

由于债券的内在价值是债券投资未来现金流入的现值，当债券的内在价值大于其市场价格时，说明债券投资的净现值大于零，因此，只有当债券的内在价值大于其市场价格时，才值得购买，该债券投资决策才可行。

2. 运用债券预期收益率指标决策的标准

由于债券的预期收益率应是债券投资净现值为零的贴现率，即能使债券的内在价值等于

其债券市场价格的贴现率,也就是债券投资的内部收益率。由于债券真正的内在价值是按市场利率贴现决定的内在价值,当按市场利率贴现所计算的内在价值大于按内部收益率所计算的内在价值时,债券的内部收益率才会大于市场利率。因此,只有当债券的预期报酬率高于投资者要求的必要收益率时,企业才值得投资于该债券。

(二) 债券投资决策的应用思路

在进行债券投资决策时,一般情况下,按照以下思路进行相关指标的计算并进行决策分析:

第一,根据已知资料,判断是运用债券内在价值指标,还是运用债券预期收益率指标进行决策;

第二,判断该债券属于哪种类型的债券;

第三,运用该类型债券的内在价值指标或者预期收益率指标进行计算;

第四,根据计算结果,按照债券决策指标的判断标准进行决策分析。

(三) 债券投资决策的应用举例

根据债券投资决策的指标,即债券的内在价值和债券的预期收益率,可以确定不同类型的债券是否可以进行投资。下面对债券投资决策的指标进行应用,确定是否可以进行债券投资。

1. 债券内在价值指标的应用决策

【例 6-1】 兴隆公司准备购买一张面值为 15 000 元,票面利率为 10%,期限为 5 年的债券,若该公司要求的投资必要收益率为 15%。

要求:(1) 若该债券每年年末支付利息一次,到期归还本金。请做出兴隆公司是否值得投资该债券的决策。

(2) 若该债券的利息和本金均于到期日一并支付,请做出兴隆公司是否值得投资该债券的决策。

解:(1) 根据已知资料,可知兴隆公司准备购买的债券属于利率固定不变,每期末支付利息,到期归还本金的典型形式的债券。根据该债券内在价值的计算公式计算如下:

$$
\begin{aligned}
V &= I \times \text{PVIFA}_{i,n} + M \times \text{PVIF}_{i,n} \\
&= 15\,000 \times 10\% \times \text{PVIFA}_{15\%,5} + 15\,000 \times \text{PVIF}_{15\%,5} \\
&= 1\,500 \times 3.352 + 15\,000 \times 0.497 \\
&= 5\,028 + 7\,455 \\
&= 12\,483 \text{ 元}
\end{aligned}
$$

说明只有当债券的市场价格低于 12 483 元时,该债券才值得购买。因为在这种情况下,才能使公司获得大于 15% 的收益率。

(2) 根据已知资料,可知兴隆公司准备购买的债券属于一次还本付息的债券。根据该债券内在价值的计算公式计算如下:

$$
\begin{aligned}
V &= M \times (1+r)^n \times \text{PVIF}_{i,n} \\
&= 15\,000 \times (1+10\%)^5 \times \text{PVIF}_{15\%,5} \\
&= 15\,000 \times \text{FVIF}_{10\%,5} \times \text{PVIF}_{15\%,5} \\
&= 15\,000 \times 1.611 \times 0.497 \\
&\approx 12\,010 \text{ 元}
\end{aligned}
$$

说明只有当债券的市场价格低于 12 010 元时,该债券才值得购买。因为在这种情况下,才能使公司获得大于 15% 的收益率。

2. 债券预期收益率指标的应用决策

【**例 6-2**】 续例 6-1 中的有关资料,假设该债券的市场价格为 9 800 元,该公司持有该债券至到期日。

要求:(1) 若该债券每年年末支付利息一次,到期归还本金,市场价格为 14 000 元。请做出兴隆公司是否值得投资该债券的决策。

(2) 若该债券的利息和本金均于到期日一并支付,市场价格为 14 000 元请做出兴隆公司是否值得投资该债券的决策。

解:(1) 可知兴隆公司准备购买的债券属于利率固定不变,每期末支付利息,到期归还本金的典型形式的债券。根据该债券预期收益率的计算公式计算如下:

由例 6-1 的计算可知,$i=15\%$ 时,$V=12\ 483$ 元。可见,由 15% 的贴现率计算出的内在价值小于市场价格 14 000 元,因而,还要降低贴现率,从而使其内在价值提高到 14 000 元以上。

用 $i=10\%$ 测试,

$$V = I \times \text{PVIFA}_{i,n} + M \times \text{PVIF}_{i,n}$$
$$= 15\ 000 \times 10\% \times \text{PVIFA}_{10\%,5} + 15\ 000 \times \text{PVIF}_{10\%,5}$$
$$= 1\ 500 \times 3.791 + 15\ 000 \times 0.621$$
$$= 5\ 686.50 + 9\ 315$$
$$= 15\ 001.50\ 元$$

按 10% 的贴现率计算的债券内在价值大于 14 000 元,看来使债券内在价值等于市场价格 14 000 元的贴现率一定在 10% 和 15% 之间。现用插值法计算该债券的预期收益率。

折现率		市场价格	
10%		15 001.5	
?%	$x\%$ }5%	14 000	1 001.5 }2 518.50
15%		12 483	

$$\frac{x}{5} = \frac{1\ 001.50}{2\ 518.50}$$

$$x \approx 1.99$$

该债券预期收益率 $=10\% + 1.99\% = 11.99\%$

当按市场利率贴现所计算的内在价值大于按内部收益率所计算的内在价值时,债券的内部收益率才会大于市场利率。因此,只有当债券的预期报酬率高于投资者要求的必要收益率即市场利率时,企业才值得投资于该债券。也就是说,本例中只有当该债券的内含报酬率 11.99% 大于投资者要求的必要报酬率时,企业才值得投资于该债券。

(2) 由已知可知兴隆公司准备购买的债券是一次还本付息的债券。

由例 6-1 的计算可知,$i=15\%$ 时,$V=12\ 010$ 元。可见,15% 的贴现率计算出的内在价值小于市场价格 14 000 元,因而,还要降低贴现率,从而使其内在价值提高到 14 000 元以上。

用 $i=10\%$ 测试,

$$V = M \times (1+r)^n \times \text{PVIF}_{i,n}$$
$$= 15\,000 \times (1+10\%)^5 \times \text{PVIF}_{10\%,5}$$
$$= 15\,000 \times \text{FVIF}_{10\%,5} \times \text{PVIF}_{10\%,5}$$
$$= 15\,000 \times 1.611 \times 0.621$$
$$\approx 15\,006 \text{ 元}$$

按 10% 的贴现率计算的债券内在价值大于 14 000 元,看来使债券内在价值等于市场价格 14 000 元的贴现率一定在 10% 和 15% 之间。现用插值法计算债券的预期收益率。

折现率

年金现值系数

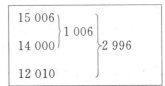

$$\frac{x}{5} = \frac{1\,006}{2\,996}$$
$$x \approx 1.68$$

该债券的预期收益率 = 10% + 1.68% = 11.68%

由于只有当债券的预期报酬率高于投资者要求的必要收益率即市场利率时,企业才值得投资于该债券。也就是说,本例中只有当该债券的内含报酬率 11.68% 大于投资者要求的必要报酬率时,企业才值得投资于该债券。

第三节 股票投资

【导入案例】

续本章第二节导入案例,假如振兴公司除了购买债券投资渠道外,该公司还可用闲置资金购买 W 股票进行投资。该股票预计 4 年后可以出售,并可获得价款 80 000 元。假设该企业要求的投资必要收益率为 10%。

分析讨论:

1. 如果 W 股票 4 年中每年可获得股利收入 2 000 元,请问振兴公司是否值得投资 W 股票?

2. 如果 W 股票预期每年股利为每股 1.5 元,请问振兴公司是否值得投资 W 股票?

3. 若 W 股票去年每股支付的股利为 2 元,预计未来无限期内每股股利将以每年 5% 的比率增长,请问振兴公司是否值得投资 W 股票?

4. 若 W 股票所属公司正处于高速发展期。预计在未来 2 年内股利以每年 15% 的速度增长,此后转为正常增长,股利年增长率为 5%。振兴公司上年支付的每股股利为 5 元。请问振兴公司是否值得投资 W 股票?

股票投资作为企业投资的主要方式之一,具有与债券投资不同的特点与风险。本章第二节介绍了债券投资,本节在介绍股票投资的基本概念的基础上,重点讲授股票投资决策的关键要素,以及股票投资决策的指标,即股票的内在价值和股票的预期收益率的计算及应用。

一、股票投资概述

(一) 股票投资的含义

股票是股份有限公司为筹措股权资本而发行的有价证券,是持股人拥有公司股份的凭证,它代表持股人在公司中拥有股份的所有权。股票投资是指企业以购买发行公司股票的方式对其他企业进行的投资,是股权投资的一种形式。

(二) 股票投资的特点

股票投资与债券投资相比,主要具有以下特点。

第一,由于股票投资收益的不确定性,因此投资风险较大。

股票没有固定的到期日,股票投资的收益受股票发行公司经营状况、盈利水平和股利政策等多种因素的影响。发行公司经营状况越好,股票投资者获得的收益就越高;发行公司经营不善,股票投资者获取的收益就较低,甚至可能无利可分;若发行公司破产,由于公司股东的求偿权位于债权人之后,股票投资者可能连本金也无法收回。

第二,由于股票投资收益包括股利和资本利得,因此投资收益较高。

股票股利的高低,取决于发行公司的经营状况、盈利水平、现金流量状况和股利政策等多种因素,一般情况下,股利要高于债券的利息。资本利得是企业通过低进高出股票而获取的买卖价差收益。此外,企业投资于股票还可以实现货币保值,即在货币贬值时,股票会因发行公司资产的增值而升值,也可以因无偿获取公司发行的新股而取得收益。

第三,由于股票在交易市场上可以随时进行交易,因此流动性较强。

在股票交易市场上,股票可以作为买卖对象或抵押品随时转让。当股票投资者需要现金时,可以将其持有的股票转让以换取现金,满足其对现金的需求,同时将股东的身份以及各种权益让渡给受让者;当企业能够筹集到投资所需的现金时,也可以随时购进股票获取投资收益。股票较强的流动性促进了企业资金的有效利用和合理配置。

第四,由于股票的投资者是公司的股东,因此可以参与发行公司的经营管理。

当股东持有的某公司的股份比例达到规定的数额时,股东就可以参与发行公司的经营管理,股东参与经营管理的权利大小,取决于其所持有的股份多少,同时股东也以持有的股份多少对外承担相应的经济责任。因此,要想控制一家公司,最好的策略就是购买这家公司的股票,并使所持有的股份数额达到控股比例。

(三) 股票投资的风险

股票投资的未来收入受多种因素的影响,因而会给股票投资者带来多种风险。相对于债券投资来说,股票投资的风险要大。一般来说,股票投资的风险主要有经营性风险、价格波动性风险和流动性风险等。

第一,由于股票发行者经营不善引起的经营性风险。

由于股票投资者投资于股票的目的之一是获取股利收益,而股利收益的多少则取决于公司经营状况的好坏和盈利水平的高低。一般来讲,发行公司的经营状况越好,盈利水平越高,股票投资者获取的股利收益就越高;发行公司经营不善,股票投资者获取的股利就越少,甚至无利可分。

第二,市场交易价格波动引起的波动性风险。

投资者投资于股票的另一目的是通过低价购进高价卖出来获取买卖价差收益,即获得资本利得。股票随时可以交易的特性,使得股票市场价格波动造成股票投资收益具有不确定性。而股票市场价格的高低受政治、经济、社会、投资者心理以及公司自身等诸多因素的影响,因此,股票价格的波动趋势和方向是很难准确把握的,带有很大的不确定性。

第三,由于投资者出售股票而引起的流动性风险。

当股票投资者遇到好的投资机会时,打算出售持有的股票换取现金,但短期内却无法及时以合理的价格出售,从而丧失好的投资机会;当有关发行公司的不利消息进入股票市场时,投资者可能争先抛售股票,但一时间又无法及时脱手,这些都是流动性风险可能带来的损失。

二、股票投资决策的关键要素

股票是股份有限公司为筹措股权资本而发行的有价证券,是持股人拥有公司股份的凭证,它代表持股人在公司中拥有股份的所有权。要更好地理解股票投资,需要掌握以下几个股票的基本要素。

(一) 股票面值

股票面值是股份公司在所发行的股票票面上标明的票面金额,以"元"或"股"为单位,用来表明每一张股票所包含的资本数额。设置股票票面价值的最初目的,是为了保证股票持有者在退股之时能够收回票面所标明的资产。随着股票市场的发展,购买股票后不能再退股,这样,票面价值就失去了它原来的意义。

(二) 股票市场价格

股票市场价格是股票上市后在股票市场上的价格。股票价格主要取决于预期股息的多少、银行利息率的高低及股票市场的供求关系。股票价格分为发行价格和交易价格。发行价格就是股票在股票发行市场即一级市场发行的价格;交易价格是指股票在交易过程中交易双方达成的成交价。股票的交易价格直接反映了股票市场的行情,是股民购买股票的依据。一般情况下,股票第一次发行的价格不低于股票面值。

(三) 股票净值

股票净值又称股票的账面价值,也称每股净资产,是用会计统计的方法计算出来的每股股票所包含的资产净值。由于账面价值是财务会计数据,数据较精确而且可信度高,所以它是股票投资者评估和分析上市公司实力的重要依据之一。

(四) 股票清算价格

股票的清算价格是指股份公司破产或倒闭进行清算时,每股股票所代表的实际价值。从理论上讲,每股股票的价格应与股票的账面价值一致。但企业在资产清算时,其财产价值是以实际的销售价格来计算的,而在进行财产处置时,其售价一般都会低于实际价值。因此,股票的清算价格只有在股份公司因破产或其他原因丧失法人资格而进行清算时才被作为确定股票价格的依据,在股票的发行和流通时没有意义。

三、股票投资决策指标的计算

企业购买股票进行投资,在投资前面临的首要任务就是确定该股票是否值得投资,这就涉及股票投资决策的指标。一般来说,股票投资决策的指标有两个:一是股票的内在价值;二是股票的预期收益率。

(一) 股票内在价值的确定

股票的内在价值,是指股票投资带来的未来现金流入的现值。股票的内在价值决定其市场价格,但市场价格又不完全等于其内在价值,一般围绕着内在价值上下波动。同时,股票作为一种投资,必然会有现金流出,其现金流出就是股票的购买价格。

股票没有固定到期日,投资者可以短期持有、长期持有和无限期持有股票。根据投资者持有期限的不同和企业股利政策的不同,股票的内在价值可以分为以下几种情况。

1. 长期持有的股票价值模型——基本模型

股票估价的基本模型,是假设投资者无限期地持有股票,这种形式是股票最一般的形式。由于股票没有固定到期日,假设投资者可以无限期地持有,这种情况下,股利是投资者所能获取的唯一现金流入,则股票的内在价值实际上就是永续现金流入的现值之和。

因此,股票估价的最一般形式则为

$$V = \frac{D_1}{(1+i)^1} + \frac{D_2}{(1+i)^2} + \frac{D_3}{(1+i)^3} + \cdots$$
$$= \sum_{t=1}^{\infty} \frac{D_t}{(1+i)^t} \tag{6-4}$$

式中:D_t 为第 t 年的股利;i 为贴现率;t 为年份。

2. 短期持有的股票价值模型

现实生活中,大多数股票投资者投资于股票,不仅希望获取股利收入,还希望在未来出售股票时,从股票价格上涨中获取买卖差价收入即资本利得。这种情况下,股票投资者的未来现金流入不仅包括持有期内每期获取的股利收入,还包括股票出售时的股价。那么,短期持有的股票的内在价值就是股利现值和股价现值之和。

股票内在价值模型的计算公式为

$$V = \sum_{t=1}^{n} \frac{D_t}{(1+i)^t} + \frac{P_n}{(1+i)^n} \tag{6-5}$$

式中:P_n 指股票出售时的估价。

3. 零成长股票的价值模型

零成长股票,是指如果投资者在无限期持有股票的条件下,发行公司每年年末所支付的股利相等或稳定不变,即预期股利的增长率为零,则这种股票被称为零成长股票。

零成长股票下每年年末的股利表现为永续年金形式,因此,其估价模型为

$$V = \frac{D}{i} \tag{6-6}$$

式中:V 为零成长股票的内在价值;D 为股利;i 为贴现率。

4. 固定成长股票的价值模型

固定成长股票,是指投资者在无限期持有股票的条件下,发行公司预期每年年末的每股股利以一个固定比例增长,这种股票就被称为固定成长股票。固定成长股票各年股利会有一个增长率,因此,固定成长股票的价值模型为

$$D_t = D_0(1+g)^t \tag{6-7}$$

式中:D_0 为上一年的股利;g 为固定股利增长率。

将 $D_t = D_0(1+g)^t$ 代入长期持有的股票估价基本模型公式(6-1),可得

$$V = \sum_{t=1}^{\infty} \frac{D_0(1+g)^t}{(1+i)^t}$$

假定 $i > g$,对上述公式的右边求极限,可得固定成长股票的估价模型为

$$V = \frac{D_0(1+g)}{i-g} = \frac{D_1}{i-g} \tag{6-8}$$

式中:D_1 为第一年的股利。

5. 非固定成长股票的估价模型

非固定成长股票,是指在实际经济生活中大多数公司的股票股利并不都是固定不变的或以固定比例增长的,而是随着每个企业的经济发展都会经历高速成长期、成熟期和衰退期,处于不断变动之中,这种股票被称为非固定成长股票。

由于不同时期的未来股利预期增长率不同,非固定成长股票的内在价值需要分段进行。其计算步骤为:

第一步,计算高速增长部分股利的现值;

第二步,计算固定增长部分股利的现值;

第三步,将上述两部分现值相加,计算非固定成长股票的内在价值。

(二)股票投资预期收益率的确定

股票投资的预期收益率,是指使股票投资净现值为零时的贴现率,即能使股票的内在价值等于其市场价格的贴现率,也就是股票投资的内含收益率。

从理论上来说,股票投资的收益既应包括股票投资者在无风险的条件下获取的收益,即无风险收益,也应包括投资者因冒风险投资而获取的超过资金时间价值的额外收益,即风险收益。从实际上来说,股票投资的收益包括股票投资者按期从发行公司取得的投资收益,即股利,也包括股票投资者在股票市场上通过低价买进高价卖出所获得的买卖价差收益,即资本利得。资本利得既可用绝对数表示,又可用相对数表示,为了便于比较,通常使用相对数,即用预期收益率表示。根据股票内在价值的不同情况,可计算不同情况下股票的预期收益率。

1. 短期持有股票、未来准备出售的股票的预期收益率

由于股票投资的预期收益率,是指能使股票的内在价值等于其市场价格的贴现率,所以,如果用 P_0 代替式(6-2)中的股票内在价值 V,则该种股票投资的预期收益率应是使下列公式成立的贴现率。

$$P_0 = \sum_{t=1}^{n} \frac{D_t}{(1+i)^t} + \frac{P_n}{(1+i)^n} \tag{6-9}$$

式中:P_0 代表股票的内在价值 V。

在具体计算时,可以采用"逐步测试法",测试使股票内在价值大于和小于股票市场价格

的两个贴现率,之后再用插值法计算股票投资的预期收益率。

2. 零成长股票预期收益率

根据零成长股票的估价模型[式(6-3)],同样用P_0代表股票的内在价值V,则

$$P_0 = \frac{D}{i}$$

由此可以进一步进行推断,该种股票投资的预期收益率为

$$i = \frac{D}{P_0} \tag{6-10}$$

3. 固定成长股票的预期收益率

根据固定成长股票的估价模型[式(6-6)],同样用P_0代表股票的内在价值V,则

$$P_0 = \frac{D_0(1+g)}{i-g} = \frac{D_1}{i-g}$$

即

$$P_0 = \frac{D_1}{i-g}$$

$$P_0 i - P_0 g = D_1$$

则该种股票投资的预期收益率为

$$i = \frac{D_1}{P_0} + g \tag{6-11}$$

4. 非固定成长股票的预期收益率

对于非固定成长股票的预期收益率,也可采用计算内含收益率的"逐步测试法",测试使股票的内在价值大于和小于其市场价格的两个贴现率,然后用插值法计算得出。

四、股票投资决策指标的应用

(一) 股票投资决策的标准

1. 运用股票内在价值指标决策的标准

由于股票的内在价值是指股票投资未来现金流入的现值,当股票的内在价值大于其市场价格时,说明股票投资的净现值大于零。因此,运用股票内在价值指标决策的标准为:只有当股票的内在价值大于其市场价格时,才值得购买,该股票投资决策才可行。

2. 运用股票预期收益率指标决策的标准

由于股票投资的预期收益率应是使股票投资净现值为零的贴现率,即能使股票的内在价值等于其市场价格的贴现率,也就是股票投资的内含收益率。因此,运用股票预期收益率指标决策的标准为:只有当股票投资的预期收益率大于企业所要求的必要收益率时,企业才值得投资于该股票。

(二) 股票投资决策的应用思路

在进行股票投资决策时,一般情况下,按照以下思路进行相关指标的计算和决策分析:

第一,根据已知资料,判断是运用股票内在价值指标,还是运用股票预期收益率指标作为决策的依据;

第二,判断该股票属于哪种类型的股票;

第三,运用该类型股票的内在价值指标或者预期报酬率指标进行计算;

第四,根据计算结果,按照股票决策指标的判断标准进行决策分析。

(三) 股票投资决策的应用举例

根据股票投资决策的股票的内在价值和预期收益率指标,可以确定不同类型的股票是否可以进行投资,下面通过举例进行说明。

1. 股票内在价值指标的应用决策

【例6-3】 兴旺公司拟购买 A 股票进行投资。该股票预计 5 年后可以出售,并可获得价款 100 000 元。假设该企业要求的投资必要收益率为 15%。

要求:(1) 如果 A 股票 5 年中每年可获得股利收入 8 000 元,请问兴旺公司是否值得投资 A 股票?

(2) 如果 A 股票预期每年股利为每股 1.8 元,请问兴旺公司是否值得投资 A 股票?

(3) 若 A 股票去年每股支付的股利为 1.5 元,预计未来无限期内每股股利将以每年 5% 的比率增长,请问兴旺公司是否值得投资 A 股票?

(4) 若 A 股票所属公司正处于高速发展期。预计在未来 2 年内股利以每年 20% 的速度增长,此后转为正常增长,股利年增长率为 5%。A 公司上年支付的每股股利为 3 元。请问兴旺公司是否值得投资 A 股票?

解:(1) 根据已知条件,A 股票 5 年中每年可获得股利收入 8 000 元,属于短期持有且未来准备出售的股票,根据该类型股票内在价值的计算公式计算如下:

$$V = \sum_{t=1}^{n} \frac{D_t}{(1+i)^t} + \frac{P_n}{(1+i)^n}$$
$$= 8\,000 \times \text{PVIFA}_{15\%,5} + 100\,000 \times \text{PVIF}_{15\%,5}$$
$$= 8\,000 \times 3.352 + 100\,000 \times 0.497$$
$$= 26\,816 + 49\,700$$
$$= 76\,516 \text{ 元}$$

通过计算可知,当股票市场上 A 股票的市场价格低于 76 516 元时,该股票才值得购买,这样才可获得高于 15% 的收益率。

(2) 根据已知条件,A 股票预期每年股利为每股 1.8 元,是属于零成长股票,根据该类型股票内在价值的计算公式计算如下:

$$V = \frac{D}{i} = \frac{1.8}{15\%} = 12 \text{ 元}$$

通过计算可知,当市场上该股票的市场价格低于每股 12 元时,该股票才值得购买。

(3) 根据已知条件,A 股票去年每股支付的股利为 1.5 元,预计未来无限期内每股股利将以每年 10% 的比率增长,属于固定成长股票,根据该类型股票内在价值的计算公式计算如下:

$$V = \frac{D_0(1+g)}{i-g} = \frac{1.5 \times (1+10\%)}{15\% - 10\%} = 33 \text{ 元}$$

通过计算可知,当该公司的股票每股市场价格低于 33 元时,该股票才值得购买。

(4) 根据已知条件,A 股票预计在未来 2 年内股利以每年 20% 的速度增长,此后 3 年转为正常增长,股利年增长率为5%。A公司上年支付的每股股利为4元,因此A股票属于非固定成长股票,根据该类型股票内在价值的计算公式计算如下:

第一步,计算高速增长部分股利的现值。

第一年股利现值: $D_1 = 4 \times (1+20\%) \times \text{PVIF}_{15\%,1}$
$$= 4.8 \times 0.870 \approx 4.18 \text{ 元}$$

第二年股利现值: $D_2 = 4.8 \times (1+20\%) \times \text{PVIF}_{15\%,2}$
$$= 5.76 \times 0.756 \approx 4.35 \text{ 元}$$

所以 $V_1 = D_1 + D_2 = 4.18 + 4.35 = 8.53 \text{ 元}$

第二步,计算正常固定增长股利在第二年年末的现值。

$$V_2 = \frac{D_3}{i-g} \times \text{PVIF}_{15\%,2}$$
$$= \frac{5.76 \times (1+5\%)}{15\% - 5\%} \times 0.756$$
$$= 60.48 \times 0.756$$
$$\approx 45.73 \text{ 元}$$

第三步,将上述两部分现值相加,就是非固定成长股票的内在价值。
$$V = 8.53 + 45.73 = 54.26 \text{ 元}$$

通过计算可知,当股票市场上该股票的每股市场价格低于54.26元时,该股票才值得购买。

2. 股票投资预期收益率指标的应用决策

【例6-4】 续例6-3,兴旺公司购买A股票进行投资。如果之前的所有情况均不变,但是以下条件发生变化,请根据条件做出是否投资A股票的决策。

要求:(1)如果A股票5年中每年可获得股利收入8 000元,A股票的市场价格为78 000元,请问兴隆公司是否值得投资A股票?

(2)如果A股票的市场价格为每股6元,请问兴旺公司是否值得投资A股票?

(3)如果A股票的市场价格为每股10元,请问兴旺公司是否值得投资A股票?

(4)如果A股票的市场价格为每股50元,请问兴旺公司是否值得投资A股票?

解:(1)根据已知条件,如果A股票的市场价格为85 000元,属于短期持有且未来准备出售的股票,根据该类型股票预期收益率的计算公式,采用逐步测试法进行测算。

根据例6-3中(1)的计算结果可知,当A股票的预期收益率$i=15\%$时,股票的内在价值$V=76\ 546.40$元,按照15%的贴现率计算出的股票内在价值低于其市场价格78 000元,因而,还要降低贴现率,从而使其内在价值提高到78 000元以上。

令$i=14\%$进行测试,可得

$$V = \sum_{t=1}^{n} \frac{D_t}{(1+i)^t} + \frac{P_n}{(1+i)^n}$$
$$= 8\ 000 \times \text{PVIFA}_{14\%,5} + 100\ 000 \times \text{PVIF}_{14\%,5}$$
$$= 8\ 000 \times 3.433\ 1 + 100\ 000 \times 0.5194$$
$$= 27\ 464.80 + 51\ 940$$
$$= 79\ 404.80 \text{ 元}$$

按14%的贴现率计算的股票内在价值大于市场价格78 000元,看来使股票内在价值等于市场价格78 000元的贴现率一定在14%和15%之间。现用插值法计算股票的预期收益率。

折现率　　　　　　　　　出售价格

$$\frac{x}{1} = \frac{1\,404.80}{2\,858.40}$$

$$x \approx 0.49$$

A股票的预期报酬率 = 14% + 0.49% = 14.49%

可见,只有当A股票的预期收益率14.49%大于企业所要求的必要报酬率时,企业才值得投资于该股票。

(2) 根据已知条件,A股票预期每年股利为每股1.8元,如果A股票的市场价格为每股6元,属于零成长股票,根据该类型股票预期收益率的计算公式计算如下:

$$i = \frac{D}{P_0} = \frac{1.8}{6} = 30\%$$

可见,只有当A股票的预期收益率大于30%时,企业才值得投资于该股票。

(3) 据已知条件,A股票去年每股支付的股利为1.5元,预计未来无限期内每股股利将以每年10%的比率增长,如果A股票的市场价格为每股10元,属于固定成长股票,根据该类型股票预期收益率的计算公式计算如下:

$$i = \frac{D_1}{P_0} + g = \frac{1.5 \times (1 + 10\%)}{10} + 10\% = 26.5\%$$

说明只有当A股票的预期收益率26.5%大于企业所要求的必要报酬率时,企业才值得投资于该股票。

(4) 根据例6-3的已知条件,若非固定成长股票A预计在未来2年内股利以每年20%的速度增长,此后3年转为正常增长,股利年增长率为5%。A公司上年支付的每股股利为4元。如果A股票的市场价格为每股50元,根据该类型股票预期收益率的计算公式计算如下。

由例6-3中(4)的计算结果可知,当 $i = 15\%$ 时,$V = 54.26$ 元。按照15%的贴现率计算出的股票内在价值大于其市场价格50元,因而,还要提高贴现率,从而使其内在价值降到50元以下。

用 $i = 25\%$ 测试,

第一步,先计算高速增长部分股利的现值。

$$\begin{aligned} V_1 &= 4 \times (1 + 20\%) \times \text{PVIF}_{25\%,1} + 4 \times (1 + 20\%)^2 \times \text{PVIF}_{25\%,2} \\ &= 4.8 \times 0.800 + 4 \times 1.44 \times 0.640 \\ &= 3.85 + 3.686\,4 \\ &= 7.54 \text{ 元} \end{aligned}$$

第二步,计算固定增长部分股利的现值。

$$V_2 = \frac{D_3}{i-g} \times \text{PVIF}_{25\%,2}$$
$$= \frac{4 \times (1+20\%)^2 \times (1+5\%)}{15\%-5\%} \times 0.640$$
$$= 60.48 \times 0.640$$
$$= 38.71 \text{ 元}$$

第三步,将上述两部分现值相加,就是非固定成长股票的内在价值。
$$V = 7.54 + 38.71 = 46.26 \text{ 元}$$

按照 25% 的贴现率计算的股票内在价值小于其市场价格 50 元,看来使股票内在价格等于市场价格 50 元的贴现率一定在 15% 和 25% 之间。现用插值法计算该股票预期收益。

折现率　　　　　　　市场价格

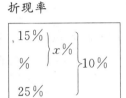

$$\frac{x}{10} = \frac{4.26}{8.00}$$
$$x \approx 5.33$$

A 股票的预期报酬率 = 15% + 5.33% = 20.33%

通过计算可知,只有当 A 股票的预期收益率 20.33% 大于企业所要求的必要报酬率时,企业才值得投资于该股票。

第四节　证券投资组合

【导入案例】

续本章第二节的导入案例,若振兴公司最终确定购买 A、B、C 三种股票进行组合投资,若拟购买的 A、B、C 三种股票的 β 系数分别为 1.5、1.8 和 2.5,三种股票在投资组合中的比重分别为 25%、35% 和 40%,若股票的市场收益率为 16%,无风险收益率为 8%,而该公司要求的投资必要报酬率为 10%。

分析讨论:

1. 该投资组合 β 系数为多少?
2. 该股票投资组合的必要收益率为多少?能达到该公司要求的必要报酬率 10% 吗?

企业进行对外投资是为了获得投资收益,但收益越高,风险越大,企业为了在收益与风险之间进行平衡,会采取既购买债券又购买股票的组合投资形式。本节在介绍证券投资组合的基本理论的基础上,重点介绍贝塔系数、资本资产定价模型等证券投资组合的决策指标和应用。

一、证券投资组合概述

（一）证券投资组合的内涵

证券投资组合，是指由两种或两种以上的证券，按照不同的比例构成的投资组合。证券投资组合的目的有两个：一是通过多种证券构成的组合，有效降低投资风险；二是通过证券投资组合提高投资收益。为了实现该目标，投资者就需要在既定的风险程度下，投资于多种证券构成有效投资组合，以实现预期收益率最高，或在既定的预期收益率水平下，实现风险最低。

（二）证券投资组合的程序

第一，确定投资目标。总的说来，证券投资的目标都是高报酬、低风险。有的投资人的目标是为了取得经常收入，他们认为投资的当前收入比资本回收更重要，要求当前收入具有稳定性和可靠性。这种目标决定了他们会选择安全的投资对象，而不是有增长前景但当前收入不稳定的证券。有的投资人的目标是资本增长，而不是当前的收入，他们会不断积累投资所得进行再投资，或者选择增长型的股票，通过股息和股价的不断增加而提高资本价值。有的投资人的目标是上述两者的结合，那就要选择不同的投资对象，分别做出安排。

第二，选择证券。投资目标确定之后，就要了解每种证券的特点，对证券按风险大小、长期和短期、收入型和增长型进行分类，以便选择有效的证券组合，实现投资目标。

第三，监视和调整。选定的证券组合的收益和风险会随着证券市场的不断变化而变化。为了保证投资目标的实现，就要依据股市综合指数，监视证券组合实施后的情况。如果投资没有达到原定目标，或者投资组合的预期收益低于市场平均收益水平，或者因投资人本身的财务状况变化而要修改投资目标，或者某种证券有了异常情况，就应考虑更换证券品种或搭配比例，改变原有的证券组合。

二、证券投资组合的风险

风险分散理论认为，证券组合投资的风险分为可分散风险和不可分散风险。这部分内容在第二章第二节已有所涉及。

具体来说，可分散风险，是证券发行公司因自身的某些因素形成的只会对个别证券造成影响的风险。这种风险来自发行证券公司的内部，可以通过证券投资组合分散掉，主要包括经营风险、财务风险、违约风险、流动性风险和再投资风险等。避免可分散风险的最普遍的方法是投资分散化，即选择若干报酬高低、风险大小不同的多种证券建立证券组合，使证券组合在保持特定收益水平的条件下，把总风险减小到最低限度，或者在将风险限制在愿意承担的特定水平条件下尽可能使收益最大化。

不可分散风险，是指那些对整个证券市场产生影响的因素引起的风险，包括战争、经济衰退、通货膨胀、高利率等。这种风险来自企业外部，对所有公司均产生影响，表现为整个证券市场平均收益率的变动，投资者无法控制和回避，因此无法通过证券投资组合即多元化投资来分散。不可分散风险主要包括利率风险、通货膨胀风险、战争风险等。这些风险虽然不能够通过证券投资组合分散掉，但由于整个证券市场收益率变动时，有的证券收益率变动小，有的证券收益率变动大,所以可以通过各单个证券收益率随着整个证券市场收益率变动的程度大小进行风险评估。

总之,在资本市场充分有效的情况下,投资者更关注的是不可分散风险,不可分散风险越大,投资者要求的风险补偿就越高。若假设可分散风险可以通过有效的投资组合分散掉并趋于零,那么,市场上证券投资的风险只剩下不可分散风险。所以,证券投资组合只能对不可分散风险要求补偿。

三、证券投资组合的策略

投资者根据市场上各种证券的风险及收益的不同情况,以及自身的偏好与承担能力,会选择不同的证券投资组合,形成低风险低收益、高风险高收益以及适中的风险和收益的不同证券组合。

(一)保守型的投资组合策略

采取保守型的投资组合策略,所承担的风险与证券市场的平均风险相近,投资的证券组合基本上能够分散非系统风险,但所得到的收益不会高于证券市场的平均收益。这种投资组合尽量模拟证券市场现状,将尽可能多的证券包括进来,以期得到与平均市场报酬率相同的投资报酬率,是一种比较典型的保守型投资组合策略。

(二)冒险型的投资组合策略

采取冒险型的投资组合策略,所承担的风险高于证券市场的平均风险,收益也高于证券市场的平均收益。这种投资组合要求尽可能多地选择一些成长性较好的股票,少选择低风险报酬的股票,以期得到高于平均市场报酬率的投资报酬,但如果失败其损失也较大,因此,这种组合是属于冒险型的投资组合策略。

(三)适中型的投资组合策略

采取适中的投资组合策略,需要在风险与收益之间进行平衡,在进行股票投资时,要全面深入地进行证券投资分析,选择一些品质优良的股票组成投资组合,这样若做得好,既可以获得较高的投资收益,又不会承担太大的风险,因此,这种组合策略是一种比较适中的投资组合策略。

四、证券投资组合决策的指标计算

(一)贝塔系数

1. 贝塔系数的含义

贝塔系数(β系数),用于计量个别股票随市场移动的趋势,是反映个别股票相对于平均风险股票变动程度的指标,衡量的是个别股票的市场风险,而不是公司的特有风险。

2. 贝塔系数的计算公式

贝塔系数可用直线回归方程求得

$$Y = \alpha + \beta X + \varepsilon \tag{6-12}$$

式中：Y 为证券的收益率；X 为市场平均收益率；α 为与 Y 轴的交点；β 为回归线的斜率；ε 为随机因素产生的剩余收益。

根据 X 和 Y 的历史资料，就可以求出 α 和 β 的数值。

贝塔系数和报酬的关系，可以用图 6-1 表示。

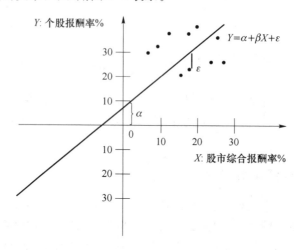

图 6-1 贝塔系数和报酬的关系

3. 贝塔系数的判别标准

如果证券投资的贝塔系数等于 1，则它的风险与整个市场的平均风险相同，说明当市场收益率上涨 1% 时，该证券投资的收益率也上涨 1%；如果贝塔系数等于 2，则它的风险程度是股票市场平均风险的 2 倍，说明当市场收益率上涨 1% 时，该证券投资的收益率上升 2%；如果贝塔系数是 0.5，则它的风险程度是市场平均风险的一半，说明当市场收益率上涨 1% 时，该证券投资的收益率只上升 0.5%。

贝塔系数可以反映各种股票不同的市场风险程度，既然股票的特有风险可以通过投资组合分散掉，市场风险就成了投资人注意的焦点，因此贝塔系数成为股票投资决策的重要依据。

需要注意的是，贝塔系数不是某种股票的全部风险，只是与市场有关的一部分，另一部分风险（$\alpha+\varepsilon$）是与市场无关的，只是与企业本身的活动有关的风险。企业的特有风险可通过多角化投资分散掉，而贝塔系数反映的市场风险不能被互相抵消。投资组合的市场风险即贝塔系数是个别股票贝塔系数的加权平均数。它反映特定投资组合的风险，即该组合的报酬率相对于整个市场组合报酬率的变异程度。

（二）资本资产定价模型

1. 资本资产定价模型的含义

资本资产定价模型，是在投资组合理论基础上，基于一些基本假设得出的用来揭示多样化投资组合中证券风险与收益之间的关系的模型。该模型表明了证券必要收益率与不可分散风险之间的关系。

在证券投资组合中，其投资收益率包括无风险收益率和风险收益率两部分。其中，证券投资组合的风险收益率，是指投资者因承担不可分散风险而要求获得的超过资金时间价值的那部分额外收益。所以，证券投资组合的必要收益率是指在证券投资组合下考虑不可分散风险而要求获得的预期收益率。

2. 资本资产定价模型的计算公式

按照资本资产定价模型的定义,证券组合的必要收益率可分为两部分:一部分是无风险收益率;一部分是风险收益率。风险收益率是风险价格与 β 系数的乘积,其中风险价格是预期的市场收益率减去无风险收益率的差额,是对单位风险的补偿。

资本资产定价模型的计算公式如下:

$$K_i = R_F + \beta_P (R_M - R_F) \quad (6\text{-}13)$$

式中:K_i 为证券投资组合的必要报酬率;R_F 为无风险收益率;β_P 为证券投资组合的 β 系数;R_M 为整个证券市场的平均收益率。

此处的 β_P 可以用如下公式进行计算:

$$\beta_P = \sum_{i=1}^{n} X_i \beta_i \quad (6\text{-}14)$$

式中:X_i 为第 i 种证券占证券投资组合的比重;β_i 为第 i 种证券的 β 系数。

3. 资本资产定价模型的判别标准

根据资本资产定价模型所确定的证券投资组合的必要收益率,是投资者进行投资决策的一个重要标准,只有当证券组合的预期收益率大于必要收益率时,该证券投资组合的方案才可行,否则需要进行进一步的调整。

五、证券投资组合决策指标的应用

由于贝塔系数的计算较为复杂,在实践中更多采用资本资产定价模型进行证券投资组合的决策,确定风险和收益之间的关系。进行证券投资组合决策的关键,是风险收益率的计算,而计算风险收益率的关键,又在于组合中各种证券系数及其所占比重的确定。

下面就举例说明实践中广泛运用的资本资产定价模型。

【例 6-5】 东方公司拟购买 A、B、C 三种股票进行投资组合,它们的 β 系数分别为 1.5、1.8 和 2.5,三种股票在投资组合中的比重分别为 25%、35% 和 40%,股票的市场收益率为 16%,无风险收益率为 8%。

要求:

(1) 计算该投资组合的 β 系数;

(2) 计算该证券投资组合的必要收益率。

解:(1) 计算出该投资组合的 β 系数:

$$\begin{aligned} \beta &= 1.5 \times 25\% + 1.8 \times 35\% + 2.5 \times 40\% \\ &= 0.375 + 0.63 + 1.00 \\ &= 2.005 \end{aligned}$$

(2) 计算该投资组合的必要收益率:

$$\begin{aligned} K_i &= R_F + \beta_P (R_M - R_F) \\ &= 8\% + 2.005 \times (16\% - 8\%) \\ &= 24.04\% \end{aligned}$$

由计算结果可知,证券投资组合的必要收益率为 24%,大于证券投资组合的市场收益率 16%,因此,如果采用此组合策略,则属于冒险的证券投资组合策略。

本章知识点小结

本章主要介绍了证券投资管理的基本理论,核心知识点包括以下几点。

第一,证券投资的概念和种类、特点与目的、程序和风险。

第二,债券投资。(1)债券投资的含义、特点、风险。(2)债券的基本要素包括债券面值、债券票面利率和债券到期日。(3)债券投资决策的指标有两个:债券的内在价值和债券的预期收益率。(4)债券的预期收益率,是指债券投资净现值为零的贴现率,即能使债券的内在价值等于其市场价格的贴现率,也就是债券投资的内部收益率。(5)债券投资决策的标准:只有当债券的内在价值大于其市场价格时,才值得购买,该债券投资决策才可行,或者,只有当债券的到期收益率高于投资者要求的必要收益率时,企业才值得投资于该债券。

第三,股票投资。(1)股票投资的含义、特点、风险。(2)股票投资决策关键要素包括股票面值、股票市场价格、股票净值和股票清算价格。(3)股票投资决策的指标包括两个:股票的内在价值和股票的预期收益率。(4)股票投资预期收益率的确定包括短期持有未来准备出售的股票、零成长股票、固定成长股票和非固定成长股票四种类型股票的预期收益率的确定。(5)股票投资决策的标准:只有当股票的内在价值大于其市场价格时,才值得购买,该股票投资决策才可行,或者,只有当股票投资的预期收益率大于企业所要求的必要收益率时,企业才值得投资于该股票。

第四,证券投资组合。(1)证券投资组合的内涵、程序。(2)证券组合投资的风险分为可分散风险和不可分散风险。(3)证券组合投资决策的指标包括贝塔系数和资本资产定价模型。贝塔系数(β系数)的计算公式为$Y=\alpha+\beta X+\varepsilon$,资本资产定价模型的计算公式为$K_i=R_F+\beta_P(R_M-R_F)$。

思考与练习题

一、单项选择题

1. (　　)是指银行或其他非银行性的金融机构为筹集资金而发行的证券。
   A. 金融证券　　　　　　　　　　B. 政府证券
   C. 企业证券　　　　　　　　　　D. 权益性证券

2. (　　)是指债券发行单位无法按期支付债券利息或偿还本金的风险。
   A. 利率风险　　　　　　　　　　B. 违约风险
   C. 购买力风险　　　　　　　　　D. 变现风险

3. 债券发行者预计在一年内向债券持有者支付的利息占票面金额的比率,是指(　　)。
   A. 债券面值　　　　　　　　　　B. 债券到期日
   C. 债券票面利率　　　　　　　　D. 股票预期收益率

4. 在债券投资中,只有当债券的内在价值(　　)其市场价格时,才值得购买,该债券投资决策可行。
   A. 大于　　　　　　　　　　　　B. 小于
   C. 等于　　　　　　　　　　　　D. 小于等于

5. 在股票投资决策中,只有当股票的内在价值(　　)其市场价格时,才值得购买,该股票投资决策可行。

A. 小于等于　　　　　　　　　B. 小于
C. 等于　　　　　　　　　　　D. 大于

二、多项选择题

1. 根据证券的权益关系和经济内容的不同,可分为(　　)。

A. 权益性证券　　　　　　　　B. 债权性证券
C. 混合性证券　　　　　　　　D. 投资基金

2. 按照投资期限的长短,可以分为(　　)。

A. 长期投资　　　　　　　　　B. 债权性证券
C. 权益性证券　　　　　　　　D. 短期投资

3. 债券投资风险主要包括(　　)。

A. 违约风险　　　　　　　　　B. 利率风险
C. 购买力风险　　　　　　　　D. 再投资风险

4. 一般来说,债券投资决策的指标包括(　　)。

A. 债券面值　　　　　　　　　B. 债券到期日
C. 债券的内在价值　　　　　　D. 债券的预期收益率

5. 风险分散理论认为,证券组合投资的风险包括(　　)。

A. 不可分散风险　　　　　　　B. 利率风险
C. 可分散风险　　　　　　　　D. 再投资风险

三、计算题

1. A公司准备购买一张面值为10 000元,票面利率为8%,期限为5年的债券,若该公司要求的投资必要收益率为12%。

要求:

(1) 若该债券每年年末支付利息一次,到期归还本金。请计算该公司债券的内在价值并做出是否需要投资的决策。

(2) 若该债券的利息和本金,均于到期日一并支付。请计算该公司债券的内在价值并做出是否需要投资的决策。

2. B公司拟购买甲、乙、丙三种股票进行投资组合,它们的 β 系数分别为1.2、1.4和1.8,三种股票在投资组合中的比重分别为20%、40%和40%,股票的市场收益率为12%,无风险收益率为8%。

要求:

(1) 计算该投资组合的 β 系数。

(2) 计算该证券投资组合的必要收益率。

四、案例分析题

ZQ公司拟购买A股票进行投资。该股票预计5年后可以出售,并可获得价款200 000元。假设该企业要求的投资必要收益率为15%。

要求：

(1) 如果 A 股票 5 年中每年可获得股利收入 6 000 元，请问 ZQ 公司是否值得投资 A 股票？

(2) 如果 A 股票预期每年股利为每股 2.0 元，请问 ZQ 公司是否值得投资 A 股票？

(3) 若 A 股票去年每股支付的股利为 1.8 元，预计未来无限期内每股股利将以每年 5% 的比率增长，请问 ZQ 公司是否值得投资 A 股票？

(4) 若 A 股票所属公司正处于高速发展期。预计在未来 2 年内股利以每年 10% 的速度增长，此后转为正常增长，股利年增长率为 5%。A 公司上年支付的每股股利为 4 元。请问 ZQ 公司是否值得投资 A 股票？

(5) 如果其他条件均无变化，A 股票的市场价格为 110 000 元，请问 ZQ 公司是否值得投资 A 股票？

(6) 如果其他条件均无变化，A 股票的市场价格为每股 8 元，请问 ZQ 公司是否值得投资 A 股票？

(7) 如果其他条件均无变化，A 股票的市场价格为每股 12 元，请问该公司是否值得投资 A 股票？

(8) 如果其他条件均无变化，A 股票的市场价格为每股 60 元，请问 ZQ 公司是否值得投资 A 股票？

第七章 营运资金管理

知识框架体系

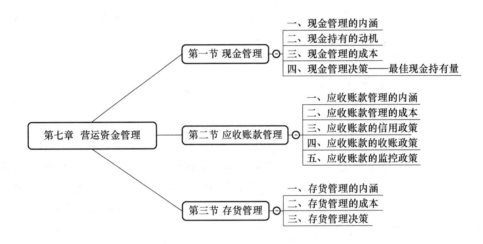

【学习目标】

本章重点讲授了现金管理、应收账款管理和存货管理。通过本章的学习,需要达到以下教学目标:

1. 理解现金管理的内涵、动机、成本;
2. 应用最佳现金持有量的决策;
3. 理解应收账款管理的内涵、成本;
4. 应用应收账款的信用、收账和监控政策;
5. 理解存货管理的内涵、成本;
6. 应用存货管理的决策。

第一节 现 金 管 理

【导入案例】

远方公司有以下四种现金持有方案可供选择,四种方案的机会成本、管理成本和短缺成本,具体见表7-1。

表7-1 远方公司的现金持有备选方案

单位:元

	A方案	B方案	C方案	D方案
现金持有量	25 000	50 000	75 000	100 000
机会成本	3 000	6 000	8 000	12 000
管理成本	20 000	20 000	20 000	10 000
短缺成本	3 000	5 800	3 500	0

分析讨论:
1. 确定最佳现金持有量的方法有几种?
2. 根据现有已知资料,远方公司适合选择哪种现金持有量的决策方法?
3. 如何运用所选取的方法进行最佳现金持有量的决策?

一、现金管理的内涵

(一) 现金内涵的界定

现金的概念有广义和狭义之分:狭义的现金仅指库存现金,是专门用以支付日常零星开支所必需的;广义的现金,是指企业以各种货币形态占用的资产,包括库存现金、银行存款及其他货币资金。财务管理中的现金是广义的概念,我国对于广义的现金也称为货币资金。

现金管理的目标,是在现金的流动性和收益性之间进行合理的选择,即在保证正常业务经营需要的前提下,尽可能地降低现金的占用量,并从暂时闲置的现金中获得最大的投资收益。从理论上讲,企业留存的现金量越低越好,因为较多的现金会造成较多的持有现金的机会成本,所以,企业应尽可能地将现金维持在某一特定水平。

(二) 现金管理的内容

现金管理是企业营运资金管理的一项重要内容,主要包括以下方面:

第一,根据相关数据编制现金收支计划,合理估计未来的现金需求;第二,根据现金收支情况对日常的现金收支进行控制,加速收款,延缓付款;第三,运用科学方法确定最佳现金余额,当企业实际的现金余额与最佳的现金余额不一致时,采用短期筹资策略或归还借款及投资于有价证券等策略来达到理想状况。

二、现金持有的动机

企业之所以持有现金,往往出于交易动机、补偿动机、预防动机和投机动机。

(一) 交易动机

由于企业销售产品往往不能马上收到现金,而采购原材料、支付工资等日常经营活动则需要现金的支持。另外,由于企业每天的现金流入量与现金流出量在时间、数额上通常存在一定程度的差异，为使日常交易继续进行，持有一定量的现金并保留必要的现金余额是完全必要的。一般说来，企业为满足支付动机所持有的现金余额主要取决于企业销售水平。企业销售额增加，所需现金余额也随之增加。

（二）补偿动机

企业在现金流短缺时，会从银行借入短期或长期借款。从银行的角度来看，银行为企业提供服务时，往往担心企业不能及时偿还本息，所以会要求企业在银行中保留一定的存款余额以保证银行的资金安全。这种出于银行要求而保留在企业银行账户中的存款就是补偿动机要求的现金持有。

（三）预防动机

由于市场行情瞬息万变，为了预防意外事件发生，企业需要保持一定量的货币资金。预防动机，就是企业为应付意外情况而需要保持的现金支付能力。企业为应付意外情况所必需的现金数额主要取决于企业愿意承担风险的程度、企业临时举债能力的强弱和企业对现金流量的预测的可靠程度。为了应对一些突发事件和偶然情况，企业必须持有一定的现金余额来保证生产经营的安全顺利进行，这就是预防动机的要求。

（四）投机动机

企业在保证正常生产经营的基础上，会希望有一些回报率较高的投资机会，从事投资活动获取投资收益就需要保持一定量的货币资金，这就是投机动机对现金的需求。金融市场的机会稍纵即逝，如有一定量的资金储备，当证券市价跌入低谷，预期价格将会反弹时，以一定量的货币资金购入有价证券，即可获取高额收益。当然，投机动机只是企业确定现金持有量时应考虑的较为次要的因素，其持有量的大小与金融市场的投资机会及企业对待风险的态度相关。

总之，大部分企业持有的现金余额多出于上述四个方面的考虑。企业持有现金的动机并不是孤立的，有时候是多种动机并存的，一笔现金余额可以服务于多个动机，而哪个动机所占比重大小，与企业自身条件、市场环境等因素有关，企业必须综合考虑多方面因素，合理分析企业的现金状况。

三、现金管理的成本

现金是企业的一项流动性非常强的资产，现金的管理同样会使得企业付出一定的成本。在现金管理中，相关的成本主要包括以下四个方面。

（一）机会成本

机会成本是指企业因保留一定的现金余额而增加的管理费用及丧失的投资收益。因为现金作为企业的一项资金占用，是需要付出代价的，这种代价就体现为机会成本。从投资角度来说，机会成本就是企业因持有现金而丧失的投资机会所能获得的投资收益。这种投资收益是企业不能用该现金进行其他投资而获得的收益，与现金成正比例关系，可用下式表示：

$$机会成本 = 现金持有量 \times 有价证券利率$$

（二）管理成本

管理成本是指企业因持有一定数量的现金而要支付的管理人员的工资，以及必要的安全措施费等管理费用。通常认为这部分费用在一定范围内与现金持有量的多少关系不大，属于一种固定成本，这种固定成本在一定范围内和现金持有量之间没有明显的比例关系。

（三）短缺成本

短缺成本是指企业在现金持有量不足时无法及时通过有价证券变现等方式补充企业所需的资金而给企业造成的损失。这些损失有直接损失，也有间接损失。现金的短缺成本与现金持有量成反比例关系。

（四）转换成本

转换成本是指企业的现金和有价证券之间进行转换时所发生的交易费用，包括委托买卖佣金、委托手续费、证券过户费、交割手续费等。在现金需要量既定的前提下，现金持有量越少，进行证券变现的次数越多，相应的转换成本就越大；反之，现金持有量越多，证券变现的次数就越少，需要的转换成本也就越小。转换成本与证券变现次数呈线性关系，用公式可以表示为

$$转换成本总额＝证券变现次数×每次的转换成本$$

四、现金管理决策——最佳现金持有量

现金管理的决策，就是确定企业的最佳现金持有量。确定最佳现金持有量的方法，最常见的是成本分析模式、随机分析模式和存货分析模式。

（一）成本分析模式

1. 成本分析模式的基本原理

成本分析模式，就是通过分析现金的持有成本，寻找持有成本最低的现金持有量。具体来说，与现金持有量关系密切的成本包括机会成本、管理成本和短缺成本。成本分析模式就是寻找三项成本之和最小的现金持有量，即最佳现金持有量。

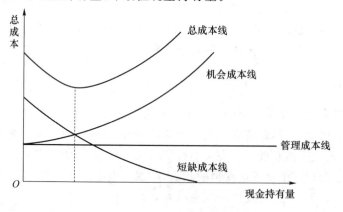

图 7-1 成本分析模式的现金成本

机会成本、管理成本和短缺成本之和的最小现金持有量,可以用图形表示(见图7-1)。在图7-1中,机会成本线向右上方倾斜,短缺成本线向右下方倾斜,管理成本线为平行于横轴的平行线,总成本线是一条抛物线,该抛物线的最低点就是持有现金的最低总成本。超过该点,机会成本上升的代价会大于短缺成本下降的好处;在这点之前,短缺成本上升的代价会大于机会成本下降的好处。这点所在横轴上的量,即为最佳现金持有量。

2. 成本分析模式的计算步骤

在实际工作中,运用成本分析模式确定最佳现金持有量的具体步骤如下:

第一步,根据不同现金持有量,计算各方案的现金持有成本之和;

第二步,按照不同现金持有量及有关成本资料,测算各备选方案的成本数值,编制最佳现金持有量测算表;

第三步,通过对最佳现金持有量测算表的分析,在测算表中找出总成本最低时的现金持有量,即最佳现金持有量。

3. 成本分析模式的应用举例

成本模式强调的是,持有现金是有成本的,最优的现金持有量是使得现金持有成本最小的现金持有量。下面通过举例来说明成本模式的运用。

【例7-1】 绿地公司有以下四种现金持有方案可供选择,四种方案的机会成本、管理成本和短缺成本,具体见表7-2。要求:运用成本分析模式选出最佳的现金持有方案。

表7-2 绿地公司的现金持有备选方案

单位:元

	A方案	B方案	C方案	D方案
现金持有量	35 000	60 000	85 000	110 000
机会成本	4 000	7 000	10 000	13 000
管理成本	30 000	30 000	30 000	30 000
短缺成本	13 000	7 800	4 500	0

分析:根据已知资料,可以计算出该公司四种方案的现金持有总成本如表7-3所示。

表7-3 绿地公司的现金持有总成本

单位:元

	A方案	B方案	C方案	D方案
机会成本	4 000	7 000	10 000	13 000
管理成本	30 000	30 000	30 000	30 000
短缺成本	13 000	7 800	2 500	0
总成本	47 000	44 800	42 500	43 000

通过表7-3的计算可知,C方案的现金总成本为42 500元,分别小于A、B、D三种方案的47 000元、44 800元和43 000元。也就是说,当现金持有量为85 000元时,绿地公司的总代价最低,对企业来说最为划算,因此,企业应该选择C方案,即现金持有量保持85 000元,该持有量即为企业的最佳现金持有量。

(二) 随机分析模式

1. 随机分析模式的基本原理

随机分析模式,是在现金需求量难以预知的情况下对现金持有量进行控制的方法。在这种情况下,企业可以根据历史经验和现实需要,测算出一个现金持有量的控制范围,在控制范围的上下限范围内确定现金的最优持有量。当现金量达到控制的上限时,将持有的现金通过购入转换为有价证券,降低现金持有量;当现金量达到控制的下限时,抛售持有的有价证券,提高现金持有量;当现金量在上下限区间内时,可以不必进行现金和有价证券的转换,保持各自的持有量即可。这种对现金持有量的控制过程,可以用米勒-奥尔模型(图 7-2)表示。

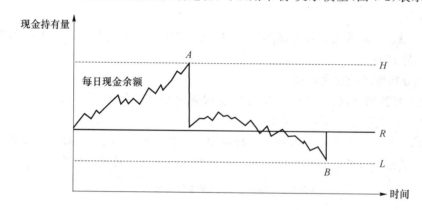

图 7-2 随机分析模式的现金成本——米勒-奥尔模型

在图 7-2 中,虚线 H 表示现金存量的上限,虚线 L 表示现金存量的下限,实线 R 表示最优现金返回线。通过图 7-2 可以看到,现金存量即每日的现金余额,是随机波动的,当其达到 A 点,也就是达到现金控制的上限时,企业应该用现金购买有价证券等从而减少现金的存量,使其返回到现金返回线 R 的水平;当现金存量降至 B 点时,也就是达到了现金控制的下限,这时企业应转让有价证券等增加现金的存量,使其回升到现金返回线 R 的水平。如果现金存量在上限 A 和下限 B 之间波动,则属于控制范围内的变化,是合理的,不用采取任何措施。

以上现金与有价证券间的关系,可以用如下公式表示:

$$R = \sqrt[3]{\frac{3b\delta^2}{4i}} + L \tag{7-1}$$

$$H = 3R - 2L \tag{7-2}$$

式中:H 为现金存量上限;R 为现金返回线;b 为每次有价证券的固定转换成本;i 为有价证券的日利息率;δ 为预期每日现金余额变化的标准差;L 为现金存量下限。

其中,δ 可根据历史资料进行测算,而下限 L 的确定,则要受到企业每日最低现金需要、管理人员的风险承受倾向等因素的影响。

2. 随机分析模式的应用举例

下面通过具体的举例来说明随机分析模式的具体应用。

【例 7-2】 假设万方公司的财务部门根据以往经验,确定该公司的银行存款余额及现金余额 L 均不能低于 2 000 元,现金余额波动的标准差 δ 为 1 000 元,该公司持有的有价证券的年利率为 8%,每次固定转换成本 b 为 200 元。

要求:计算最优现金返回线 R 和现金控制上限 H。

解:根据已知资料可知,有价证券的日利息率为

$$i = \frac{8\%}{360} \approx 0.02\%$$

因此
$$R = \sqrt[3]{\frac{3b\delta^2}{4i}} + L = \sqrt[3]{\frac{3 \times 200 \times 1\,000^2}{4 \times 0.02\%}} + 2\,000$$
$$= \sqrt[3]{750\,000\,000\,000} + 2\,000$$
$$= 9\,085.6 + 2\,000$$
$$= 11\,085.50 \text{ 元}$$

所以有
$$H = 3R - 2L = 3 \times 11\,085.5 - 2 \times 2\,000$$
$$= 29\,256.50 \text{ 元}$$

可见,该公司的目标现金余额为 11 085.50 元,若该现金持有额达到 29 256.50 元,则应该买进 18 171 元(29 256.5 元－11 085.50 元)的有价证券,使其现金存量降至目标现金余额 R;若现金持有额降至 2 000 元,则应卖出 9 085.50(即 11 085.50－2 000)元的有价证券,使其现金存量上升至目标现金余额 R。

(三) 存货分析模式

1. 存货分析模式的基本原理

企业如果要持有合理的现金持有量,就需要在现金较多时,通过购买有价证券的方式来减少现金,在现金较少时,通过出售有价证券来增加现金持有量。适当的现金与有价证券之间的转换,能够提高企业利用资金的效率,但若经常进行大量的有价证券和现金之间的转换,则会加大转换的交易成本。那么,如果确定有价证券与现金的每次转换量,则可以通过应用现金持有量的存货模式来解决。

在存货模型下,与持有现金资产的总成本密切相关的成本包括机会成本和转换成本。第一,机会成本是持有现金所放弃的收益,通常用有价证券的利息来表示,与现金余额成正比例;第二,转换成本,也即交易成本,是指现金与有价证券转换过程中发生的经纪人费用、捐税及其他管理成本,这种成本只与交易的次数有关,而与现金的持有量无关。两种成本总和最小时的现金余额即为最佳现金余额。运用存货模型就是为了求出这一最佳现金余额。

存货模型下的现金成本可以用图 7-3 表示。在图 7-3 中,现金的机会成本和交易成本是两条随现金持有量呈现不同方向发展的曲线,两条曲线的交叉点 C^* 所对应的现金持有量,就是相关总成本最低的现金持有量。

2. 存货分析模式的计算方法

在存货分析模式,中假设企业需要的合理的现金持有量为 C,一定期间的现金需求量为 T,每次有价证券和现金之间的转换交易成本为 F,则

$$\text{交易成本} = (T/C) \times F$$

若持有现金的机会成本率用 K 表示,则一定时期内的现金总机会成本为

$$\text{机会成本} = (C/2) \times K$$

$$\text{相关总成本} = \text{机会成本} + \text{交易成本} = (C/2) \times K + (T/C) \times F$$

而当现金为最佳持有量时,机会成本应与交易成本相等,即

$$(C/2) \times K = (T/C) \times F$$

整理可得存货模式下,最佳现金持有量的公式:

$$C^* = \sqrt{\frac{2T \times F}{K}} \tag{7-3}$$

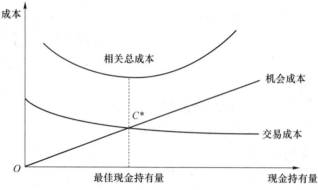

图 7-3　存货模式下的现金成本

3. 存货分析模式的应用举例

【例 7-3】 假设 QM 公司每月的现金需求总量为 40 000 元,每次现金的转换成本为 800 元,持有现金的机会成本率为 10%。

要求:运用存货模式计算该公司的最佳现金持有量。

分析:根据已知资料可知,

$$C^* = \sqrt{\frac{2T \times F}{K}} = \sqrt{\frac{2 \times 40\ 000 \times 800}{10\%}}$$
$$= \sqrt{640\ 000\ 000} = 25\ 298.22\ 元$$

可见,该企业最佳现金持有量为 25 298.22 元,持有超过 25 298.22 元则会降低现金的投资收益率,低于 25 298.22 元则会加大企业正常现金支付的风险。

存货分析模式能够精确地测算出最佳现金余额和变现次数,能够加强企业的现金管理。但存货模式也具有一定的局限性,因为该分析模式假设现金收入只在期初或期末发生,并且均匀发生,同时没有考虑安全库存,而事实上多数企业每日都会发生不均匀的现金收入,另外,由于企业无法确保在较短时间内实现有价证券的变现,所以适当的安全库存往往是必要的。

第二节　应收账款管理

【导入案例】

海达公司预测的年度赊销收入净额为 3 100 万元,其信用条件是 n/30,变动成本率为 60%,资金成本率或有价证券利息率为 12%。

假设企业收账政策不变,固定成本总额不变。该企业准备了三个信用条件的备选方案: A. 维持 n/30 的信用条件;B. 将信用条件放宽到 n/60;C. 将信用条件放宽到 n/90。估计的各种备选方案的赊销水平、坏账百分比和收账费用等有关数据见表 7-4。

表 7-4 信用期限备选方案表

项目	甲方案($n/30$)	乙方案($n/60$)	丙方案($n/90$)
年赊销额	3 100	3 280	3 340
应收账款周转率	14	8	6
坏账损失/年赊销额	3%	4%	6%
收账费用	25	43	57

分析讨论：

1. 根据已知资料，如何计算三种方案的信用后收益？
2. 该公司应该选择哪种信用方案？为什么？

企业在生产经营过程中，为了扩大销售，会采取赊销等形式，一部分货物卖出暂时收不到货款，这样就产生了应收账款。而如果不对应收账款进行有效管理，势必形成坏账，影响企业的收益和资金的流动。所以，应收账款管理是企业流动资金管理的一项重要内容。本节在介绍应收账款基本理论的基础上，重点介绍应收账款的信用政策、收账政策和监控政策。

一、应收账款管理的内涵

（一）应收账款内涵的界定

应收账款，是指企业因对外销售商品、提供劳务等向购货或接受劳务的单位收取的款项。一方面，企业通过采取赊销、分期付款等方式，可以扩大销售，增强企业的竞争力，获得利润；另一方面，形成的应收账款会产生坏账等费用损失从而增加经营风险。因此，应收账款管理的目标是在充分发挥应收账款强化竞争、扩大销售的功能的同时，尽可能降低机会成本、坏账损失与管理成本，在应收账款所增加的盈利和所增加的成本之间做出权衡，取得最大的收益。

（二）应收账款的功能

应收账款的功能指其在生产经营中的作用，主要有以下两方面：

第一，增加销售的功能。企业销售产品可以采取现销或赊销两种方式。现销方式能及时收回现金进行使用再增值，而且没有坏账等损失。但是，在激烈的市场竞争下，为吸引顾客购买，企业往往不得不采取赊销方式，而采用赊销方式，意味着企业在销售产品的同时，向买方提供了可以在一定期限内无偿使用资金的优惠条件，即商业信用，这对于购买方而言具有极大的吸引力，从这个角度来说，赊销也就成了一种重要的促销手段，它能为企业带来更多的收入，特别是在企业销售新产品、开拓新市场时，赊销更具有重要的意义。

第二，减少存货的功能。企业生产产品是为了获得利润，如果有大量的产成品积压在仓库，不但不能及时收回资金，还会产生仓储和管理费用，而赊销则可避免这些成本的产生。所以，无论是季节性生产企业还是非季节性生产企业，当产成品存货较多时，一般会采用优惠的信用条件进行赊销，将存货转化为应收账款，减少产成品存货，这样，存货资金占用成本、仓储与管理费用等会相应减少，从而提高企业收益。

二、应收账款管理的成本

应收账款作为企业为扩大销售减少存货而采取的商业信用措施,肯定会产生一定的成本。在应收账款管理中,涉及的应收账款成本主要有以下三种。

(一) 应收账款的机会成本

应收账款的机会成本,是指资金由于被应收账款占用而不能用于其他投资所丧失的收益。机会成本的大小通常与企业维持赊销业务所需要的资金数量、资金成本率或有价证券利息率有关,如投资于有价证券所能获得的利息收入等。机会成本的计算公式如下:

应收账款平均余额＝日销售额×平均收现期

应收账款占用资金＝应收账款平均余额×变动成本率

应收账款占用资金的应计利息(即机会成本)

＝应收账款占用资金×资本成本

＝应收账款平均余额×变动成本率×资本成本

＝日销售额×平均收现期×变动成本率×资本成本

＝全年销售额/360×平均收现期×变动成本率×资本成本

＝(全年销售额×变动成本率)/360×平均收现期×资本成本

＝全年变动成本/360×平均收现期×资本成本 (7-4)

式中,平均收现期指的是各种收现期的加权平均数。

(二) 应收账款的管理成本

应收账款的管理成本,主要是指在进行应收账款管理时所增加的调查顾客信用状况的费用、收集各种信息的费用、账簿的记录费用、收账费用、数据处理成本、相关管理人员的工资薪金和从第三方购买信用信息的成本等费用。

(三) 应收账款的坏账成本

企业的赊销交易,不可避免会出现债务人因种种原因而无力偿还应收账款的情况,此时,债权人企业就有可能因无法收回应收账款而遭受损失,这种损失就是坏账成本。坏账成本与应收账款的数量,一般成正比。坏账成本可用下列公式进行测算:

应收账款的坏账成本＝赊销额×预计坏账损失率 (7-5)

三、应收账款的信用政策

应收账款是否能够及时回收,以及赊销效果的好坏,依赖于企业的信用政策。应收账款信用政策包括:信用标准、信用期间和现金折扣政策。信用期间和现金折扣政策也称为信用条件。

(一) 信用标准

信用标准,是指信用申请者获得企业提供的交易信用所应具备的条件。通常以预期的坏账损失率作为判别标准。如果顾客达不到信用标准,就不能享受企业的信用或者只能享受较低的信用优惠。企业应该制定合理的信用标准,避免过于严格,不利于扩大销售,也要避免过于宽松,导致应收账款的管理成本与坏账成本的增加。

制定合理的信用标准,就需要对顾客进行评估,即评估顾客赖账的可能性。评价顾客信用品质,一般通过"五C"系统进行。所谓"五C"系统,就是评估顾客信用品质的五个方面,即品质(character)、能力(capacity)、资本(capital)、抵押(collateral)和条件(condition)。

1. 品质。品质是指顾客的信誉,即履行偿债义务的可能性。品质反映了个人或企业在过去的还款中所体现出来的还款意图和愿望,通常要根据过去的记录结合现状调查来进行分析,设法了解顾客过去的付款记录,以及企业经营者遵纪守法的情况等,这一点通常被视为评价顾客信用的首要因素。

2. 能力。能力是指顾客的经营能力,通常通过分析顾客的生产经营能力、获利情况、管理制度等方面,来了解顾客的产品生产销售是否正常,经营规模和经营实力是否逐年增长,以及在市场上有无竞争力。

3. 资本。资本是指顾客的财务实力和财务状况,表明顾客能够在短期和长期内可供使用的财务资源。如果资本雄厚,则说明企业抗风险的能力强,否则能力弱。因此,信用分析必须调查了解顾客的资本规模和资产负债比率等偿债能力指标,以充分了解顾客的资本对负债的保障程度。

4. 抵押。抵押是指顾客拒付款项或者无力支付款项时,能被用作抵押的资产。信用分析必须分析担保抵押手续是否齐备,尤其是对那些底细不明的顾客,尤为重要。

5. 条件。条件是指可能影响顾客还款能力和还款意愿的经济环境。信用分析所研究的顾客的经济环境,包括企业发展前景、行业发展趋势、市场需求变化等因素,需要对这些因素进行分析,预测其对顾客经营效益的影响。

(二) 信用期间

信用期间是指企业为顾客规定的最长付款时间,或者说是企业给予顾客的付款期间,一般简称为信用期。

由于产品销售量与信用期限之间存在着一定的依存关系。信用期的确定,主要就是分析改变现行信用期对收入和成本的影响。延长信用期,可以在一定程度上扩大销售从而增加毛利,但与此同时,应收账款、收账费用和坏账损失也会增加。因此,企业是否应给顾客延长信用期限,应视延长信用期限增加的边际收入是否大于增加的边际成本而定。

【例 7-4】 海森公司预测的年度赊销收入净额为 2 100 万元,其信用条件是 $n/30$,变动成本率为 60%,资金成本率或有价证券利息率为 12%。假设企业收账政策不变,固定成本总额不变。该企业准备了三个信用条件的备选方案:甲、维持 $n/30$ 的信用条件;乙、将信用条件放宽到 $n/60$;丙、将信用条件放宽到 $n/90$。估计的各种备选方案的赊销水平、坏账百分比和收账费用等有关数据见表 7-5。

表7-5 信用期限备选方案表

项目	甲方案($n/30$)	乙方案($n/60$)	丙方案($n/90$)
年赊销额	2 100	2 280	2 340
应收账款周转率/次	14	8	6
应收账款平均余额	2 100÷14=150	2 280÷8=285	2 340÷6=390
维持赊销业务所需资金	150×60%=90	285×60%=171	390×60%=650
坏账损失/年赊销额	3%	4%	6%
坏账损失	2 100×3%=63	2 280×4%=91.2	2 340×6%=140.4
收账费用	25	43	57

根据以上资料,计算如下指标,计算结果见表7-6。

表7-6 信用期限分析评价表

项目	甲方案($n/30$)	乙方案($n/60$)	丙方案($n/90$)
年赊销额①	2 100	2 280	2 340
变动成本②	2 100×60%=1 260	2 280×60%=1 368	2 340×60%=1 404
信用成本前收益③=①-②	840	912	936
信用成本			
应收账款机会成本④	90×12%=10.8	171×12%=20.52	234×12%=28.08
坏账损失⑤	63	91.2	140.4
收账费用⑥	25	43	57
小计⑦=④+⑤+⑥	98.8	154.72	225.48
信用成本后收益⑧=③-⑦	741.2	757.28	710.52

由表7-6中计算的数据可知,在这三种方案中,乙方案的信用后收益为757.28万元,获利最大,它比甲方案增加收益16.08(即757.28-741.20)万元,比丙方案增加收益46.76(即757.28-710.52)万元。因此,乙方案为最佳方案。

(三)现金折扣政策

现金折扣政策包括折扣期限和现金折扣两个方面。现金折扣是企业对顾客在商品价格上所做的扣减,目的在于吸引顾客为享受优惠而提前付款,缩短企业的平均收账期。同时,现金折扣也是促销的一种手段,能够扩大销售量。

折扣的表示常采用如5/10,3/20,$n/30$这样的符号形式,其含义如下:

5/10表示10天内付款,可享受5%的价格优惠,即只需支付原价的95%;3/20表示20天内付款,可享受3%的价格优惠,即只需支付原价的97%;$n/30$表示付款的最后期限为30天,此时付款无优惠。

因为现金折扣是与信用期间结合使用的,所以确定现金折扣程度的方法与确定信用期间的方法相一致,只是把折扣与延期付款时间综合起来,计算各方案的延期与折扣能取得多大的增量收益,再计算各方案带来的成本变化,最终确定最佳方案。

【例7-5】续例7-4,如果海森公司选择了乙方案,为了加速应收账款的回收,决定将赊销条件改为"3/10,2/20,n/40",即丁方案。采用丁方案,按照以往数据的赊销额计算,估计约有50%的客户会利用3%的折扣,20%的客户会利用2%的折扣,坏账损失降为3%,收账费用降为30万元。根据上述资料,有关指标可计算如表7-7。

表7-7 现金折扣方案计算表

项目	丁方案($n/60$)
年赊销额/万元①	2 280
应收账款周转期/天②	50%×10+20%×20+30%×40=21
应收账款周转率/次③=360÷②	360÷21≈17.14
应收账款平均余额/万元④=①÷③	2 280÷17.14=133.02
维持赊销业务所需资金/万元⑤=④×60%	133.02×60%=79.81
应收账款机会成本/万元⑥=⑤×12%	79.81×12%=9.58
坏账损失/年赊销额⑦	3%
坏账损失/万元⑧=①×3%	2 280×3%=68.40
现金折扣/万元⑨=①×(3%×50%+2%×15%)	2 280×(3%×50%+2%×15%)=41.04

根据表7-7的资料,编制现金折扣条件分析评价表(表7-8)。

表7-8 现金折扣条件分析评价表

项目	乙方案($n/60$)	丁方案(3/10,2/20,$n/40$)
年赊销额①	2 280	2 280
减:现金折扣②		41.04
年赊销净额③=①－②	2 280	2 238.96
减:变动成本④	2 280×60%=1 368	1 368
信用成本前收益⑤=③－④	912	870.96
信用成本		
维持赊销业务所需资金⑥	171	79.81
应收账款机会成本⑦	171×12%=20.52	79.81×12%≈9.58
坏账损失⑧	91.2	68.4
收账费用⑨	43	30
小计⑩=⑦+⑧+⑨	154.72	107.98
信用成本后收益⑪=⑤－⑩	757.28	762.98

计算结果表明,实行现金折扣以后,企业的收益增加了5.7(即762.98－757.28)万元,因此,企业应该选择丁方案。

四、应收账款的收账政策

收账政策,是指当顾客违反信用条件,拖欠甚至拒付账款时企业所采取的收账策略与措施。

企业如果采取较积极的收账政策,可能会减少应收账款,进而减少坏账损失,但同时会增加收账成本。如果采用较消极的收账政策,则可能会增加应收账款,增加坏账损失,但同时会减少收账费用。因此,企业需要做出适当的权衡。制定合理的收账政策就是在增加收账费用与减少坏账损失及应收账款的机会成本之间进行权衡,若前者小于后者,则说明制定的收账政策是可取的。一般来说,可以参照评价信用标准、信用条件的方法来评价收账政策。

【例 7-6】 金地公司应收账款原有的收账政策和准备改变的收账政策如表 7-9 所示。该公司资金利润率为 12%,赊销额为 420 万元。

表 7-9 收账政策备选方案表

项目	现行收账政策	拟改变的收账政策
年收账费用/万元	9	13
平均收账期/天	80	50
坏账损失占赊销额(%)	5	3
赊销额/万元	420	420
变动成本率(%)	60	60

要求:请根据已知资料通过计算分析,该公司应选择现行收账政策还是拟改变的收账政策。

分析:根据表 7-9 中的资料,两种方案的收账总成本如表 7-10 所示。

表 7-10 收账政策分析评价表

项目	现行收账政策	拟改变的收账政策
赊销额/万元①	420	420
应收账款周转率/次②	360÷80=4.5	360÷50=7.2
应收账款平均余额/万元③=①÷②	420÷4.5=93	420÷7.2=58.33
应收账款占用的资金/万元④=③×60%	93×60%=55.8	58.33×60%=35
收账成本:		
应收账款机会成本/万元⑤=④×12%	55.8×12%=6.70	35×12%=4.2
坏账损失/万元⑥=①×坏账损失率	420×5%=21	420×3%=12.60
年收账费用/万元⑦	9	13
收账总成本/万元⑧=⑤+⑥+⑦	36.70	29.80

从表 7-10 可以看出,由于采用积极的收账政策,虽然收账费用增加了 4 万元,但加速了资金周转,减少了应收账款的机会成本和坏账损失 10.9(即 6.7+21-4.2-12.6)万元,从而使总收益增加了 6.9(即 29.8-36.7)万元。可见,采用积极的收账政策是有利的。

五、应收账款的监控政策

应收账款产生以后,企业需要对尚未收回的应收账款进行监控,以掌握应收账款拖欠时间的长短、收回速度的快慢等,以便为制定企业的信用政策和收账政策提供依据,因而企业应该对应收账款进行监控。应收账款的监控政策所采取的方法包括:应收账款账龄分析表、应收账款周转率和 ABC 分类法。

(一) 应收账款账龄分析表

应收账款发生后,随着时间的推移,拖欠的时间有长有短,企业应积极采取措施,尽量争取按期收回款项,否则会因拖欠时间过长而发生坏账,使企业蒙受损失。一般来说,拖欠的时间越长,应收账款收回的可能性就越小,形成坏账的可能性也就越大。对此,企业应实施严密的监督,随时掌握回收情况。

1. 账龄分析法的格式

根据应收账款拖欠的时间长短,企业可以通过编制账龄分析表,对企业的应收账款进行分析。账龄分析表是一张能显示应收账款在外天数(账龄)长短的报告,具体格式见表 7-11 示例。企业可以根据自身的情况,确定信用期和超出信用期的不同时间段。

表 7-11 应收账款账龄分析表

应收账款账龄	账户数量	金额/万元	百分率(%)
信用期内	100	150	30
超过信用期 1~20 天	80	120	24
超过信用期 21~40 天	60	80	16
超过信用期 41~60 天	40	60	12
超过信用期 61~80 天	30	40	8
超过信用期 81~100 天	20	30	6
超过信用期 100 天以上	10	20	4
合 计	340	500	100

2. 账龄分析法的决策标准

账龄分析法可以确定逾期应收账款,随着逾期时间的增加,应收账款收回的可能性变小。通过编制账龄分析表,企业可以清晰地了解应收账款的具体情况,并根据不同的账龄情况采取不同的管理措施。具体来说可以区分以下两点:

第一,信用期内应收账款的数额。由于信用期是企业给予顾客的宽限时间,在信用期内的款项,属于未到偿付期,欠款是正常的,对这部分应收账款可以不必采取催账等措施。

第二,超出信用期的应收账款的数额。通过账龄分析表,企业可以了解有多少欠款超过了信用期,以及超出时间的长短。对不同的拖欠时间,企业应采取不同的计提坏账准备政策和收账方法,对拖欠时间较长的应收账款,要提高坏账准备的计提比例,收账政策也要积极。要做到这一点,对应收账款通过账龄进行及时的分析和监督是非常必要的。

3. 账龄分析法的应用

【例 7-7】 大通公司根据自身的销售情况,制定信用期限为 30 天。该公司应收账款总额为 1 500 000 元,运用账龄分析表分析,具体见表 7-12。

表 7-12 应收账款账龄分析表

应收账款账龄	账户数量	应收账款金额/元	占总额的百分比(%)
信用期内	150	850 000	56.67
超过信用期 1~20 天	120	300 000	20
超过信用期 21~40 天	80	100 000	6.67

续表

应收账款账龄	账户数量	应收账款金额/元	占总额的百分比(%)
超过信用期41～60天	50	90 000	6
超过信用期61～80天	30	80 000	5.33
超过信用期81～100天	25	50 000	3.32
超过信用期100天以上	15	30 000	2.01
合计	470	1 500 000	100

根据表7-12可知,有价值850 000元的应收账款处在信用期内,占全部应收账款的56.67%。这些款项未到偿付期,欠款是正常的,但到期后能否收回,还要待时再定,故及时的监督仍是必要的。

另外,有价值650 000元的应收账款已超过了信用期,占全部应收账款的43.33%。不过,其中拖欠时间较短的(20天内)有300 000元,占全部应收账款的20%,这部分欠款收回的可能性很大;拖欠时间较长的(21～100天)有320 000元,占全部应收账款的21.32%,这部分欠款的回收有一定难度;拖欠时间很长的(100天以上)30 000元,占全部应收账款的2.01%,这部分欠款有可能成为坏账,企业应采取相应措施,加大催款力度,避免形成坏账。当然,也要考虑收账成本与回收金额的成本对比。

(二) 应收账款周转率

1. 应收账款周转率的含义

应收账款周转率是指企业一定时期内赊销收入净额与应收账款平均余额的比率,用以反映应收账款的收款速度。一般用于衡量企业资产的营运能力,但该指标同样也可以用来监督应收账款的回收情况。

2. 应收账款周转率的计算公式

将企业当前的应收账款周转天数与规定的信用期限、历史趋势以及行业正常水平进行比较,可以反映企业整体的收款效率。当然,需要说明的是,应收账款周转天数可能会被销售量的变动趋势和剧烈的销售季节性所破坏。

$$应收账款周转率 = \frac{营业收入}{应收账款平均余额} \tag{7-6}$$

式中,应收账款平均余额为年初应收账款和年末应收账款的平均数。

3. 应收账款周转率的决策标准

应收账款周转率指标越大越好。该指标大则说明应收账款周转速度很快,资金的使用效益较高;如果应收账款的周转速度减慢,则表明企业应收账款风险程度提高,资金的使用效益降低。

4. 应收账款周转率的应用

【例7-8】 通达公司近5年的应收账款周转率见表7-13。

表7-13 应收账款周转率表

项目	20×5年	20×6年	20×7年	20×8年	20×9年
应收账款周转率	17.1	18.2	19.3	20.4	18.5

根据表 7-13 可知,该公司 20×5 年至 20×9 年的应收账款周转率分别为 17.1、18.2、19.3、20.4 和 18.5,说明该公司 5 年来应收账款的变现速度变化不大,没有大幅波动的异常现象。但是,也应该看到,20×9 年应收账款周转率在下降,说明公司资金被外单位占用的时间在增加,管理工作的效率有所下降,应收账款风险程度提高。而 20×8 年度的应收账款周转率相对于前 3 年,出现了加速,说明公司的变现速度开始加快,应收账款的管理效率提高。当然,要使此数据更具说服力,应将它与行业水平和公司经营背景结合起来分析。

(三) ABC 分析法

1. ABC 分析法的含义

ABC 分析法,又称重点管理法,是将企业所有的欠款客户按欠款金额的多少进行分类排队,然后分别采用不同的收账策略的一种方法。ABC 分析法可以加快应收账款的收回,也能将收账费用与预期收益联系起来,是现代经济管理中广泛应用的一种"抓重点、照顾一般"的管理方法。

2. ABC 分析法的决策程序和标准

第一,先按所有客户应收账款逾期金额的多少进行分类排队,并计算出逾期金额的所占比重;

第二,根据所占比重区分 A、B、C 类。

A 类客户数量虽少,但这类客户应收账款逾期金额占总额的比重很大,是催款的重点对象,对 A 类客户,可以发出措辞较为严厉的信件催收,或派专人催收,或委托收款代理机构处理,甚至可通过法律途径来解决。

B 类客户数量虽不多,但应收账款逾期金额占总额的比重仅次于 A 类客户,这类客户是需要重点关注并随时予以催款的对象,对 B 类客户则可以多发几封信函催收,或打电话催收。

C 类客户数量虽较多,但应收账款逾期金额占总额的比重较小,只需要发出通知其付款的信函即可。

3. ABC 分析法的格式

ABC 分析法的具体格式见表 7-14 示例。

表 7-14 应收账款 ABC 分类法(30 家客户)

类别	客户	逾期金额/元	逾期期限	逾期金额所占总金额比重(%)
A	A	100	6 个月	28.57
	B	60	8 个月	17.14
	C	50	5 个月	14.29
小计	3	210		60
B	D	40	4 个月	11.43
	E	30	3 个月	8.57
	F	20	2 个月	5.71
	G	10	50 天	2.86
小计	4	100		28.57

续 表

类别	客户	逾期金额/元	逾期期限	逾期金额所占总金额比重(%)
C	H	5	30天	1.43
	I	4	20天	1.14
	...		...	
小计		23	40		11.43
合计		30	350		100

4. ABC 分析法的应用

【例 7-9】 四方公司应收账款逾期金额为 354 万元，为了及时收回逾期货款，企业采用 ABC 分析法来加强对应收账款回收的监控。具体数据如表 7-15 所示。

表 7-15 应收账款 ABC 分类法(30 家客户)

类别	客户	逾期金额/元	逾期期限	逾期金额所占总金额比重(%)
A	A	95	5个月	26.83
	B	56	7个月	15.82
	C	44	4个月	12.43
小计	3	195		55.08
B	D	34	3个月	9.6
	E	29	2个月	8.2
	F	25	2个月	7.06
	G	21	55天	5.93
	H	20	45天	5.65
小计	5	129		36.44
C	I	10	30天	2.82
	J	6	25天	1.69
	...		...	
小计	22	30		8.48
合计	30	354		100

从表 7-15 中可以看出：(1)应收账款逾期金额在 44 万元以上的有 3 家，占客户总数的 10%，逾期总额为 195 万元，占应收账款额总额的 55.08%，我们将其划入 A 类，这类客户是催款的重点对象；(2)应收账款逾期金额在 20～34 万元的客户有 5 家，占客户总数的 16.67%，逾期总额为 129 万元，其逾期金额占应收账款逾期金额总数的 36.44%，我们将其划入 B 类；(3)欠款在 5 万元以下的客户有 22 家，占客户总数的 73.33%，逾期金额为 30 万元，其逾期金额仅占应收账款逾期金额总额的 8.48%，我们将其划入 C 类。

由于企业在开票或收款过程中可能会发生错误或延迟，有些客户可能故意拖欠到企业采取追款行动时才付款，客户财务状况的变化可能会影响其按时付款的能力，并且需要缩减该客户未来的赊销额度等，因此，企业在实施信用政策时，需要监督和控制每一笔应收账款和应收账款总额。这样，上述三种方法可以结合起来使用。例如，可以运用应收账款周转天数衡量企业需要多长时间收回应收账款,可以通过账龄分析表追踪每一笔应收账款,可以采用 ABC 分析法来确定重点监控的对象等。

第三节 存货管理

【导入案例】

大地公司是一家生产电器产品的企业,相关存货的具体资料如下:每年需要采购生产电器产品的原材料 D50 000 千克,单位零部件成本 U 为 15 元/千克,每次订货成本的变动成本 K 为 10 元,单位变动储存成本 K_c 为 5 元/千克,单位缺货损失为 30 元,一年按照 360 天计算,订货日至到货日的时间为 8 天,每日存货需用量为 60 千克,预计交货期内的需求量为 2 000 千克,在交货期内,生产需要量及其概率如表 7-16 所示。

表 7-16 大地公司的生产需要量及其概率

生产需要量/千克	概 率
1 600	0.2
1 800	0.3
2 000	0.15
2 200	0.1
2 400	0.25

分析讨论:
1. 如何确定大地公司的经济订货批量?
2. 每年最佳订货次数应为多少次?
3. 最佳订货周期 t^* 如何计算?
4. 经济订货量会平均占用多少资金?
5. 如何计算与批量相关的存货总成本?
6. 如何确定再订货点?
7. 如何确定大地公司的最佳保险储备量?

企业为保证不间断生产或者销售的需要,或者为了取得批量采购优惠来节省采购成本,以及为了防止意外情况的发生等,需要购买原材料等存货,并需要有一定的安全存量,购买存货涉及哪些成本,何时购买,购买多少合适,这些都属于存货管理的范围。本节在介绍存货管理基本理论的基础上,重点介绍存货的经济订货量决策,以及再订货点、陆续供应和使用、保险储备等方面的拓展决策。

一、存货管理的内涵

(一) 存货的内涵

存货是指企业在生产经营过程中,为销售或者耗用而储备的各种资产,包括原材料、包装物、低值易耗品、在产品、产成品、协作件、商品等。

企业之所以要购入存货,是因为以下原因:

首先,保证企业不间断生产或者销售的需要。由于企业的供货点可能距离企业较远,或者供货单位由于生产能力或者市场需求等因素,不能及时供给企业生产或销售所需的原材料或者销售的商品等存货,所以,企业为了保证自身生产或者销售的连续性,节省误工成本,必须储备一定的存货,或者提前订购一定量的存货,以保证企业生产或销售不间断地进行。

其次,为取得批量采购优惠,节省采购成本。一般来说,零售的物资价格会较高,而大批量采购时,供货厂家会给予一定的数量折扣。所以企业在采购存货时,会根据自身仓储的规模、管理的人工成本和生产的需要量等因素,尽可能地确定合理的采购数量,以使总的存货成本保持最低。

最后,为了防止意外情况的发生。企业的生产、销售有时会随着市场的需求不断调整,当市场需求量大时,企业会加大生产量,这就需要保证存货储备量。另外,企业购买存货过程中,不论是厂家的供应,还是在采购、运输等过程中,都有可能出现意想不到的情况,因此保持必要的存货保险储备,是应对意外情况发生的重要保证。

(二) 存货管理的内涵

存货管理就是在保证企业连续生产防止意外情况发生的情况下,确定一定的存货采购数量以使存货的订货、购置、储存和缺货等成本最优化的决策。

存货决策涉及四个方面的内容:决定进货项目、选择供应单位、决定进货时间和决定进货批量。其中,决定进货项目和选择供应单位属于销售、采购及生产部门的职责,而决定进货时间和决定进货批量,则是财务部门的职责。因此,本章主要从进货时间和进货批量两个方面研究如何管理决策存货。

二、存货管理的成本

在存货决策中,通常需要考虑取得成本、储存成本和缺货成本。其中,取得成本包括订货成本和购置成本。

(一) 取得成本

存货的取得成本,包括存货的订货成本和购置成本。

1. 订货成本

订货成本是指为订购货物而发生的各种成本,包括采购人员的工资、采购部门的差旅费、邮电费、检验费等,以及采购部门一般性的办公费、水电费、折旧费、取暖费等。

按照订货成本与订货次数之间的关系,订货成本可以分为两大部分:

第一,与订货次数无关的固定订货成本。固定订货成本是指为维持一定的采购能力而发生的、各期金额比较稳定的成本,如折旧费、水电费、办公费等。固定成本部分是存货决策中的无关成本。

第二,与订货次数有关的变动订货成本。变动订货成本是指随订货次数的变动而成正比例变动的成本,如差旅费、检验费等。

如果固定订货成本用 F_1 表示,每次变动订货成本用 K 表示,存货年需要量为 D,每次进

货量为 Q,则订货总成本的计算公式为

$$订货成本 = F_1 + \frac{D}{Q} \times K \tag{7-7}$$

2. 购置成本

购置成本,是指由购买存货而发生的买价和运杂费,其总额取决于年采购数量和单位采购成本。

需要说明的是,一般情况下,由于单位采购成本不会随采购数量的变动而变动,因此,在采购批量的决策中,存货采购成本属于无关成本;但是,当供应商为了扩大销售而采用数量折扣等优惠政策时,采购成本就成了与决策相关的成本,在采购批量的决策中就需要对其进行考虑。

如果年需要量用 D 表示,单价用 U 表示,则购置成本为 DU。

这时,就可以计算存货的取得成本 TC_a 总数为

$$存货取得成本 = 订货成本 + 购置成本$$
$$= 订货固定成本 + 订货变动成本 + 购置成本$$

即

$$TC_a = F_1 + \frac{D}{Q} \times K + DU \tag{7-8}$$

(二) 储存成本

储存成本,是指为储存存货而发生的各种费用,包括存货占资金所应计的利息、仓储费、保险费,以及由存货的破损和变质等而损失的费用。

根据与存货数量的关系,储存成本也分为储存固定成本和储存变动成本。

第一,储存固定成本。储存固定成本与存货数量无关,如仓库折旧、仓库职工的固定工资等。储存固定成本是存货决策中的无关成本,可以不予考虑。

第二,储存变动成本。储存变动成本与存货数量有关,如存货资金的应计利息、存货的破损和变质损失、存货的保险费用等。

如果用 TC_c 表示储存成本,F_2 表示储存固定成本,K_c 表示单位储存变动成本,则

$$储存成本 = 储存固定成本 + 储存变动成本$$

即

$$TC_c = F_2 + K_c \times \frac{Q}{2} \tag{7-9}$$

(三) 缺货成本

缺货成本,指由于存货供应中断而造成的不能及时满足生产和销售的需要而给企业带来的损失,包括因停工待料而发生的损失、因产成品库存缺货造成的拖欠发货损失或丧失销售机会的损失,以及因紧急购入而造成的额外成本损失等。

在允许缺货的情况下,缺货成本是与存货决策相关的成本;在不允许缺货的情况下,缺货成本是与存货决策无关的成本。

如果用 TC_s 表示缺货成本,用 TC 表示储备存货的总成本,则

$$TC = TC_a + TC_c + TC_s$$
$$= F_1 + \frac{D}{Q} \times K + DU + F_2 + K_c \times \frac{Q}{2} + TC_s \tag{7-10}$$

三、存货管理决策

通过分析与存货决策有关的成本可知,影响存货总成本的因素很多,为使研究从简单到复杂,在建立基本模型的基础上,再逐步加入相关变量,需要先舍弃一些变量,确定最基本的经济订货量模型,然后在此基础上,进一步研究再订货点模型、陆续供应和使用模型以及保险储备模型等决策。

(一) 经济订货量基本模型

所谓订购批量,是指企业每次订购货物的数量。

经济订货量基本模型的假设条件:(1)企业能够及时补充存货;(2)每批订货一次收到,而不是陆续入库;(3)不考虑允许缺货的情况;(4)年需求量稳定并且能预测;(5)存货单价不变,不考虑数量折扣;(6)企业现金充足,不会因现金短缺影响进货;(7)存货市场供应充足,不会因买不到存货而影响采购。

根据上述假设条件,缺货成本TC_s为0,则存货总成本的式(9-4),可以简化为

$$TC = F_1 + \frac{D}{Q} \times K + DU + F_2 + K_c \times \frac{Q}{2} \tag{7-11}$$

当F_1、K、D、U、F_2、K_c为常量时,存货总成本TC的大小取决于Q,为了求出TC的极小值,对TC进行求导运算,根据一阶导数为0,可得出经济订货量基本模型如下:

$$Q^* = \sqrt{\frac{2KD}{K_c}} \tag{7-12}$$

式中:Q^*为经济订货批量;D为存货年需要量;K为每次订货的变动成本;K_c为单位变动储存成本。

根据经济订货量基本模型,可求得,每年最佳订货次数N^*为

$$N^* = \frac{D}{Q^*} \tag{7-13}$$

与批量有关的存货总成本TC_{Q^*}为

$$TC_{Q^*} = \frac{KD}{Q^*} = \sqrt{2KDK_c} \tag{7-14}$$

最佳订货周期t^*为

$$t^* = \frac{1}{N^*} \tag{7-15}$$

需要说明的是,此处计算出来的t^*是以"年"为单位的,如果需要,可以进一步换算为"月"或者"天",即用t^*乘以12个月或者360天即可。

经济订货量占用资金I^*公式为

$$I^* = \frac{Q^*}{2} \times U \tag{7-16}$$

【例7-10】 假设宏通公司是一家生产通信产品的生产企业,每年需要采购生产通信产品的原材料D50 000千克,单位零部件成本U为10元/千克,每次订货成本的变动成本K为80元,单位变动储存成本K_c为2元/千克。一年按照360天计算。

根据已知资料进行如下计算:

(1) 计算经济订货批量;
(2) 计算每年最佳订货次数;
(3) 计算最佳订货周期 t^*;
(4) 计算经济订货量平均占用资金 I^*;
(5) 计算与批量相关的存货总成本。

解：(1) 经济订货批量为

$$Q^* = \sqrt{\frac{2KD}{K_c}} = \sqrt{\frac{2 \times 80 \times 50\,000}{2}} = 2\,000 \text{ 千克}$$

(2) 每年最佳订货次数为

$$N^* = \frac{D}{Q^*} = \frac{50\,000}{2\,000} = 25 \text{ 次}$$

(3) 最佳订货周期为

$$t^* = \frac{1}{N^*} = \frac{1}{25} = 0.04 \text{ 年} = 14.4 \text{ 天}$$

(4) 经济订货量平均占用资金为

$$I^* = \frac{Q^*}{2} \times U = \frac{2\,000}{2} \times 10 = 10\,000 \text{ 元}$$

(5) 与批量相关的存货总成本为

$$TC_{Q^*} = \frac{KD}{Q^*} = \frac{80 \times 50\,000}{2\,000} = 2\,000 \text{ 元}$$

(二) 经济订货量基本模型的扩展

经济订货量基本模型的建立，是基于一定的假设条件的。但是这些假设条件在企业的实际经济生活中是存在的。所以，在经济订货量基本模型的基础上，需要根据相关影响因素进一步扩展。

1. 再订货点模型

对于企业来说，为保证生产的连续性，不可能在原材料用完时才开始订货，一定是需要提前一段时间订货的。再订货点，就是企业在提前订货的情况下，为了确保存货用完时订货刚好到达，企业再次发出订货单时应保持的存货库存量。

再订货点的数量等于平均交货时间和每日平均需用量的乘积。用公式表示如下：

$$R = L \times d \tag{7-17}$$

式中：R 为再订货点；L 为表示平均交货时间；d 为表示每日平均需用量。

【例 7-11】 续例 7-10，假设宏通公司订购原材料，订货日至到货日的时间为 8 天，每日存货需用量为 50 千克，请计算再订货点。

解： 再订货点 $R = L \times d = 8 \times 50 = 400$ 千克

通过计算可知，宏通公司在库存剩余 400 千克原材料时，需要再次订货，下批订货到达时间需要 8 天，企业的原有库存刚好用完。

2. 陆续供应和使用模型

经济订货量基本模型，是建立在订购的存货是一次全部入库的假设基础上的，但在实际经济生活中，各批存货都是陆续入库的，库存量也是陆续增加的。在这种情况下，就需要对经济订货量的基本模型进行修正。当存在一次订货后陆续到达入库，并陆续领用的情况时，存货边进边出,进库速度大于出库速度,因此,存货的存储量低于订货批量。

假设每批订货数量为 Q,每日送货量为 P,则一批货物全部送达所需的送货日数,即送货期为

$$\text{送货期} = \frac{Q}{P} \tag{7-18}$$

假设每日耗用量为 d,则送货期内的全部耗用量为

$$\text{送货期耗用量} = \frac{Q}{P} \times d \tag{7-19}$$

由于零件边用边送,所以每批送完时,送货期内的平均库存量为

$$\text{送货期内平均库存量} = \frac{1}{2} \times \left(Q - \frac{Q}{P} \times d\right) \tag{7-20}$$

假设存货年需用量为 D,每次订货费用为 K,单位存货存储费率为 K_c,则与批量有关的总成本为

$$\begin{aligned} \text{TC}_Q &= \frac{D}{Q}K + \frac{1}{2} \times \left(Q - \frac{Q}{P} \times d\right) \times K_c \\ &= \frac{D}{Q}K + \frac{Q}{2} \times \left(1 - \frac{d}{P}\right) \times K_c \end{aligned} \tag{7-21}$$

在订货变动成本与储存变动成本相等时,TC_Q 有最小值,所以,存货陆续供应和使用的经济订货量公式为

$$\frac{D}{Q}K = \frac{Q}{2} \times \left(1 - \frac{d}{P}\right) \times K_c$$

则

$$Q^* = \sqrt{\frac{2KD}{K_c} \times \frac{p}{p-d}} \tag{7-22}$$

将此公式代入 TC_Q 公式,就可得出与存货陆续供应和使用的经济订货量相关的总成本公式:

$$\text{TC}_{Q^*} = \sqrt{2KDK_c \times \frac{p}{p-d}} \tag{7-23}$$

【例 7-12】 续例 7-10,假设宏通公司每年需要采购原材料 D 50 000 千克,每日供货量 p 为 20 件,每日耗用量 d 为 10 件,单位零部件成本 U 为 10 元/千克,每次订货成本的变动成本 K 为 80 元,单位变动储存成本 K_c 为 2 元/千克。一年按照 360 天计算。要求:计算该公司该零件的经济订货量和相关总成本。

解:将已知数据代入可得

$$Q^* = \sqrt{\frac{2KD}{K_c} \times \frac{P}{P-d}} = \sqrt{\frac{2 \times 80 \times 50\,000}{2} \times \frac{20}{20-10}} = \sqrt{8\,000\,000} \approx 2\,828.43 \text{ 千克}$$

$$\text{TC}_{Q^*} = \sqrt{2KDK_c \times \frac{P}{P-d}} = \sqrt{2 \times 80 \times 50\,000 \times 2 \times \frac{20}{20-10}}$$

$$= \sqrt{32\,000\,000} = 5\,656.85 \text{ 元}$$

3. 保险储备模型

经济存货量基本模型也假定了市场供需稳定,但现实情况不会一直如此,所以企业需要有一定的存货保险储备。那么企业应保持多少保险储备合适,这取决于存货中断的概率和存货中断可能造成的损失。确定较高的存货保险储备,会降低缺货损失,但也增大了存货的储存成本。

因此,最佳的保险储备,应是缺货损失和保险储备的储存成本之和达到最低时的存货

量,即

保险储备再订货点＝预计交货期内的需求＋保险储备

【例 7-13】 续例 7-10,假设宏通公司每年需要采购原材料 D 50 000 千克,单位零部件成本 U 为 10 元/千克,经济订货量 Q^* 为 2 000 千克(例 7-10 的计算结果),全年订货次数为 25 次,单位变动储存成本 K_c 为 2 元/千克,单位缺货损失为 20 元。预计交货期内的需求为 1 000 千克,在交货期内,生产需要量及其概率见表 7-17。

表 7-17 宏通公司的生产需要量及其概率

生产需要量/千克	概 率
600	0.2
800	0.3
1 000	0.15
1 200	0.1
1 400	0.25

根据表 7-17 中的数据,又已知预计交货期内的需求为 1 000 千克,则可列表 7-18。

表 7-18 宏通公司保险储备量测算表

	生产需要量/千克	缺货量/千克	缺货概率	缺货损失/元	保险储备的储存成本/元	总成本/元
一、保险储备量为 0						
	600		0.2		0	
	800		0.3		0	
	1 000		0.15		0	
	1 200	200	0.1	10 000	0	10 000
	1 400	400	0.25	50 000	0	50 000
小计				60 000		60 000
二、保险储备量为 200						
	600	0	0.2		0	
	800	0	0.3		0	
	1 000	0	0.15		0	
	1 200	0	0.1		0	
	1 400	200	0.25	10 000	2 400	
小计				10 000	2 400	12 400
三、保险储备量为 400						
	600	0	0.2	0	0	
	800	0	0.3	0	0	
	1 000	0	0.15	0	0	
	1 200	0	0.1	0	0	
	1 400	0	0.25	0	800	800
小计				0	800	800

已知预计交货期内的需求为 1 000 千克,根据表 7-18 中的已知数据可以进行如下计算。

(1) 当保险储备量为 0 时,只有在生产量为 1 200 千克和 1 400 千克时,缺货量分别为 200(即 1 200－1 000)千克和 400(即 1 400－1 000)千克。因此,需要分别计算上述两项的缺货成本。

由"缺货损失＝每年订货次数×缺货数量×缺货概率×单位缺货损失"可知,
当缺货量为 200 时,缺货损失为

$$25 \times 200 \times 0.1 \times 20 = 10\,000 \text{元}$$

当缺货量为 400 时,缺货损失为

$$25 \times 400 \times 0.25 \times 20 = 50\,000 \text{元}$$

此时,与保险储备量有关的储存成本为 0,则当保险储备量为 0 时,总成本为

$$10\,000 + 50\,000 = 60\,000 \text{元}$$

(2) 当保险储备量为 200 时,只有在生产量为 1 400 千克时,缺货量为 200(即 1 000＋200－1 400)千克,则

$$\text{缺货损失} = 25 \times 200 \times 0.25 \times 20 = 25\,000 \text{元}$$

$$\text{保险储备的储存成本} = 200 \times 10 + 200 \times 2 = 2\,400 \text{元}$$

因此,当保险储备量为 200 时,总成本为

$$25\,000 + 2\,400 = 27\,400 \text{元}$$

(3) 当保险储备量为 400 时,不存在缺货量,但需要计算储备量的储存成本。

$$\text{保险储备的储存成本} = 400 \times 10 + 400 \times 2 = 4\,800 \text{元}$$

因此,当保险储备量为 400 时,总成本为

$$0 + 4\,800 = 4\,800 \text{元}$$

通过以上计算可知,该公司的储存成本较低,而缺货成本较高。当保险储备量为 400 千克时,存货的缺货损失和储存成本为 4 800 元,小于保险储备量为 0 千克和 200 千克时的储备量总成本 60 000 元和 27 400 元,因此,该公司的保险储备量为 400 千克比较合适。

本章知识点小结

本章主要讲授营运资金管理的基本理论,核心知识点包括以下内容。

第一,现金管理。(1)现金管理的内涵。(2)企业之所以持有现金,往往出于交易动机、补偿动机、预防动机和投机动机。(3)在现金管理中,相关的成本主要包括机会成本、管理成本、短缺成本和转换成本四个方面。(4)确定最佳现金持有量的方法,最常见的是成本分析模式、随机分析模式和存货分析模式。

第二,应收账款管理。(1)应收账款的内涵是指企业因对外销售商品、提供劳务等向购货或接受劳务的单位收取的款项。(2)应收账款的功能主要包括增加销售和减少存货两个方面。(3)应收账款管理成本主要有机会成本、管理成本、坏账成本三个方面。(4)应收账款信用政策包括信用标准、信用期间和现金折扣政策。信用期间和现金折扣政策也称为信用条件。(5)应收账款收账政策,是指当顾客违反信用条件,拖欠甚至拒付账款时企业所采取的收账策略与措施。企业如果采取较积极的收账政策,可能会减少应收账款,进而减少坏账损失,但同时会增加收账成本。如果采用较消极的收账政策,则可能会增加应收账款,增加坏账损失,但同时会减少收账费用。(6)应收账款监控政策主要采用账龄分析表、应收账款周转率和 ABC 分析法。

第三,存货管理。(1)存货管理的内涵。(2)在存货决策中,通常需要考虑取得成本、储存成本和缺货成本。其中,取得成本包括订货成本和购置成本。(3)存货的经济订货量基本模型如下:

$$Q^* = \sqrt{\frac{2KD}{K_c}}$$

式中:Q^* 为经济订货批量;D 为存货年需要量;K 为每次订货的变动成本;K_c 为单位变动储存成本。

思考与练习题

一、单项选择题

1. 在现金管理中,通过分析现金的持有成本,寻找持有成本最低的现金持有量的分析模式是( )。
   A. 成本分析模式　　　　　　　　B. 随机分析模式
   C. 存货分析模式　　　　　　　　D. 专家意见法模式

2. 企业因保留一定的现金余额而增加的管理费用及丧失的投资收益所形成的成本是指( )。
   A. 管理成本　　　　　　　　　　B. 机会成本
   C. 短缺成本　　　　　　　　　　D. 转换成本

3. 企业的赊销交易,不可避免会出现债务人因种种原因无力偿还应收账款的情况,此时,债权人企业就有可能因无法收回应收账款而发生损失,这种损失是( )
   A. 机会成本　　　　　　　　　　B. 管理成本
   C. 坏账成本　　　　　　　　　　D. 短缺成本

4. 在企业应收账款管理中,企业对顾客在商品价格上所做的扣减,目的在于吸引顾客为享受优惠而提前付款,缩短企业的平均收账期,这种政策指的是( )。
   A. 信用标准　　　　　　　　　　B. 信用期间
   C. 账龄分析　　　　　　　　　　D. 现金折扣

5. 在订购货物中发生的各种成本,包括采购人员的工资、采购部门的差旅费、邮电费、检验费等,以及采购部门一般性的办公费、水电费、折旧费、取暖费等,这些成本属于( )
   A. 储存成本　　　　　　　　　　B. 订货成本
   C. 缺货成本　　　　　　　　　　D. 购置成本

二、多项选择题

1. 企业之所以持有现金,其动机包括( )。
   A. 交易动机　　　　　　　　　　B. 补偿动机
   C. 预防动机　　　　　　　　　　D. 投机动机

2. 在现金管理中,与现金管理相关的成本主要包括( )。
   A. 机会成本　　　　　　　　　　B. 管理成本
   C. 短缺成本　　　　　　　　　　D. 转换成本

3. 应收账款的功能主要包括（　　）。
A. 增加存货　　　　　　　　　B. 增加销售
C. 减少存货　　　　　　　　　D. 减少销售
4. 应收账款管理成本主要有（　　）。
A. 机会成本　　　　　　　　　B. 管理成本
C. 坏账成本　　　　　　　　　D. 转换成本
5. 应收账款信用政策包括（　　）。
A. ABC 分析法　　　　　　　　B. 信用标准
C. 信用期间　　　　　　　　　D. 现金折扣政策

三、计算分析题

1. MC 公司有以下四种现金持有方案可供选择，四种方案的机会成本、管理成本和短缺成本见表 7-19。

表 7-19　MC 公司的现金持有备选方案

单位：元

	甲方案	乙方案	丙方案	丁方案
现金持有量	3 500	6 000	8 500	11 000
机会成本	400	700	1 000	1 300
管理成本	3 000	3 000	3 000	3 000
短缺成本	1 300	780	450	0

要求：根据已知资料，运用成本分析模式选出最佳的现金持有方案，并说明原因。

2. MN 公司应收账款原有的收账政策和准备改变的收账政策如表 7-20 所示，假设资金利润率为 12%。

表 7-20　收账政策备选方案表

项目	现行收账政策	拟改变的收账政策
年收账费用/万元	10	15
平均收账期/天	80	60
坏账损失占赊销额（%）	6	4
赊销额	500	500
变动成本率（%）	60	60

要求：计算两种方案的应收账款收账总成本，并做出应该选择哪种收账政策的决策。

四、综合计算题

CQ 公司是一家生产农用机械产品的生产企业，相关存货的具体资料如下：每年需要采购生产农用机械产品的原材料 D 60 000 千克，单位零部件成本 U 为 12 元/千克，每次订货成本的变动成本 K 为 15 元，单位变动储存成本 K_c 为 8 元/千克，单位缺货损失为 25 元，一年按照 360 天计算，订货日至到货日的时间为 10 天，每日存货需用量为 50 千克，预计交货期内的需求为 3 000 千克,在交货期内,生产需要量及其概率如表 7-21 所示。

表 7-21

生产需要量/千克	概率
2 600	0.2
2 800	0.3
3 000	0.15
3 200	0.1
3 400	0.25

要求：

(1) 计算经济订货批量；

(2) 计算每年最佳订货次数；

(3) 计算最佳订货周期；

(4) 计算经济订货量平均占用的资金；

(5) 计算与批量相关的存货总成本；

(6) 计算再订货点；

(7) 计算并确定最佳保险储备量,并说明确定的原因。

第八章 股利分配管理

知识框架体系

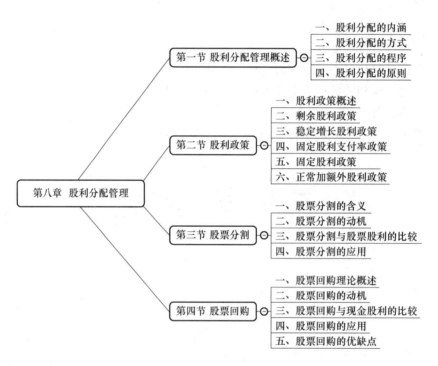

【学习目标】

本章在介绍股利分配基本理论的基础上,重点讲授了股利政策、股票分割和股票回购的基本理论和方法应用。本章的学习,需要达到以下教学目标:
1. 理解股利分配的内涵、方式、程序和原则;
2. 掌握剩余股利政策、固定股利政策、固定股利支付率政策和稳定增长股利政策;
3. 掌握股票分割的含义、动机和应用;
4. 理解股票回购的内涵、动机、应用。

第一节 股利分配管理概述

股份公司进行生产经营获得利润,按照《公司法》的规定,在弥补亏损和提取公积金后如果仍有利润，就可以向股东分配。采取何种股利分配方式，是现金股利还是股票股利，以及如何在企业为了未来发展的积累和向股东分配股利之间做出平衡，是每个股份公司都需要面临的问题，这就涉及股利分配的管理。股利分配管理的内容主要包括股利政策、股票分割和股票回购。本节重点介绍股利分配的相关基础理论内容。

一、股利分配的内涵

根据《公司法》的规定，公司在弥补亏损和提取公积金后所余税后利润，可以向股东分配。股利分配，就是股份公司按照利润分配程序，用净利润弥补亏损、提取公积金之后所余的当年利润，加上以前年度未分配利润，形成可供分配的利润，并根据公司制定的股利政策向股东分配股利的过程。

在进行股利分配前，股份公司需要根据我国《公司法》及相关法律制度的规定，按照如下顺序先对公司净利润进行分配，然后才可以向股东分配利润。

第一，弥补以前年度亏损。根据《公司法》的规定，企业的年度亏损可以用下一年度的税前利润弥补，下一年度的税前利润不足弥补的，可以在五年之内连续弥补，连续五年未弥补的亏损，则可用税后利润弥补。用税后利润弥补亏损时，可以用当年实现的净利润，也可以用盈余公积转入的利润。

第二，提取法定公积金。根据《公司法》的规定，为了增加企业内部积累，以利于企业扩大再生产，公司法定公积金的提取比例为当年弥补亏损后的税后利润的10%。如果当年法定公积金的累积额已经达到注册资本的50%，则可以不再提取。根据企业的需要，法定公积金可以用于弥补亏损或转增资本，但如果用法定公积金转增资本，其余额不得低于转增前公司注册资本的25%。

第三，提取任意公积金。根据《公司法》的规定，为了满足企业经营管理的资金需要，控制向投资者分配利润的金额，以及调整公司各年度的利润分配波动，经股东会或股东大会决议通过，公司可在提取法定公积金后，从税后利润中再提取任意公积金。

第四，向股东分配利润。根据《公司法》的规定，按照上述分配顺序分配后，公司所余的税后利润才可以向股东进行分配。股份有限公司一般按照股东持有的股份比例进行分配，但章程规定不按照持股比例分配的除外；有限责任公司一般按照实缴的出资比例分取红利，股东约定不按照出资比例分取红利的除外。

需要说明的是：按照现行制度规定，如果公司弥补以前年度亏损和提取公积金后，当年已经没有可供分配的利润时，一般不得向股东分配股利；股份有限公司依法回购后暂时没有转让或者注销的股份，不得参与利润分配。

二、股利分配的方式

一般来说，股份有限公司分配股利的方式有四种：现金股利、股票股利、财产股利和负债股利。我国有关法律规定，股份有限公司只能采用现金股利和股票股利两种形式。财产股利和负债股利的应用较少。

(一) 现金股利

现金股利,也称红利或股息,是股份有限公司从净利润中,以现金的形式分配给股东的投资报酬。由于股东对现金股利的偏好不同,有的股东希望公司发放较多的现金股利,有的股东则不愿意公司发放过多的现金股利。因为现金股利是从公司实现的净利润中支付给股东的,支付现金股利会减少公司的留用利润,因此发放现金股利并不会增加股东的财富总额,但会对股票价格产生直接的影响。优先股通常有固定的股息率,在公司经营正常并有足够利润的情况下,优先股的年股利额是固定的。由于普通股没有固定的股息率,因此发放现金股利的次数和金额主要取决于公司的股利政策和经营业绩等因素。

我国公司一般半年或一年发放一次现金股利。

(二) 股票股利

股票股利,是股份有限公司从公司净利润中,以股票的形式分配给股东的股利。股份有限公司发放股票股利,既不会改变公司股东的权益总额,也不会影响股东的持股比例,但会使公司股东的权益结构发生变化,会增加公司的股本总额。发放股票股利,须由股东大会表决通过,按照股权登记日的股东持股比例无偿向各个股东分派股票,增加股东的持股数量。

从公司的角度看,由于股份有限公司分配股票股利不会增加其现金流出,如果公司现金紧张或者需要大量的资本进行投资,则可以考虑采用股票股利的形式。从股东的角度看,虽然分得股票股利没有得到现金,但是如果发放股票股利之后,公司依然维持原有的现金股利水平,则股东在以后可以得到更多的股利收入,或者股票数量增加之后,股东的财富也会随之增长。不过,若剔除股票市价波动的因素,发放股票股利后的股票价格应当按发放股票股利的比例成比例下降。分配股票股利扩张了股本,也起到了股票分割的作用。

【例 8-1】 飞腾公司经股东大会决议通过,决定向股东分派股票股利。在分派股票股利前,该公司资产负债表上的股东权益账户如表 8-1 所示。

表 8-1 飞腾公司股东权益表

项 目	金额/万元
股本(面值 1 元,发行在外 3 000 万股)	3 000
资本公积	4 000
盈余公积	3 000
未分配利润	4 000
股东权益合计	14 000

若该公司宣布发放 15% 的股票股利,现有股东每持有 10 股即可获赠 1 股普通股,假设股票当时市价为 8 元。那么,发放股票股利后,该公司股东权益该如何变化?若某股东在派发股票股利前,拥有该公司的普通股 30 万股,发放股票股利后,该股东的持股比例会如何变化?

分析:(1)根据上述已知资料可知,公司发放 15% 的股票股利,每股市价为 8 元,则该公司发放股票股利所需资金为

$$3\,000 \times 15\% \times 8 = 3\,600 \text{ 万元}$$

即该公司需从公司的"未分配利润"中转出 3 600 万元,用于分派股票股利。

(2) 因每 10 股即可得普通股 1 股,发放股票股利后,股票面值仍为 1 元,则"股本"增加

额为

$$3\,000 \div 10 \times 1 = 300 \text{ 万元}$$

"资本公积"增加额为

$$3\,600 - 300 = 3\,300 \text{ 万元}$$

也就是说,因股票面值不变,所以为发放股票股利从"未分配利润"中转出的 3 600 万元,扣除转增"股本"的 300 万元,其余的 3 300 万元,应作为股票溢价转至"资本公积"科目。

此时,发放股票股利后,该公司资产负债表上的股东权益账户如表 8-2 所示。

表 8-2　飞腾公司发放股票股利后股东权益表

项目	金额/万元
股本(面值 1 元,发行在外 3 300 万股)	3 300
资本公积	7 300
盈余公积	3 000
未分配利润	400
股东权益合计	14 000

从表 8-2 可以看出,公司发放股票股利后,"股本"增加了 300 万元,"资本公积"增加了 3 300 万元,"未分配利润"减少了 3 600 万元,但股东权益总额没有变化。可见,发放股票股利不会对股东权益总额产生影响,它只是资金在各股东权益项目间的再分配。

(3) 若某股东在派发股票股利前,拥有该公司的普通股 30 万股,则持股比例为

$$30 \div 3\,000 \times 100\% = 1\%$$

分派股票股利后,该股东的股票数量和持股比例为

$$30 + 30 \div 10 = 33 \text{ 万股}$$

$$33 \div 3\,300 \times 100\% = 1\%$$

可见,发放股票股利不会影响股东的持股比例。

(三) 财产股利

财产股利,又称实物股利,是指以现金以外的其他资产作为股利支付给股东。这些其他资产是公司所拥有的其他公司的资产,包括债券、股票等有价证券。财产股利与现金股利相比,只是派发的资产类型不同而已。

由于财产股利这种形式不会增加公司的现金流出,所以一般在公司资产变现能力较弱时予以采用。但是,财产股利不容易被广大股东欣然接受,因为股东持有股票的目的在于获得现金收入,而不是获得实物资产。基于以上情况,以实物支付现金股利会严重影响公司的形象,因为股东会认为公司的财务状况不佳、资金短缺、资产的变现能力较差,会对公司的发展失去信心,导致股价大跌,因此,不到万不得已,尽可能不采取财产股利这种形式。

(四) 负债股利

负债股利,是指以负债方式向股东支付股利。负债支付的方式,通常以公司的应付票据或者公司发放的债券作为股利支付给股东。派发负债股利,在减少留存收益的同时,也会相应地增加负债,实质上是权益间的一种转换,即将股东权益转换为债权人权益。

负债股利包括债券股利和票据股利。

第一,债券股利。债券股利是指公司将本公司发行的债券作为股利向股东进行分配,目的是停止现金股利分配,增加资本结构中的负债比重。

第二,票据股利。票据股利,是指公司签发票据向股东分配的股利。票据股利的发放一般基于以下情况:已经宣告分配现金股利了,但是缺乏可用来分配的现金,而此时又不能从银行或者公开的金融市场上获得发放股利的资金。在这样的情况下,公司为了维持发放现金股利的信誉,只能采取权宜之计,签发票据增加负债来分配股利,递延公司支付现金股利的时间。用于分配股利的票据同其他票据一样,可以是带息票据,也可以是不带息票据,也可以规定到期日或者不规定到期日。

在我国,只有在迫不得已的情况下,公司才会在征得股东大会的同意并经证券监督管理机构批准后发行债券,用非流动负债抵付股利。财产股利和负债股利实际上都是现金股利的替代,这两种股利支付形式在我国公司实务中很少使用,但并非法律所禁止。

三、股利分配的程序

股份有限公司向股东分配股利,需要遵循法定的程序,一般先由董事会提出股利分配的预案,再提交股东大会决议通过,向股东宣布发放股利的方案,并确定股权宣告日、股权登记日、除息日和股利发放日后才能进行分配。这几个日期的确定就是股利分配的程序,对于股份公司来讲非常重要。

第一,股利宣告日。股利宣告日,是指股东大会决议通过并由董事会宣告将股利支付情况予以公告的日期。在宣告发放股利前,公司董事会应先提出利润分配预案,并提交股东大会表决,表决通过之后才能由董事会对外公布。公告中除了明确股利分配的年度、形式、范围、分配的股票股利或现金股利的数量外,还将宣布股权登记日、除息日和股利发放日。

第二,股权登记日。股权登记日,即有权领取本期股利的股东资格登记的截止日期。由于股票经常流动,只有在股权登记日这一天登记在册的股东才有资格领取本期股利,如果没在这一天登记在册,即使是在股利发放日之前买入股票的股东,也无权领取本次分配的股利。所以确定这个登记日期很有必要。公司规定股权登记日,就是为了确定股东能否领取本期股利。

第三,除息日。除息日也称除权日,即领取股利的权利与股票分离的日期。由于除息日之前的股票价格包含本次股利,除息日之后的股票价格则不包含本次股利,所以投资者只有在除息日之前购买股票,才能领取本次发放的股利,在除息日当天或之后购买股票,则不能领取本次发放的股利。可见,除息日对股票价格有重要影响,除息日股票价格会因除权而相应下降。

第四,股利发放日。股利发放日,也称股利支付日,即公司按照公布的分红方案向股权登记日在册的股东实际支付股利的日期。这一天,公司应通过一定方式将股利支付给股东,目前公司可以通过证券登记结算系统将股利直接划入股东在证券公司所开立的资金账户。

四、股利分配的原则

股份公司向股东分派股利,要遵循如下原则:

第一,股利依法进行分配。企业分配股利,需要遵守法律规定的利润分配顺序,在弥补以前年度亏损、提取公积金之后才能向股东分配利润。这是国家为规范企业的收入分配行为,维护各利益相关者的合法权益而出台的相关规定,企业应当认真执行,依法进行股利分配。

第二,股利分配兼顾各方利益。企业的股利分配是税后净利润的分配,涉及包括国家、企业股东、债权人、职工等多方面的利益相关者。如何正确处理各利益相关者之间的关系,对企业的生存和发展是至关重要的,因此,企业在进行股利分配时,应当兼顾各方面的利益,维护各利益相关者的合法权益。

第三,股利分配兼顾企业积累。企业通过经营活动获取收入,取得利润。在进行股利分配时,要恰当处理分配与积累之间的关系,留存一部分净利润进行企业积累,既能够增强企业抵抗风险的能力,又能够提高企业经营的稳定性与安全性。只有这样,才能保证企业简单再生产的顺利进行,以及不断积累的企业扩大再生产的财力基础。

第四,股利分配与投资比例对等。企业在向股东分配股利时,应体现收入多少与投资比例相对等的关系,按照投资者投资额的比例进行分配,从根本上实现收入分配中的公开、公平和公正,保护投资者的利益,这是正确处理投资者利益关系的关键。公司章程或协议明确规定出资比例与收入分配比例不一致的除外。

第二节 股 利 政 策

【导入案例】

向阳公司是一家飞速发展的公司,资本总额为 3 000 万元,其中:权益资金为 1 800 万元,全部为当年流通在外的普通股,每股面值 1 元;债务资金为 1 200 万元。公司当前的资本结构中债务资本占 40%,权益资本占 60%,该资本结构也是该公司筹资后的目标资本结构。随着公司的盈利逐年增长,公司拟扩大生产规模,需投入资金 1 000 万元。公司当年度税后净利润为 2 500 万元。

分析讨论:

1. 向阳公司可以选取哪几种股利政策?每种股利政策的决策标准和特点如何?

2. 若向阳公司实行的是剩余股利政策,该公司的股利发放额应为多少?分派股利后,公司从外部筹资的数额应为多少?

股利政策就是企业在多种因素影响下确定公司的净利润如何进行分配的方针和策略。股利政策的分配会受到法律、债务契约、公司自身及其所处的发展阶段等多种因素的影响,这些因素也决定了企业会采取何种股利政策。常见的股利政策有剩余股利政策、稳定增长股利政策、固定股利支付率政策、固定股利政策和正常股利加额外股利政策等。本节在介绍股利政策基本内涵的基础上,着重介绍几种股利政策的类型和应用。

一、股利政策概述

(一)股利政策的内涵

股利政策是针对公司净利润而言,在多种因素影响下确定公司的净利润如何进行分配的方针和策略。

公司进行生产经营,目的是获得公司价值的最大化,这体现在每年度所获得的净利润上。

公司的净利润是公司从事生产经营活动所取得的收入扣除成本费用后的剩余收益,是股东投资公司应得的投资报酬,因此,可以说公司的净利润无论是以现金股利的形式给股东分红,还是作为留用利润留在公司内部,都属于全体股东的权益。

公司可以将净利润以现金股利的形式分配给股东,股东用这些现金再进行其他投资或者消费;公司也可将净利润留存在公司内部,这相当于是股东对公司进行的再投资。那么,如何进行净利润的分配,是向股东分配现金股利,还是留在企业内部作为股东的再投资,需要考虑多方面的因素。因此,公司需要根据自身的情况,制定适合公司发展的股利政策。

(二)股利政策的内容

根据股利政策的内涵可知,股利政策主要是确定如何对股东分配净利润。一般来说,股利政策主要包括以下四项内容。

第一,确定股利分配的形式。

股利分配可以采用现金股利形式,也可以采用股票股利形式。不同的股利分配形式对投资者的影响不同。有的股东急需现金,更乐于获得现金股利,以便能及时获得流动资金;有的股东对公司未来的发展有信心,可能更乐于接受股票股利的形式。所以,采用何种股利分配形式,是股利政策的一项重要内容。

第二,确定股利支付率。

股利支付率的确定是股利政策的核心内容之一。股利支付率是公司年度现金股利总额与净利润总额的比率,即公司年度每股股利与每股利润的比率。它决定了公司的净利润有多少以留存利润的形式对公司进行再投资,有多少以现金股利的形式发放给股东,因此,公司在确定股利支付率时,应考虑自身的发展阶段、财务状况、经营规模和股东构成等因素,同时应参照具有可比性的同行业公司的股利支付率。股利支付率一旦确定,较长的时期内不宜变动太大,以免给投资者造成波动不安的形象,影响投资者的投资信心。

第三,确定每股股利。

每股股利的确定是公司股利政策的另一项核心内容。每股股利是股利总额与期末普通股股份总数之比。股利总额是指用于分配普通股现金股利的总额。每股股利决定了公司的净利润有多少以现金股利的形式发放给股东,因此,公司在确定每股股利时,应该综合考虑股东的偏好、投资预算的不确定性和筹资的约束等因素,在能够保证公司未来资金需求的前提下确定每股股利。同样,每股股利确定后,也需要保持一段时间的稳定,因为投资者对每股股利的变动会比较敏感,如果公司各年度每股股利相差较大,就会向市场传递公司经营业绩不稳定的信号,不利于公司股票价格的稳定。

第四,确定股利分配的时间。

确定股利分配的时间,即确定何时分配以及多长时间分配一次股利。由于现金股利分派需要大量的现金,何时分派股利对公司财务状况会产生较大影响,会发生大量的现金流出,如果公司的现金流不足,就应谨慎确定股利分配的时间。一般来说,公司应在确定了年度股利总额之后,根据公司的经营预算、投资项目进展情况和现金流量状况等,综合考虑安排股利分派的日期。西方国家的许多公司一般按季度支付股利,我国公司大多半年或一年支付一次股利。

(三)股利政策的影响因素

股利政策的制定会受到各种因素的影响和制约。一般来说,影响股利政策的主要因素有法律因素、债务契约因素、公司自身因素、公司所处的发展阶段因素、股东因素等。

第一，法律因素。法律因素主要包括资本保全的约束、企业积累的约束、企业利润发放股利相关规定的约束、保持偿债能力的约束等。资本保全是为了保护投资者的利益而做出的法律限制；企业积累的约束，是指法律规定股份公司在分配股利之前，应当按法定的程序先提取各种公积金；企业利润发放股利相关规定的约束，是指法律规定在公司以前年度亏损没有全部弥补时，不能发放股利；保持偿债能力的约束，是指公司在分配股利时，必须保持充分的偿债能力。

第二，债务契约因素。债务契约因素主要是指债务契约中一般会规定限制公司发放现金股利的条款，这种限制性条款通常包括规定每股股利的最高限额，规定未来股息只能用贷款协议签订以后的新增收益来支付，规定企业的流动比率、利息保障倍数低于一定的标准时不得分配现金股利，规定只有当公司的盈利达到某一约定的水平时才可以发放现金股利，规定公司的股利支付率不得超过限定的标准，等等。债务契约的限制性规定，目的是促使公司增加留用利润，以便扩大再投资规模，从而增强公司的经营能力。

第三，公司自身因素。公司自身因素是指公司内部的各种因素及其面临的各种环境、机会等对其股利政策产生的影响，主要包括现金流量、筹资能力、投资机会、资本成本、盈利状况、公司所处的生命周期等。公司在经营活动中必须有充足的现金流量，否则就会发生支付困难。公司在分配现金股利时，应当根据自身的筹资能力来确定股利支付水平，同时要考虑未来投资对资本的需求，确定是否以低成本的留用利润来进行筹资。另外，也要考虑企业的盈利状况，如果公司未来的盈利能力较强，并且盈利稳定性较好，就倾向于采用高股利支付率政策；反之，采用低股利支付率政策。

第四，公司所处的发展阶段因素。公司所处的发展阶段主要是指公司所处的生命周期。公司的生命周期包括初创阶段、成长阶段、成熟阶段和衰退阶段四个时期。在不同的发展阶段，公司的经营风险、经营状况、对资本的需求情况会有很大差异。比如，成长期公司所需资金量大，公司就需要慎重考虑是否采用高股利支付率的政策。公司应该根据所处的不同发展阶段确定股利政策。

第五，股东因素。一般来说，影响股利政策的股东因素主要有追求稳定的收入、规避风险、规避所得税、担心控制权被稀释等。不同需求的股东对公司股利的要求不一样：依赖公司发放的现金股利维持生活的股东，会要求公司能够定期支付稳定的现金股利；不急需现金的股东则在公司发展好时倾向留用较多利润进行再投资；有的大股东持股控股比例较高，会担心控制权被稀释，往往倾向于公司分配较少的现金股利，多留用利润；有的国家红利税负很高，使得高收入的股东为了避税往往反对公司发放过多的现金股利，而低收入的股东因个人税负较轻甚至免税，可能会希望公司多分派现金股利。

（四）股利政策的类型

股份公司在制定股利政策时，需要根据前文所述的各种影响因素，综合考虑确定一个合理的股利政策。股利政策的确定既要符合公司的经营状况和财务状况，又要符合股东的长远利益。

在实践中，股份公司常用的股利政策有剩余股利政策、稳定增长股利政策、固定股利支付率政策、固定股利政策和正常股利加额外股利政策等。下面详细介绍各股利政策类型。

二、剩余股利政策

(一) 剩余股利政策的含义

剩余股利政策,就是在公司有着良好的投资机会时,在公司确定的最佳资本结构即目标资本结构下,测算出投资所需的权益资本,先从盈余当中留用,然后将剩余的盈余作为股利予以分配的政策。换句话说,在剩余股利政策中,税后利润首先要满足项目投资的需要,若有剩余才用于分配现金股利,若无剩余则不分配股利,因此,剩余股利政策是一种投资优先的股利政策。

(二) 剩余股利政策的决策步骤和标准

实施剩余股利政策,一般应按照以下步骤进行测算与决策。

第一步,设定使加权平均资本成本达到最低水平时的目标资本结构。

目标资本结构可以是股利发放前的资本结构,也可以是拟筹资后的资本结构,但均力求使加权平均资本最低。剩余股利政策就是在符合目标资本结构的前提下发放股利,使公司的综合资本成本最低的政策。如果破坏了最佳资本结构,就不能使公司的综合资本成本达到最低。

第二步,按照公司确定好的目标资本结构,测算目标资本结构下投资所需要增加的股权资本的数额。

按照目标资本结构中权益资本与债务资本各自所占的比例,结合投资所需要的数额,测算投资中应投入权益资金的具体数额。可按如下公式进行计算:

$$权益资本投资额 = 投资总额 \times 权益资本占总资本的比例$$

第三步,根据公司当年所获得的税后利润,计算满足投资的权益资本数额后,确定能够用于发放股利的数额。

第四步,根据发行在外的普通股股数,计算投资方案所需权益资本已经满足后若有剩余盈余,向股东分配股利的每股股利数额。

(三) 剩余股利政策的特点

剩余股利政策,最大的优点是能保持理想的资金结构,能够使综合资金成本最低。但是由于每年度税后利润的不确定性,扣除满足投资需要的权益资本后,能够用于发放股利的数额常常变动,因而不能与盈余较好地配合,往往导致各期股利忽高忽低,不受希望有稳定股利收入的投资者的欢迎。

一般来说,在公司有良好的投资机会时,为了降低资本成本,通常会采用剩余股利政策。因为此时投资者会因公司有良好的投资机会而对公司未来的获利能力有较好的预期,使得股票价格上升,有利于提高公司价值。

(四) 剩余股利政策的应用举例

【例 8-2】宏兴公司是一家成长型的公司,资本总额为 5 000 万元,其中:权益资金为 3 000 万元,全部为当年流通在外的普通股,每股面值 1 元;债务资金为 2 000 万元。公司当前的资本结构中债务资本占 40%,权益资本占 60%,该资本结构也是该公司筹资后的目标资本结构。随着公司的盈利逐年增长,公司拟扩大生产规模,需投入资金 1 000 万元。公司当年度税后净利润为 2 600 万元,该公司实行的是剩余股利政策,请计算并分析该公司的股利发放额和应从外部筹资的数额。

解:

第一步,按照目标资本结构要求,甲公司投资方案所需要的权益资本数额为

$$1\,000\times 60\% = 600\text{ 万元}$$

第二步,根据剩余股利政策的决策步骤,计算满足投资方案后,可用于发放股利的金额为

$$2\,600 - 600 = 2\,000\text{ 万元}$$

第三步,根据当年流通在外的普通股股数,计算每股应发放的股利为

$$2\,000 \div 3\,000 \approx 0.67\text{ 元/股}$$

第四步,计算分派股利后,需要从外部筹资的数额为

$$1\,000 - 600 = 400\text{ 万元}$$

通过以上计算可知,虽然宏兴公司当年实现的税后净利润为 2 600 万元,远超出需要投入的资金 1 000 万元,但由于甲公司实行的是剩余股利政策,所以只能按照目标资本结构以税后利润的 60% 用于投资再生产,为维持目标资本结构,甲公司需要从外部筹资 400 万元。

三、稳定增长股利政策

(一) 稳定增长股利政策的含义

稳定增长股利政策,是指股份公司在一定的时期内保持公司的每股股利稳定增长的股利政策。采用这种股利政策的公司一般会随着公司盈利的增加,保持每股股利的平稳提高。

(二) 稳定增长股利政策的决策依据

采用稳定增长股利政策,能够使公司确定一个稳定的股利增长率,实际上是向投资者传递该公司经营业绩稳定增长的信息,可以降低投资者对该公司经营风险的担心,从而有利于股票价格上涨。

(三) 稳定增长股利政策的特点

稳定增长股利政策适合处于成长或成熟阶段的公司。因为成长或成熟阶段的公司,能够使股利增长率等于或略低于利润增长率,这样才能保证股利增长具有可持续性。而初创阶段或衰退阶段的公司则不适合采用这种股利政策。另外,一些竞争非常激烈的行业,由于公司经营风险较大,经营业绩变化较快,一般也不适合采用这种股利政策。

(四) 稳定增长股利政策的应用

【例 8-3】 兴达公司经过高速的发展之后进入平稳增长阶段,公司的利润增长率为 5%,与通货膨胀率持平,针对当前的发展情况,公司的董事会决定在股利分配时采用稳定增长的股利政策,根据利润的增长率水平,确定年股利增长率为 5%。20×8 年公司税后利润总额为 2 000 万元,提取 10% 的公积金后,其余经董事会决定均用于发放股利。

请问:

按照稳定增长股利政策,该公司 20×9 年应该发放多少股利?如果该公司 20×9 年因持

有某科技公司的股份意外获得大笔营业外收入,税后利润为 3 000 万元,公司是否应该提高股利支付额?

分析:

$$20×8 \text{ 年应支付股利}:2\,000×(1-10\%)=1\,800 \text{ 万元}$$
$$20×9 \text{ 年应支付股利}:1\,800×(1+5\%)=1\,890 \text{ 万元}$$

由于公司采取的稳定增长股利策略是依据公司平稳的利润增长率制定的,而因市场的偶然因素获得的营业外收入使得税后利润增加,不属于稳定的利润增长。因此,公司不应该提高稳定增长的股利支付率,以避免出现波动,给公司带来不好的影响。

四、固定股利支付率政策

(一) 固定股利支付率政策的含义

固定股利支付率政策是一种变动的股利政策,即公司确定一个股利占盈余的比率,公司每年都从净利润中按此比率发放现金股利。在此股利政策下,各年股利会随着公司经营的好坏上下波动,获得较多盈余的年份发放的股利较高,获得较少盈余的年份发放的股利较低。

(二) 固定股利支付率政策的决策依据

主张采用固定股利支付率政策的股利政策者认为,采用固定的股利支付率能使股利与公司盈余紧密地配合,能体现"多盈多分、少盈少分、无盈不分"的原则,只有这样才算真正公平地对待每一位股东。

(三) 固定股利支付率政策的特点

采用固定股利支付率政策,公司的股利支付与盈利状况密切相关。优点是充分体现了风险投资与风险收益的对等,不会给公司造成较大的财务负担。在此股利政策下,盈利状况好,则每股股利额增加,盈利状况不好,则每股股利额下降,这使得支付的股利不固定,股利水平变动较大,因而可能向投资者传递公司经营不稳定的信息,容易造成股票价格的波动,不利于树立良好的公司形象。在实践中,很少有公司采用这种政策。

(四) 固定股利支付率政策的应用

【例 8-4】 北方公司根据企业自身的经营特点和盈余情况,很长一段时间以来一直采用固定股利支付率政策,进行股利分配,股利支付率为 35%。今年该公司经营情况良好,盈余有较大的提升,税后净利润为 2 500 万元。

如果该公司决定继续执行以前年度的固定股利支付率政策,则今年应该分配的股利为

$$2\,500×35\%=875 \text{ 万元}$$

五、固定股利政策

(一) 固定股利政策的含义

固定股利政策,是指公司在较长时期内,每年发放的股利固定在某一水平上,并在较长时期内

保持不变,只有当公司对未来利润增长确有把握,并且认为这种增长不会发生逆转时,才会增加每股股利额。其主要目的是避免出现由于经营不善而削减股利的情况,使股东对公司保持信心。

(二) 固定股利政策的决策依据

公司采取固定股利政策,一般基于以下原因或依据:

第一,股利稳定,有利于股票价格上涨。由于固定股利政策在长时间内股利是稳定的,所以,它能够向市场传递公司正常发展的信息。如果投资者知道公司支付的股利稳定,则会认为该公司的经营业绩比较稳定,使投资者自愿获得较低的必要报酬率,有利于树立公司的良好形象,使股票价格上涨,增强投资者对公司的信心;反之,股利忽高忽低,则会向投资者传递公司经营不稳定的信息,使股票价格下跌。

第二,股利稳定,有利于投资者有规律地安排股利收入和支出,增强投资者对公司的依赖性。那些希望每期能有固定收入的投资者非常欢迎公司采取固定股利政策,这样,他们就可以有计划地安排其日常开支,而忽高忽低的股利政策可能会降低他们对这种股票的需求,从而使股票价格下降,特别是那些对股利有着很高依赖性的股东,忽高忽低的股票不会受这些股东的欢迎。

第三,股利稳定,有利于公司在经济不景气时维持股价稳定。股票市场会受到股东的心理状态等多因素的影响,在公司经营情况良好时,固定的股利有利于公司的积累;而当公司经营情况恶化时,为了使股利维持在稳定的水平上,公司可能推迟某些投资方案或者暂时偏离目标资本结构,但即便这样,也比减少股利更有利于股票价格的稳定。

(三) 固定股利政策的特点

固定股利政策最大的优点,就是有利于投资者安排收入与支出,并保持公司股票价格的上升或稳定。但同时,稳定的股价也使股利与盈利能力相脱节,尤其是在盈利较少的年份,若仍要维持较高的股利,则容易造成资金短缺,使公司财务状况恶化。因此,这种股利政策一般适合经营比较稳定的公司采用。

(四) 固定股利政策的应用举例

【例 8-5】 大昌公司根据企业自身的经营特点和盈余情况,近几年一直采取固定股利政策。该公司发行在外的普通股为 100 万股,每股 1 元。按照该公司的固定股利政策,普通股每股固定发放股利 8 元。若该公司近三年的税后利润分别为 1 000 万元、1 500 万元和 1 800 万元,请问该公司近三年应发放的股利额为多少?

分析:由于该公司采用的是固定股利政策,每股发放股利 8 元,因此,无论近三年每年的税后利润为多少,均按照每股 8 元发放股利,即每年发放的股利总额分别为

$$100 \times 8 = 800 \text{ 万元}$$

六、正常加额外股利政策

(一) 正常加额外股利政策的含义

正常加额外股利政策,是指股份公司一般情况下每年只发放固定的、数额较低的股利,在

盈余多的年份,再根据实际情况向股东发放不固定的额外股利。额外股利不固定,意味着公司没有永久地提高规定的股利支付率,能给予公司较大的弹性空间。因此,正常加额外股利政策,是一种介于固定股利政策与变动股利政策之间的折中股利政策。

(二) 正常加额外股利政策的决策依据

公司采取正常加额外固定股利政策,一般基于以下原因或依据:

第一,正常加额外股利政策能使公司具有较大的灵活性。这种股利政策,在公司盈利较少或投资需要较多资本时,可以只支付较低的正常股利,这样既不会给公司造成较大的财务压力,又能保证股东定期得到一笔固定的股利收入;在公司盈利较多且不需要较多投资资本时,可以向股东发放额外的股利,因而具有较大的灵活性。

第二,正常加额外股利政策能使股东增强对公司的信心,有利于稳定股票的价格。这种股利政策,在公司盈余较少或投资需用较多资金时,能够维持设定的较低但正常的股利,使得股东不会有股利跌落感,而当盈余有较大幅度增加时,又可适度增发股利,把经济繁荣的部分利益分配给股东,因而能够增强股东对公司的信心。

第三,正常加额外股利政策能够吸引追求稳定股利收入的股东。由于该股利政策能够保证并维持股利的一贯稳定性,可使那些依靠股利度日的股东每年至少得到较低但较稳定的股利收入,从而吸引住这部分股东。

(三) 正常加额外股利政策的特点

正常加额外股利政策将灵活性与稳定性相结合,既可以维持既定的股利发放水平,增强股东的信心,又可以使公司的资本结构达到目标资本结构,给企业较大的弹性,对企业和股东都比较有利,因而被很多公司所采用。

(四) 正常加额外股利政策的应用

【例 8-6】 续例 8-5,大昌公司发行在外的普通股为 100 万股,每股 1 元。若该公司近几年一直采取的是正常股利加额外股利政策,即正常年份,按照该公司的固定股利政策发放,普通股每股固定发放股利 8 元,盈余较多的年份,根据盈余增长的比例额外发放一部分股利。若该公司近三年的税后利润分别为 1 000 万元、1 500 万元和 1 800 万元,请问该公司近三年应发放的股利额为多少?

分析:由于该公司采用的是正常股利加额外股利政策,正常股利为每股发放股利 8 元,因此,无论近三年每年的税后利润为多少,每年均按照每股 8 元发放一部分固定的正常股利,即每年发放的正常部分的股利总额为

$$100 \times 8 = 800 \text{ 万元}$$

但由已知资料可知,该公司根据盈余增长的比例,会额外发放股利,如果以第一年的 1 000 万作为增长基数进行对比,则

第二年的税后利润增长率:$(1\,500 - 1\,000) \div 1\,000 \times 100\% = 50\%$

第三年的税后利润增长率:$(1\,800 - 1\,000) \div 1\,000 \times 100\% = 80\%$

若按照税后利润增长率发放额外股利,则

第一年应发放的股利总额:$100 \times 8 = 800$ 万元

第二年应发放的股利总额:$100 \times 8 + 100 \times 8 \times 50\% = 1\,200$ 万元

第三年应发放的股利总额：100×8+100×8×80％=1 440万元

以上各种股利政策都有优点和缺点，所适用的公司的情况也有所不同。公司应该在分配股利时充分了解每种股利政策的特点，根据自身实际情况制定适合自身的股利政策，这样才能使公司扬长避短，为公司带来更好的收益。

第三节 股票分割

【导入案例】

兴盛公司是一家生产运输机器人的科技上市公司，该公司20×8年的资产负债表显示股东权益总计50 000万元，其中，股本为15 000万元，面值为10元，发行在外1 500万股，资本公积为13 000万元，盈余公积为10 000万元，未分配利润为12 000万元。详见表8-3所示。

表8-3 股票分割前的股东权益

项　　目	金额/万元
股本（面值10元，发行在外2 000万股）	15 000
资本公积	13 000
盈余公积	10 000
未分配利润	12 000
股东权益合计	50 000

分析讨论：

如果该公司按照1∶2的比例进行股票分割，那么，

（1）股票分割后股东权益会发生怎样的变化？

（2）分割后的每股收益和每股净资产为多少？

企业为了增加股票的流通性，以及增强投资者对公司的投资信心，会采取股票分割的形式向股东分配股利，但股票分割与股票股利既有联系又有区别。本节在介绍股票分割基本内涵的基础上，着重介绍股票分割的具体应用及对企业股东权益的影响。

一、股票分割的含义

股票分割，又称拆股，是指将面值较高的股票拆分成多股面值较低的股票的行为。由于股票分割一般只会增加发行在外的股票总数，因此，不会对公司的资本结构产生任何影响。例如，若股份公司将原来每股面值为20元的普通股股票分割为2股面值为10元的普通股，也就是按照1∶2的比例进行分割，那么原有的每股面值为20元的股票就会被拆分成每股10元的两股股票。

股票分割的结果，既不会增加公司价值，也不会增加股东财富，因此也不会使股东权益的内部结构发生变化，但公司股票总数会增加，会使股票的市场价格相应下降。

二、股票分割的动机

股份公司进行股票分割,一般来说主要有以下两种动机。

第一,通过股票分割,降低股票价格,以增加股票的流通性。

如果公司股票价格过高,会使得一些中小投资者由于资金量的限制,不能或者不愿意购买公司的高价股票。为了使股票价格下降,公司可以采用股票分割的办法,使公司的股票数量增加,每股的股票价格降低,买卖该股票所需资金量减少,从而可以促进股票的流通和交易,增强公司股票的流通性,使股东数量增加,在一定程度上加大对公司股票恶意收购的难度。另外,较低的股票价格,也能够为发行新股做准备。

第二,通过股票分割向投资者传递公司信息,增强投资者对公司的投资信心。

由于股票分割是为了降低不断上涨的股票价格,多为成长阶段的公司所采用,这会给投资者传递出公司业绩快速增长,公司发展势头良好的印象,因此股价会不断上涨,出现良性循环,有利于公司更好地发展。

需要说明的是,一般来说,只有在公司股价暴涨且预期难以下降时,才采用股票分割的办法降低股价。当公司股价上涨幅度不大时,往往通过发放股票股利将股价维持在理想的范围之内。另外,如果公司认为其股票价格过低,不利于其在市场上的声誉和未来的再筹资时,会采取与股票分割相反的措施,即反分割。反分割又称为股票合并或逆向分割,是指将多股股票合并为一股股票的行为。反分割会降低股票的流通性,提高公司股票投资的门槛,它向市场传递的信息通常是不利的,一般情况下公司不宜采用。

三、股票分割与股票股利的比较

股票分割与股票股利既相同又不同。相同的是,股票分割与股票股利都是在不增加股东权益总额的情况下增加了股份的数量总额;不同的是,股票分割之后,股东权益总额及其内部结构都不会发生任何变化,变化的只是股票面值,而股票股利虽不会引起股东权益总额的改变,但股东权益的内部结构会发生变化。具体来说,两者之间存在如下差异。

第一,每股面值变化不同。

股票分割使每股面值降低,而股票股利不改变每股面值。股票分割是将原来每股面值较高的股票细分为更多面值较低的股票,显然由于稀释股份而降低了股票面值。股票股利是公司以股票的形式,用实现的净利润向股东无偿分派的股利,是公司分派股利的一种形式,发放股票股利不会改变股票面值。

第二,会计处理不同。

由于股票分割不会影响股东权益各项目金额的变化,只是股票面值降低,股票股数增加,因此,公司股本金额不会变化,资本公积金以及留用利润也不会发生变化。所以,在会计账务处理上,不需要进行股东权益各科目间的账务处理。发放股票股利,由于会影响股东权益各项目金额的变化,因此,公司应将股东权益中留用利润的金额,按照发放股票股利面值总数转为股本,股本金额相应增加,而留用利润相应减少,这需要进行股东权益各科目间的转账等会计处理。

四、股票分割的应用

对于公司来讲,实行股票分割的主要目的在于通过增加股票股数降低每股市价,从而吸引更多的投资者。下面通过案例说明股票分割的应用。

【例 8-7】 昌盛上市公司 20×8 年的资产负债表中股东权益总计 57 000 万元,其中,股本 20 000 万元,面值 10 元,发行在外 2 000 万股,资本公积 15 000 万元,盈余公积 10 000 万元,未分配利润 12 000 万元。详见表 8-4 所示。

表 8-4 股票分割前的股东权益

项 目	金额/万元
股本(面值 10 元,发行在外 2 000 万股)	20 000
资本公积	15 000
盈余公积	10 000
未分配利润	12 000
股东权益合计	57 000

根据以上资料,如果该公司按照 1∶2 的比例进行股票分割,则股票分割后股东权益情况如表 8-5 所示。

表 8-5 股票分割后的股东权益

项 目	金额/万元
股本(面值 5 元,发行在外 4 000 万股)	20 000
资本公积	15 000
盈余公积	10 000
未分配利润	12 000
股东权益合计	57 000

若该公司本年净利润 6 000 万元,则股票分割前的每股收益如下:

$$每股收益 = \frac{6\ 000}{2\ 000} = 3\ 元$$

$$每股净资产 = \frac{57\ 000}{2\ 000} = 28.5\ 元$$

股票分割后的每股收益如下:

$$每股收益 = \frac{6\ 000}{4\ 000} = 1.5\ 元$$

$$每股净资产 = \frac{57\ 000}{4\ 000} = 14.25\ 元$$

由以上计算可知,分割后的每股收益为 1.5 元,每股净资产为 14.25 元,均比分割前下降了一半,如果市盈率不变,每股市价也会因此而下降。可见,股份公司实行股票分割的主要目的在于通过增加股票股数,降低每股市价,从而吸引更多的投资者。

第四节 股票回购

【导入案例】

凯达公司20×8年度净利润、流通在外的普通股股数、每股收益、市盈率等资料如表8-6所示。如果凯达公司有两种方案可供选择：一是发放现金股利；二是以股票回购的方式回报投资者。可供发放现金股利或股票回购的总额为40 000万元，目前流通在外的普通股股数为10 000股，回购价格为每股价值即每股股东财富金额。

表8-6 凯达公司财务数据表

项目	现金股利	股票回购
公司净利润/万元	80 000	80 000
流通在外普通股/万股	10 000	
市盈率	6	6

分析讨论：

1. 如何计算发放现金股利的每股股利、每股收益和发放股利后的每股市价？发放现金股利后的每股股东财富为多少？

2. 如何计算股票回购后的剩余股票数、每股收益和股票回购后的每股市价？股票回购后的每股股东财富为多少？

3. 该公司在发放现金股利和进行股票回购之间应如何选择？为什么？

企业为了调整资本结构、稳定或提高公司股价、减少公司富余资金、巩固既定控股权或转移公司控股权等，会采取股票回购措施，通过公开市场回购、要约回购和协议回购等形式达到经营目的。本节在介绍股票回购基本内涵的基础上，着重介绍股票回购的具体应用及对企业资本结构的影响。

一、股票回购理论概述

（一）股票回购的含义

股票回购，是指上市公司以一定价格从股票市场上购回本公司发行在外的一定数额的普通股，将其作为库藏股或进行注销的一种资本运作方式。股份公司不得随意收购本公司的股份，只有满足相关法律规定的情形才允许股票回购。

公司在股票回购完成后，可以将回购的股票注销，以减少公司的股本总额，也可以将回购的股份作为库藏股保留，将来用于实施股权激励计划，或在需要资金时将其出售，但不参与每股收益的计算和收益分配，即不能享有与正常的普通股相同的投票权和分派股利的权利。另外，为了避免股份公司管理层利用库藏股操纵每股利润或者股票价格，公司持有的本公司的库藏股通常不能超过一定期限。

(二) 股票回购的类型

根据股票回购的目的进行分类,股票回购有以下两种基本类型。

第一,替代红利型。股份公司回购发行在外的部分普通股后,发行在外的普通股股数就会相应减少,那么在公司获得相同金额净利润的前提下,每股收益势必会提高,从而导致股份公司普通股的每股市价上涨,每股市价上涨实际上增加了投资者投资的资本收益,因此,从某种程度上来说,投资者由股价上涨所得的资本收益实际上可以代替股利收入,故而股票回购被认为是支付股利的方式之一。一般来说,替代红利型的股票回购所用资金通常来源于公司的经营现金流盈余。

第二,战略回购型。股份公司会根据国家政策、竞争者、社会公众对产品的需求等宏观环境或微观环境的变化,调整企业的发展战略。这个时候,如果公司需要为实现战略重组或调整资本结构等目标而进行股票回购,则此时的股票回购直接服务于公司的战略目标,而不是简单地为了向股东发放股利。需要说明的是,在进行战略回购时,规模往往较大,公司不仅需要动用现金储备,还可能需要大规模举债,或者出售部分资产或子公司等方式筹集股票回购所需的现金,从而使股份公司能够在短期内实现公司的战略目标或者资本结构重组。

(三) 股票回购的方式

股票回购的方式主要包括公开市场回购、要约回购和协议回购三种。

第一,公开市场回购。公开市场回购,是指上市公司在公开交易的市场上按照股票当前的市场价格回购本公司的股票。在回购时,通常公司在证券市场上都会有一个最高限价,对回购股票的数量也有明确的限定,如上市公司可以采用证券交易所集中竞价交易方式回购股票,须履行信息披露义务。由于股票回购很容易导致股票价格上涨,从而增加回购成本,因此,一般来说,在公司回购股票的目标已经达到的情况下,可以停止回购。

第二,要约回购。要约回购,是指股份公司在特定期间内,通过公开向股东发出回购股票的要约,以高出当前市价的某一价格回购既定数量的股票,并根据要约来实现股票回购计划。要约回购的股票价格一般高于股票的市场价格。股东在公司公告要约回购之后的限定期限内,可自愿决定是否将持有的股票按要约价格出售给公司,如果股东愿意出售的股数多于公司计划回购的股数,公司可以自行决定购买部分或全部股票。通常,在公司回购股票的数量较大时,可采用要约回购方式。

第三,协议回购。协议回购是指公司与特定的一个或几个主要股东私下签订协议,并以协议价格直接向特定的主要股东回购股票。采用协议回购,为保证回购价格公平,避免公司向特定股东输送利益,侵害其他股东利益,股份公司在进行回购时,必须公开披露回购股票的目的、数量等信息。通过协议回购方式回购的股票价格通常低于当前的市场价格。协议回购是特定公开市场回购方式的补充,其特点是一次回购股票的数量较大,通常在场外进行。

二、股票回购的动机

股份公司会根据公司的经营情况、股权结构等各种因素回购股票。一般来说,在证券市场上,股份公司回购股票的动机主要有以下几种。

第一,调整资本结构的动机。

当股份公司认为公司的权益资本在资本结构中所占比例过高时,就会产生改变公司资本结构的想法。为了调整资本结构,公司可以通过支付现金或借债的方式进行股份回购,不论哪种方式,都会提高公司的财务杠杆水平,可以在一定程度上降低公司的整体资本成本,这是改善公司资本结构的一个较好、较快捷的途径。

第二,稳定或提高公司股价的动机。

当资本市场低迷时,由于投资者与公司管理层之间存在信息不对称,公司的股价就有可能被低估,过低的股价会对公司的经营造成严重影响。如果管理层认为被低估的股票对公司造成的影响非常严重,就可以通过股票回购行为,向市场传递公司平稳良好发展的信号,促使公司股价上涨。在这种情况下,公司回购本公司股票是为了支撑公司股价,改善公司形象。公司的股价上升了,投资者就会重新关心公司的运营情况,对公司的信任就会增加,公司也有了进一步配股融资的可能。

第三,替代现金股利,减少公司富余资金的动机。

现金股利政策会使公司产生未来的派现压力,而股票回购则不会。当公司有富余的自由资金时,可以通过回购股东所持有的股票,使流通在外的股份减少,每股股利增加,股价上升,从而使股东能因此获得资本利得,这实际上也相当于公司支付给了股东现金股利。所以,可以将股票回购看作是一种现金股利的替代方式,但是它不会给公司造成未来现金支付的压力。

第四,巩固既定控股权或转移公司控股权的动机。

股份公司的股票在被低估时,很有可能会成为被收购的目标,从而对现有股东的控制权产生威胁。为防止股票落入进攻企业手中,维护原有股东对公司的控制权,预防或抵制敌意收购,公司可以采取股份回购措施。股份回购后,公司在外流通的股份少了,股票价格提高了,就会给收购方造成更大的收购难度。不过,由于回购的股票无表决权,股票回购后,打算收购公司股票的进攻企业的持股比例也会相应上升,因此公司须将回购的股票再卖给稳定的股东,这样才能起到反收购的作用。实践中,许多股份公司的大股东往往采取直接或间接的方式回购自己的股份。另外,有些股份公司的法定代表人并一定是公司最大股东的代表者,为了保住自身在公司中的地位,往往也会采取股份回购的方式,分散或削弱原控股股东的控股权,以实现原控股权的转移。

三、股票回购与现金股利的比较

股票回购常被看作是对股东的一种特殊回报方式。但股票回购与现金股利两者之间还是存在很大差异的,具体体现在以下几方面:

第一,从税收角度看,股票回购后,股东所得到的资本利得需缴纳资本利得税,股东获得发放的现金股利后则需缴纳股利收益税。通常,资本利得税低于股利收益税,在此情况下,股东将得到纳税上的好处。

第二,从提升公司价值的角度来看,股份公司通过股票回购,向市场传递了公司发展的积极信息,这使得市场做出积极的反应,通常是提升了股价,因此,有利于稳定公司的股票价格。而公司发放现金股利则不具有这种作用。

第三,从发挥财务杠杆作用的角度来看,当股份公司认为资本结构中权益资本的比例较高时,可以通过股票回购的方式来提高资产负债率,从而优化公司的资本结构,同时也有助于降低公司整体的加权平均资本成本。发放现金股利虽然也能增加财务杠杆,减少股东权益,但在收益相同的情况下每股收益会有不同,特别是通过发行债券融资的方式回购本公司的股票,更可以快速提高负债率。

第四,从巩固控制权的角度看,公司回购的股票可作为库藏股,用来交换被收购或被兼并公司的股票,也可用来满足认股权证持有人认购公司股票或可转换债券持有人转换公司普通股的需要,还可以在执行管理层与员工股票期权时使用,避免因发行新股而稀释,而现金股利则不具有抵制股权稀释的功能。下面通过举例来进一步说明股票回购和现金股利的区别。

四、股票回购的应用

股票回购和发放现金股利一样,也需要支付大量的资金,容易造成资金紧张,降低资产流动性,影响公司的后续发展,也可能会使公司的发起人更注重创业利润的实现,从而在一定程度上削弱了对债权人利益的保护。股票回购和发放现金股利相比,普通股的每股股东财富是等效的,只是表现的形式不同。下面通过举例来说明股票回购对公司股东的影响。

【例8-8】 方大公司20×8年度净利润、流通在外的普通股股数、每股收益、市盈率等资料如表8-7所示。如果方大公司有两种方案可供选择:一是发放现金股利;二是以股票回购的方式回报投资者。可供发放现金股利或股票回购的总额为20 000万元,回购价格为每股价值即每股股东财富金额。

请分析发放现金股利和股票回购对普通股股东的影响。

表8-7 方大公司财务数据表

项　目	现金股利	股票回购
公司净利润/万元①	60 000	60 000
拟发放股利总额/万元②	20 000	—
拟回购股票总额/万元③	—	20 000
流通在外普通股/万股④	10 000	9 474
每股股利(元/股)⑤=②÷④	2	—
每股收益(元/股)⑥=①÷④	6	6.33
市盈率⑦	6	6
发放股利后每股市价⑧=⑥×⑦	36	38
每股股东财富⑨=⑤+⑧	38	38

分析:

(1)发放现金股利

公司用20 000万元资金发放现金股利,则

$$每股股利 = 20\,000 \div 10\,000 = 2\,元/股$$

发放现金股利后,普通股股东将有每股价值36元的股票和每股2元的现金股利,即每股股东财富为36+2=38元。

(2)股票回购

根据已知,公司回购股票的价格为每股股东财富的价格,即38元,则

$$股票回购数 = 20\,000 \div 38 = 526\,万股$$

每股收益 ＝60 000÷（10 000－526）≈6.33 元

市盈率仍为 6，则回购后每股市价即每股股东财富将升至 6.33×6≈38 元。

可见，公司不论采取现金股利的方式还是股票回购的方式，对股东而言都是等效的，即每股价值都是相等的，均为 38 元。

五、股票回购的优缺点

股票回购的优点表现为：第一，股票回购能够使股东获取资本利得，与现金股息相比具有明显的税率上的优势；第二，当公司实施股票回购时，股东有权决定是否出售，而若公司分配现金股利，股东则必须接受，因此股票股利对股东来说，具有一定的灵活性。

股票回购的缺陷表现为：第一，公司回购其股票，除无偿收回以外，都无异于股东退股和公司资本的减少，而一般认为现金股利的发放比股票回购的可靠性强，比股票回购能产生更大幅度的股价上涨；第二，公司为了避免未出售股票的股东遭受损失，可能不会确定较高的回购价格；第三，如果上市公司回购本公司股票，容易使其利用内幕消息进行炒作，或对相关财务报表指标进行操纵，使投资者蒙受损失；第四，股东很难了解公司股票回购的真正目的，存在信息不对称的问题。

本章知识点小结

本章主要讲授股利分配的基本理论，核心知识点包括以下几点。

第一，股利分配概述。(1)股利分配的方式：现金股利、股票股利、财产股利和负债股利。(2)股利分配程序几个重要日期的确定：股权宣告日、股权登记日、除息日和股利发放日。(3)股利分配的原则：依法分配、兼顾各方利益、兼顾企业积累、与投资比例对等。

第二，股利政策。(1)股利政策的内容包括：确定股利分配的形式、确定股利支付率、确定每股股利和确定股利分配的时间。(2)影响股利政策的主要因素：法律因素、债务契约因素、公司自身因素、公司所处的发展阶段因素、股东因素等。(3)股利政策的类型：剩余股利政策、固定股利政策、正常股利加额外股利政策、固定股利支付率政策、稳定增长股利政策等。

第三，股票分割。(1)股票分割，又称拆股，是指将面值较高的股票拆分成多股面值较低的股票的行为。(2)股票分割的两种动机：降低股票价格，以增加股票的流通性；向投资者传递公司信息，增强投资者对公司的投资信心。(3)股票分割与股票股利的不同：每股面值变化不同、会计处理不同。

第四，股票回购。(1)股票回购，是指上市公司以一定价格从股票市场上购回本公司发行在外的一定数额的普通股，将其作为库藏股或进行注销的一种资本运作方式。(2)股票回购有两种基本类型：替代红利型和战略回购型。(3)股票回购的方式主要包括公开市场回购、要约回购和协议回购三种。(4)股票回购的动机：调整资本结构、稳定或提高公司股价、替代现金股利、巩固既定控股权或转移公司控股权。

思考与练习题

一、单项选择题

1. 股份有限公司从公司净利润中,以股票的形式分配给股东的股利是指(　　)。
   A. 股票股利　　　　　　　　B. 现金股利
   C. 股票回购　　　　　　　　D. 股票分割

2. 从公司的角度看,由于股份有限公司分配股票股利不会增加其现金流出,因此,如果公司现金紧张或者需要大量的资本进行投资,则可以考虑采用(　　)的形式。
   A. 现金股利　　　　　　　　B. 股票股利
   C. 股票回购　　　　　　　　D. 股票分割

3. (　　),是指领取股利的权利与股票分离的日期。
   A. 股权宣告日　　　　　　　B. 除息日
   C. 股权登记日　　　　　　　D. 股利发放日

4. (　　),就是在公司有着良好的投资机会时,在公司确定的最佳资本结构即目标资本结构下,测算出投资所需的权益资本,先从盈余当中留用,然后将剩余的盈余作为股利予以分配的政策。
   A. 固定股利政策　　　　　　B. 正常股利加额外股利政策
   C. 剩余股利政策　　　　　　D. 固定股利支付率政策

5. (　　),是指将面值较高的股票拆分成多股面值较低的股票的行为。
   A. 股票股利　　　　　　　　B. 现金股利
   C. 股票回购　　　　　　　　D. 股票分割

二、多项选择题

1. 一般来说,股份有限公司分配股利的方式有(　　)。
   A. 现金股利　　　　　　　　B. 股票股利
   C. 财产股利　　　　　　　　D. 负债股利

2. 股利政策主要内容包括(　　)。
   A. 确定股利分配的形式　　　B. 确定股利支付率
   C. 确定每股股利　　　　　　D. 确定股利分配的时间

3. 股票分割与股票股利的主要区别体现在(　　)。
   A. 每股面值变化相同　　　　B. 每股面值变化不同
   C. 会计处理相同　　　　　　D. 会计处理不同

4. 根据股票回购的目的进行分类,股票回购的类型有(　　)。
   A. 替代红利型　　　　　　　B. 财产股利
   C. 负债股利　　　　　　　　D. 战略回购型

5. 股票回购的方式主要包括(　　)。
   A. 战略回购　　　　　　　　B. 公开市场回购
   C. 要约回购　　　　　　　　D. 协议回购

三、计算题

1. MXJ 公司的资本总额为 500 万元，其中，权益资金为 300 万元，全部为当年流通在外的普通股，每股面值 1 元，债务资金为 200 万元。公司当前的资本结构为债务资本占 40%，权益资本占 60%，该资本结构也是该公司筹资后的目标资本结构。随着公司的盈利逐年增长，公司拟扩大生产规模，需投入资金 300 万元。公司当年度税后净利润为 220 万元，该公司实行的是剩余股利政策，请计算并分析该公司的股利发放额和应从外部筹资的数额。

2. WY 上市公司 20×8 年的资产负债表显示股东权益总计 2 000 万元，其中：股本 1 000 万元，面值 1 元，发行在外 1 000 万股；资本公积 500 万元；盈余公积 100 万元；未分配利润 400 万元。详见表 8-8。

表 8-8　股票分割前的股东权益

项目	金额/万元
股本（面值 10 元，发行在外 2 000 万股）	1 000
资本公积	500
盈余公积	100
未分配利润	400
股东权益合计	2 000

根据以上资料，如果该公司按照 1∶2 的比例进行股票分割。请计算该公司股票分割后的股东权益情况和每股收益、每股净资产各为多少？

第九章 财务分析及评价

知识框架体系

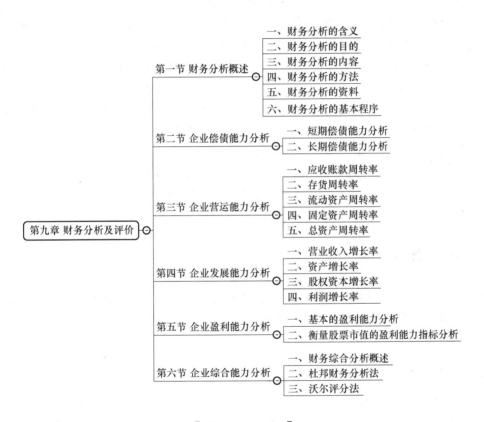

【学习目标】

本章在讲授财务分析基本理论的基础上,重点讲授了企业的偿债能力、营运能力、发展能力、盈利能力以及企业的综合能力分析。通过本章的学习,需要达到以下教学目标:

1. 理解财务分析的含义、目的、内容、方法和程序;
2. 理解与应用企业偿债能力指标的计算与分析;
3. 理解与应用企业营运能力指标的计算与分析;
4. 理解与应用企业发展能力指标的计算与分析;
5. 理解与应用企业盈利能力指标的计算与分析;
6. 理解企业综合能力分析。

第一节 财务分析概述

企业的生产经营活动,通过会计处理程序形成企业的财务报告,但财务报告是通过数字的形式汇集而成的信息,为了能够让各利益相关者能够更全面、更清晰地了解企业的各种财务能力和发展趋势,就需要进行财务分析。本节主要介绍财务分析的基本概念和理论,包括财务分析的含义、目的、内容、方法和程序等。

一、财务分析的含义

企业在生产经营过程中,会发生各种各样的经济业务。一方面,财会部门遵循企业会计准则和会计制度,按照会计账务处理程序,对企业的经济业务进行会计核算,从编制记账凭证、登记明细账、登记总账到完成会计报表的编制,把企业的经济业务用财务的语言浓缩在财务报告当中;另一方面,财务会计相对专业,财务信息的提供更多以分类的方法,通过数字的形式汇集企业的信息,缺少综合性,如果要更细致深入地反映企业在一定时期内各方面的能力,就需要对这些会计信息以及财务报告进行加工处理,以便使各相关利益群体能够更全面、更清晰地了解企业的各种财务能力和发展趋势,这样就需要进行财务分析。

财务分析是根据企业财务报表等信息资料,采用专门方法,系统分析和评价企业财务状况、经营成果以及未来发展趋势的过程。财务分析以企业财务报告及其他相关资料为主要依据,对企业的财务状况和经营成果进行评价和剖析,反映企业在运营过程中的利弊得失和发展趋势,从而为改进企业财务管理工作和优化经济决策提供重要的财务信息。

二、财务分析的目的

财务分析的目的受财务分析主体和其服务对象制约。财务分析主体是指投资者财务分析、经营者财务分析、债权人财务分析,而服务对象相应表现为投资者、经营者、债权人、政府机构等。不同的报表使用者其财务分析的目的是不同的。

(一)投资者的分析目的

投资者是指企业的所有者或潜在投资者,其财务分析的目的主要有以下三个。

(1)分析评价企业的盈利能力,预测企业未来收益。企业盈利能力是投资者财务分析关注的核心内容,如果企业不能够带给他们足够的盈利,投资者也就不可能用足够的资金去投资。

(2)分析企业经营业绩,评价经营者管理水平,合理进行薪酬与人事决策。

(3)分析企业的资本结构及偿债能力,评价企业的理财环境与财务风险,正确进行筹资决策。企业的资本结构决定了企业财务风险的类型,企业的偿债能力决定了企业财务环境的好坏及资金取得渠道。

(二)经营管理者的分析目的

企业经营者主要指企业的经理以及各分厂、部门、车间等的管理人员。他们进行财务分析的目的是综合的、多方面的。从对企业所有者负责的角度及其增加自身薪酬的角度考虑,他们都十分关注盈利的原因及其形成过程,因此,其分析的主要目的有以下三个。

(1) 考核企业经营计划和财务计划的完成情况,评价经营责任的履行效果。这主要通过各财务指标的实际数与计划数对比分析,对完成情况进行分析,总结经验,改善管理,提高经营质量。

(2) 分析评价企业财务状况,提高财务管理水平。管理者财务分析的重点是分析企业财务状况。良好的财务状况是生产顺利进行的基础,而财务管理是企业经营管理的核心。通过对财务分析研究,评价企业财务状况,找出问题,为改善和提高财务管理水平提供依据。

(3) 分析评价企业资源利用效率,增强企业市场竞争力。通过对资金周转的分析,加强对资金利用效率的分析,改进或加强企业内部管理与控制,不断提高经营决策水平。

(三) 债权人的分析目的

债权人是指向企业提供债务资金的经济组织或个人,企业债权人包括企业借款的银行和一些金融机构以及购买企业债券的单位与个人。银行等债权人一方面从各自经营或收益的目的出发愿意将资金贷给某企业;另一方面又要求企业按时足额还本付息,从贷款企业得到相应的报酬或收益。因此,债权人进行财务分析的主要目的有以下两个。

(1) 分析企业偿债能力。一方面从流动资产构成及其变现速度来评价企业的短期偿债能力;另一方面从资本资产结构方面评价企业的长期偿还能力。

(2) 分析企业的盈利能力,评价企业还本付息的保障程度。他们关注企业是否保持盈利,企业盈利了,利息支付就有了来源,才有可能以新债还旧债。

(四) 政府机构及其他主体的分析目的

政府机构是指政府的税务机关、物价、财政、审计、工商行政管理机关和国有资产管理机构等。他们进行财务分析的目的,一是监督、检查党和国家的各项经济政策、法规、制度在企业单位中的执行情况,二是保证企业财务会计信息和财务分析报告的真实性、准确性,为宏观决策提供可靠信息。

其他财务分析的主体或服务对象主要指与企业经营有关的企业单位,与企业经营有关的企业单位主要指材料供应者、产品购买者等。他们进行财务分析的主要目的在于搞清企业的信用状况,包括商业上的信用和财务上的信用。商业信用是指按时、按质完成各种交易行为,财务信用是指及时清算各种款项。企业信用状况分析,首先可通过对企业支付能力和偿债能力的评价来进行;其次,可根据对企业利润表中反映的企业交易完成情况进行分析判断来说明。

财务分析对公司不同的利益相关者具有不同的作用,不同的利益相关者进行财务分析的目的不同,着重点也不同。投资者财务分析的重点在于分析公司的盈利性与风险性,债权人财务分析的重点在于分析公司的长短期偿债能力,管理人员财务分析的重点在于分析公司经营管理状况,政府监管部门财务分析的重点在于分析公司经营的合法性与舞弊的可能性,等等。

从一般意义上讲,财务报表使用者都有财务分析的需求,且目标各有差异,这是由公司利益相关者的利益格局决定的。但是,公司各利益相关者之间仍具有利益一致性,即公司价值。公司价值是保证各利益相关者利益的基础,经营者的管理水平是维持与创造公司价值的关键。只要公司具有较高的内含价值,投资者的投资收益、债权人的债权偿还就有保障,相应的监管风险就会降低,因此公司价值分析是各利益相关方财务分析的基本需求。各利益相关方特定的财务分析是在满足了基本需求的基础上更为专业和深入的分析,甚至演化为特定的分析,如证券分析师的证券定价分析、信用评级机构的信用评级等。

三、财务分析的内容

结合报表分析的主体与对象,财务报表分析的内容主要包括偿债能力分析、营运能力分析、发展能力分析、盈利能力分析、财务综合能力分析等几个方面。

(一)偿债能力分析

偿债能力是企业偿还债务和支付本金的能力,偿债能力的强弱直接影响企业资金的安全性和盈利水平。通过偿债能力分析,报表分析人员能够判断企业财务风险的高低,了解企业经营的安全性以便做出科学合理的决策。

偿债能力分析包括短期偿债能力分析与长期偿债能力分析两个方面。短期偿债能力是指公司以流动资产支付流动负债的能力,一般又称为支付能力,它主要取决于流动资产和流动负债的比例关系,以及流动资产的变现能力。长期偿债能力分析是指公司偿还债务本金和支付债务利息的能力,一般又称财务能力,它既与资本结构有关,也与公司的收益能力有关。

(二)营运能力分析

营运能力是指公司单位资产创造营业收入的能力,它反映企业经营活动的运行状态和资产管理水平的高低。由于企业的生产经营过程就是利用资产取得收益的过程,对资产的利用和管理能力直接影响企业的收益,因此,对企业的营运能力进行分析,不仅可以了解企业资产的保值和增值情况,还可以分析企业资产的利用效率以及管理水平等,为企业提高经营管理水平提供依据。

(三)发展能力分析

发展能力是指企业在从事经营活动过程中所表现出的增长能力,关系到各利益相关者的切身利益,因此,无论是企业的投资者还是债权人,都十分关注企业的发展能力。通过对企业发展能力的分析,可以判断企业的发展潜力有多大,经营前景如何,从而为投资者和债权人提供投资决策等,避免因信息不对称造成决策失误带来重大经济损失,因此,需要对企业进行发展能力的分析。

(四)盈利能力分析

盈利能力是指企业运用资产赚取利润的能力,即企业能够从其经营活动、投资活动中获得回报的多少。通常同一规模的企业获得的回报越高则获利能力越强。企业存在的基础就是生产经营有所回报,这些回报构成了社会财富的基础,因此所有的报表分析人员都会关注企业的获利能力,判断企业获利能力的发展趋势。

获取利润是企业的主要经营目标之一,它也反映了企业的综合素质。企业要生存和发展,必须争取获得较高的利润,这样才能在竞争中立于不败之地。投资者和债权人都十分关心企业的盈利能力,盈利能力强可以提高企业偿还债务的能力,提升企业的信誉。对企业盈利能力的分析不能仅要看其获取利润的绝对数,还应分析其相对指标,这些都可以通过财务分析来实现。

(五) 财务综合能力分析

无论是偿债能力、营运能力,还是发展能力或者盈利能力,都是从某一个侧面来分析企业的财务状况,如果要全面了解企业的财务状况和经营成果,就需要对企业的财务状况和经营成果等进行综合分析,因为财务综合分析能全面分析和评价企业各方面的财务状况,能对企业风险、收益、成本和现金流量等进行分析和判断,为提高企业财务管理水平、改善经营业绩提供信息。

四、财务分析的方法

财务分析的方法主要包括比较分析法、比率分析法、趋势分析法和因素分析法。

(一) 比较分析法

比较分析法是指将实际达到的数据同特定的各种标准相比较,从数量上确定其差异,并进行差异分析或趋势分析的一种分析方法。按照比较基数的不同,有实际与计划比较、不同时期比较、同行业企业间比较等形式。常见的比较标准有历史标准、行业标准、预算标准、经验标准等。

比较分析法的形式包括绝对数比较、百分比变动比较、横向比较和纵向比较等,还可以是各种财务比率。具体来说,比较分析法包括以下方面。

1. 绝对数比较

绝对数比较是将取得的财务报表数据与比较基准直接比较。绝对数比较最常见的形式就是比较财务报表时,将两期或多期的财务报表予以并行列示,进行对比,进而观察各个报表项目数据的变动情况和变动趋势。

2. 百分比变动比较

百分比变动比较是指将财务报表项目数据计算出百分比形式然后进行比较。用百分比变动比较,可以反映不同规模的分析对象之间的差异。比较分析方法有三个基本指标计算参数,即差异额(或绝对额)、差异率和变动率。

3. 横向比较法与纵向比较法

横向比较法,又称水平分析法,是指将实际达到的结果同某一标准做比较,如与某一期或数期财务报表中相同项目的实际数据作比较,或用企业与其他企业财务报表中相同项目的实际数据作比较,可以用绝对数作比较,也可以用相对数作比较。横向比较法经常采用的一种形式是编制比较财务报表。为了便于分析者进行分析并掌握变化动向,比较财务报表除列示各期报表金额外,通常还列示增减金额及增减百分比。

纵向比较法,又称垂直分析法或动态分析法。纵向比较法通常是指仅就同一个考察期间内的财务报告有关数据资料,计算总体与部分之间的比例,对某报表项目构成及各项所占总体的比重进行分析。纵向比较法也是对财务报表进行分析的一种常用方法。

总之,比较分析法的主要作用在于揭示被分析对象客观存在的某一方面的差距或优势以及形成这种差距或优势的原因,帮助报表分析人员发现问题或者揭示企业投资价值,有利于报表分析人员做出正确的判断。比较分析法是财务报表分析中最常用、最基础的一种分析方法。在运用比较分析法进行分析时,必须注意指标之间的可比性。

(二) 比率分析法

比率分析法是利用两个指标间的相互关系,通过计算比率来分析、评价企业财务状况的一种方法。比率分析法是会计报表分析中最基本和最重要的方法之一。比率是两数相比所得的值,任何两个数字都可以计算出比率,要使计算的比率具有意义,计算比率的两个数字必须具有相互联系。在财务报表中这种具有重要联系和一定意义的相关数字很多,这种比率通常叫作财务比率。

比率指标可以有不同的类型,主要有构成比率、效率比率、相关比率三类。

1. 构成比率

构成比率又称结构比率,它是某项财务指标的各组成部分数值占总体数值的百分比,反映部分与总体之间的关系。在实际工作中比较常见的构成比率分析是编制共同比财务报表,即计算报表的各个项目占某个相同项目的比率,如资产负债表各个项目占总资产的比率,利润表各项目占主营业务收入的比率等。

2. 效率比率

效率比率是某项经济活动中所费与所得的比率,反映投入与产出的关系。一般而言,涉及利润的有关比率指标基本上均为效率比率,这里的效率不是衡量速度的快慢的,而是评价投入与产出之间的关系的。例如,将利润项目与营业成本、营业收入、资本金等项目加以对比,可以计算出成本利润率、营业净利润率以及资本金利润率等指标,可以从不同角度观察比较企业盈利能力的高低及其增减变化的情况。

3. 相关比率

相关比率分析是根据经济活动客观存在的相互依存、相互联系的关系,将某个项目和与其相关但又不同的项目进行对比得出的比率,反映有关经济活动的相互关系。企业财务报告中的项目数据不仅独自具有一定的经济意义,项目之间往往也是相互关联的,将两个相互关联的项目数据构建一个比率,可以揭示两个单独数据不能揭示的信息,有助于使用者做出决策。

(三) 趋势分析法

趋势分析法是根据企业连续几年或几个时期的分析资料,通过计算趋势比率及指数,形成一系列具有可比性的百分数或指数,以确定分析其各有关项目的变动情况和趋势的一种财务报表分析方法。趋势分析是一种动态的比较分析方法,该方法运用时要将比较分析法、比率分析法结合运用。在财务报表分析中,通常应对营业收入、总资产进行趋势分析以衡量公司的规模及发展状态,对净利润进行趋势分析以衡量公司的长期盈利能力。

趋势分析法运用的方式包括以下几种。

1. 重要财务指标的比较

重要财务指标的比较是将不同时期财务报表总的相同指标或比率进行比较,直接观察其增减变动情况及变动幅度,考察其发展趋势,预测其发展前景。趋势分析中对不同时期财务指标的比较,一般包括增长量指标和发展速度指标两大类。

2. 财务报表的比较

财务报表的比较是将连续数期的财务报表金额并列起来,比较其相同指标的增减变动金额和幅度,据以判断企业财务状况、经营成果和现金流量发展变化的一种方法。财务报表的比较,具体包括资产负债表比较、利润表比较和现金流量表比较等。比较时,既要计算表中有关项目增减变动的绝对值,又要计算该增减变动的百分比。

(四) 因素分析法

因素分析法又称为因素替换法,或连环替代法,它是根据财务指标与其影响因素之间的关系,确定各个影响因素对指标差异的影响方向和程度的一种分析方法。采用这种分析方法的前提是当有若干个因素对分析对象产生影响时,若分析其中某一个因素则假定其他各因素都不变化,从而可确定需分析的这个因素单独发生变化所产生的影响。

因素分析法一般包括比率因素分析法和差异因素分析法。

1. 比率因素分析法

比率因素分析法是把一个比较核心的财务比率分解成若干个影响因素的方法。著名的杜邦分析体系就是采用比率因素分析法的典型代表,该体系将资产报酬率分解为资产周转率和销售利润率的乘积,表明资产报酬率受资产周转率和销售利润率的影响。

2. 差异因素分析法

为了比较实际数额与目标标杆值之间差额产生的原因,可以采用差异因素分析法。根据计算差异方式的区别,差异因素分析法又可以区分为定基替代法和连环替代法。

(1) 定基替代法

定基替代法是以目标标杆值为基础,然后分别用实际数额代替标杆值,来确定在实际工作中各因素对指标的影响。

需要注意的是,这种分析方法只能得到财务因素的影响,但企业经济指标除了受这些因素影响之外还受其他因素,比如,内外部环境的影响。

(2) 连环替代法

连环替代法是以目标标杆值为基础,然后依照特定顺序分别用实际数额代替标杆值,来逐一确定在实际工作中各因素对指标的影响。因素分析法中应用得最广泛的就是连环替代法。

在连环替代法的使用过程中需要关注:第一,构成因素具有相关性,对指标具有解释作用,否则单纯的定量分析就失去了经济意义;第二,因素替代的顺序要恰当,并依次进行;第三,计算分析程序的连环性,在计算分析每一个因素的影响时,都是在前一个因素变动的基础上进行的连环替代,逐一确定各个因素的影响力。

因素分析法弥补了比较分析法不能查明某项综合指标变化差异原因的局限,有利于深入分析综合指标的差异受何种因素的影响,及其各个因素对其影响的程度如何。因素分析法既可以全面分析若干因素对某一经济指标的共同影响,又可以单独分析其中某个因素对某一经济指标的影响,在财务报表分析中应用十分广泛。因素分析法适用于由多种因素构成的综合性指标(如成本、利润、资产周转率等方面的指标)的分析。

五、财务分析的资料

财务报表分析的直接依据是企业的各项财务报表,财务报表是对企业财务活动的总结与概括,来源于企业日常会计核算的记录,而企业的会计核算必然受到相关的会计法律法规的约束与规范。这些会计的法律、法规、政策、制度也是财务分析的依据,是在进行财务分析时必须遵循的。

财务报表资料是财务分析的原材料。财务分析使用的主要资料是对外发布的财务报表，但财务报表不是财务分析唯一的信息来源。公司还以各种形式发布补充信息，分析时经常需要查阅这些补充信息。在进行比较分析时还要使用行业数据，在进行预测分析时还要使用宏观经济信息等。

（一）财务报表分析资料的来源渠道

财务报表分析资料的主要来源渠道包括公司财务报表及报表附注，公司年度报告、中期报告，公司重大公告，行业报告，高等院校和科研、咨询机构报告，政府机构和中介机构报告，新闻媒介（尤其是财经、商业类的报刊、网站、电台、电视台等，都会及时报道甚至分析有关行业的经济指标，这常常是同业比较分析的依据），以及公司自己的研究机构及人员报告等。

（二）财务报表分析的基本资料

财务报表分析的基本资料是根据会计准则编制，并经过注册会计师审计的反映公司财务状况、经营成果及现金流量的财务报表。财务报表分析的基本资料包括资产负债表、利润表、现金流量表、股东权益变动表、财务报表附注等。

（三）其他报表分析资料

其他报表分析资料包括其他公司报告和审计报告。其他公司报告是指除了财务报表之外的公司年度报告与中期报告。审计报告是注册会计师根据审计结果和被审计单位对有关问题的处理情况出具的无保留意见、保留意见、否定意见和无法表示意见等类型的审计报告。

六、财务分析的基本程序

财务分析是一项比较复杂的工作，必须按科学的程序进行，才能保证分析的效率和效果。财务分析的程序，亦称财务分析的一般步骤，是指进行财务分析所应遵循的一般规程。具体来说，财务分析的步骤包括以下几步。

（一）确立分析目的，明确分析内容

由于不同的财务分析主体有着不同的财务分析目的，而同一财务分析主体在不同情况下的分析目的也不完全相同。财务分析的目的是财务分析的出发点。报表分析人必须首先明确分析目的。分析目的因人而异，它决定了后续的分析内容和分析结论。明确了分析目的，才能决定分析范围的大小、搜集信息的内容和多少、分析方法的选用等一系列问题。

（二）设计分析程序，确定评价标准

财务分析的内容很多，但并不是每一次财务分析都必须完成所有的内容，只有根据不同的分析目的确定不同的分析范围和分析内容，才能提高财务分析的效率，更好地符合成本效益原则。针对企业的哪个方面或哪些方面展开分析，将分析的重点放在哪里，这些问题必须在开始搜集信息之前确定下来。

所以，在每一次进行财务分析时，明确了分析目的、分析内容之后，要根据分析目的确定分

析的层次及范围,确定主要的财务评价指标,确定应采用的分析方法,确定比较、评价时采用的标准(同行业、本企业历史或计划预算等)。

(三)收集分析所需要的相关资料并进行分析

明确了分析目的、确定了分析范围后,财务报表分析人员应当按照准备实施的内容收集所需的资料、信息。财务报表分析信息是财务报表分析的基础,信息搜集整理的及时性、完整性、准确性对分析的正确性具有直接的影响。信息的搜集、整理应根据分析的目的和计划进行,但这并不是说不需要经常性、一般性的信息搜集与整理。财务分析所依据的最主要的资料是以企业对外报出的财务报表及附注为代表的财务信息。

(四)选择恰当的分析方法

不同的财务分析方法各有特点,没有绝对的优劣之分,最适合分析目的、分析内容和所搜集信息的方法就是最好的方法。财务分析的目的不一样,财务分析的内容范围不相同,为财务分析所搜集的资料不一样,所选用的分析方法也会有所差别。常用的分析方法如比较分析法、比率分析法、因素分析法等,各有特点,有时需要结合使用。利用这些分析方法,通过计算分析相应财务数据和财务指标,可以对企业的财务状况、经营成果和各方面财务能力做出评价。在财务分析中,既可以选择某一种分析方法,也可以将多种方法结合应用。

(五)形成综合评价结论,撰写财务分析报告

企业财务报表分析的最后一步就是根据上述分析的结果,进行归纳整理,对照评价标准给予客观公正的判断与评价,包括对企业过去经营绩效的评判与对企业未来财务前景的评估两个方面,做出综合性的分析结论。分析结论应当体现分析对象定性与定量的内容,既有对财务报表项目内容分析的文字描述,又有对数据分析的配合说明,以便于明确存在的问题,提出解决问题的措施与建议。

对于各决策服务主体的财务报表分析来说,还需将这种分析结论以书面形式出具评价报告,即财务报表分析报告,财务报表分析报告将财务报表分析的基本问题、财务报表分析结论以及针对问题提出的措施、建议以书面的形式表示出来,为财务报表分析主体及财务报表分析报告的其他受益者提供决策依据。财务报表分析报告是对财务报表分析工作的总结,还可作为历史信息,供后来的财务报表分析者参考,以保证财务报表分析的连续性。

第二节 企业偿债能力分析

【导入案例】

大华公司是一家中型制造企业,其 2017 年、2018 年的有关数据如表 9-1 所示。

表 9-1 2017 年度大华公司偿债能力财务数据表

单位:元

项目	2018 年 12 月 31 日	2017 年 12 月 31 日
资产	25 061	28 527

续表

项目	2018年12月31日	2017年12月31日
负债	9 216	10 159
股东权益	15 845	18 368
流动资产	12 107	13 781
其中：货币资金	3 195	4 501
预付款项	1 459	1 488
存货	2 406	2 722
交易性金融资产		
无形资产	2 270	1 200
流动负债	7 838	8 735
利润总额	1 328	1 223
财务费用(利息收入)	277	365

分析讨论：

1. 根据上述该公司的已知数据，如何判断该公司的偿债能力？
2. 偿债能力分析有哪些财务指标？
3. 如何计算短期偿债能力的营运资金、流动比率、速动比率指标？评价的标准是什么？
4. 如何计算长期偿债能力资产负债率、产权比率、有形净值债务率、权益乘数和已获利息倍数？评价的标准是什么？

偿债能力是指企业偿还本身所欠债务的能力。通过对偿债能力的分析，可以考虑企业持续经营的能力和财务风险，有助于对企业未来收益进行预测，有利于正确评价企业的财务状况，可以使债权人做出正确的借贷决策，使投资者做出正确的投资决策，使企业经营者做出正确的经营决策。由于债务一般按到期时间分为短期债务和长期债务，所以偿债能力分析也由此分为短期偿债能力分析和长期偿债能力分析。

一、短期偿债能力分析

短期偿债能力是指企业按时偿还到期短期债务的能力，它是反映企业财务状况和企业资信力的重要标志。在大多数情况下，短期债务需要用货币资金来偿还，因而各种资产的变现速度也直接影响着企业的短期偿债能力。

常用的分析短期偿债能力的指标有营运资金、流动比率、速动比率和现金比率。

(一) 营运资金

1. 营运资金的含义

营运资金，是指流动资产超过流动负债的部分，该指标反映企业用流动资产偿还了流动负债后，还有多少可用于生产经营。

2. 营运资金的计算公式

营运资金的计算公式：

$$营运资金 = 流动资产 - 流动负债 \qquad (9\text{-}1)$$

3. 营运资金的评价标准

一般来说,营运资金越多则债权人的债务越有保障。当流动资产大于流动负债时,营运资金为正数,说明营运资金出现了剩余;当流动资产小于流动负债时,营运资金为负数,说明营运资金出现了短缺。对营运资金指标的评价,应该结合企业当期的偿债能力状况、企业规模等因素进行评价,并不是营运资金越多越好。因为当营运资金为正数时,与营运资金相对应的流动资产的来源是长期负债或所有者权益,这样会造成资金成本的提高和资金的浪费;而营运资金为负数时,公司部分非流动资产以流动负债作为资金来源,公司不能偿债的风险很大。

公司应保持多少营运资金为宜?短期债权人当然希望营运资金越多越好,但过多地持有营运资金也不是什么好事。高额的营运资金持有意味着流动资产比流动负债多,而流动资产流动性强、风险小,但获利性差,因此流动资产过多不利于公司提高盈利能力。所以说,没有一个统一的标准来衡量营运资金保持多少是合理的,而且不同行业间差别很大。由于营运资金与经营规模之间有着一定的联系,所以即使同一行业不同公司之间,其营运资金也缺乏可比性,因此在实务中很少直接使用营运资金作为偿债能力的指标。

【例 9-1】 方盛公司 20×8 年、2019 年的资产负债表和利润表见表 9-2、表 9-3。为便于计算,以"万元"为计算单位。

表 9-2 合并资产负债表

编制单位:方盛公司　　　　　　　　　　　　　　　　　　　　　　　　　　　　　　单位:万元

项目	20×9 年 12 月 31 日	20×8 年 12 月 31 日
流动资产		
货币资金	1 183	1 486
交易性金融资产	12	15
应收票据	59	120
应收账款	1 216	1 950
预付款项	292	379
应收利息		
应收股利		
其他应收款	118	109
存货	1 381	2 685
划分为持有待售的资产	1 772	0
其他流动资产	25	37
流动资产合计	6 045	6 765
非流动资产		
债权投资		1 920
长期股权投资	4 468	4 200
长期应收款	350	361
固定资产	969	851
在建工程	3	33
工程物资		
无形资产	264	200

续表

项目	20×9年12月31日	20×8年12月31日
开发支出	6	0
长期待摊费用		
递延所得税资产	115	116
其他非流动资产	19	0
非流动资产合计	6 196	7 681
资产总计	12 240	14 446
流动负债		
短期借款	2 658	3 667
应付短期债券		
应付票据	1 390	1 382
应付账款	633	599
预收款项	410	380
应付职工薪酬	58	14
应交税费	2	13
应付利息		
应付股利	27	27
其他应付款	660	653
一年内到期的非流动负债		
其他流动负债		
流动负债合计	5 839	6 735
非流动负债		
长期借款		
应付债券		
长期应付款		
长期应付职工薪酬		
其他非流动负债（递延收益）	378	424
递延所得税负债		
非流动负债合计	378	424
负债合计	6 217	7 158
股东权益		
股本	3 297	3 297
资本公积	393	419
其他综合收益	−96	−146
盈余公积	633	633
未分配利润	595	1 878
外币报表折算差额		
归属母公司股东权益合计	4 822	6 080
少数股东权益	1 201	1 207
股东权益合计	6 023	7 288
负债和股东权益总计	12 240	14 446

表 9-3 合并利润表

编制单位：方盛　　　　　　　　　　　　　　　　　　　　　　　　　　　　　　单位：万元

项目	2019 年	2018 年
一、营业收入	4 092	7 190
二、减：营业成本	3 273	6 059
营业税金及附加	15	30
销售费用	138	148
管理费用	640	650
财务费用（加：收入）	277	365
资产减值损失	1 456	108
加：公允价值变动收益	0	0
投资收益	465	308
其中：对联营和合营企业的投资损失	465	366
三、营业利润	−1 241	137
加：营业外收入	57	105
其中：非流动资产处置利得	1	2
减：营业外支出	2	18
其中：非流动资产处置损失	0	8
四、利润总额	−1 186	223
减：所得税费用	28	41
五、净利润	−1 215	182
归属于母公司普通股股东净利润	−1 250	52
少数股东损益	35	130
六、其他综合收益的税后净额	51	10
归属母公司股东的其他综合收益的税后净额	50	11
（一）以后不能重分类进损益的其他综合收益：	0	0
重新计量设定受益计划负债的变动	0	0
（二）以后将重分类进损益的其他综合收益：	50	11
1. 权益法下在被投资单位以后将重分类进损益的其他综合收益中享有的份额	40	15
2. 可供出售金融资产公允价值变动损益	0	0
3. 外币财务报表折算差额	10	−4
归属于少数股东的其他综合收益的税后净额	1	0
七、综合收益总额	−1 164	192
归属于母公司普通股股东的综合收益总额	−1 200	63
归属于少数股东的综合收益总额	36	129
八、每股收益（归属于母公司普通股股东）	0	0
基本每股收益	0	0
稀释每股收益	0	0

要求：根据上述资料，计算该公司的营运资金指标，并进行分析。

解：根据表 9-2 中该公司资产负债表中的财务数据，计算营运资金如下：

20×9 年营运资金＝6 045－5 839＝206 万元

20×8 年营运资金＝6 765－6 735＝30 万元

由计算结果可以看出,该公司 20×9 年的营运资金比 20×8 年减少了 176 万元,说明该公司的营运资金出现短缺,而且减少的资金数额很大,说明该公司的短期偿债能力在变弱。因此,该公司应密切关注营运资金的快速减少问题,应多方考虑筹资渠道,缓解营运成本增长的势头,并需要密切关注财务风险,避免出现不能及时偿还短期债务的风险。

(二) 流动比率

1. 流动比率的含义

流动比率是流动资产与流动负债的比值,表示每1元流动负债有多少流动资产作为偿还的保障,是用来衡量企业的流动资产在短期债务到期以前,能够变现用于偿还负债的能力。

2. 流动比率的计算公式

$$流动比率=\frac{流动资产}{流动负债} \tag{9-2}$$

3. 流动比率的评价标准

该指标表示企业流动资产对流动负债的保证倍数,即平均每元流动负债相应地有多少流动资产作保证。一般来说,国际上认为比较合理的流动比率最低值为 2。但要准确分析该比率,需要和同行业平均流动比率、本企业的历史流动比率进行比较,分析标准值,才能知道企业自身的高与低。

虽然从债权人的角度来说,流动比率越大越好,因为企业的短期偿债能力越强,企业所面临的短期流动性风险越小,债权人安全程度越高。但从企业自身来讲,过高的流动比率将意味着企业资本成本的加大和获利能力的降低,影响企业的盈利能力。流动比率是相对数,排除了企业规模不同的影响,因此,更适合同业比较以及本企业不同历史时期的比较。

【例 9-2】 续接例 9-1,根据表 9-2 中方盛公司资产负债表中的财务数据,计算该公司的流动比率,并进行分析。

解:

计算该公司的流动比率如下:

$$20×9 年的流动比率=\frac{6\ 045}{5\ 839}=1.035$$

$$20×8 年的流动比率=\frac{6\ 765}{6\ 735}=1.004$$

由上述计算结果可知,该公司 20×9 年的流动比率比 20×8 年减少了 0.031,均没有达到国际公认的标准 2,也没有达到我国较好标准 1.5,表明流动资产保证偿还流动负债的能力较低,该公司偿债压力较大。另外,20×9 年较 20×8 年又有所降低,所以,该公司应重点关注流动负债增加的原因,避免出现财务状况恶化的趋势,增加公司的财务风险。

(三) 速动比率

1. 速动比率的含义

速动比率,是速动资产与流动负债之比,用来衡量公司流动资产可以立即变现偿付流动负债的能力,也称酸性试验比率。

该指标是从流动比率演化而来的,表明企业每 1 元的流动负债有多少速动资产来保障,是衡量流动资产可以立即变现用于偿还流动负债的能力,常常和流动比率一起使用,用来判断和评价公司的短期偿债能力。

2. 速动比率的计算公式

$$速动比率 = \frac{速动资产}{流动负债} \tag{9-3}$$

其中,速动资产=流动资产－存货－预付账款－1年内到期的非流动资产－其他流动资产。

3. 速动比率的评价标准

速动比率表示企业速动资产对流动负债的保证倍数,即平均每元流动负债相应地有多少变现速度较快的速动资产作保证。由于通常认为存货占了流动资产的一半左右,因此国际上一般认为速动比率为1比较合适。

一般认为,该指标越高,企业偿还流动负债的能力就越强,对债权人的保证程度就越强。但是,由于速动比率表明的是能够及时变现的流动资产对流动负债的保障程度,该指标过高则说明企业拥有较多的速动资产,而速动资产的流动性强、收益性差,因此会影响企业的收益能力。在实际应用中,应结合不同行业和企业的具体实际情况分析。

在计算速动比率时,剔除存货的主要原因是:(1)存货是流动资产中变现速度最慢的资产,而且存货在销售时受市场价格的影响,其变现价值带有很大的不确定性,在市场萧条或产品不对路的情况下,又可能成为滞销货而无法转换为现金;(2)由于某种原因,存货中可能含有已损失报废但还没作处理的不能变现的存货;(3)部分存货可能已抵押给某债权人;(4)存货估价还存在着成本与合理市价相差悬殊的问题。

因此,剔除存货计算出来的速动比率,所反映的短期偿债能力比流动比率更为准确、更加可信。但是,该指标是一个静态指标,不能反映企业未来的现金流量,不能从根本上表明企业偿还债务的资金来源是否是企业经营所取得的现金流入量,应该结合企业在其所处行业中的竞争地位及获利能力来分析其偿债能力。

【例9-3】 续接例9-1,根据表9-2中方盛公司资产负债表中的财务数据,请计算该公司的速动比率,并进行分析。

解:

计算该公司的速动比率如下:

$$20 \times 9 \text{年的速动比率} = \frac{6\,045 - 1\,381 - 1\,772 - 25}{5\,839} = \frac{2\,867}{5\,839} = 0.49$$

$$20 \times 8 \text{年的速动比率} = \frac{6\,765 - 2\,685 - 37}{6\,735} = \frac{4\,043}{6\,735} = 0.60$$

由计算结果可知,该公司20×8年和20×9年的速动比率分别为0.49和0.60,均没有达到国际公认的标准1,也没有达到我国较好标准0.8,说明该公司变现速度较快的资产不能保证能够及时偿还负债,更进一步说明了其存在的财务风险,表明该公司的流动资产结构不合理,速动资产占有较小比重,导致偿债能力下降,要想偿还所有的流动负债,必须变现大部分存货资产。不过,也应该看到,20×9年的速动比率为0.60,比20×8年有所上升,与流动比率相比,该公司的速动比率呈现出上升的倾向,进一步分析可知,该公司20×8年的待售资产,在20×9年已经变卖,所以增加了该公司资产的流动性。

(四) 现金比率

1. 现金比率的含义

现金比率也称为即付比率,是企业现金类资产与流动负债的比率,它表明每1元的流动负债有多少现金类的资产能够作为偿还的保障,反映的是公司立即偿还到期债务的能力,代表着企业对流动负债支付的及时程度,是最能反映企业直接偿付流动负债的指标。

2. 现金比率的计算公式

现金类资产包括库存现金、可以随时用于支付的存款和现金等价物,即现金流量表中所反映的现金及现金等价物。所以,现金比率的计算公式如下:

$$现金比率 = \frac{货币资金 + 现金等价物}{流动负债} \tag{9-4}$$

3. 现金比率的评价标准

一般来说,现金比率越高,说明企业能够随时偿还流动负债的能力越强,企业面临的短期偿债压力越小;反之,则说明企业的短期偿债压力较大。但是,对于这个指标,并不是越高越好,虽然对于债权人来说,较高的现金比率对债权人权益的保护越强,但是,对企业来说,过高的现金比率可能反映出该公司不善于充分利用现金资源,存在现金闲置的问题,无形中增加了现金管理成本和机会成本,降低了企业的盈利能力。因此,对这个指标的分析,应结合企业的具体情况。当然,过低的现金比率一定能反映出公司的支付能力存在问题,时间长了会影响公司的信用。

一般而言,现金比率控制在20%左右即可,但实际上不存在适合所有行业中所有企业的"标准"现金比率。

由于作为现金比率的分子中包含项目过少,单纯计算现金比率是没有意义的,因此,现金比率的计算和分析必须与流动比率、速动比率结合进行。

【例9-4】 续接例9-1,根据表9-2中方盛公司资产负债表中的财务数据,计算该公司的现金比率,并进行分析。该公司的各类交易性金融资产等为现金等价物。

解:

计算该公司的现金比率如下:

$$20 \times 9\ 年的现金比率 = \frac{1\ 183 + 12}{5\ 839} = \frac{1\ 195}{5\ 839} = 0.20$$

$$20 \times 8\ 年的现金比率 = \frac{1\ 486 + 15}{6\ 735} = \frac{1\ 501}{6\ 735} = 0.22$$

由计算结果可知,该公司20×8年和20×9年的现金比率分别为0.2和0.22,相对于一般的衡量标准0.2,该公司的现金比率较为安全合理,说明该公司及时变现偿还短期债款的能力处于安全的范围内。

当然,除了进行对上述指标的分析外,企业在考察短期偿债能力时,还需要关注以下一些因素。

第一,银行的限制性条款,包括授信额度和补偿性余额。授信额度能够增强企业的流动性和短期偿债能力,因为这种条款赋予了企业在需要资金时随时可以从银行获取借款的权利;而补偿性余额则是对企业动用资金能力的限制,实际上是减弱了企业资金的流动性,因而在考察企业偿债能力时应将补偿性余额部分排除在流动资产之外。

第二,资产的变现能力,包括准备很快变现的长期资产。由于不同的企业所处行业的不同及其自身特点的不同,会拥有不同的资产结构。资产结构不同,企业的偿债能力也会不同。短期可变现资产在总资产中所占的比重越高,企业的偿债能力越强;长期资产在总资产中所占的比重越高,企业的偿债能力相对越弱。因此,在进行对企业长期偿债能力的分析时,一定要考虑资产变现能力的影响。另外,由于转变经营范围等特殊原因,企业有可能在近期内出售一些长期资产,这无疑将增强企业的流动性和短期偿债能力。

第三,公司的融资能力。上述短期偿债能力指标,是从理论上来评价和判断一个公司的偿债能力的。但是,在实践中,也存在有些公司各种偿债能力指标都很好,但却不能按期偿付到期债务的情况,这种情况的出现可能是公司的现金流出现问题,导致不能如期偿付债务;而另一些公司短期偿债能力指标都不乐观,但却有较强的融资能力,这与他们和银行等金融机构保持良好的信用关系有关,虽然暂时短期偿债能力较弱,但由于拥有良好的信誉,因而能够随时筹集到大量的资金。可见,公司的融资能力也是影响偿债能力的一个重要因素。

二、长期偿债能力分析

长期偿债能力分析是指对企业偿付到期长期债务能力的分析,包含具体偿还本金的责任和支付利息的责任。长期偿债能力分析应与企业的盈利能力分析结合起来。因为从长远观点来看,利润是企业货币资金的来源,货币资金的变动最终取决于企业利润的形成,还要和企业的资本结构结合起来。

常用的分析长期偿债能力的指标有资产负债率、产权比率、有形净值债务率、权益乘数、已获利息倍数等。

(一) 资产负债率

1. 资产负债率的含义

资产负债率是企业某时点的负债总额与资产总额的比率。它表明企业总资产中有多少是通过举债得到的,表明总资产对偿还全部债务的保障程度。

2. 资产负债率的计算公式

$$资产负债率 = \frac{负债总额}{资产总额} \times 100\% \qquad (9-5)$$

公式中,负债总额指企业的全部负债,不仅包括长期负债,也包括流动负债。特别需要说明的是,在计算资产负债率时,有时视具体情况,需要用平均总负债除以平均总资产。

3. 资产负债率的评价标准

一般情况下,资产负债率越小,表明企业长期偿债能力越强;反之,则表明企业的长期偿债能力越弱。该指标的保守比率是不超过50%,国际公认的标准是不超过60%。

但是,从企业和股东的角度出发,资产负债率并不是越低越好,因为资产负债率过低往往表明企业没有充分利用财务杠杆的作用。由于负债经营可以获得杠杆收益以及避税等好处,一定程度上的负债经营有利于增加公司的价值。当然如果公司的负债规模超过了一定的限度,公司的财务风险就会加大,公司的长期偿债能力和短期偿债能力均会大幅降低,公司陷入财务危机或破产的可能性也会增大。因此,在评价资产负债率时,需要在收益与风险之间权衡利弊,充分考虑所在行业、企业内外部的各种因素,以及外部市场环境,从而做出正确合理的判断。

【例 9-5】 续接例 9-1,请根据表 9-2 中方盛公司资产负债表中的财务数据,计算该公司的资产负债率,并进行分析。

解:
计算该公司的资产负债率如下:

$$20\times9\text{ 年的资产负债率}=\frac{6\,217}{12\,240}\times100\%=50.79\%$$

$$20\times8\text{ 年的资产负债率}=\frac{7\,158}{14\,446}\times100\%=49.55\%$$

由以上计算可知,该公司 20×8 年的资产负债率为 50.79%,略超该指标的保守比率 50%,但低于国际公认的标准 60%。该公司 20×9 年的资产负债率为 49.55%,低于该指标的保守比率 50%,更低于国际公认的标准 60%,说明从长期看,该公司的资本结构较为合理,长期偿还债务的能力较强。当然,该公司还应该通过与同行业平均水平或竞争对手的比较,洞悉企业的财务风险和长期偿债能力在整个行业中是偏高还是偏低,与竞争对手相比是强还是弱,以便采取更进一步的决策。

(二) 产权比率

1. 产权比率的含义

产权比率,也称债务权益比率或净资产负债率,是企业某一时点的负债总额与所有者权益的比率,反映了债权人所提供资金与所有者所提供资金的对比关系,反映了所有者权益对债务的保障程度,揭示了企业资本结构的合理程度以及资金成本的高低。

2. 产权比率的计算公式

$$\text{产权比率}=\frac{\text{负债总额}}{\text{股东权益}} \tag{9-6}$$

3. 产权比率的评价标准

一般来说,产权比率越高,说明企业偿还长期债务的能力越弱;反之,产权比率越低,表明公司的长期偿债能力越强,债权人承担的风险越小。但过低的产权比率不能充分发挥负债的财务杠杆效应;反之,当产权比率过高时,表明公司过度运用财务杠杆,增加了财务风险。因此,对产权比率的评价,要结合资产负债率等指标进行综合分析。

【例 9-6】 续接例 9-1,请根据表 9-2 中方盛公司资产负债表中的财务数据,计算该公司的产权比率,并进行分析。

解:
计算该公司的产权比率如下:

$$20\times9\text{ 年的产权比率}=\frac{6\,217}{6\,023}=1.03$$

$$20\times8\text{ 年的产权比率}=\frac{7\,158}{7\,288}=0.98$$

由计算结果可知,该公司 20×9 年和 20×8 年的产权比率分别为 1.03 和 0.98,20×9 年比 20×8 年有所上升,表明该公司所有者权益对债务的保障程度变弱,该公司需要关注资本结构,关注资金成本的高低,以避免出现长期偿债能力降低的风险。

(三) 有形净值债务率

1. 有形净值债务率的含义

有形净值债务率,是公司负债总额与有形资产净值的百分比。其中,有形净值是股东权益减去无形资产后的净值。

2. 有形净值债务率的计算公式

$$\text{有形净值债务率} = \frac{\text{负债总额}}{\text{股东权益} - \text{无形资产净值}} \times 100\% \tag{9-7}$$

3. 有形净值债务率的评价标准

一般来说,该比率越低,保障程度越高,公司有效偿债能力越强;反之,公司有效偿债能力越弱。运用该指标更能反映债权人利益的保障程度,尤其是在公司面临清算或陷入财务危机等特殊情况下,进一步考察有形资产与负债的比例关系,更能准确地反映公司的有效偿债能力。因为无形资产的价值有很大的不确定性,一般不能用于偿债。

有形净值债务率的指标评价标准,即负债总额与有形资产净值应维持1∶1。

【例 9-7】 续接例 9-1,请根据表 9-2 中方盛公司资产负债表中的财务数据,计算该公司的有形净值债务率,并进行分析。

解:

计算该公司的有形净值债务率如下:

$$20 \times 9 \text{ 年的有形净值债务率} = \frac{6\,217}{6\,023 - 264} \times 100\% = \frac{6\,217}{5\,495} \times 100\% = 113.14\%$$

$$20 \times 8 \text{ 年的有形净值债务率} = \frac{7\,158}{7\,288 - 200} \times 100\% = \frac{7\,158}{7\,088} \times 100\% = 100.98\%$$

由以上计算结果可知,方盛公司 20×9 年的有形净值债务率为 113.14%,2018 年的有形净值债务率为 100.98%,比率均较高,说明该公司对债权人的保障程度越低,公司有效偿债能力越弱。尤其是 20×9 年比 20×8 年还高出 12.16 个百分点,说明该公司的偿债能力在进一步下滑,所以该公司应对资本结构予以关注,进一步调整资本结构,降低财务风险,保障债权人的利益,以避免公司经营情况恶化给公司带来经营风险和财务风险。

(四) 权益乘数

1. 权益乘数的含义

权益乘数也称权益总资产率,是指企业某一时点的资产总额相当于所有者权益的倍数,是股东权益比率的倒数,即公司的资产总额是股东权益的多少倍。

2. 权益乘数的计算公式

$$\text{权益乘数} = \frac{\text{资产总额}}{\text{股东权益}} = \frac{1}{1 - \text{资产负债率}} \tag{9-8}$$

3. 权益乘数的评价标准

权益乘数反映了企业财务杠杆的大小。权益乘数越大,说明股东投入的资本在资产中所占比重越小,财务杠杆越大;权益乘数越小,表明所有者的投入资本占全部资产的比重越大,企业负债程度越低,财务杠杆越小,债权人的权益受到保障的程度就越高。

该指标表明公司的股东权益支撑着多大规模的投资,是常用的财务杠杆计量的方法。由于权益乘数与所有者权益比率互为倒数,因此二者是此消彼长的关系。该乘数越大,说明公司对负债经营利用得越充分,财务风险越大,债权人受保护的程度越低。

【例 9-8】 续接例 9-1,根据表 9-2 中方盛公司资产负债表中的财务数据,计算该公司的权益乘数,并进行分析。

解:

计算该公司的流动比率如下:

$$20×9 年的权益乘数 = \frac{1}{1-50.79\%} = 2.008$$

$$20×8 年的权益乘数 = \frac{1}{1-49.55\%} = 1.982$$

由以上计算结果可知,远方公司20×9年的权益乘数为2.03,20×8年为1.98,表明20×9年股东投入的资本在资产中所占比重变小,债权人的权益受到保障的程度变低。所以,该公司还是应关注公司的资本结构,以及股东权益能支撑多大规模的投资。

(五) 已获利息倍数

1. 已获利息倍数的含义

已获利息倍数也称利息保障倍数,是企业当期的息税前利润总额相当于利息支出的倍数。它反映了企业以当期经营所得利润偿还债务利息的能力。它是利用利润表有关资料来分析企业长期偿债能力的指标。

2. 已获利息倍数的计算公式

$$已获利息倍数 = \frac{(利润总额+利息支出)}{利息支出} \tag{9-9}$$

公式中的分子"利润总额+利息支出",是指包括债务利息与所得税的正常业务经营利润,不包括非正常项目利润。分母"利息支出"不仅包括财务费用中的利息,还包括资本化的利息。

3. 已获利息倍数的评价标准

该指标用以衡量企业偿付债务利息的能力,比值越高,长期偿债能力越强。该指标的值至少应当大于1。

当该指标大于1时,说明企业在经营活动中所获得的收益偿还利息的能力较强,但是对于企业和所有者来说,很高的利息保障倍数不是由高利润带来的,说明企业的财务杠杆程度很低,未能充分利用举债经营的优势。如果低于1,说明企业实现的经营成果不足以支付当期利息费用,这意味着企业付息能力非常低、财务风险非常高,需要引起高度重视。

【例9-9】 续接例9-1,请根据表9-2中方盛公司资产负债表中的财务数据,计算该公司的已获利息倍数比率,并进行分析(为便于计算,利息费用采用财务费用的数据)。

解:

计算该公司的已获利息倍数如下:

$$20×9 年的已获利息倍数 = \frac{-1186+277}{277} = -3.28$$

$$20×8 年的已获利息倍数 = \frac{223+365}{365} = 1.61$$

由以上计算结果可知,方盛公司20×9年的已获利息倍数为-3.28,远远小于1,说明20×9年该公司的长期偿债能力很弱;20×8年为1.61,大于1,说明该公司20×8年的长期偿债能力尚可。因此,该公司应该密切关注20×9年该指标下降的原因。通过进一步分析可知,该公司20×9年已获利息倍数下降最主要的原因是利润总额的极速下降,因此,该公司应该重点关注造成利润总额下降的原因,避免因亏损影响长期债务的偿还能力,造成公司财务风险的增加。

当然,除了进行上述指标分析外,企业在考察长期偿债能力时,还需要关注以下一些因素:

第一,企业的或有负债,包括担保责任和未决诉讼。或有负债是指过去的交易或事项形成的潜在义务,需通过未来不确定事项的发生或不发生予以证实。担保责任是指企业可能会以本企业的资产为其他企业提供法律担保,但是这种担保责任在会计报表中并未得到反映,且这种担保存在着潜在的长期负债,企业应考虑是否会有巨额的法律担保责任,在考虑偿债能力时要考虑这一因素。未决诉讼同样是或有负债,在资产负债表编制日不能确定未来的结果如何,一旦成为企业现实的负债,则会对企业的财务状况产生重大影响,尤其是金额巨大的未决诉讼项目,在进行企业偿债能力分析时也要考虑这一因素。

第二,企业的重大投资项目。由于投资金额巨大,且影响深远,因此重大投资项目的成败会对企业的长期偿债能力产生影响,当然,项目的成功也会给企业带来长远而潜在的利益和竞争优势。

第三,金融衍生工具的影响。金融衍生工具包括远期合同、期货合同、互换、期权等,这种契约的义务于签约时在双方之间转移。当金融工具的公允价值与账面价值发生重大差异,但没有在财务报表或报表附注中揭示时,报表使用者不能利用该信息分析与之相关的潜在风险。另外,会计报表未能对金融工具的风险程度进行恰当披露,由于不同大小的风险对公司未来损益变动的影响程度不同,因此,报表使用者在分析公司的长期偿债能力时,要注意考察具有资产负债表表外风险的金融工具记录,综合起来对公司偿债能力做出判断。

第三节 企业营运能力分析

【导入案例】

续第二节导入案例,大华公司有关营运能力方面的数据如表9-4所示。

表9-4 大华公司营运能力财务数据表

单位:元

项目	20×8年12月31日	20×9年12月31日
资产	25 061	28 527
流动资产	12 107	13 781
其中:应收账款	2 216	2 950
存货	2 406	2 722
固定资产	3 732	3 644
营业收入	7 072	8 599
营业成本	3 273	6 059

分析讨论:

1. 根据上述该公司的已知数据,如何判断该公司的营运能力?
2. 营运能力分析有哪些财务指标?
3. 如何计算该公司的应收账款周转率、存货周转率、流动资产周转率、固定资产周转率和总资产周转率?评价的标准是什么?

营运能力是指企业资产的效率高低即周转速度的快慢。分析企业的营运能力,直接关系到企业资本增值的程度。在全部资产中,流动资产特别是其中的应收账款和存货两项,不但流动性较强,而且最能体现企业的经营能力与管理效率。营运能力分析包括流动资产营运能力分析、固定资产营运能力分析和总资产营运能力分析。其中流动资产营运能力分析包括:应收账款周转率、存货周转率和流动资产周转率的分析。

一、应收账款周转率

(一)应收账款周转率的含义

应收账款周转率是指企业一定时期赊销收入净额与应收账款平均余额的比率,用以反映应收账款的收款速度。

(二)应收账款周转率的计算公式

$$应收账款周转率 = \frac{营业收入}{应收账款平均余额} \tag{9-10}$$

式中,

$$应收账款平均余额 = \frac{期初应收账款 + 期末应收账款}{2}$$

另一个反映应收账款周转速度的指标是应收账款周转天数,也称为应收账款账龄或应收账款平均收账期,是指自产品销售出去开始至应收账款收回为止所用的天数。其计算公式如下:

$$应收账款周转天数 = \frac{360}{应收账款周转率} \tag{9-11}$$

(三)应收账款周转率的评价标准

应收账款周转率越大越好,该指标越大说明应收账款周转速度很快,资金的使用效益较高;如果应收账款的周转速度减慢,则表明企业应收账款的风险程度提高,资金的使用效益降低。

当然,对应收账款周转率和应收账款周转期不能片面地分析,应进行横向和纵向的比较,通过与同行业平均水平或竞争对手的比较,洞悉企业的应收账款周转速度在整个行业中的水平,是快还是慢;同时,应结合企业具体情况深入了解原因,以便做出正确的判断。

【例 9-10】 续接例 9-1,请根据表 9-2 中方盛公司资产负债表中的财务数据,计算该公司的应收账款周转率,并进行分析。

解:

计算该公司的应收账款周转率如下:

$$应收账款平均余额 = \frac{1\,216 + 1\,950}{2} = 1\,583 \text{ 万元}$$

$$20 \times 9 \text{ 年应收账款周转率} = \frac{4\,092}{1\,583} = 2.58$$

$$20 \times 8 \text{ 年应收账款周转率} = \frac{7\,190}{1\,583} = 4.54$$

$$20 \times 9 \text{ 年应收账款周转天数} = \frac{360}{2.58} = 139.53 \text{ 天}$$

$$20 \times 8 \text{ 年应收账款周转天数} = \frac{360}{4.54} = 79.30 \text{ 天}$$

由以上计算结果可知，方盛公司 20×9 年和 20×8 年应收账款的周转率分别为 2.58 和 4.54，应收账款周转天数分别为 139.53 天和 79.30 天，说明该公司 20×9 年的应收账款周转率下降，周转天数增加，应收账款变现的速度变慢，应收账款的流动性变弱，同时应收账款发生坏账的可能性加大，应收账款风险程度提高，资金的使用效益降低。所以，该公司需要关注应收账款周转率的下滑趋势，研究是否需要改变信用政策等，提高应收账款周转率，尽快回笼资金。当然，对该公司应收账款周转率的分析，还应该与同行业的其他公司相比较，才更具有说服力。

二、存货周转率

（一）存货周转率的含义

存货周转率是指一定时期内企业营业成本与存货平均余额的比率。它是衡量企业销售能力和存货管理水平的指标。

（二）存货周转率的计算公式

$$存货周转率 = \frac{营业成本}{存货平均余额} \tag{9-12}$$

式中，

$$存货平均余额 = \frac{期初存货 + 期末存货}{2}$$

另一个反映存货周转速度的指标是存货周转天数，其计算公式如下：

$$存货周转天数 = \frac{360}{存货周转率} \tag{9-13}$$

（三）存货周转率的评价标准

存货周转率越大越好，该指标越大说明存货周转速度很快，没有存货积压，存货的库存量及其他管理效率高；如果存货的周转率速度减慢，还应结合其他相关资料对存货的占用规模是否适度、结构是否合理等做进一步分析。

【例 9-11】 续接例 9-1，请根据表 9-2 中方盛公司资产负债表中的财务数据，计算该公司的存货周转率，并进行分析。

解：
计算该公司的存货周转率如下：

$$存货平均余额 = \frac{1\,381 + 2\,685}{2} = 2\,033 \text{ 万元}$$

$$20 \times 9 \text{ 年的存货周转率} = \frac{3\,273}{1\,583} = 2.07$$

$$20×8\text{ 年的存货周转率} = \frac{6\ 059}{1\ 583} = 3.82$$

$$20×9\text{ 年的存货周转天数} = \frac{360}{2.07} = 173.91\text{ 天}$$

$$20×8\text{ 年的存货周转天数} = \frac{360}{3.82} = 94.24\text{ 天}$$

由以上计算结果可知,方盛公司 20×9 年和 20×8 年的存货周转率分别为 2.07 和 3.82,存货周转天数分别为 173.91 天和 94.24 天,说明该公司 20×9 年的存货变现速度变弱,运营效率降低,存货的管理业绩下降,公司营运能力变差,因此,该公司应对存货的管理及运营能力予以关注,综合评价公司存货的运营及管理效率,避免因存货变现速度变慢,导致占用较多资金。当然,对该公司存货周转率的分析,还应该与同行业的其他公司相比较,才更具有说服力。

三、流动资产周转率

(一) 流动资产周转率的含义

流动资产周转率,又称流动资产周转次数,是指企业一定时期的营业收入与流动资产平均余额的比率,它是反映全部流动资产周转速度和利用效率的指标,即公司流动资产在一定时期内(通常为一年)周转的次数。

(二) 流动资产周转率的计算公式

$$\text{流动资产周转率} = \frac{\text{营业收入}}{\text{流动资产平均余额}} \tag{9-14}$$

式中,

$$\text{流动资产平均余额} = \frac{\text{期初流动资产} + \text{期末流动资产}}{2}$$

另一个反映流动资产周转速度的指标是流动资产周转天数,其计算公式如下:

$$\text{流动资产周转天数} = \frac{360}{\text{流动资产周转率}} \tag{9-15}$$

(三) 流动资产周转率的评价标准

在正常经营情况下,流动资产周转速度越快,流动资产周转期越短,表明流动资产利用效果越好,公司的经营效率越高;反之,则表明公司利用流动资产进行经营活动的能力差,效率低。

因为流动资产周转速度越快,以相同的流动资产完成的周转额越多,从而相对节约了流动资金,等于相对扩大了资产投入,增强了企业的盈利能力和偿债能力。对流动资产周转率和流动资产周转期进行分析时,可以进行横向和纵向的比较。横向可通过与同行业平均水平或竞争对手的比较,洞悉企业的流动资产周转速度在整个行业中的水平,与竞争对手相比是快还是慢。纵向可以通过与企业以往各期流动资产周转率和流动资产周转期的比较,从中发现企业流动资产周转速度的变动态势,内部分析则应进一步查找原因,及时找出对策。

【例 9-12】 续接例 9-1,请根据表 9-2 中方盛公司资产负债表中的财务数据,计算该公司的流动资产周转率,并进行分析。

解:

计算该公司的流动资产周转率如下:

$$流动资产平均余额 = \frac{6\,045 + 6\,765}{2} = 6\,405 \text{ 万元}$$

$$20 \times 9 \text{ 年流动资产周转率} = \frac{4\,092}{6\,405} = 0.64$$

$$20 \times 8 \text{ 年流动资产周转率} = \frac{7\,190}{6\,405} = 1.12$$

由以上计算结果可知,方盛公司20×9年和20×8年的流动资产周转率分别为0.64和1.12,20×9年公司流动资产的变现速度降低,运营效率降低,公司流动资产的经营利用效果变弱,进而使公司的偿债能力和盈利能力有所降低。因此,该公司应查找原因,抑制不良势头。当然,如果需要更准确地分析流动资产周转率,还需要跟同行业的数据进一步做比较分析。

四、固定资产周转率

(一) 固定资产周转率的含义

固定资产周转率是指公司一定时期的营业收入与固定资产平均净值的比率,它是反映公司固定资产运用状况、衡量固定资产利用效果的指标。

(二) 固定资产周转率的计算公式

$$固定资产周转率 = \frac{营业收入}{固定资产平均余额} \tag{9-16}$$

式中,

$$固定资产平均余额 = \frac{期初固定资产 + 期末固定资产}{2}$$

另一个反映固定资产周转速度的指标是固定资产周转天数,其计算公式如下:

$$固定资产周转天数 = \frac{360}{固定资产周转率} \tag{9-17}$$

(三) 固定资产周转率的评价标准

一般而言,固定资产周转率越高,说明公司的固定资产利用越充分,固定资产投资越得当,固定资产结构分布越合理,也就是说固定资产的运用效率越高,公司的经营活动越有效;反之,则表明固定资产的运用效率不高,提供的生产经营成果不多,公司的营运能力较差。固定资产周转率指标没有绝对的判断标准,一般通过与企业原来的水平相比较加以考察。

【例9-13】 续接例9-1,请根据表9-2中方盛公司资产负债表中的财务数据,计算该公司的固定资产周转率,并进行分析。

解:

计算该公司的固定资产周转率如下:

$$固定资产平均余额=\frac{969+851}{2}=910 \text{ 万元}$$

$$20\times9 \text{ 年固定资产周转率}=\frac{4\,092}{910}=4.50$$

$$20\times8 \text{ 年固定资产周转率}=\frac{7\,190}{910}=7.90$$

由以上计算结果可知,方盛公司 20×9 年和 20×8 年的固定资产周转率分别为 4.50 和 7.90,20×9 年的固定资产周转率降低,表明公司以相同的固定资产完成的周转额降低,公司固定资产的运用效率下降,提供的生产经营成果减少,提供的生产经营成果不多,公司的营运能力降低,该公司应关注发展的趋势。当然,如果需要更准确地分析固定资产周转率,还需要跟同行业的数据进一步做比较分析。

五、总资产周转率

(一)总资产周转率的含义

总资产周转率也称总资产利用率,是企业一定时期的营业收入与总资产平均余额的比率,反映企业的总资产在一定时期内创造了多少营业收入,反映总资产的利用效率。

(二)总资产周转率的计算公式

$$总资产周转率=\frac{营业收入}{总资产平均余额} \tag{9-18}$$

式中,

$$总资产平均余额=\frac{期初总资产+期末总资产}{2}$$

另一个反映总资产周转速度的指标是总资产周转天数,其计算公式如下:

$$总资产周转天数=\frac{360}{总资产周转率} \tag{9-19}$$

(三)总资产周转率的评价标准

一般来说,总资产周转率越高,总资产周转期越短,表明企业总资产周转速度越快,说明公司全部资产经营利用的效果越好,公司的经营效率越高,进而使公司的偿债能力和盈利能力得到增强;反之,则表明企业利用全部资产进行经营活动的能力差、效率低,最终还将影响公司的盈利能力。

如果总资产周转率长期处于较低的水平,公司应采取适当措施提高各项资产的利用程度,对那些多余的使用受限的资产及时进行处理,加快资产周转速度。另外,对该指标可以进行趋势分析,不但能够反映出企业本年度以及以前年度总资产的运营效率及其变化,而且能够发现企业与同类企业在资金利用上的差距,促进企业提高资金利用率。

【例 9-14】 续接例 9-1,请根据 9-2 中方盛公司资产负债表中的财务数据,计算该公司的总资产周转率,并进行分析。

解:

计算该公司的总资产周转率如下：

$$总资产平均余额 = \frac{12\,240+14\,446}{2} = 13\,343 \text{ 万元}$$

$$20\times9\text{ 年总资产周转率} = \frac{4\,092}{13\,343} = 0.31$$

$$20\times8\text{ 年总资产周转率} = \frac{7\,190}{13\,343} = 0.54$$

由以上计算结果可知，方盛公司 20×9 年和 20×8 年的总资产周转率分别为 0.31 和 0.54，20×9 年的总资产周转率降低，表明公司的全部资产经营利用效果变弱，从而削弱了公司的营运能力。因此，该公司应关注此趋势的发展，并在必要的时候采取措施予以控制，提高各项资产的利用程度，对那些确实无法提高利用率的多余、限制资产及时进行处理，加快资产周转速度。当然，总资产周转率的分析，应该与同行业的其他公司相比较，才更具有说服力，还需要与同业进行比较分析，以掌握公司在同行业中的发展状况。

第四节　企业发展能力分析

【导入案例】

续第二节导入案例，大华公司有关发展能力方面的数据如表 9-5 所示。

表 9-5　大华公司发展能力财务数据表

单位：元

项目	20×8 年 12 月 31 日	20×9 年 12 月 31 日
资产	25 061	28 527
股东权益	15 845	18 368
营业收入	7 072	8 599
利润总额	1 328	1 223

分析讨论：

1. 根据上述该公司的已知数据，如何判断该公司的发展能力？
2. 发展能力分析有哪些财务指标？
3. 如何计算该公司的营业收入增长率、资产增长率、股权资本增长率和利润增加率？如何根据计算结果进行评价？

发展能力也称成长能力，是企业在从事经营活动过程中所表现出来的持续的增长能力，包括销售的增长、盈利的增长、股本的增长等。衡量企业发展能力的指标，主要有营业收入增长率、资产增长率、股权资本增长率和利润增长率。

一、营业收入增长率

（一）营业收入增长率的含义

营业收入增长率，反映的是相对化的营业收入增长的情况，是衡量企业经营状况和市场占有能力、预测企业经营业务拓展趋势的重要指标。在实际分析时应考虑企业历年的销售水平、市场占有情况、行业未来发展及其他影响企业发展的潜在因素,或结合企业前三年的营业收入增长率进行趋势性分析判断。

(二) 营业收入增长率的计算公式

$$营业收入增长率 = \frac{本年营业收入增长额}{上年营业收入总额} \times 100\% \qquad (9\text{-}20)$$

公式中的"营业收入"可以使用利润表中的"营业收入"数据。"本年营业收入增长额"是利润表中的本年营业收入减去上年度营业收入的差额。

(三) 营业收入的评价标准

营业收入增长率反映了企业营业收入的变化情况,是评价企业成长性和市场竞争力的重要指标。营业收入增长率大于零,表明企业本年营业收入有所增长;反之,表明营业收入减少。该比率越高,表明企业营业收入的增长速度越快,说明企业营业收入的成长性越好,企业的发展能力越强,企业的市场前景越好。

【例 9-15】 续接例 9-1,根据表 9-2、表 9-3 中方盛公司资产负债表和利润表中的财务数据,计算该公司的营业收入增长率,并进行分析。

解:
计算该公司的营业收入增长率如下:

$$营业收入增长率 = \frac{4\,092 - 7\,190}{7\,190} \times 100\% = -43.09\%$$

由计算结果可以看出,方盛公司 20×9 年的营业收入增长率为 -43.09%,小于零,表明该公司本年营业收入大幅下降,说明企业营业收入的成长性较差,企业的发展能力弱,企业市场前景堪忧。

二、资产增长率

(一) 资产增长率的含义

资产增长率是从企业资产规模扩张方面来衡量企业发展能力的。资产增长率是企业本年总资产的增长额与年初资产总额的比率。资产增长率反映了企业本年度资产规模的增长情况。

(二) 资产增长率的计算公式

$$资产增长率 = \frac{本年总资产增长额}{年初资产总额} \times 100\% \qquad (9\text{-}21)$$

公式中的"本年总资产增长额",反映的是本年度的资产总额减去上年度的资产总额的差额,在计算时,采用资产负债表中的总资产数据。

(三) 资产增长率的评价标准

企业资产总量对企业的发展具有重要的影响,一般来说,资产增长率越高,表明企业一定时期内资产经营规模扩张的速度越快,企业的竞争力会增强;反之,则企业的竞争力会减弱。当然,在分析企业资产数量增长的同时,也要注意分析企业资产的质量变化,以及企业的后续发展能力,避免盲目扩张。

【例 9-16】 续接例 9-1,根据表 9-2、表 9-3 中方盛公司资产负债表和利润表中的财务数据,计算该公司的资产增长率,并进行分析。

解:

计算该公司的资产增长率如下:

$$资产增长率 = \frac{12\,240 - 14\,446}{14\,446} \times 100\% = -15.27\%$$

由计算结果可以看出,方盛公司的资产增长率为 -15.27%,呈现负增长,表明该公司 20×9 年内资产经营规模在减少,企业的竞争力在减弱。因此,建议方盛公司要关注资产的质量,分析资产减少的原因,以保持企业后续的发展能力。

三、股权资本增长率

(一) 股权资本增长率的含义

股权资本增长率,也称净资产增长率或资本积累率,是企业本年股东权益增长额与年初股东权益的比率,反映企业当年资本的积累能力。

(二) 股权资本增长率的计算公式

$$股权资本增长率 = \frac{本年股东权益增长额}{年初股东权益总额} \times 100\% \tag{9-22}$$

公式中的"本年股东权益增长额"是本年度的股东权益总额与上年度股东权益总额的差额,在计算时采用资产负债表中的股东权益数据。

(三) 股权资本增长率的评价标准

股权资本增长率是评价企业发展潜力的重要财务指标,反映了企业当年股东权益的变化水平,体现了企业资本的积累能力,该比率越高,说明企业资本积累能力越强,企业持续的发展能力越强。

【例 9-17】 续接例 9-1,根据表 9-2、表 9-3 中方盛公司资产负债表和利润表中的财务数据,计算该公司的股权资本增长率,并进行分析。

解:

计算该公司的股权资本增长率如下:

$$股权资本增长率 = \frac{6\,023 - 7\,288}{7\,288} \times 100\% = -17.35\%$$

由计算结果可以看出,方盛公司 20×9 年的股权资本增长率为 -17.35%,小于零为负数,体现了该公司资本的积累能力较差,企业持续的发展能力较弱。

四、利润增长率

(一) 利润增长率的含义

利润增长率是指企业本年利润总额增长额与上年利润总额的比率。

(二) 利润增长率的计算公式

$$利润增长率 = \frac{本年利润总额增长额}{上年利润总额} \times 100\% \qquad (9\text{-}23)$$

公式中的"本年利润总额增长额"是指本年利润总额与上年利润总额的差额,计算时采用利润表中不同年度的"利润总额"的数据。

(三) 利润增长率的评价标准

利润增长率反映了企业盈利能力的变化,该比率越高,说明企业的成长性越好,发展能力越强。

【例 9-18】 续接例 9-1,根据表 9-2、表 9-3 中方盛公司资产负债表和利润表中的财务数据,计算该公司的利润增长率,并进行分析。

解:

计算该公司的利润增长率如下:

$$利润增长率 = \frac{-1\,186 - 223}{223} \times 100\% = -631.84\%$$

由计算结果可以看出,方盛公司 20×9 年的利润增长率为 -631.84%,说明该公司的成长性急剧变差,发展能力受到很大的阻碍。

特别需要说明的是,在分析企业的发展能力时,仅用一年的财务比率是不能正确评价企业的发展能力的,只有计算连续若干年的财务比率,才能正确评价企业发展能力的持续性。

第五节 企业盈利能力分析

【导入案例】

续第二节导入案例,大华公司有关盈利能力方面的数据如表 9-6 所示。

表 9-6 大华公司盈利能力财务数据表

单位:元

项目	20×8 年度	20×9 年度
营业收入	7 072	8 599
营业成本	3 273	6 059
营业税金及附加	15	30

续表

项目	20×8年度	20×9年度
销售费用	138	148
管理费用	640	650
财务费用(加:收入)	277	365
资产减值损失	1 456	108
所得税费用	28	41
资产总额	25 061	28 527
股东权益总额	15 845	18 368

分析讨论：

1. 根据上述该公司的已知数据，如何判断该公司的盈利能力？
2. 盈利能力分析有哪些财务指标？
3. 如何计算该公司的营业毛利、营业利润以及净利润？
4. 如何计算该公司的营业毛利率、营业利润率、营业净利率、成本费用利润率、净资产收益率和总资产收益率？如何根据计算结果进行评价？

盈利能力分析就是通过一定的分析方法，判断企业获取利润的能力。通过盈利能力分析，可以发现企业在经营管理中存在的问题，及时改善财务结构，提高企业营运及偿债能力，促进企业持续稳定地发展，满足各方面对财务信息的需求。盈利能力分析，可以从两个方面进行：一是基本的盈利能力分析，代表性指标包括营业毛利率、营业利润率、营业净利润、净资产收益率、总资产报酬率、成本费用利润率等；二是衡量股票市值的盈利能力指标分析，包括普通股的每股收益、每股股利、每股现金流量、每股净资产等。

一、基本的盈利能力分析

(一) 营业毛利率

1. 营业毛利率的含义

营业毛利率是指营业毛利与营业收入的比率。营业毛利是企业营业收入扣除营业成本与营业税金及附加后的差额，反映了企业在销售环节获利的效率。

2. 营业毛利率的计算公式

$$营业毛利率 = \frac{营业毛利}{营业收入净额} \times 100\% \tag{9-24}$$

其中，

$$营业毛利 = 营业收入 - 营业成本 - 营业税金及附加$$

3. 营业毛利率的评价标准

通常，营业毛利率指标越高，企业的销售盈利能力就越强，其产品在市场上的竞争能力也越强。

【例 9-19】 续接例 9-1，根据表 9-3 中方盛公司利润表中的财务数据，计算该公司的营业毛利率，并进行分析。

解：

计算该公司的营业毛利率如下：

$$20×9\text{ 年营业毛利}=4\,092-3\,273-15=804\text{ 万元}$$

$$20×9\text{ 年营业毛利}=7\,190-6\,059-30=1\,101\text{ 万元}$$

$$20×9\text{ 年营业毛利率}=\frac{804}{4\,092}×100\%=19.65\%$$

$$20×8\text{ 年营业毛利率}=\frac{1\,101}{7\,190}×100\%=15.31\%$$

从以上计算结果可以看出，方盛公司 20×9 年的营业毛利率为 19.65%，比上一年度即 20×8 年增长 4.34%，说明该公司 20×9 年度的销售盈利能力增强，其产品在市场上的竞争能力增强，发展势头良好。

（二）营业利润率

1. 营业利润率的含义

营业利润率是企业营业利润与营业收入的比率，反映了企业成熟产品的销售盈利能力。

2. 营业利润率的计算公式

营业利润率的计算公式为

$$\text{营业利润率}=\frac{\text{营业利润}}{\text{营业收入净额}}×100\% \tag{9-25}$$

3. 营业利润率的评价标准

营业利润率是衡量企业创利能力高低的一个重要财务指标：该指标越高，表明企业营业能力越强，未来收益的发展前景越可观。

【例 9-20】 续接例 9-1，根据表 9-3 中方盛公司利润表中的财务数据，计算该公司的营业利润率，并进行分析。

解：

计算该公司的营业利润率如下：

$$20×9\text{ 年营业利润率}=\frac{-1\,241}{4\,092}×100\%=-30.33\%$$

$$20×8\text{ 年营业利润率}=\frac{137}{7\,190}×100\%=1.91\%$$

从以上计算结果可以看出，该公司 20×9 年的营业利润率为 −30.33%，20×8 年为 1.91%，20×9 年比上一年度即 20×8 年减少 32.24%，说明该公司 20×9 年度在营业毛利率增长的同时，营业利润率却大幅下降，该公司应该密切关注和研究营业利润率下降的原因，以便采取相关措施，避免这一趋势的恶化。通过进一步分析发现，该公司 20×9 年的资产减值损失比 20×8 年大幅增加，该公司应进一步关注资产大幅减值的原因，以便及时采取措施。

（三）营业净利率

1. 营业净利率的含义

营业净利率是指企业净利润与营业收入的比率。

2. 营业净利率的计算公式

营业净利润的计算公式为

$$营业净利率 = \frac{净利润}{营业收入净额} \times 100\% \tag{9-26}$$

3. 营业净利率的评价标准

通常,营业净利率指标越高,说明企业的盈利能力越强。但也并不是说营业净利越高越好,因为除此之外还必须看企业的销售增长情况和净利润的变动情况。

【例 9-21】 续接例 9-1,根据表 9-3 中方盛公司利润表中的财务数据,计算该公司的营业净利率,并进行分析。

解:

计算该公司的营业净利率如下:

$$20 \times 9 \text{ 年营业净利率} = \frac{-1\,215}{4\,092} \times 100\% = -29.69\%$$

$$20 \times 8 \text{ 年营业利润率} = \frac{182}{7\,190} \times 100\% = 2.53\%$$

从以上计算结果可以看出,该公司 20×9 年的营业净利率为 -29.69%,20×8 年为 2.53%,20×9 年比上一年即 20×8 年减少 32.22%,营业净利率在降低,该公司应结合营业毛利率、营业利润率分析原因,以便采取相应措施,避免未来盈利能力的进一步下滑。

(四) 净资产收益率

1. 净资产收益率的含义

净资产收益率是企业净利润与平均净资产的比率,是反映投资者资本获利能力的指标。

2. 净资产收益率的计算公式

净资产收益率的计算公式为

$$净资产收益率 = \frac{净利润}{平均净资产} \times 100\% \tag{9-27}$$

3. 净资产收益率的评价标准

净资产收益率越高,说明企业运用资本创造利润的效果越好;反之,则说明资本的利用效果较差。

【例 9-22】 续接例 9-1,根据表 9-2、表 9-3 中方盛公司资产负债表和利润表中的财务数据,计算该公司的净资产收益率,并进行分析。

解:

计算该公司的净资产收益率如下:

$$净资产平均余额 = \frac{6\,023 + 7\,288}{2} = 6\,655.5 \text{ 万元}$$

$$20 \times 9 \text{ 年的净资产收益率} = \frac{-1\,215}{6\,655.5} \times 100\% = -18.26\%$$

$$20 \times 8 \text{ 年的净资产收益率} = \frac{182}{6\,655.5} \times 100\% = 2.73\%$$

从以上计算结果可以看出,该公司 20×9 年的净资产收益率为 -18.26%,20×8 年为 2.73%,20×9 年比上一年即 20×8 年减少 20.99%,净资产收益率出现了大幅下滑,管理层应该关注引起下降的原因,以避免未来净资产收益率的进一步恶化。

(五) 资产净利率

1. 资产净利率的含义

资产净利率,是指企业一定时期的净利润与资产平均总额的比率,反映每 1 元资产创造的净利润。资产净利率主要用来衡量企业利用总资产获得净利润的能力,它反映了企业总资产的利用效率。

2. 资产净利率的计算公式

$$资产净利率 = \frac{净利润}{平均总资产} \times 100\% \tag{9-28}$$

公式中的"净利润"可以直接从利润表中得到,"平均总资产"是资产负债表中的年初总资产与年末总资产的加权平均数。

另外,

$$资产净利率 = \frac{净利润}{平均总资产} = \frac{净利润}{营业收入} \times \frac{营业收入}{平均总资产}$$

$$= 营业净利率 \times 总资产周转率$$

3. 资产净利率的评价标准

总体来说,资产净利率衡量的是企业资产的盈利能力,总资产净利率越高,表明企业资产的利用效果越好。由于影响总资产净利率的因素是营业净利率和总资产周转率,因此,企业可以通过提高营业净利率、加速资产周转来提高总资产净利率。当然,在分析这一指标时,通常要结合同行业平均水平或先进水平,以及企业前期的水平进行对比分析,才能判断企业资产净利率的变动对企业的影响,从而了解企业总资产的利用效率,发现企业在经营管理中存在的问题。

【**例 9-23**】 续接例 9-1,根据表 9-2、表 9-3 中方盛公司资产负债表和利润表中的财务数据,计算该公司的资产净利率,并进行分析。

解:

计算该公司的资产净利率如下:

$$资产平均余额 = \frac{12\,240 + 14\,446}{2} = 13\,343 \text{ 万元}$$

$$20 \times 9 \text{ 年的资产净利率} = \frac{-1\,215}{13\,343} \times 100\% = -9.10\%$$

$$20 \times 8 \text{ 年的资产净利率} = \frac{182}{13\,343} \times 100\% = 1.364\%$$

由以上计算可以看出,20×9 年该公司的资产净利率为 -8.89%,20×8 年为 1.67%,20×9 年比 20×8 年下降了 10.56%,说明该公司运用资产获利的能力比较低,这一急剧下降的趋势应引起管理层的注意,应该关注引起下降的原因。由于资产净利率受营业净利率和总资产周转率的影响,根据前文计算的方盛公司的营业净利率和总资产周转率的结果可知,营业净利率和资产周转率均下降是总资产净利率下降的原因,表明企业产品的盈利能力和资产运用效率均存在问题。企业应进一步分析产品盈利能力和资产周转能力下降的原因,通过提高营业净利率和资产周转率来改善企业的整体盈利水平。

(六)成本费用利润率

1. 成本费用利润率的含义

成本费用利润率是指企业的净利润与成本费用总额的比率。成本费用利润率反映企业所费与所得之间的关系,是从总耗费的角度考核获利情况的指标。

2. 成本费用利润率的计算公式

$$成本费用利润率 = \frac{净利润}{成本费用} \times 100\% \tag{9-29}$$

公式中,成本费用包括主营业务成本、主营业务税金及附加、销售费用、管理费用、财务费用、投资损失、资产减值损失、营业外支出及所得税费用。

3. 成本费用利润率的评价标准

对于一个企业,当获取的利润不变而成本费用越小时,或当成本费用不变,而利润越大时,其成本费用利润率越高。成本费用利润率越高,说明每百元耗费赚取的盈利越多,企业的盈利能力越强,企业效益越好。反之,利润不变而成本费用增加,或成本费用不变而利润减少时,则成本费用利润率会下降,说明每百元总耗费的盈利能力降低,企业经济效益下滑。

【例 9-24】 续接例 9-1,根据表 9-3 中方盛公司利润表中的财务数据,计算该公司的成本费用利润率,并进行分析。

解:

计算该公司的成本费用利润率如下:

20×9 年的成本费用 = 3 273 + 15 + 138 + 640 + 277 + 1 456 + 0 = 5 799 万元

20×8 年的成本费用 = 6 059 + 30 + 148 + 650 + 365 + 108 + 58 = 7 418 万元

$$20 \times 9 \text{ 年的成本费用利润率} = \frac{-1\,215}{5\,799} \times 100\% = -20.95\%$$

$$20 \times 8 \text{ 年的成本费用利润} = \frac{182}{7\,418} \times 100\% = 2.45\%$$

由以上计算结果可知,该公司 20×9 年的成本费用利润率比 20×8 年降低了 23.4%,说明该公司 20×9 年每百元耗费赚取的盈利比 20×8 年少 23.4 个百分点,企业的盈利能力在减弱,企业的效益变差,这一急剧下降的趋势应引起管理层的注意,应该关注引起下降的原因,以避免未来营业毛利率的进一步下滑。

二、衡量股票市值的盈利能力指标分析

股票上市交易是上市公司的一大特点。上市公司经过国务院或者国务院授权的证券管理部门批准,在证券交易所上市交易,其股票由社会公众根据公司的经营业绩认购买卖。上市公司发行的股票在证券交易所交易,不在证券交易所交易的不是上市股票。

与一般公司相比,上市公司最大的特点在于可利用证券市场进行筹资,广泛地吸收社会上的闲散资金,从而迅速扩大企业规模,增强产品的竞争力和市场占有率。但是,上市公司是否能通过发行股票筹集资金,社会公众是否认可公司所发行的股票,意味着公司是否有良好的发展前景,社会公众是否对公司的未来拥有信心。而衡量这一标准的指标,通常通过能反映股票市值的盈利能力指标来反映。

一般来说,能够衡量股票市值的盈利能力指标包括:普通股每股收益、普通股每股股利、普

通股每股现金流量、普通股每股净资产、市盈率、市净率等。

(一) 普通股每股收益

1. 普通股每股收益的含义

普通股每股收益,简称每股收益或每股盈余,是净利润扣除优先股股利后的余额与发行在外的普通股加权平均数之比。它表示公司流通于股市的普通股每股所能分摊到的净收益额,是评价上市公司投资报酬的基本和核心指标。

每股收益是投资者进行投资决策所依据的重要指标,因为这一指标与普通股股东的利益关系密切。为满足广大投资者的需求,上市公司的利润表中一般会披露这一指标。普通股每股收益分基本每股收益和稀释每股收益,投资者一般参考基本每股收益,因此,本文所讲的普通股每股收益,界定为基本每股收益。

2. 普通股每股收益的计算公式

普通股每股收益是指归属于普通股股东的当期净利润扣除应发放的优先股股利后的余额与发行在外的普通股加权平均数之比。其计算公式如下:

$$普通股每股收益 = \frac{净利润 - 优先股股利}{发行在外的普通股加权平均数} \tag{9-30}$$

在应用此公式时,需要注意以下几点。

第一,分子中的"净利润",理论上应采用合并利润表中的净利润扣除优先股股利,但由于国际会计准则认为归属于母公司普通股股东的收益应是扣除了优先股股利的收益金额,而我国目前优先股基本不存在,为与国际会计准则的口径一致,在计算每股收益时,上市公司所披露的利润表中的每股收益,均以归属于母公司普通股股东的合并净利润作为计算的依据。

第二,对于分母"发行在外的普通股加权平均数",在计算时,如果年度内普通股的股数未发生变化,则平均普通股股数就是年末普通股股数;如果年度内普通股股数发生了变化,则平均普通股数的计算公式为

$$平均普通股股数 = \frac{\sum(普通股股数 \times 发行月份数)}{12}$$

$$= 期初普通股股数 + 本期新增普通股股数 \times \frac{新增普通股发行月份数}{12} \tag{9-31}$$

如果找不到年度内新增普通股的资料,也可以用年末普通股股数代替,因为所有年末股份都有平等的权利分享当年利润。

3. 普通股每股收益的评价标准

普通股每股收益越高,表明每股股票所获得的利润就越多,股东的投资效益就越好,反之则越差。每股收益是反映股份公司盈利能力大小的一个非常重要的指标。这一指标的高低,往往会对股票价格产生较大的影响。

当然,对每股收益的评价,也应该通过与同行业平均水平或竞争对手的比较,来考察企业每股收益在整个行业中的状况以及与竞争对手相比的优劣,同时结合公司的股利政策等来进行分析。

【例 9-25】 续接例 9-1,假设方盛公司为上市公司,发行在外的普通股没有变化,平均股数即为年末数 3 297 万股,没有发放优先股,请根据表 9-2、表 9-3 中方盛公司资产负债表和利润表中的财务数据,计算该公司的每股盈余,并进行分析。

解：

计算该公司的每股盈余如下：

$$20\times9\text{ 年普通股每股收益}=\frac{-1\,215-0}{3\,297}=-0.369\text{ 元}$$

$$20\times8\text{ 年普通股每股收益}=\frac{182-0}{3\,297}=0.055\text{ 元}$$

由以上计算结果可知，该公司 20×9 年的每股收益为 −0.365 元，表明 20×9 年该公司能够为公司流通于股市的普通股每股带来 0.369 元的损失额。20×8 年为 0.055 元，表明 20×8 年该公司能够为公司流通于股市的普通股每股带来 0.055 元的净收益额。当然，如果要更加客观准确地分析该公司的每股盈余，还需要与同行业进行比较，并结合企业的股利政策等因素进行综合考虑。

（二）普通股每股股利

1. 普通股每股股利的含义

普通股每股股利，简称每股股利，是指普通股股利总额与发行在外的普通股股数的比值。

2. 普通股每股股利的计算公式

$$\text{普通股每股股利}=\frac{\text{普通股股利总额}}{\text{发行在外的普通股股数}} \tag{9-32}$$

在应用此公式时，应该注意以下方面：

（1）分子"普通股股利总额"等于现金股利总额减去优先股股利，由于我国鲜有优先股股利，所以在上市公司披露的财务信息中，应发放的股利总额一般为普通股股利。

（2）分母"发行在外的普通股股数"，一般按照年末普通股股数计算。因为股利通常是发给年末的股东的，因此，计算每股股利时分母采用年末普通股股数，而不是全年平均股数。

3. 普通股每股股利的评价标准

普通股每股股利的高低取决于上市公司盈利能力的强弱；同时，公司的股利分配政策和现金是否充沛也决定了每股股利的高低。每股股利越高，说明普通股获取的现金报酬越多。

【例 9-26】 续接例 9-1，假设方盛公司为上市公司，发行在外的普通股没有变化，平均股数即为年末数 3 297 万股，20×8 年亏损，没有发放普通股股利，20×9 年发放普通股股利总额为 150 万元，请计算该公司的每股股利，并进行分析。

解：

计算该公司的每股股利如下：

20×8 年没有发放股利，所以不需要计算；

$$20\times9\text{ 年普通股每股股利}=\frac{150}{3\,297}=0.045\text{ 元}$$

由以上计算结果可以看出，该公司 20×9 年的每股股利为 0.045 元，表明 20×9 年该公司的普通股股东在 20×9 年年末预计每股能够获得 0.045 元的现金股利。

（三）普通股每股现金流量

1. 普通股每股现金流量的含义

普通股每股现金流量简称每股现金流量，是企业经营活动中产生的现金流量净额，扣除优先股股利之后,与平均普通股股数的比值。

2. 普通股每股现金流量的计算公式

$$每股现金流量 = \frac{经营活动现金净流量 - 优先股股利}{平均普通股股数} \quad (9-33)$$

公式中的分子"经营活动现金净流量",为上市公司所披露的现金流量表中的经营活动现金净流量数据,分母中的"平均普通股股数",如果找不到新增的普通股的数据,可以采用年末普通股股数。

3. 普通股每股现金流量的评价标准

每股现金流量越大,说明每股股份可支配的现金流量越大,普通股股东获得现金股利回报的可能性越大。对每股现金流量可以进行横向和纵向的比较,通过与同行业平均水平或竞争对手的比较,可以考察企业的每股现金流量在整个行业中的状况。

【**例 9-27**】 续接例 9-1,假设方盛公司为上市公司,发行在外的普通股没有变化,平均股数即为年末数 3 297 万股,没有发放优先股,20×9 年和 20×8 年经营活动现金流量净额分别为 350 万元和 500 万元,请根据表 9-2、表 9-3 中方盛公司资产负债表和利润表中的财务数据,计算该公司的每股现金流量,并进行分析。

解:

计算该公司的每股现金流量如下:

$$20×9\ 年每股现金流量 = \frac{350 - 0}{3\ 297} = 0.106\ 元$$

$$20×8\ 年每股现金流量 = \frac{500 - 0}{3\ 297} = 0.152\ 元$$

由以上计算结果可以看出,该公司 20×9 年和 20×8 年的每股现金流量分别为 0.106 元/股和 0.152 元/股,表明 20×9 年和 20×8 年该公司的每股收益分别有 0.106 元和 0.152 元作保障,使普通股股东能够获得现金股利的回报。当然,每股现金流量值还需要与同行业的其他公司进行比较才更能反映保障的程度。

(四) 普通股每股净资产

1. 普通股每股净资产的含义

普通股每股净资产,简称每股净资产,是企业期末股东权益与普通股股数之比,反映公司每一普通股能分摊多少账面净资产,是衡量公司真正财务实力的表现。

2. 普通股每股净资产的计算公式

$$每股净资产 = \frac{年度末股东权益}{年度末普通股股数} \quad (9-34)$$

公式中,分子"年度末股东权益"的数据,即公司的资产负债表的期末股东权益,分母"年度末普通股股数"即资产负债表中的股本数,但要确定是否以每股 1 元为计量单位,可查阅财务报表附注说明进一步核实。之所以取年末普通股的股数,是因为该指标衡的是年度末的股东权益,取年度末普通股股数,而不是加权平均数,与年末股东权益的口径保持一致。

3. 普通股每股净资产的评价标准

每股净资产越大,股东拥有的资产现值越多;每股净资产越少,股东拥有的资产现值越少。理论上,每股净资产在理论上提供了股票的最低价值,反映了在会计期末每一股份在公司账面上到底值多少钱。

每股净资产值反映了每股股票代表的公司净资产价值,是支撑股票市场价格的重要基础。

从每股净资产的含义中可以看出,该指标反映发行在外的每股普通股所代表的净资产成本,即账面权益,如果公司的股票价格低于净资产的成本,成本又接近变现价值,那么,公司已经没有存在的价值,此时,清算是公司最好的选择。因此,每股净资产值越大,表明公司每股股票代表的财富越雄厚,通常创造利润的能力和抵御外来因素影响的能力越强。

在分析该指标时,需要注意以下两点。第一,要与公司的资本结构结合起来进行分析。如果公司资本结构中负债的比重较小,甚至没有负债,尽管每股净资产高,但财务状况未必真正好,盈利能力未必真正高,只有在合理的资本结构下,每股净资产越高,才能说明企业未来发展的潜力越大。第二,在投资分析时,只能有限地使用这个指标,因为该指标反映的是历史成本,不能反映净资产的变现情况,也不能反映净资产的产出能力,它没有一个确定的标准,投资者可以通过比较分析公司历年每股净资产的变动趋势,来了解公司的发展情况和盈利能力。第三,该指标的应用比较应注意区分公司性质和股票市价。在两者相近的条件下,某一公司股票的每股净资产越高,公司发展潜力及其股票的投资价值越大,投资者所承担的投资风险就越小。

【**例 9-28**】 续接例 9-1,假设方盛公司为上市公司,发行在外的普通股没有变化,平均股数即为年末数 3 297 万股,请根据表 9-2、表 9-3 中方盛公司资产负债表和利润表中的财务数据,计算该公司的每股净资产并进行分析。

解:

计算该公司的每股净资产如下:

$$20\times9 \text{ 年每股净资产} = \frac{6\ 023}{3\ 297} = 1.83 \text{ 元}$$

$$20\times8 \text{ 年每股净资产} = \frac{7\ 288}{3\ 297} = 2.21 \text{ 元}$$

由以上计算结果可知,该公司 20×9 年和 20×8 年的每股净资产分别为 1.83 元和 2.21 元,表明该公司的普通股股东在 20×9 年和 20×8 年分别拥有每股 1.83 元和 2.21 元的净资产,也就是说,该公司 20×9 年和 20×8 年每股股票的最低价值分别为 1.83 元和 2.21 元。当然,为更准确地反映该公司每股净资产的情况,还需要与同行业其他公司进行比较分析。

(五) 市盈率

1. 市盈率的含义

市盈率是指普通股每股市价与每股收益的比值,是普通股每股市价与每股收益相比得到的倍数。市盈率反映的是,当每股收益可以用来表示企业未来的盈利能力时,以当前的股价进行投资,企业经过多少年的经营可以使投资者收回成本。

2. 市盈率的计算公式

$$\text{市盈率} = \frac{\text{普通股每股市价}}{\text{普通股每股收益}} \tag{9-35}$$

特别需要说明的是公式中的分子"普通股每股市价"的数据的选取。由于每股市价是一个不断变化的动态数据,在计算该指标时,一般选取所确定的时间点的最新收盘价。比如,如果所选取的时间点为 2017 年末,那么就选取 2017 年 12 月 31 日的最新收盘价。

3. 市盈率的评价标准

市盈率是反映市场对公司期望的指标,反映的是投资者对每 1 元净利润所愿支付的价格。

该比率越高,说明市场对公司的未来前景越看好,但同时,该指标值越大,相应的投资风险也越高。

一般情况下,发展前景较好的公司通常都有较高的市盈率,发展前景不佳的公司,这个比率较低。但是必须注意,当全部资产利润率很低或公司发生亏损时,每股收益可能为零或负数,市盈率会很高。因此,市盈率不是越高越好,正常的市盈率为 5~20。

在分析市盈率时应结合其他相关指标,注意该指标不能用于不同行业公司的比较;另外,在每股收益很小或亏损时,市价不会为零,计算出的市盈率会很高,此时,很高的市盈率不说明任何问题。

【例 9-29】 假如方盛公司 20×9 年和 20×8 年普通股的股票价格分别为每股 14 元和 16 元,请计算该公司的市盈率,并进行分析。

解:
计算该公司的市盈率如下:

$$20×9 \text{ 年的市盈率} = \frac{14}{-0.369} = -37.94 \text{ 元}$$

$$20×8 \text{ 年每股净资产} = \frac{16}{0.055} = 290.91 \text{ 元}$$

由以上计算结果可知,该公司 20×9 年和 20×8 年的市盈率分别为 -37.94 和 290.91,说明该公司 20×9 年的每股市价是每股收益的 -37.94 倍,而 20×8 年则为 290.91 倍,表明 20×8 年内投资者对该公司的股票相对看好,而 20×9 年则大幅失去了信心。当然,为了更准确地评价该公司的市盈率是否合理,还应该与同行业的公司进行比较分析。

(六) 市净率

1. 市净率的含义

市净率是普通股股票每股市价与每股净资产的比值,主要从股票账面价值的角度说明市场对公司资产质量的评价。

2. 市净率的计算公式

$$\text{市净率} = \frac{\text{每股市价}}{\text{每股净资产}} \tag{9-36}$$

公式中,分子"每股市价"同市盈率的取值一样,选取时间点的最新收盘价。

3. 市净率的评价标准

市净率反映了公司股票的市场价值与账面价值之间的关系,该比率越高,说明股票的市场价值越高。在一个有效的资本市场中,如果公司的股票市净率小于 1,即股价低于每股净资产,则说明投资者对公司未来前景持悲观态度,因此,市价低于每股净资产的股票,对于投资者来说,购买的价值不大。一般来说,资产质量好、盈利能力强的公司,市净率会比较高;而风险较大、发展前景较差的公司,市净率会比较低。

每股净资产是股票的账面价值,它是用成本计量的;每股市价是这些资产的现值,是证券市场上交易的结果。优质股票的市价超出每股净资产许多,因此,把每股净资产和每股市价联系起来,可以说明市场对公司资产质量的评价。

【例 9-30】 续例 9-29,假如方盛公司 20×9 年和 20×8 年普通股的股票价格分别为每股 14 元和 16 元,计算该公司的市净率,并进行分析。

解:

计算该公司的市净率如下：

$$20\times9 \text{ 年的市净率} = \frac{14}{1.83} = 7.65$$

$$20\times8 \text{ 年的市净率} = \frac{16}{2.21} = 7.24$$

从以上计算结果可以看出，该公司 20×9 年和 20×8 年的市净率分别为 7.65 和 7.24，说明该公司 20×9 年和 20×8 年的每股市价分别是每股净资产的 7.65 倍和 7.24 倍，表明市场对该公司的资产质量相对还比较看好。当然，若要准确反映该公司市净率的情况，还需要与同行业的其他公司进行比较分析。

第六节 企业综合能力分析

企业是一个有机联系的整体，虽然以上各章分别从不同的角度对企业的财务状况和经营成果进行了具体研究，但财务分析的最终目的在于全方位地了解企业经营理财的状况，并借以对企业经济效益的优劣做出系统、合理的评价。因此，在进行完偿债能力、营运能力和盈利能力等单个角度的分析之后，需要综合将相互关联的各种报表和财务能力指标联系在一起，从全局出发，进行全面、系统、综合的分析。

一、财务综合分析概述

（一）财务综合分析的含义

财务综合分析是在有关单项分析的基础上，借助于财务预算、财务会计报告等资料，将企业的偿债能力、营运能力、盈利能力和发展能力等方面的主要财务指标进行汇总反映，纳入一个完整的系统之中，以便全面地对企业的经营状况、财务状况进行解剖和分析，从而对企业经济效益的优劣做出准确的评价，并编写出财务情况分析报告的一种专门方法。

理解财务综合分析，要注意以下几个方面：

第一，财务综合分析，是在进行完偿债能力、营运能力等各单项分析的基础上进行的综合分析，因此，在进行财务综合分析前，应先进行各个单项分析；

第二，财务综合分析，是一个从总体到具体的解剖过程，在这个过程中，注意对相关指标的评价，以便找到挖掘的重点；

第三，财务综合分析，不仅分析财务指标，还可能涉及非财务指标，以全面对企业的经营状况做出评价。

（二）财务综合分析的意义

财务综合分析的意义在于对企业使用资金的经济效果进行全面分析和综合评价，目的是保证企业生产经营活动的正常需要，同时又要节约、合理地使用资金。具体来说，表现在以下方面：

第一，通过财务综合分析，能全面分析财务预算的完成情况，评价企业的整体财务状况，提供较为系统、全面的财务信息资料，有利于做出恰当的决策。企业的生产经营是一个有机的整体,财务分析的最终目的在于全面、准确、客观地揭示企业的财务状况和经营情况,并借以对企业经济效益的优劣做出合理的评价。显然,要达到这样一个分析目的,仅测算几个简单的、孤立的财务比率,或者将一些孤立的财务分析指标垒在一起,彼此毫无联系地考察,是不可能得出合理、正确的综合性结论的,因此,在进行财务分析时,应该将企业的经营状况看作一个系统,内部各种因素都是相互依存、相互作用的,财务分析者必须对整个系统进行综合分析。

第二,财务综合分析有利于把握企业财务的全面状况,而不会将精力只局限于个别的具体问题上。因为财务综合分析强调一定要抓住主要指标,只有抓住主要指标,才能抓住影响企业财务状况的主要矛盾,在主要财务指标分析的基础上再对辅助指标进行分析,才能分析透彻、把握准确、详尽,各主辅指标功能应相互协调匹配。

第三,财务综合分析通过几种主要财务指标之间的关系,能直观、明了地反映出企业的财务状况及经营成果,还可以帮助确定使权益报酬率等达到预定目标的途径和方法。

总之,只有进行财务综合分析,将企业偿债能力、营运能力、盈利能力及发展趋势等各项分析指标有机地联系起来,作为一套完整的体系,相互配合使用,做出系统的综合评价,才能从总体意义上把握企业财务状况和经营情况的优劣。

(三) 财务综合分析的方法

财务综合分析的方法有很多,其中主要有杜邦财务分析法、沃尔评分法及平衡计分卡法等。这几种方法,本章后面会做进一步的阐述与运用。

作为研究方法之一,财务综合分析方法与其他的研究方法一样,不能只重视定性分析,忽视定量分析;另一方面,也不要把定量分析搞成公式罗列和烦琐计算,而是应从实际需要出发,灵活地运用各种方法,将定量分析和定性分析相结合。

在应用财务综合分析的相关方法时,应注意既要重视经济效益,也要重视社会效益,必须把企业的直接经济效益和对社会的贡献统一结合来考察和评价;同时,在进行综合评价时,必须将企业的微观经济效益同宏观经济效益联系起来,在保证宏观经济效益得以提高的前提下,判断微观经济效益的大小;此外,要把短期效益和长期效益统一起来,有时短期效益可能是不明显的,但从长远看,未来可能获得更大的经济效益。

因此,在进行综合评价时,必须着眼于长期效益的提高,重视考察企业经济效益的变化前景。

二、杜邦财务分析法

企业的财务状况是一个完整的系统,这个系统内部的各个因素是相互依存、相互作用的,财务分析需要深入了解企业财务状况内部各项因素的变动,这样才能较全面地揭示企业财务状况的全貌。而杜邦分析法,就是利用各主要财务比率之间的内在联系来综合分析企业财务状况的方法。

(一) 杜邦财务分析法的含义

杜邦财务分析体系,亦称杜邦财务分析法,简称杜邦分析法(DuPont-analysis),由美国杜邦公司首创,是从财务角度评价公司盈利能力和股东权益回报水平,评价企业绩效的经典方法。

杜邦分析法从评价企业的净资产收益率出发,利用各主要财务比率指标间的内在有机联系,将指标层层分解,形成一个完整的指标体系,揭示指标变动的原因和趋势,使分析者对企业财务情况的分析有一个全局的视野,满足分析者全面分析和评价企业财务能力和经营绩效的需要。

杜邦分析法的核心是根据各主要财务比率指标之间的内在联系,建立财务分析指标体系,综合分析企业财务状况。采用这一方法,将反映企业盈利状况的总资产净利率、反映资产营运状况的总资产周转率和反映偿债能力状况的资产负债率按内在联系有机结合起来,并将这些比率进一步分解为多项财务指标,使财务比率分析的层次清晰、因果关系明确,为报表分析者全面仔细地了解企业的经营和盈利状况提供方便。在指标层层分解的基础上,再结合财务分析的其他方法,可以对影响净资产收益率的原因做出深入的揭示。

杜邦分析法有助于企业管理层更加清晰地看到影响净资产收益率的各种因素,为管理层提供了一张明晰的考察公司资产管理效率,争取实现股东投资回报最大化的路线图。

(二) 杜邦财务分析体系框架

企业的财务状况是一个完整的系统,内部各因素是相互依存、相互作用的,任何一个因素的变动都会引起企业整体财务状况的改变。财务分析者必须深入了解企业财务状况内部的各项因素及其相互关系,才能较全面地揭示企业财务状况的全貌。

杜邦财务分析体系的框架,可以用图9-1来表示。

1. 净资产收益率与资产净利率及权益乘数之间的关系

$$净资产收益率 = 总资产净利率 \times 权益乘数 \tag{9-37}$$

其中,

$$权益乘数 = \frac{平均总资产}{平均净资产} = \frac{1}{1-平均资产负债率}$$

2. 总资产净利率与销售净利率及资产周转率之间的关系

$$总资产净利率 = 销售净利率 \times 资产周转率 \tag{9-38}$$

其中,

$$销售净利率 = \frac{净利润}{销售收入}$$

$$资产周转率 = \frac{销售收入}{平均资产总额}$$

(三) 杜邦财务分析法思路

杜邦财务分析是一个层层分解的系统,主要按照以下思路进行分析:

第一,净资产收益率是综合性最强的财务指标,是企业综合财务分析的核心。这一指标反映了投资者的投入资本获利能力的高低,能体现出企业经营的目标。从企业财务活动和经营活动的相互关系上看,净资产收益率的变动取决于企业商品经营、资产经营和资本经营的效率。所以净资产收益率是企业财务活动效率和经营活动效率的综合体现。

第二,销售净利率是反映企业商品经营盈利能力最重要的指标,是企业商品经营的结果,也是实现净资产收益率最大化的业务保证。企业从事商品经营,目的在于获利。企业获利的

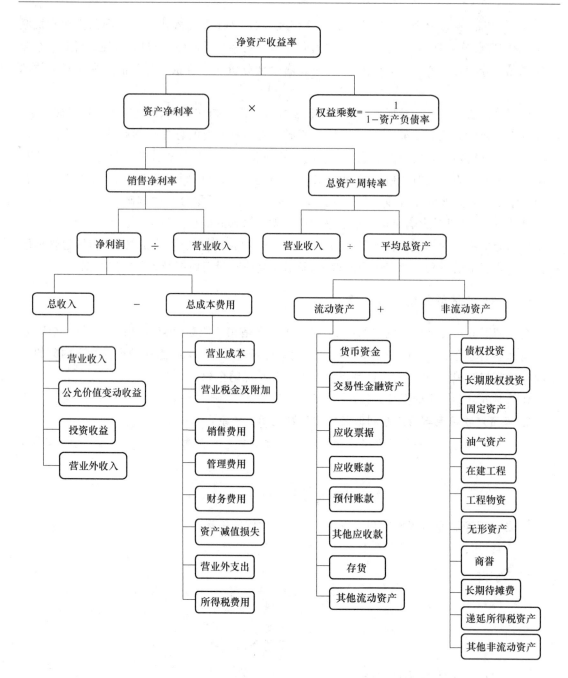

图 9-1 杜邦财务分析体系

途径从经营层面上看只有两条：一是扩大营业收入；二是降低成本费用。

第三，总资产周转率是反映企业资产营运能力最重要的指标，是企业资产经营的结果，也是实现净资产收益率最大化的物质基础。企业总资产由流动资产和非流动资产组成。资产构成是否合理、营运效率的高低是企业资产经营的核心，并最终影响企业的经营业绩。

第四，权益乘数既是反映企业资本结构的指标，也是反映企业筹资活动的结果。它对提高净资产收益率起到杠杆作用。因此，权益乘数也叫财务杠杆，它会放大其他指标的影响作用。适度开展负债经营，合理安排资本结构，可以提高净资产收益率。

【例 9-31】 续例 9-1,根据表 9-2 和表 9-3 中的方盛公司资产负债表和利润表的数据计算的相关财务比率汇总表,见表 9-7,运用杜邦财务分析方法,对该公司进行综合财务分析。

表 9-7 方盛公司杜邦分析比率表

单位:万元

项 目	20×9 年度	20×8 年度
净资产收益率①=②×③	-18.26%	2.73%
资产净利率②=④×⑤	-9.10%	1.364%
权益乘数③=$\frac{1}{1-⑥}$	2.008	1.982
营业净利率④	-29.69%	2.53%
总资产周转率⑤	0.31	0.54
资产负债率⑥	50.79%	49.55%

注:各项比率的计算见本章第二节、第三节和第五节,本节不予列出。

根据表 9-7 可以分析如下:

(1) 从净资产收益率来看,分解出来的销售净利率和总资产周转率可以反映企业的经营战略。一些企业销售净利率较高,而总资产周转率较低,两者经常呈反方向变化,这种现象不是偶然的。为了提高销售净利率,就要增加产品的附加值,往往需要增加资产的投入,这会引起总资产周转率的下降。与此相反,为了加快资产的周转,尤其是流动资产的周转,就要降低销售价格,导致销售净利率下降。通常,销售净利率较高的制造业,其周转率都较低;周转率很高的零售商业,销售净利率可能较低。采取"高盈利、低周转"还是"低盈利、高周转"的方针,是企业根据外部环境和自身资源做出的战略选择。正因为如此,仅仅根据销售净利率的高低并不能看出业绩好坏,把它与总资产周转率联系起来,就可以考察企业的经营战略。真正重要的是,两者共同作用而得到的资产净利率,可以反映管理者运用受托资产获得利润的业绩,是一项很重要的盈利能力。

方盛公司 20×8 年度和 20×9 年度的净资产收益率分别为 2.73% 和 -18.26%,销售净利率分别为 2.53% 和 -29.69%,总资产周转率分别为 0.54 和 0.31,权益乘数分别为 1.982 和 2.008,由此可以看出,近年来方盛公司的总资产周转率并不高,净资产收益率大于销售净利率,这说明较高的净资产收益率主要是由财务杠杆即权益乘数带来的。

(2) 分解出来的财务杠杆可以反映企业的财务政策。在资产净利率不变的情况下,提高财务杠杆可以提高净资产收益率,但同时也会增加财务风险。一般来说,资产净利率较高的企业,财务杠杆较低,反之亦然。这种现象也不是偶然的,可以设想,为了提高净资产收益率,企业倾向于尽可能提高财务杠杆,但是,贷款提供者不一定会同意这种做法。贷款提供者不分享超过利息的收益,更倾向于为预期未来经营现金流量比较稳定的企业提供贷款。

方盛公司的权益乘数分别为 1.982 和 2.008,总资产报酬率 1.364% 和 -9.1%,说明远方公司的总资产报酬率并不高,较高的净资产收益率同样是由财务杠杆即权益乘数带来的。

由此可见,方盛公司可以将企业收益能力的提高与现金流量管理结合起来。为了稳定现金流量,企业的一种选择是降低价格以减少竞争,另一种选择是增加营运资本以防止现金流中断,这都会导致资产净利率下降。这就是说,为了提高流动性,只能降低盈利性。因此,实务中我们经常看到的是,经营风险低的企业可以得到较多的贷款,其财务杠杆较高;经营风险高的企业,只能得到较少的贷款,其财务杠杆较低。资产净利率与财务杠杆呈现负相关关系,共同决定了企业的净资产收益率。企业必须使其经营战略和财务政策相匹配。

三、沃尔评分法

沃尔评分法在实践中有着非常广泛的应用。就我国来说,很多部委颁布过一系列的综合评价体系。虽然这些综合评价体系的财务比率在不断创新,标准在不断变化,结构在不断调整,计分方法在不断修正,考虑的因素也越来越周全,但始终没有脱离沃尔评分法的基本思想。因此,掌握沃尔评分法的基本体系和方法,显得尤为重要。

(一)沃尔评分法的含义

沃尔评分法,是通过对选定的多项财务比率进行评分,然后计算综合得分,并据此评价企业的综合财务状况的一种方法。由于创造这种方法的先驱者之一是美国学者亚历山大·沃尔,因此被称作沃尔评分法。

(二)沃尔评分法体系框架

1. 沃尔评分法框架雏形

20世纪初,亚历山大·沃尔把若干个财务比率用线性关系结合起来,以此评价企业的信用水平,这一方法能够判断所计算出来的财务比率是偏高还是偏低。

亚历山大·沃尔选择了7个财务比率,分别给定各个比率在100分的总分中所占的分数,即权重,然后确定各个比率的标准值,并用比率的实际值与标准值相除得到的相对值乘以权重,计算出各项比率的得分,最后将7个比率的得分加总得到总分,即信用能力指数,这就是沃尔评分法的雏形。

沃尔评分法的雏形如表9-8所示。

表9-8 沃尔评分法理论框架雏形

财务比率	权重 ①	标准值 ②	实际值 ③	相对值 ④=③÷②	评分 ⑤=①×④
流动比率	25	2			
净资产/负债	25	1.5			
资产/固定资产	15	2.5			
销售成本/存货	10	9			
营业收入/应收账款	10	6			
营业收入/固定资产	10	4			
营业收入/净资产	5	3			

随着社会经济的发展,虽然沃尔评分法的理论框架指标体系在不断丰富完善,但原始的沃尔评分法为综合评价企业的财务状况提供了一个非常重要的思路。

2. 我国应用沃尔评分法的框架体系

沃尔评分法在实践中有着非常广泛的应用。以我国为例,20世纪90年代以来,各部委颁布了一系列的综合评价体系。

其中,涉及工业企业的业绩评价标准为:1999年6月1日,财政部、国家经贸委、人事部、原国家计委联合印发了《国有资本绩效评价规则》及《国有资本金绩效评价操作细则》,对国有企业业绩评价进行了重新规范,这个评价体系分为工商企业和金融企业两类,工商企业又分为竞争性企业和非竞争性企业两类。工商类竞争性企业绩效评价指标体系见表9-9。

表9-9 工商类竞争性企业绩效评价指标体系

内容	权重	基本指标	权重	修正指标	权重	专家评议指标	权重
财务效益状况	42	净资产收益率	30	资本保值增值率	16	领导班子基本素质	20
		总资产收益率	12	销售利润率	14	产品市场占有率	18
				成本费用利润率	12	基础管理比较水平	20
资产运营状况	18	总资产周转率		存货周转率	4	在岗员工素质状况	12
		流动资产周转率		应收账款周转率	4	技术装备更新能力	10
				不良资产比率	6	行业区域影响力	5
				资产损失比率	4	行业经营发展策略	5
偿债能力状况	22	资产负债率	12	流动比率	6	长期发展能力预测	10
		已获利息倍数	10	速动比率	4		
				现金流动负债率	4		
				长期资产适合率	5		
				经营亏损挂账率	3		
发展能力状况	18	销售增长率	9	总资产增长率	7		
		资本积累率	9	固定资产更新率	5		
				三年平均利润增长率	3		
				三年平均资本增长率	3		
合计	100		100		100		100

资料来源:财政部等,《国有资本金绩效评价规则》,国务院公告,1999年,第1599-1607页。

3. 沃尔评分法分析程序

运用沃尔评分法对企业财务状况进行分析的程序如下:

第一,选择财务比率。在选择财务比率时要注意所选择的比率要具有全面性、代表性和方向的一致性。就全面性来说,反映偿债能力、营运能力和盈利能力的指标都应包括在内;就代表性来说,要选择那些典型的、重要的财务比率;就方向一致性来说,要选择那些财务比率增大表示财务状况的改善,财务比率减小表示财务状况的恶化的财务比率。

第二,确定各项财务比率的权重。根据各项比率指标的重要程度,确定其评分值,各项比率指标的评分值之和应等于100。分配的标准是各个比率的重要程度,对越重要的比率分配的权重越高。对各个比率重要程度的判断,应结合企业的经营状况、管理要求、发展趋势等具体情况而定。一般认为,盈利能力、偿债能力和发展能力之间的比例可按5:3:2来分配。

第三,确定各项比率指标的标准值。财务比率指标的标准值是指该指标在本企业现时条件下的最理想的数值,即最优值。标准值可以是企业的历史水平,可以是竞争企业的水平,也可以是同行业的平均水平。比较常用的是同行业的平均水平。

第四,计算企业在一定时期各项比率指标的实际值。利用相关的财务数据计算各个企业财务比率的实际值。

第五,计算各个财务比率的得分。计算财务比率得分的方法有很多,其中最常见的是用实际值除以标准值得到一个相对值,再用这个相对值乘以权重得到该比率的得分。

第六,求得各项比率指标的综合得分及其合计数。一般而言,如果以同行业平均值作为标准值,综合评分合计数如果为 100 或接近 100,则表明其财务状况接近行业的平均水平;企业的综合得分如果明显超过 100 分,则说明企业的综合财务状况优于行业的平均水平;相反,企业的综合得分如果明显低于 100 分,则说明企业的综合财务状况较差,应积极采取措施加以改善。

本章知识点小结

本章主要讲授财务分析的基本理论和财务分析各种能力的分析方法,核心知识点包括以下几点。

第一,财务分析概述。(1)财务分析的含义、目的。(2)财务报表分析的内容主要包括:偿债能力分析、资产运用效率分析、获利能力分析、投资报酬分析、现金流动分析等。(3)财务分析的方法主要包括:比较分析法、比率分析法、趋势分析法和因素分析法。(4)财务分析的基本程序:①确立分析目的,明确分析内容;②设计分析程序,确定评价标准;③收集分析所需要的相关资料并进行分析;④选择恰当的分析方法;⑤形成综合评价结论,撰写财务分析报告。

第二,企业偿债能力分析。(1)按到期时间偿债能力分析分为短期偿债能力分析和长期偿债能力分析。(2)短期偿债能力的指标有营运资金、流动比率、速动比率和现金比率。(3)长期偿债能力的指标有资产负债率、产权比率、权益乘数、有形净值债务率、已获利息倍数等。

第三,企业营运能力分析。(1)营运能力分析包括流动资产营运能力分析、固定资产营运能力分析和总资产营运能力分析。(2)流动资产营运能力分析包括:应收账款周转率、存货周转率和流动资产周转率。

第四,企业发展能力分析。衡量企业发展能力的指标主要有营业收入增长率、资产增长率、所有者权益增长率和利润增长率。

第五,企业盈利能力分析。盈利能力分析,可以从两个方面进行:一是基本的盈利能力分析,代表性指标包括营业毛利率、营业利润率、营业净利润、净资产收益率、总资产报酬率、成本费用利润率等;二是可用于衡量股票市值的盈利能力指标分析,包括普通股的每股收益、每股股利、每股现金流量、每股净资产、市盈率和市净率等。

第六,企业综合财务分析。财务综合分析方法主要有杜邦财务分析法、沃尔评分法及平衡计分卡法等。

思考与练习题

一、单项选择题

1.(   )是指公司单位资产创造营业收入的能力,它反映企业经营活动的运行状态和资产管理水平的高低。

A. 营运能力　　　　　　　　　　B. 偿债能力
C. 发展能力　　　　　　　　　　D. 盈利能力

2. 下列属于偿债能力分析的财务指标包括（   ）。
   A. 应收账款周转率　　　　　　　　B. 速动比率
   C. 营业毛利率　　　　　　　　　　D. 营业收入增长率
3. 营运资金的计算公式为（   ）。
   A. 流动资产＋流动负债　　　　　　B. 流动资产－流动负债
   C. 流动资产×流动负债　　　　　　D. 流动资产÷流动负债
4. 应收账款周转率的计算公式为（   ）。
   A. 营业收入净额÷平均应收账款×100％
   B. 营业成本÷平均应收账款
   C. 营业收入净额÷平均应收账款
   D. 营业成本÷平均应收账款×100％
5. 营业收入增长率的计算公式为（   ）。
   A. 营业收入增长率＝（本年营业收入增长额＋上年营业收入总额）×100％
   B. 营业收入增长率＝（本年营业收入增长额－上年营业收入总额）×100％
   C. 营业收入增长率＝（本年营业收入增长额×上年营业收入总额）×100％
   D. 营业收入增长率＝（本年营业收入增长额÷上年营业收入总额）×100％
6. 沃尔评分法中，根据各项比率指标的重要程度，确定其评分值，各项比率指标的评分值之和应等于（   ）。
   A. 50　　　　　B. 100　　　　　C. 150　　　　　D. 200
7. 应用沃尔评分法，确定各项比率指标的标准值时，最常用的是采用（   ）作为标准值。
   A. 企业的历史水平　　　　　　　　B. 竞争企业的水平
   C. 同行业的平均水平　　　　　　　D. 企业当年的水平
8. 应用沃尔评分法，如果以同行业平均值作为标准值，求得的综合得分为100或者接近100，表明（   ）。
   A. 该企业的财务状况接近行业的平均水平
   B. 该企业的财务状况优于行业的平均水平
   C. 该企业的财务状况低于行业的平均水平
   D. 该企业的财务状况与同行业的平均水平没有可比性
9. 应用沃尔评分法，如果以同行业平均值作为标准值，求得的综合得分高于100，表明（   ）。
   A. 该企业的财务状况接近行业的平均水平
   B. 该企业的财务状况优于行业的平均水平
   C. 该企业的财务状况低于行业的平均水平
   D. 该企业的财务状况与同行业的平均水平没有可比性
10. 应用沃尔评分法，如果以同行业平均值作为标准值，求得的综合得分低于100，表明（   ）。
    A. 该企业的财务状况接近行业的平均水平
    B. 该企业的财务状况优于行业的平均水平
    C. 该企业的财务状况低于行业的平均水平
    D. 该企业的财务状况与同行业的平均水平没有可比性

二、多项选择题

1. 财务分析主体包括（　　）。
   A. 投资者财务分析　　　　　　B. 经营者财务分析
   C. 债权人财务分析　　　　　　D. 政府机构

2. 财务分析的基本程序包括（　　）。
   A. 确立分析目的，明确分析内容
   B. 设计分析程序，确定评价标准
   C. 收集分析所需要的相关资料并进行分析
   D. 选择恰当的分析方法，得出结论撰写报告

3. 财务报表分析的内容主要包括（　　）几个方面。
   A. 偿债能力分析　　　　　　　B. 营运能力分析
   C. 发展能力分析　　　　　　　D. 盈利能力分析

4. 常用的分析长期偿债能力的指标有（　　）。
   A. 资产负债率　　　　　　　　B. 产权比率
   C. 权益乘数　　　　　　　　　D. 已获利息倍数

5. 下列属于营运能力指标的有（　　）。
   A. 应收账款周转率　　　　　　B. 流动比率
   C. 存货周转率　　　　　　　　D. 已获利息倍数

6. 下列属于企业发展能力的指标有（　　）。
   A. 营业净利率　　　　　　　　B. 营业收入增长率
   C. 资产负债率　　　　　　　　D. 资产增长率

7. 衡量股票市值的盈利能力指标包括（　　）。
   A. 每股收益　　　　　　　　　B. 每股股利
   C. 每股现金流量　　　　　　　D. 市盈率

8. 杜邦财务分析法的基本公式包括（　　）。
   A. 总资产净利率＝销售净利率×资产周转率
   B. 总资产净利率＝销售净利率×资产周转率
   C. 净资产收益率＝总资产净利率×权益乘数
   D. 净资产收益率＝总资产净利率×权益乘数

9. 财务综合分析方法有很多，其中主要有（　　）。
   A. 杜邦财务分析法　　　　　　B. 挣值法
   C. 沃尔评分法　　　　　　　　D. 层次分析法

10. 应用沃尔评分法，确定各项比率指标的标准值，可以选取（　　）作为标准值。
    A. 企业的历史水平　　　　　　B. 竞争企业的水平
    C. 同行业的平均水平　　　　　D. 企业当年的水平

三、计算分析题

大华公司 20×8 年度的资产负债表和利润表的简表如表 9-10 及表 9-11 所示。

表 9-10　资产负债表

编制单位：大华公司　　　　　　　　　　　　　　　　　　　　　　　　单位：元

项目	20×9年12月31日	20×8年12月31日
流动资产		
货币资金	3 195	4 501
应收票据	2 831	2 120
应收账款	2 216	2 950
预付款项	1 459	1 488
存货	2 406	2 722
流动资产合计	12 107	13 781
非流动资产		
债权投资		2 920
长期股权投资	4 468	4 200
长期应收款	2 484	2 782
固定资产	3 732	3 644
无形资产	2 270	1 200
非流动资产合计	12 954	14 746
资产总计	25 061	28 527
流动负债		
短期借款	2 658	3 667
应付票据	1 390	1 382
应付账款	1 633	1 599
预收款项	1 410	1 380
应付职工薪酬	718	667
应交税费	29	40
流动负债合计	7 838	8 735
非流动负债		
其他非流动负债（递延收益）	1 378	1 424
非流动负债合计	1 378	1 424
负债合计	9 216	10 159
股东权益		
股本	5 297	5 297
资本公积	1 297	1 273
盈余公积	1 633	1 633
未分配利润	1 595	2 878
归属母公司股东权益合计	4 822	6 080
少数股东权益	1 201	1 207
股东权益合计	15 845	18 368
负债和股东权益总计	25 061	28 527

表 9-11　利润表

编制单位:大华公司　　　　　　　　　　　　　　　　　　　　　　　　　　　　　　　　单位:元

项目	20×9 年度	20×8 年度
一、营业收入	7 072	8 599
二、减:营业成本	3 273	6 059
营业税金及附加	15	30
销售费用	138	148
管理费用	640	650
财务费用(加:收入)	277	365
资产减值损失	1 456	108
三、营业利润	1 273	1 239
加:营业外收入	57	105
减:营业外支出	2	18
四、利润总额	1 328	1 223
减:所得税费用	28	41
五、净利润	1 300	1 182

要求:

(1) 计算短期偿债能力的营运资金、流动比率、速动比率并进行评价;计算长期偿债能力资产负债率、产权比率、有形净值债务率、权益乘数和已获利息倍数等偿债能力指标,并进行分析评价;

(2) 计算该公司的应收账款周转率、存货周转率、流动资产周转率、固定资产周转率和总资产周转率等营运能力指标,并进行分析评价;

(3) 计算该公司的营业收入增长率、资产增长率、股权资本增长率和利润增加率等发展能力指标,并进行分析评价;

(4) 计算该公司的营业毛利率、营业利润率、营业净利率、成本费用利润率、净资产收益率和总资产收益率等盈利能力指标,并进行分析评价。

四、案例分析题

假如兴化上市公司有关报表数据如下。

(1) 公司的合并资产负债表(见表 9-12)

表 9-12　合并资产负债表

编制单位:兴化公司　　　　　　　　　　　　　　　　　　　　　　　　　　　　　　　　单位:元

项目	20×8 年12月31日	20×9 年12月31日
流动资产		
货币资金	295 946 497.35	313 056 454.65
交易性金融资产		
应收票据		700 000.00

续表

项目	20×8年12月31日	20×9年12月31日
应收账款	119 163 299.78	101 767 077.90
预付款项	105 191 526.02	78 108 622.14
应收利息		
应收股利		
其他应收款	23 798 073.50	27 764 486.06
存货	130 390 562.96	118 688 165.87
划分为持有待售的资产		
其他流动资产	262 887 256.99	172 447 479.72
流动资产合计	937 377 216.60	812 532 286.34
非流动资产		
债权投资	16 000 000.00	13 000 000.00
长期股权投资	26 909 126.11	27 315 950.47
长期应收款		
固定资产	3 597 852 849.65	3 426 852 773.23
在建工程	517 376 399.00	543 263 216.80
固定资产清理	15 814.58	75 518.38
工程物资		
无形资产	91 984 477.57	68 215 632.39
开发支出		
长期待摊费用	221 670 867.15	226 336 776.17
递延所得税资产	1 424 019.36	761 423.94
其他非流动资产		
非流动资产合计	4 473 233 553.42	4 305 821 291.38
资产总计	5 410 610 770.02	5 118 353 577.72
流动负债		
短期借款	620 000 000.00	460 000 000.00
应付短期债券		
应付票据		
应付账款	932 691 846.63	863 462 287.22
预收款项	954 515 650.94	985 020 311.71
应付职工薪酬	109 589 764.82	100 015 122.88
应交税费	16 550 569.60	10 609 039.24
应付利息	9 000 000.00	9 000 000.00
应付股利	1 079 352.36	997 473.94
其他应付款	65 858 534.66	45 743 942.00
一年内到期的非流动负债	60 000 000.00	60 000 000.00
其他流动负债		

续 表

项目	20×8年12月31日	20×9年12月31日
流动负债合计	2 769 285 719.01	2 534 848 176.99
非流动负债		
长期借款	375 000 000.00	435 000 000.00
应付债券	298 735 507.65	297 950 505.91
长期应付款		
长期应付职工薪酬		
预计负债	8 366 275.00	8 022 295.00
其他非流动负债(递延收益)	1 202 075.00	
递延所得税负债		
非流动负债合计	683 303 857.65	740 972 800.91
负债合计	3 452 589 576.66	3 275 820 977.90
股东权益		
股本	563 438 537.00	563 438 537.00
资本公积	432 859 976.01	432 859 976.01
其他综合收益		
盈余公积	91 924 582.27	80 667 885.89
未分配利润	818 574 148.17	713 505 592.26
外币报表折算差额		
归属母公司股东权益合计	1 906 797 243.45	1 790 471 991.16
少数股东权益	51 223 949.91	52 060 608.66
股东权益合计	1 958 021 193.36	1 842 532 599.82
负债和股东权益总计	5 410 610 770.02	5 118 353 577.72

案例资料和报表数据来源:上海证券交易所广电网络(股票代码:600831)2015年报。

(2) 公司的合并利润表(见表9-13)

表 9-13 合并利润表

编制单位:兴化公司　　　　　　　　　　　　　　　　　　　　　　　　　　单位:元

项目	20×8年度	20×9年度
一、营业收入	2 386 860 188.20	2 298 132 690.49
二、减:营业成本	1 560 270 476.47	1 494 563 351.29
营业税金及附加	8 788 099.35	20 360 716.88
销售费用	260 205 486.33	258 566 848.36
管理费用	358 229 401.73	321 353 554.00
财务费用(加:收入)	76 085 091.04	76 383 978.60
资产减值损失	6 656 455.93	3 664 781.81
加:公允价值变动收益		
投资收益	4 949 934.89	7 979 172.66

续表

项目	20×8 年度	20×9 年度
其中:对联营和合营企业的投资损失	1 093 175.64	3 290 857.65
三、营业利润	121 575 112.24	131 218 632.21
加:营业外收入	13 733 821.04	9 369 119.89
其中:非流动资产处置利得	14 324.00	16 261.46
减:营业外支出	2 979 918.45	6 138 703.81
其中:非流动资产处置损失	494 039.78	2 622 336.20
四、利润总额	132 329 014.83	134 449 048.29
减:所得税费用	−62 734.71	3 627 619.78
五、净利润	132 391 749.54	130 821 428.51
归属于母公司普通股股东净利润	133 228 408.29	116 903 625.13
少数股东损益	−836 658.75	13 917 80.00
六、其他综合收益的税后净额		
归属于母公司股东的其他综合收益的税后净额		
(一)以后不能重分类进损益的其他综合收益:		
重新计量设定受益计划负债的变动		
(二)以后将重分类进损益的其他综合收益:		
1. 权益法下在被投资单位以后将重分类进损益的其他综合收益中享有的份额		
2. 可供出售金融资产公允价值变动损益		
3. 外币财务报表折算差额		
归属于少数股东的其他综合收益的税后净额		
七、综合收益总额	132 391 749.54	130 821 428.51
归属于母公司普通股股东综合收益总额	133 228 408.29	116 903 625.13
归属于少数股东的综合收益总额	−836 658.75	13 917 803.38
八、每股收益(归属于母公司普通股股东)		
基本每股收益	0.236 5	0.207 5
稀释每股收益		

(3)案例要求

① 根据上述资料,要求计算股东权益报酬率。

② 根据上述资料,要求计算总资产报酬率、平均权益乘数。

③ 根据上述资料,要求计算营业净利率、总资产周转率。

④ 根据上述计算结果和所给定的资产负债表和利润表,填制完成下面的杜邦财务分析体系框架(图9-2),将相应数据填在相应项目的(   )中,并根据上述计算结果,综合分析该公司20×9年的财务状况和财务成果。

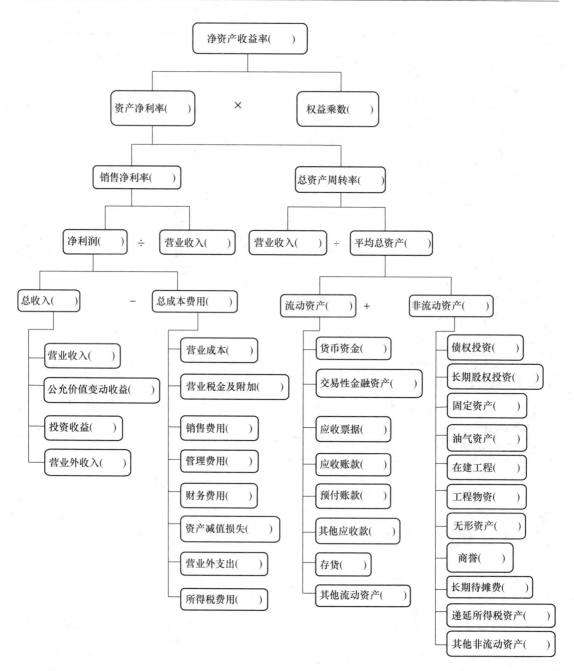

图 9-2 兴化公司的杜邦财务分析

思考与练习题答案(客观题)

第一章

一、单项选择题

1．D　2．B　3．B　4．A　5．C　6．D

二、多项选择题

1．ABD　2．AB　3．ABD　4．ABCD

第二章

一、单项选择题

1．C　2．B　3．B　4．D　5．A　6．B　7．C　8．D　9．B　10．A

二、多项选择题

1．ABC　2．ABD　3．ABC　4．ABC　5．AB　6．AC　7．CD　8．AC

第三章

一、单项选择题

1．A　2．B　3．C　4．D　5．D

二、多项选择题

6．ABCD　7．ABCD　8．ABD　9．ABC　10．BCD

第四章

一、单项选择题

1．A　2．B　3．C　4．A　5．D

二、多项选择题

1．AB 2．ABC 3．BCD 4．ACD 5．ABC

第五章

一、单项选择题

1．A 2．D 3．C 4．C 5．B

二、多项选择题

6．AB 7．ABCD 8．ABCD 9．CD 10．ABCD

第六章

一、单项选择题

1．A 2．B 3．C 4．A 5．D

二、多项选择题

1．ABCD 2．AD 3．ABCD 4．CD 5．AC

第七章

一、单项选择题

1．A 2．B 3．C 4．D 5．B

二、多项选择题

1．ABCD 2．ABCD 3．BC 4．ABC 5．BCD

第八章

一、单项选择题

1．A 2．B 3．B 4．C 5．D

二、多项选择题

1．ABCD 2．ABCD 3．BD 4．AD 5．BCD

第九章

一、单项选择题

1. A 2. B 3. B 4. C 5. D 6. B 7. C 8. A 9. B 10. C

二、多项选择题

1. ABCD 2. ABCD 3. ABCD 4. ABCD 5. AC 6. BD 7. ABCD 8. AD 9. AC 10. ABC

参 考 文 献

[1] 财政部会计资格评价中心.财务管理(2018版)[M].北京:经济科学出版社,2018.
[2] 孙茂竹,范歆.财务管理学[M].3版.北京:中国人民大学出版社,2013.
[3] 荆新,王化成,刘俊彦.财务管理学[M].8版.北京:中国人民大学出版社,2018.
[4] 郭复初,王庆成.财务管理学[M].4版.北京:高等教育出版社,2015.
[5] 彭亚黎.财务管理[M].北京:北京理工大学出版社,2017.
[6] 刘玉平.财务管理学[M].4版.北京:中国人民大学出版社,2017.
[7] 刘玥,毛巧奕,林晓红.财务管理[M].北京:清华大学出版社,2018.
[8] 梁红霞,刘雅娟.财务管理[M].北京:清华大学出版社,2018.
[9] 张林,崔玉良,卜穆峰.财务管理[M].北京:经济科学出版社,2017.
[10] 唐跃文,杨晶.财务管理学[M].上海:上海交通大学出版社,2017.
[11] 中国注册会计师协会.财务成本管理CPA[M].北京:经济科学出版社,2019.
[12] 肖作平.财务管理[M].大连:东北财经大学出版社,2018.
[13] 肖淑芳,佟岩,刘宁悦.财务管理学[M].北京:北京理工大学出版社,2018.
[14] 吴力加,李添瑜.财务管理[M].北京:清华大学出版社,2014.
[15] 闫华红.财务管理学[M].3版.北京:首都经济贸易大学出版社,2015.
[16] 骆永菊,郑蔚文.财务管理学实用教程[M].2版.北京:北京大学出版社,2012.
[17] 吴冬才,胡晓玲.财务管理[M].长沙:中南大学出版社,2013.
[18] 王克军.财务管理学[M].2版.成都:西南财经大学出版社,2012.
[19] 马小会,蔡永鸿.财务管理学[M].2版.北京:清华大学出版社,2016.
[20] 赵艳秉,周庆海.财务管理原理.北京:北京大学出版社,2012.
[21] 金佳,陈娟.财务管理实务[M].2版.北京:中国人民大学出版社,2018.

附 录

表 A-1 至表 A-4 是常见的计算用表。

表 A-1 复利终值系数表（FVIF 表）

n	\multicolumn{17}{c}{$i(\%)$}
	1	2	3	4	5	6	7	8	9	10	11	12	13	14	15	16	17	18	19	20	25	30
1	1.010	1.020	1.030	1.040	1.050	1.060	1.070	1.080	1.090	1.100	1.110	1.120	1.130	1.140	1.150	1.160	1.170	1.180	1.190	1.200	1.250	1.300
2	1.020	1.040	1.061	1.082	1.103	1.124	1.145	1.166	1.188	1.210	1.232	1.254	1.277	1.300	1.323	1.346	1.369	1.392	1.416	1.440	1.563	1.690
3	1.030	1.061	1.093	1.125	1.158	1.191	1.225	1.260	1.295	1.331	1.368	1.405	1.443	1.482	1.521	1.561	1.602	1.643	1.685	1.728	1.953	2.197
4	1.041	1.082	1.126	1.170	1.216	1.262	1.311	1.360	1.412	1.464	1.518	1.574	1.630	1.689	1.749	1.811	1.874	1.939	2.005	2.074	2.441	2.856
5	1.051	1.104	1.159	1.217	1.276	1.338	1.403	1.469	1.539	1.611	1.685	1.762	1.842	1.925	2.011	2.100	2.192	2.288	2.386	2.488	3.052	3.713
6	1.062	1.126	1.194	1.265	1.340	1.419	1.501	1.587	1.677	1.772	1.870	1.974	2.082	2.195	2.313	2.436	2.565	2.700	2.840	2.986	3.815	4.827
7	1.072	1.149	1.230	1.316	1.407	1.504	1.606	1.714	1.828	1.949	2.076	2.211	2.353	2.502	2.660	2.826	3.001	3.185	3.379	3.583	4.768	6.276
8	1.083	1.172	1.267	1.369	1.477	1.594	1.718	1.851	1.993	2.144	2.305	2.476	2.658	2.853	3.059	3.278	3.511	3.759	4.021	4.300	5.960	8.157
9	1.094	1.195	1.305	1.423	1.551	1.689	1.838	1.999	2.172	2.358	2.558	2.773	3.004	3.252	3.518	3.803	4.108	4.435	4.785	5.160	7.451	10.604
10	1.105	1.219	1.344	1.480	1.629	1.791	1.967	2.159	2.367	2.594	2.839	3.106	3.395	3.707	4.046	4.411	4.807	5.234	5.696	6.192	9.313	13.786
11	1.116	1.243	1.384	1.539	1.710	1.898	2.105	2.332	2.580	2.853	3.152	3.479	3.836	4.226	4.652	5.117	5.624	6.176	6.777	7.430	11.642	17.922
12	1.127	1.268	1.426	1.601	1.796	2.012	2.252	2.518	2.813	3.138	3.498	3.896	4.335	4.818	5.350	5.936	6.580	7.288	8.064	8.916	14.552	23.298
13	1.138	1.294	1.469	1.665	1.886	2.133	2.410	2.720	3.066	3.452	3.883	4.363	4.898	5.492	6.153	6.886	7.699	8.599	9.596	10.699	18.190	30.288
14	1.149	1.319	1.513	1.732	1.980	2.261	2.579	2.937	3.342	3.797	4.310	4.887	5.535	6.261	7.076	7.988	9.007	10.147	11.420	12.839	22.737	39.374
15	1.161	1.346	1.558	1.801	2.079	2.397	2.759	3.172	3.642	4.177	4.785	5.474	6.254	7.138	8.137	9.266	10.539	11.974	13.590	15.407	28.422	51.186
16	1.173	1.373	1.605	1.873	2.183	2.540	2.952	3.426	3.970	4.595	5.311	6.130	7.067	8.137	9.358	10.748	12.330	14.129	16.172	18.488	35.527	66.542
17	1.184	1.400	1.653	1.948	2.292	2.693	3.159	3.700	4.328	5.054	5.895	6.866	7.986	9.276	10.761	12.468	14.426	16.672	19.244	22.186	44.409	86.504
18	1.196	1.428	1.702	2.026	2.407	2.854	3.380	3.996	4.717	5.560	6.544	7.690	9.024	10.575	12.375	14.463	16.879	19.673	22.091	26.623	55.511	112.46
19	1.208	1.457	1.754	2.107	2.527	3.026	3.617	4.316	5.142	6.116	7.263	8.613	10.197	12.056	14.232	16.777	19.748	23.214	27.252	31.948	69.389	146.19
20	1.220	1.486	1.806	2.191	2.653	3.207	3.870	4.661	5.604	6.727	8.062	9.646	11.523	13.743	16.367	19.461	23.106	27.393	32.429	38.338	86.736	190.05
25	1.282	1.641	2.094	2.666	3.386	4.292	5.427	6.848	8.623	10.835	13.585	17.000	21.231	26.462	32.919	40.874	50.658	62.669	77.388	95.396	264.70	705.64
30	1.348	1.811	2.427	3.243	4.322	5.743	7.612	10.063	13.268	17.449	22.892	29.960	39.116	50.950	66.212	85.850	111.07	143.37	184.68	237.38	802.79	2 620.0

表 A-2 复利现值系数表 (PVIF 表)

n \ i(%)	1	2	3	4	5	6	7	8	9	10	11	12	13	14	15	16	17	18	19	20	25	30	35	40	50
1	0.990	0.980	0.971	0.962	0.952	0.943	0.935	0.926	0.917	0.909	0.901	0.893	0.885	0.877	0.870	0.862	0.855	0.847	0.840	0.833	0.800	0.769	0.741	0.714	0.667
2	0.980	0.961	0.943	0.925	0.907	0.890	0.873	0.857	0.842	0.826	0.812	0.797	0.783	0.769	0.756	0.743	0.731	0.718	0.706	0.694	0.640	0.592	0.549	0.510	0.444
3	0.971	0.942	0.915	0.889	0.864	0.840	0.816	0.794	0.772	0.751	0.731	0.712	0.693	0.675	0.658	0.641	0.624	0.609	0.593	0.579	0.512	0.455	0.406	0.364	0.296
4	0.961	0.924	0.888	0.855	0.823	0.792	0.763	0.735	0.708	0.683	0.659	0.636	0.613	0.592	0.572	0.552	0.534	0.516	0.499	0.482	0.410	0.350	0.301	0.260	0.198
5	0.951	0.906	0.863	0.822	0.784	0.747	0.713	0.681	0.650	0.621	0.593	0.567	0.543	0.519	0.497	0.476	0.456	0.437	0.419	0.402	0.320	0.269	0.223	0.186	0.132
6	0.942	0.888	0.837	0.790	0.746	0.705	0.666	0.630	0.596	0.564	0.535	0.507	0.480	0.456	0.432	0.410	0.390	0.370	0.352	0.335	0.262	0.207	0.165	0.133	0.088
7	0.933	0.871	0.813	0.760	0.711	0.665	0.623	0.583	0.547	0.513	0.482	0.452	0.425	0.400	0.376	0.354	0.333	0.314	0.296	0.279	0.210	0.159	0.122	0.095	0.059
8	0.923	0.853	0.789	0.731	0.677	0.627	0.582	0.540	0.502	0.467	0.434	0.404	0.376	0.351	0.327	0.305	0.285	0.266	0.249	0.233	0.168	0.123	0.091	0.068	0.039
9	0.914	0.837	0.766	0.703	0.645	0.592	0.544	0.500	0.460	0.424	0.391	0.361	0.333	0.300	0.284	0.263	0.243	0.225	0.209	0.194	0.134	0.094	0.067	0.048	0.026
10	0.905	0.820	0.744	0.676	0.614	0.558	0.508	0.463	0.422	0.386	0.352	0.322	0.295	0.270	0.247	0.227	0.208	0.191	0.176	0.162	0.107	0.073	0.050	0.035	0.017
11	0.896	0.804	0.722	0.650	0.585	0.527	0.475	0.429	0.388	0.350	0.317	0.287	0.261	0.237	0.215	0.195	0.178	0.162	0.148	0.135	0.086	0.056	0.037	0.025	0.012
12	0.887	0.788	0.701	0.625	0.557	0.497	0.444	0.397	0.356	0.319	0.286	0.257	0.231	0.208	0.187	0.168	0.152	0.137	0.124	0.112	0.069	0.043	0.027	0.018	0.008
13	0.879	0.773	0.681	0.601	0.530	0.469	0.415	0.368	0.326	0.290	0.258	0.229	0.204	0.182	0.163	0.145	0.130	0.116	0.104	0.093	0.055	0.033	0.020	0.013	0.005
14	0.870	0.758	0.661	0.577	0.505	0.442	0.388	0.340	0.299	0.263	0.232	0.205	0.181	0.160	0.141	0.125	0.111	0.099	0.088	0.078	0.044	0.025	0.015	0.009	0.003
15	0.861	0.743	0.642	0.555	0.481	0.417	0.362	0.315	0.275	0.239	0.209	0.183	0.160	0.140	0.123	0.108	0.095	0.084	0.074	0.065	0.035	0.020	0.011	0.006	0.002
16	0.853	0.728	0.623	0.534	0.458	0.394	0.339	0.292	0.252	0.218	0.188	0.163	0.141	0.123	0.107	0.093	0.081	0.071	0.062	0.054	0.028	0.015	0.008	0.005	0.002
17	0.844	0.714	0.605	0.513	0.436	0.371	0.317	0.270	0.231	0.198	0.170	0.146	0.125	0.108	0.093	0.080	0.069	0.060	0.052	0.045	0.023	0.012	0.006	0.003	0.001
18	0.836	0.700	0.587	0.494	0.416	0.350	0.296	0.250	0.212	0.180	0.153	0.130	0.111	0.095	0.081	0.069	0.059	0.051	0.044	0.038	0.018	0.009	0.005	0.002	0.001
19	0.828	0.686	0.570	0.475	0.396	0.331	0.277	0.232	0.194	0.164	0.138	0.116	0.098	0.083	0.070	0.060	0.051	0.043	0.037	0.031	0.014	0.007	0.003	0.002	0.001
20	0.820	0.673	0.554	0.456	0.377	0.312	0.258	0.215	0.178	0.149	0.124	0.104	0.087	0.073	0.061	0.051	0.043	0.037	0.031	0.026	0.012	0.005	0.002	0.001	0
25	0.780	0.610	0.478	0.375	0.295	0.233	0.184	0.146	0.116	0.092	0.074	0.059	0.047	0.038	0.030	0.024	0.020	0.016	0.013	0.010	0.004	0.001	0.001	0	0
30	0.742	0.552	0.412	0.308	0.231	0.174	0.131	0.099	0.075	0.057	0.044	0.033	0.026	0.020	0.015	0.012	0.009	0.007	0.005	0.004	0.001	0	0	0	0
40	0.672	0.453	0.307	0.208	0.142	0.097	0.067	0.046	0.032	0.022	0.015	0.011	0.008	0.005	0.004	0.003	0.002	0.001	0.001	0.001	0	0	0	0	0
50	0.608	0.372	0.228	0.141	0.087	0.054	0.034	0.021	0.013	0.009	0.005	0.003	0.002	0.001	0.001	0.001	0	0	0	0	0	0	0	0	0

表 A-3 年金终值系数表（FVIFA 表）

$i(\%)$

n	1	2	3	4	5	6	7	8	9	10	11	12	13	14	15	16	17	18	19	20	25	30
1	1.000	1.000	1.000	1.000	1.000	1.000	1.000	1.000	1.000	1.000	1.000	1.000	1.000	1.000	1.000	1.000	1.000	1.000	1.000	1.000	1.000	1.000
2	2.010	2.020	2.030	2.040	2.050	2.060	2.070	2.080	2.090	2.100	2.110	2.120	2.130	2.140	2.150	2.160	2.170	2.180	2.190	2.200	2.250	2.300
3	3.030	3.060	3.091	3.122	3.153	3.184	3.215	3.246	3.278	3.310	3.342	3.374	3.407	3.440	3.473	3.506	3.539	3.572	3.606	3.640	3.813	3.990
4	4.060	4.122	4.184	4.246	4.310	4.375	4.440	4.506	4.573	4.641	4.710	4.779	4.850	4.921	4.993	5.066	5.141	5.215	5.291	5.368	5.766	6.187
5	5.101	5.204	5.309	5.416	5.526	5.637	5.751	5.867	5.985	6.105	6.228	6.353	6.480	6.610	6.742	6.877	7.014	7.154	7.297	7.442	8.207	9.043
6	6.152	6.308	6.468	6.633	6.802	6.975	7.153	7.336	7.523	7.716	7.913	8.115	8.323	8.536	8.754	8.977	9.207	9.442	9.683	9.930	11.259	12.756
7	7.214	7.434	7.662	7.898	8.142	8.394	8.654	8.923	9.200	9.487	9.783	10.089	10.405	10.730	11.067	11.414	11.772	12.142	12.523	12.916	15.073	17.583
8	8.286	8.583	8.892	9.214	9.549	9.897	10.260	10.637	11.028	11.436	11.859	12.300	12.757	13.233	13.727	14.240	14.773	15.327	15.902	16.499	19.842	23.858
9	9.369	9.755	10.159	10.583	11.027	11.491	11.978	12.488	13.021	13.579	14.164	14.776	15.416	16.085	16.786	17.519	18.285	19.086	19.923	20.799	25.802	32.015
10	10.462	10.950	11.464	12.006	12.578	13.181	13.816	14.487	15.193	15.937	16.722	17.549	18.420	19.337	20.304	21.321	22.393	23.521	24.701	25.959	33.253	42.619
11	11.567	12.169	12.808	13.486	14.207	14.972	15.784	16.645	17.560	18.531	19.561	20.655	21.814	23.045	24.349	25.733	27.200	28.755	30.404	32.150	42.566	56.405
12	12.683	13.412	14.192	15.026	15.917	16.870	17.888	18.977	20.141	21.384	22.713	24.133	25.650	27.271	29.002	30.850	32.824	34.931	37.180	39.581	54.208	74.327
13	13.809	14.680	15.618	16.627	17.713	18.882	20.141	21.495	22.953	24.523	26.212	28.029	29.985	32.089	34.352	36.786	39.404	42.219	45.244	48.497	68.760	97.625
14	14.947	15.974	17.086	18.292	19.599	21.015	22.550	24.215	26.019	27.975	30.095	32.393	34.883	37.581	40.505	43.672	47.103	50.818	54.841	59.196	86.949	127.91
15	16.097	17.293	18.599	20.024	21.579	23.276	25.129	27.152	29.361	31.772	34.405	37.280	40.417	43.842	47.580	51.660	56.110	60.965	66.261	72.035	109.69	167.29
16	17.258	18.639	20.157	21.825	23.657	25.673	27.888	30.324	33.003	35.950	39.190	42.753	46.672	50.980	55.717	60.925	66.649	72.939	79.850	87.442	138.11	218.47
17	18.430	20.012	21.762	23.698	25.840	28.213	30.840	33.750	36.974	40.545	44.501	48.884	53.739	59.118	65.075	71.673	78.979	87.068	96.022	105.93	173.64	285.01
18	19.615	21.412	23.414	25.645	28.132	30.906	33.999	37.450	41.301	45.599	50.396	55.750	61.725	68.394	75.836	84.141	93.406	103.74	115.27	128.12	218.05	371.52
19	20.811	22.841	25.117	27.671	30.539	33.760	37.379	41.446	46.018	51.159	56.939	63.440	70.749	78.969	88.212	98.603	110.29	123.41	138.17	154.74	273.56	483.97
20	22.019	24.297	26.870	29.778	33.066	36.786	40.995	45.762	51.160	57.275	64.203	72.052	80.947	91.025	102.44	115.38	130.03	146.63	165.42	186.69	342.95	630.17
25	28.243	32.030	36.459	41.646	47.727	54.865	63.249	73.106	84.701	98.347	114.41	133.33	155.62	181.87	212.79	249.21	292.11	342.60	402.04	471.98	1054.8	2348.8
30	34.785	40.588	47.575	56.085	66.439	79.058	94.461	113.28	136.31	164.49	199.02	241.33	293.20	356.79	434.75	530.31	647.44	790.95	966.7	1181.9	3227.2	8730.0

表 A-4　年金现值系数表（PVIFA 表）

n	\											i(%)												
	1	2	3	4	5	6	7	8	9	10	11	12	13	14	15	16	17	18	19	20	25	30	35	40	50
1	0.990	0.980	0.971	0.962	0.952	0.943	0.935	0.926	0.917	0.909	0.901	0.893	0.885	0.877	0.870	0.862	0.855	0.847	0.840	0.833	0.800	0.769	0.741	0.714	0.667
2	1.970	1.942	1.913	1.886	1.859	1.833	1.808	1.783	1.759	1.736	1.713	1.690	1.668	1.647	1.626	1.605	1.585	1.566	1.547	1.528	1.440	1.361	1.289	1.224	1.111
3	2.941	2.884	2.829	2.775	2.723	2.673	2.624	2.577	2.531	2.487	2.444	2.402	2.361	2.322	2.283	2.246	2.210	2.174	2.140	2.106	1.952	1.816	1.696	1.589	1.407
4	3.902	3.808	3.717	3.630	3.546	3.465	3.387	3.312	3.240	3.170	3.102	3.037	2.974	2.914	2.855	2.798	2.743	2.690	2.639	2.589	2.362	2.166	1.997	1.849	1.605
5	4.853	4.713	4.580	4.452	4.329	4.212	4.100	3.993	3.890	3.791	3.696	3.605	3.517	3.433	3.352	3.274	3.199	3.127	3.058	2.991	2.689	2.436	2.220	2.035	1.737
6	5.795	5.601	5.417	5.242	5.076	4.917	4.767	4.623	4.486	4.355	4.231	4.111	3.998	3.889	3.784	3.685	3.589	3.498	3.410	3.326	2.951	2.643	2.385	2.168	1.824
7	6.728	6.472	6.230	6.002	5.786	5.582	5.389	5.206	5.033	4.868	4.712	4.564	4.423	4.288	4.160	4.039	3.922	3.812	3.706	3.605	3.161	2.802	2.508	2.263	1.883
8	7.652	7.325	7.020	6.733	6.463	6.210	5.971	5.747	5.535	5.335	5.146	4.968	4.799	4.639	4.487	4.344	4.207	4.078	3.954	3.837	3.329	2.925	2.598	2.331	1.922
9	8.566	8.162	7.786	7.435	7.108	6.802	6.515	6.247	5.995	5.759	5.537	5.328	5.132	4.946	4.772	4.607	4.451	4.303	4.163	4.031	3.463	3.019	2.665	2.379	1.948
10	9.471	8.983	8.530	8.111	7.722	7.360	7.024	6.710	6.418	6.145	5.889	5.650	5.426	5.216	5.019	4.833	4.659	4.494	4.339	4.192	3.571	3.092	2.715	2.414	1.965
11	10.368	9.787	9.253	8.760	8.306	7.887	7.499	7.139	6.805	6.495	6.207	5.938	5.687	5.453	5.234	5.029	4.836	4.656	4.486	4.327	3.656	3.147	2.752	2.438	1.977
12	11.255	10.575	9.954	9.385	8.863	8.384	7.943	7.536	7.161	6.814	6.492	6.194	5.918	5.660	5.421	5.197	4.988	4.793	4.611	4.439	3.725	3.190	2.779	2.456	1.985
13	12.134	11.348	10.635	9.986	9.394	8.853	8.358	7.904	7.487	7.103	6.750	6.424	6.122	5.842	5.583	5.342	5.118	4.910	4.715	4.533	3.780	3.223	2.799	2.469	1.990
14	13.004	12.106	11.296	10.563	9.899	9.295	8.745	8.244	7.786	7.367	6.982	6.628	6.302	6.002	5.724	5.468	5.229	5.008	4.802	4.611	3.824	3.249	2.814	2.478	1.993
15	13.865	12.849	11.938	11.118	10.380	9.712	9.108	8.559	8.061	7.606	7.191	6.811	6.462	6.142	5.847	5.575	5.324	5.092	4.876	4.675	3.859	3.268	2.825	2.484	1.995
16	14.718	13.578	12.561	11.652	10.838	10.106	9.447	8.851	8.313	7.824	7.379	6.974	6.604	6.265	5.954	5.668	5.405	5.162	4.938	4.730	3.887	3.283	2.834	2.489	1.997
17	15.562	14.292	13.166	12.166	11.274	10.477	9.763	9.122	8.544	8.022	7.549	7.102	6.729	6.373	6.047	5.749	5.475	5.222	4.988	4.775	3.910	3.295	2.840	2.492	1.998
18	16.398	14.992	13.754	12.659	11.690	10.828	10.059	9.372	8.756	8.201	7.702	7.250	6.840	6.467	6.128	5.818	5.534	5.273	5.033	4.812	3.928	3.304	2.844	2.494	1.999
19	17.226	15.678	14.324	13.134	12.085	11.158	10.336	9.604	8.950	8.365	7.839	7.366	6.938	6.550	6.198	5.877	5.584	5.316	5.070	4.843	3.942	3.311	2.848	2.496	1.999
20	18.046	16.351	14.877	13.590	12.462	11.470	10.594	9.818	9.129	8.514	7.963	7.469	7.025	6.623	6.259	5.929	5.628	5.353	5.101	4.870	3.954	3.316	2.850	2.497	1.999
25	22.023	19.523	17.413	15.622	14.094	12.783	11.654	10.675	9.823	9.077	8.422	7.843	7.330	6.873	6.464	6.097	5.766	5.467	5.195	4.948	3.985	3.329	2.856	2.499	2.000
30	25.808	22.396	19.600	17.292	15.372	13.765	12.409	11.258	10.274	9.427	8.694	8.055	7.496	7.003	6.566	6.177	5.829	5.517	5.235	4.979	3.995	3.332	2.857	2.500	2.000
40	32.835	27.355	23.115	19.793	17.159	15.046	13.332	11.925	10.757	9.779	8.951	8.244	7.634	7.105	6.642	6.233	5.871	5.548	5.258	4.997	3.999	3.333	2.857	2.500	2.000
50	39.196	31.424	25.730	21.482	18.256	15.762	13.801	12.233	10.962	9.915	9.042	8.304	7.675	7.133	6.661	6.246	5.880	5.554	5.262	4.999	4.000	3.333	2.857	2.500	2.000